島嶼湧現的聲音

ALL VOICES FROM THE ISLAND

青年胡適

1891–1917

湯晏 著

To

Professor Charlton Lewis

This is a renewed token of my gratitude,

affection, and esteem

目次

自序

我在臺北做學生的時候，我常常去聽名人演講，講的什麼內容，形容笑貌，現在還能記得的只有兩個人，一個是外交家顧維鈞，在臺北記者之家講捷克外交家本尼斯（Eduard Benes），另一個就是胡適。這兩個人都是儀表堂堂，一表人才。我一生見過胡適二次，都是在臺北聽他演講，第一次見到他，我只有十幾歲。第二次聽他演講我已成年，對他印象比較深刻。他口才很好，到現在我還能記得他在徐州街臺大法學院一個大教室裡公開演講。講的題目是美國約翰霍普金斯大學（Johns Hopkins）第一任校長吉爾曼（Daniel Coit Gilman）生平事蹟。胡適這個名人當然大家都知道，在民國初年他與陳獨秀發起文學革命。在抗戰時期，他做過駐美大使，勝利後他是北大校長。一九五八年前後，他離開美國回臺灣出任中央研究院院長，就在這時候，臺北街頭出現了一本怪書，書名《胡適與國運》，是徐子明等人匿名寫的。徐子明是何許人也？他是臺大歷史系的教授，因為反對白話文，他與幾個朋友用筆名寫文章出了一本書謾罵胡適。他在書裡說，胡適把美國人心理研究的十分透澈，「加上他自己又是徽州人，所以能利用他們徽州經商祕訣，在中國銷冒牌美國貨，在美國銷冒牌中國貨，運來運去，他就成了巨富，中國地圖就因他變色了。」這本書一出來，知識界轟動一時，大家都搶著看。因為沒有照出版法規定出書，很快就禁止了。胡適對這本書出現很不高興，他認為這是政府授意做的。那時候，我對胡適沒有很喜歡，也沒有不喜歡。我對他有興趣，是從我去了美國以後。

我在美國時，因為我很喜歡陳獨秀，所以常看《獨秀文存》（那時候在臺灣看不到），時間久了，也順便看看《胡適文存》，就慢慢地覺得胡適這個人不是像在大陸上《胡適思想批判》裡所說的，是一個不學無術的人，也不是像徐子明在《胡適與國運》裡所說的，是一個文化販子。我看了《胡適文存》後，在我的印象中，他知道中國文化的優點或缺點，他似乎也很感激中國過去幾千年來文化的偉大成就。他絕不會像吳敬恆或錢玄同那樣極端，要把線裝書丟到毛坑裡去，或是要打倒孔家店。做人方面他平實而溫和，他沒有像陳獨秀的拍胸膛喊口號而有過激派的情緒化，也沒有像魯迅那樣嘴尖刻薄。

青少年時代是胡適一生最重要的一個階段。他有一個很好的母親，他幼時隨他父母先後在臺南及臺東住過近兩年左右。所以在一九五二年他從美國回臺灣做一短時期訪問，曾特地到臺南及臺東演講。他說他是半個臺灣人，當地居民非常高興，熱烈歡迎他。他父親間接死於甲午之戰。他的母親雖不識字，但知道讀書的重要，從臺灣回到績溪家鄉，就馬上送他上私塾讀書，胡適的國學基礎就在家鄉打好。十四歲那年送他到上海進新式學堂，雖然人很聰明，念了四個學校沒有拿到一張文憑，到後來像一般人一樣，也學壞了，他也喝酒、打牌，吃花酒——開始墮落了。浪子回頭金不換，一九一〇年考取庚款留美，到美國進康乃爾大學，這是他一生轉捩點。他把一生學問事業都在康乃爾打好了基礎。

在這裡我先說蔡元培一九二二年左右到美國考察，在紐約一個留學生歡迎會上說的一個小故事。他說，有一個人的朋友會點石成金，隨便一塊石頭，只要他用手指頭一點，那塊石頭就變成金子了。那個人的朋友說：「你要多少金子，我都可以點給你。」那個人說：「我不要金子，我只要你的那個手指頭。」蔡元培說：「你們在這裡留學，首先要學的是那個手指頭。」那個手指頭就是方法。我認為胡適在康乃爾五年讀書他就拿到了手指頭。他在康乃爾得益最多，他也最喜歡康乃爾，顯而易見。他的兒子胡祖望、孫子胡復及戀人曹珮聲都上康乃爾讀書。可是最令人驚奇的是，他把價值連城的「寶貝」——古本《紅樓夢》，人間孤本十六回本的《石頭記》（一般紅學家稱之謂「甲戌本」）——「借」給康乃爾圖書館珍藏。他之所謂「借」給康乃爾，其實就是送給（donate）他母校康乃爾。

胡適在康乃爾留學時代似乎很會利用時間，做了很多事，有很多成就。在他畢業的那年曾寫過一篇論文評解兒司誤譯《敦煌錄》，投寄當時在學術界頗有聲譽的《英國皇家亞洲學會報》，刊登出來了。我在本書中特地寫一專章討論胡適這篇書評（見第十章「評解兒司誤譯《敦煌錄》」）。在這篇書評中，可以看出他的英語學養及治學嚴謹。也在康乃爾時，他還用洋人假名Bernard W. Savage參加卜朗吟徵文獎，而且得了首獎，獎金五十美金。他是一個母語非英語的外國人，能脫穎而出，不是很容易的。胡適在日記上載：「惟余以異國人得此，校中人詫為創見，報章至著為評論，報館訪事致電傳各大城報章，吾於*New York Herald*（《紐約論壇報》）見之。昨日至Syracuse（雪城），則其地報紙亦載此事。其知我者，爭來申賀，此非吾意料所及矣。」他又說：「此區區五十金，固不足齒數，然此等榮譽，果足為吾國學生界爭一毫面子，則亦『執筆報國』之一端也。」（《胡適留學日記》一九一四年五月九日）

此外他到處演講及參加國際會議。胡適在康乃爾的活動真是多采多姿。我寫本書主要目的，就是針對徐子明說他是「文化販子」，以及再晚一輩的唐德剛及吳魯芹等人說胡適的英文不夠好，我認為徐子明這等人，都錯了，厚誣了胡適，這就是為什麼在這十多年來我時時在懷要寫這本書。我在這本書裡也寫了一章「胡適與馬建忠」，就是要說明胡適除英文造詣外，他的國學基礎亦非他人可及。他一生對國家民族有偉大的貢獻與成就（accomplishments），其中莫過於他與陳獨秀兩人興起的文學革命。而這個文學革命的醞釀，就是他在康乃爾讀書的時候，與朋友討論辯駁而興起的。

我還想附帶說幾句話。胡適在哥大畢業後與他博士口試答辯六個主試官之一的芒達基（William P. Montague）教授，日後還有一點點的關聯，那就是他們二人先後同在哈佛最有聲譽的殷格索哲學講座（英文全名是Ingersoll Lectures on Human Immortality）演講。芒達基於一九三二年主講的題目是「The Chances of Surviving Death」（雖死猶生之機率）。胡適於一九四五年應邀主講，講題：「The Concept of Immortality in Chinese Thought」（中國思想裡的不朽觀念）。這個講座的主講者（speakers）都是世界上很有名的哲學家，我隨便說幾個如下：一八九七年是威廉．詹姆斯（William James），一八九九年是魯一士（Josiah Royce），一九四一年是懷海德（Alfred North Whitehead）。胡適在哈佛講的題目，與胡適在康乃爾參加卜朗吟徵文獎與他到波士頓卜朗吟學會演講「儒學與卜朗吟哲學」息息相關；胡適能應邀參與世界上著名殷格索講座何其幸也，這是胡適的光榮，也是國人的光榮，總不能說他是個徽商「文化販子」吧。這也是我撰寫本書的動機之一。

胡適的母親與小羅斯福的母親管教小孩，均極其嚴格，如出一轍。此外，關於胡適與美國女友韋蓮司的愛情，與十九世紀英國思想家約翰．彌爾（John Stuart Mill）與泰勒夫人（Mrs. Harriet Taylor）有很多相似之處。他們兩對的愛情、友誼、婚姻結局稍有不同，但有障礙則一。我做了一番比較。彌爾與泰勒夫人二十年後終於結婚，但韋蓮司終身未嫁，胡、韋兩人有著生死不渝的友情。我嘗試寫這種比較傳記，亦為本書特色之一也。

一九五〇年代中國共產黨發動了在大陸上所有的史學家、哲學家及教育家來批判胡適思想，從不同角度評判，他的為人處世受到惡意的批評。後來中共當局把這些論文彙集起來成八冊文集，總題《胡適思想批判》。那時他流亡在紐約，眼看到他畢生努力的成就毀於一旦，其內心痛苦，不言可喻。他的朋友蔣廷黻說過：「這個批判胡適思想運動是不會成功的。」胡適真是一個打不倒的不倒翁，今日胡適在大陸上又東山再起。目前在海峽兩岸他還是一個印第安人——「紅人」，研究胡適是一顯學。這個現象證之蔣廷黻所言不誣。

我寫本書開始於二十年前，當我寫到康乃爾時，因為有些材料一時不易覓得，隨即停頓。二〇一八年初，我又開始重理胡適舊稿，哥倫比亞幾章均都是新作。書中各章，成篇先後，相隔多年，文氣不能一貫，幸讀者諒察。寫本書前後約五年。其中「陳衡哲」一章曾以「陳衡哲與文學革命」為題，去年（二〇一九年）四月二十七日，在紐約聖約翰大學李又寧教授主辦的「留美與中國新文化運動百年紀念國際學術研討會」上發表。今蒙李教授惠允轉載本書，謹此致謝。本書部分幾章承蒙陳兆椈教授及陳清玉女士費神披閱，提供建言，均已採納，特此致謝。哥倫比亞東亞圖書館，藏書甚富，助益良多，王成志先生幫我找到陳衡哲的短篇小說〈一日〉及新詩佚稿，該館 Mr. Richard Jandovitz 平時借書找書助我亦多，在此一併申謝不盡。

二〇二〇年五月十七日，湯晏敘於紐約晨邊高地
（正是COVID-19蔓延猖獗、人心惶惶、草木皆兵的時候）

【引言】胡適的神話

欲識金銀氣，
須從黃白遊。
一生癡絕處，
無夢到徽州。——湯顯祖

胡適是安徽徽州人。上海是他出生的地方，但因胡適祖先是徽州人，照中國傳統的習俗他是徽州人，縮小一點來說，他是徽州績溪人。徽州在哪地？在安徽省的最南端，在黃山與白嶽之間。白嶽亦稱齊雲山。徽州北部，即是名滿天下的黃山，往南是天目山，徽州就在這樣的萬山之間。可是攤開中國地圖來看，長江就像一條長長彎彎曲曲的青藤橫亙中國大陸：從青海、西藏直流而下，過了重慶往上向東北流，流到湖北宜昌、武漢向東南流，過了武漢又流向東北，到了下游即是安徽省。長江把安徽切成兩段：在長江北邊，淮北與巢湖四周及長江沿岸均屬平原。在長江以南，地勢推高，多是丘陵山地。岡巒疊嶂，盤鬱大江以南，在上古蠻荒時代丘陵一直不斷上升，最後隆升到最高峰海拔一千七百公尺，這就是秀麗的黃山——終年雲蒸霞蔚，煙霧繚繞，景色幽絕，遠近馳名。從黃山往南即是峰巒複疊名聞遐邇的天目山，這一帶區域一般人統稱為徽州了。徽州是一片盆地，具體一點來說，徽州是在安徽省的東南部。唐德剛譯注的《胡適口述自傳》第一章開宗明義即說：「我是安徽徽州人。」（這幾個字在英文本原本裡是沒有的，這七個字是唐德剛自己加上去的。）徽州位於長江下游（安徽最南），在新安江上游，故原稱新安，宋徽宗宣和三年（一一二一）改為徽州。徽州在舊時稱徽州府，自宋、元、明、清以來轄有歙縣、黟縣、休寧、婺源、績溪、祁門等六縣。從地理位置上來說，胡適的故鄉績溪在黃山山腳下，績溪是徽州最北的一縣，在徽州府內人口最少，最窮、最落後的一縣。

關於績溪人文地理，山川河流，我認為績溪縣副縣長周小紅於二〇一一年在南京舉行的胡適一百二十年冥誕大會上演講，講得很好，這是一篇很出色有趣的講稿。有興趣的讀者可找來一讀。他說績溪可用五個特點來形容，那就是「小、秀、厚、靈、暢」。第一個特點就是「小」，績溪是一個玲瓏精緻的「袖珍小縣」。他（我不知道這位副縣長是男的還是女的）說蘇東坡的弟弟蘇轍曾做過績溪的縣令，巡視績溪回來後寫了一首詩，其中有一句「指點縣城巴掌大」，可見績溪幅員之「廣」，當可思之過半矣。第二個特點是「秀」，績溪是「山川秀美」之地，它「既有黃山的雄奇，又有天目山的俊秀」。第三個特點是「厚」，績溪是人文厚重之地。周說：「安徽的『徽』字源自徽州則大家都知道。卻很少人知道徽州的徽字源自績溪的徽山、徽水和大徽村。更不知績溪是徽商、徽劇、徽菜、徽墨的發源地。」他又說自古以來績溪文風昌盛，人傑地靈，民間有諺：「山中茅屋書聲響，放下扁擔考一場」，還有「一門兩尚書，一族開三府」的說法。龍川一村明清兩朝就出了十一個進士，二十個舉人。最後一個特點「暢」則是指績溪現代化後交通發達，成為南京、上海、杭州三地的長三角的後花園。[1]

從績溪向南便是歙縣和休寧縣，從休寧向西北邊即是黟縣，從黟縣向西南便是祁門縣，從祁門往南就是朱熹的故鄉婺源，婺源是徽州最南的一縣，靠近江西。因為婺源一縣具有三面最突出的地形，抗戰前國民政府為了剿除紅軍方便起見，把婺源劃給江西省，但婺源與徽州有長久的歷史淵源，徽州人豈肯隨便把朱夫子的出生地劃出母省（胡適當然也反對），所以全徽州居民，群起反對，組織了一個「婺源返皖」運動。勝利後幾年還在鬧。一九四七年國民大會在南京開會期間，他們（這些徽州代表）寫好呈文準備向蔣介石請願，胡適看到了，就說：「給我吧。」胡適沒有把請願書交給蔣介石，他把呈文交給國大主席團代表張厲生。那時張厲生是內政部長，胡適說：「他就照辦了。」可是一九四九年中共柄政後，又把婺源劃給江西省。[2]

徽州境內多山地，甚是貧瘠，可耕地很少，所以當地居民都出外謀生，大都是做筆、墨及茶葉生意，賺了錢寄回家，養家活口。徽州地雖貧瘠，但文風很盛，在中國歷史上出了很多有名的大學者，如南宋朱熹（大家都公認朱夫子是孔夫子之後最有學問的人），在朱熹之後，清初有婺源的江永（1681-1762），休寧的戴震（1724-1777），中葉以後有黟縣的俞正燮（1775-1840），歙縣的淩廷堪（1757-1809）和績溪的胡培翬（1782-1849），都是有清一代頗負盛名的巨儒。也許因為這樣，胡適成名後常有人把他的家世張冠李戴。最著名的例子是北京大學校長蔡元培於一九一八年在胡適《中國哲學史大綱》序言中說：「適之先生生於世傳『漢學』的績溪胡氏，稟有『漢學』的遺傳性。」翌年在他〈答林琴南函〉中又說「胡君家世漢學」。那時蔡元培對胡適相知不深，只知這位新來的年輕教授是安徽績溪人，他就誤認為胡適是績溪「解經三胡」的後代。「解經三胡」就是指胡匡衷、胡秉虔及胡培翬三個人。他們都是乾嘉時代望重士林的大儒，又都是極其深邃的漢學家。胡匡衷是胡培翬的祖父，胡秉虔是胡培翬的堂叔。這祖孫三人後人稱之為績溪三胡，都是著述甚富的大儒，對三禮《禮記》、《周禮》、《儀禮》的研究甚是精到。胡匡衷的《儀禮釋官》、胡秉虔的《說文管見》、胡培翬的《儀禮正義》著稱於世，獲譽為「張皇幽眇，闡揚聖緒，二千餘歲絕學也」，所以世稱「禮學三胡」。因為《皇清經解》裡收了這三位績溪胡氏的經解，故又稱「經解三胡」，蔡元培及梁啟超等人所說的「績溪諸胡」及「績溪三胡」即指他們三人。[3]

除了蔡元培外，世界書局的楊家駱也把胡適上世弄錯了，他說：「漢學亦稱樸學，漢人所治訓詁考證之學也。適之為績溪漢學家胡培翬之後，故云家世漢學。」[4]此外日本學者諸橋轍次在他所編的《大漢和辭典》中「胡適」一條載：「胡適，民國安徽績溪人，胡培翬之子。」胡適說他識此君。胡培翬是世居績溪城內，為書香世家，胡適與他非同支。現在看起來，這些錯誤有點離譜了。諸橋轍次是根據《現代中華民國滿洲帝國人名鑑》來編的，因為根據的材料錯了，所以他也就跟著錯了。[5]梁啟超在一九二〇年《清代學術概論》一書裡說：「而績溪諸胡之後有胡適者，亦用清儒方法治學。有正統派遺風。」[6]後來任公在一九二四年寫的〈清代學風之地理的分布〉一文中又說：「績溪胡樸齋（匡衷）生雍乾之交，其學大端與雙池慎修相近，以傳其孫竹村（培翬）、子繼（培系）。竹村與涇縣胡墨莊（承琪）同時齊名。墨莊亦自績遷涇也。時稱『績溪三胡』。竹村善治《儀禮》，集慎修、東原、易疇、檠齋、次仲之成作新疏，曰《儀禮正義》。墨莊亦治禮，有《儀禮古今文疏義》。最有名者則《毛詩後箋》。績溪諸胡多才，最近更有胡適之（適）云。」

對這種錯誤的記載，胡適稱之為「胡適的神話」。這種神話始作俑者為蔡元培。到了晚年胡適為美國哥倫比亞大學做口述歷史時，曾對「胡適的神話」有所匡正：「現在我要更正一項過去錯誤的記載，常有人說我家與績溪縣城內家世漢學的胡氏望族是同宗。這是錯誤的。」他說：「這個錯誤源自前北京大學校長蔡元培為拙著《中國哲學史大綱》上卷所寫的序言中說，績溪胡氏是有名的漢學世家，特別是十八世紀及十九世紀出了一些有名的漢學家（classical scholars）如胡培翬（1782-1849）及他的先人（如祖父胡匡正和堂叔胡秉虔）。這個胡家與我家並非同宗。」胡適又說：「在十八世紀和十九世紀初葉出了很多有名學者的那家胡氏望族，其遠祖可以追溯至宋代的一部名著《苕溪漁隱叢話》著者胡仔。不僅那個胡家與我家非同宗，而且我家與績溪另一胡氏望族——那位於十六世紀在中國沿海抵抗倭寇的名將胡宗憲也不是同一支。胡宗憲與績溪城內的胡氏也不是同一家。」最後他說：「我的祖先世居績溪縣城北約五十華里鄉下。我家主要是做小本生意。」[7] 在這裡胡適說得非常明白，城內的胡家是讀書人家或是官宦世家——家世顯赫；但是與他家不是同宗。照胡適在其口述歷史上的說法，那麼胡培翬一族是屬於績溪「金紫胡」，「金紫胡」一系最為顯赫，因為他們先輩胡舜陟封爵而得名，胡舜陟為宋代名臣，官拜至監察御史、鎮撫史、按撫史等職，並有金紫光祿大夫等稱號，故這一系後世稱為「金紫胡」。「金紫胡」人才輩出，「經解三胡」的經學大師全是「金紫胡」的後裔。而胡宗憲則是「遵義胡」。「遵義胡」因這一系的先人胡松（承庵）曾官拜明代工部尚書，這一支又稱為「尚書胡」。還有一支是「明經胡」，胡適即屬於這一支。這三支並不同一族宗，也不同譜，「明經胡」或稱「李改胡」。關於「李改胡」，其來歷又是「胡適的神話」一種了。二〇〇二年六月一日在紐約皇后區聖若望大學，李又寧教授召開了一個紀念五四及胡適的學術討論會，在這一盛會中，有一位籍隸績溪的江連海先生講「績溪三胡的歷史」，即講「金紫胡」、「遵義胡」及「明經胡」的歷史淵源，講得非常好，很明白清晰。在他認為，這「三胡」各不通譜，也不是同支。在績溪鄉里是盡人皆知。但外界知道的人不多，蔡元培弄錯了，而胡適卻效金人三緘其口，直至晚年在口述歷史中才做了更正，江先生對此稍有微詞。

據傳胡適遠祖本姓李，為唐朝昭宣帝的一支，昭宣帝於西元九〇八年被朱溫所殺，他的兒子逃了，宋太祖賜姓胡封明經公，初居婺源考水，到第二世延政公始遷績溪，這是「明經胡」的來由。「明經胡」又稱「李改胡」。績溪《上川明經胡氏宗譜》上的〈始祖明經府君傳〉中說：「始祖諱昌翼字宏遠，號眉軒，本唐昭宗子。」[8] 但不見正史。胡適一九五四年第二次從美國到臺灣，於二月二十三日在臺北臺灣大學校長錢思亮寓所，對他以前的學生、後來在中央研究院裡做他祕書的胡頌平說了一個「李改胡」的故事，他說：「《皇清經解》收了三位績溪胡氏經解。這個績溪胡氏是另外一宗。我在兒童時代曾經參加過始祖昌翼公一千歲的祭典。從前宗法社會裡是『同姓不婚』的，因為『李改胡』的關係，所以族譜上規定胡李兩姓不通婚。那時有一位族人娶了李姓的女子為妻，不許上譜，結果乃將『李』字改為『季』字。」因此胡頌平認為「李改胡」是可信的，因為族譜上有這樣記載，且胡適看過的。[9] 大陸學者顏非認為胡適對這個傳說不置可否，似乎也默認。[10]

胡適是否相信或「默認」?筆者認為這要看胡適對中國譜牒的看法。美國第十六任總統林肯(Abraham Lincoln)因為出身微寒，是故當他競選總統或當選總統後，每當人家問他的家世或譜系(family tree)，林肯對家譜並無多大興趣。一般美國人講到家世時，總喜歡攀龍附鳳，不是說祖先是坐「五月花號」來美國，就是說上世參加過獨立戰爭。故當林肯於一八五九年競選總統時，幫他助選的人希望他也寫一篇類似這樣的自傳，以資宣傳。但林肯對家譜沒有多大興趣，只說他有一個不識字的母親，父親是一個農夫。[11] 像林肯一樣，胡適對中國傳統的家譜沒有多大興趣。他於一九一九年為績溪旺川曹氏顯承堂族譜作序時說的話，為我們做了一個很好的解釋，他說:「中國的族譜有一個大毛病就是『源遠流長』的迷信。沒有一個姓胡的不是胡公滿之後，沒有一個姓張的不是黃帝第五子之後，沒有姓李的不是伯陽之後。」胡適乃問:「家家都是古代帝王和古代名人之後，不知古代那些小百姓的後代都到那裡去了?」他又說他希望以後各族修譜，把那些「不可深信的遠祖一概從略。每族各從始遷祖數起。始遷祖以前但說某年自某處遷來，以存民族遷徙的蹤跡就夠了。各族修譜的人應該全副精神貫注在本支本派的系統事蹟上，務必信本支本派的家譜有『信史』的價值。要知道修譜的本意是要存真傳信;若不能存真，不能傳信，又何必要譜呢?」[12] 由上述胡適在曹氏族譜序中所言，我們可以得一結論，胡適對於他的祖先為李唐之後是不相信的，因為正史無記載。是故在他的《四十自述》及晚年的《口述自傳》裡對「李改胡」均隻字未提。

除了上述學術性及歷史性的「神話」外，還有一種「胡適的神話」是政治性的。那就是一九四九年中共柄政後，於一九五〇年在學術界發動「胡適思想批判運動」。最顯著的例子，是胡思杜、顧頡剛及朱光潛等人對胡適的批判。胡適幼子思杜一九五〇年九月二十二日在香港左翼的《大公報》報上批判胡適時說：「我的父親出身沒落的官僚仕紳之家。」顧頡剛曾是胡適在北大時的學生，他於一九五一年十二月二十二日在一個批判胡適思想的座談會，以〈從我自己看胡適〉為題來批判胡適時說：「我和胡適都是生長在累代書香的人家，階級成分是相同的。」（一九五一年十二月二十四日《大公報》）還有北大教授朱光潛寫過一篇〈澄清對於胡適的看法〉中有一段，他說：「胡適出於績溪『世家』，父親在臺灣做過官，家裡在上海還有生意。論出身，他屬於資產階級和封建統治階級。他一向以他的家世自豪，就證明了他的封建骨骼。」（一九五一年十二月十三日《大公報》）胡思杜批判老子的文章，可能有人捉刀，文中所用詞句均是流行的黨八股，即當時很時髦的共產黨術語。顧頡剛說胡適「生長在累代書香的人家」，是想當然耳，乍聽起來沒有錯但實際上似是而非。那個時候，在大陸上不僅沒有言論自由，也正如胡適所說的「沒有不說話的自由」。朱光潛像胡思杜、顧頡剛等一樣是被逼迫出來曲解胡適的。[13] 胡適的家世，談不上是世家，他家高祖、曾祖父在上海開茶葉店，只能算是小本經營，而說成「資產階級」則太誇大了。他「父親在臺灣做過官」，但官做得不大，到死時也只是一個縣令。胡適的母親像林肯的母親一樣，是一個不識字的農家女。如果我們說胡適有門戶之見、重鄉土觀念是可以的，他的確是如此。但如果說他「一向以他的家世自豪」，則與事實不符。他的家世並不顯赫，沒有什麼可以自豪，自豪亦非胡適的個性。

1 詳見耿雲志、宋廣波編，《紀念胡適先生誕辰一百二十週年國際學術研討會專輯》（北京：社會科學文獻，二〇一二），頁十六至十八。
2 詳見胡頌平，《胡適之先生晚年談話錄》（臺北：聯經，一九八四），頁一六六。
3 詳請參閱顏非，〈胡適的家世〉，收入李又寧主編，《胡適與他的家族和家鄉》第一集（紐約：天外，一九九九），頁一至六。
4 見楊家駱編，《新世紀高中國文選》第一冊（臺北：世界書局，一九五三），頁二五八。
5 詳請閱胡頌平〈從適之先生的墓園說起〉，《傳記文學》第四卷第二期（一九六四年二月），頁二三至二四。
6 見《清代學術概論》（臺北：臺灣中華書局，一九六三），頁六。
7 唐德剛在譯注《胡適口述自傳》裡開宗明義一句「我是安徽徽州人」，這幾個字在胡適英文本原本裡是沒有的，這七個字是唐德剛自己加上去的。績溪縣副縣長周小紅二〇一一年在南京舉行的胡適一百二十年冥誕大會上演講就引用了唐德剛翻譯本這句話，不能算錯誤，因為胡適是徽州人，在這裡是無關緊要。但是在本書別的地方經譯者動了手腳後則有的地方就出入很大，有時會真的弄錯了。胡適英文口述歷史（自傳）是英文雙行打字本；計二八六頁，加上glossary（詞彙表）總共計二九五頁。英文名稱為「The Reminiscences of

Dr. Hu Shih」，中文本全名為《胡適口述自傳——美國哥倫比亞大學口述歷史譯稿之二》，譯者唐德剛，一九八一年由臺北傳記文學出版社出版，現在坊間流行的版本不止一種。在《口述自傳》裡胡適更正蔡元培序言中錯誤的那一段，唐的翻譯有一個錯誤，見頁四最後一句：「那位抵抗倭寇的名將胡宗憲也是他們的一家。」在這裡唐德剛漏譯了一個「not」（不）字，原文是：「Hu Tsung-hsien, in turn, was not related to the Hu family in the city of Chi-hsi.」（英文本原本頁七至八）正確的翻譯如下：「胡宗憲與績溪城內的胡氏也不是同一家。」在哥大珍藏室所藏的那本《口述自傳》是經胡適親自用紅筆校改過的，並做增刪，運詞遣字極其細心、謹慎。胡適的英文四平八穩，明白暢曉。復次，唐譯中文本與胡適原本有些地方是有出入的，比如我前面說過的中文本第一句話「我是安徽徽州人」，這句話在胡適原本上所無。這無關緊要，姑且不論。在中文本第二十八頁，段落移動外，唐德剛有刪改，英文本裡在John R. Mott後面有「a Cornell University graduate」，意思是Mott（穆德）是康乃爾大學畢業的（是康乃爾校友），但唐德剛沒有譯出來。然後接下去是：「多年以後，當洛克菲勒基金會撥款捐那遠近馳名的『國際學舍』（International House）時，穆德的兒子便是該社的執行書記。我特地在此提出說明這個國際精神，並未中斷。」見唐德剛譯注，《胡適口述自傳》（臺北：傳記文學，一九八一），頁二八。上面這一段文字在原本裡胡適用紅筆勾刪削掉，但唐德剛仍把它翻譯出來了。此外中文本裡增加了譯者大量注釋，女作家蘇雪林在其《猶大之吻》（臺北：文鏡，一九八一），頁一三三裡說唐德剛在其《胡適雜憶》和《胡適口述自傳》裡的注文，對胡適懷有很大的「惡意」。蘇雪林與唐德剛彼此有成見，他們二人常在文章裡罵來罵去。其實唐德剛的注文也有的地方是很好的，我隨便舉一例如下，比如在《胡適口述自傳》頁七注十一關於胡仔著《苕溪漁隱叢話》這一條就很好。唐德剛在這兩本書中（包括注釋在內）確有很多地方與事實不符。《胡適雜憶》不是一本學術性的書，是一本回憶錄性質的書。這是一本才子書，文字優美，描寫生動活潑，尚是餘事，你看他寫羅爾綱，他說：「有一次我（指唐自己）指著那七、八本鉅著（《胡適批判》）戲問胡先生：『這幾十萬字的鉅著裡，難道就沒有一點學問和真理？』『沒有學術自由，哪裡談得到學問？』胡氏一語帶過。『那至少可以搞點自然科學。』我說。『自然科學也搞不好！』胡先生說這句話的態度，簡直有點橫蠻，同時也可以看出他對自由主義信道之篤！胡先生後來又在他那個亂書堆中找出羅爾綱所寫的小冊子《師門辱教記》給我看，說：『你看爾綱會那樣地批判我？』〔唐德剛回〕『說不定羅爾綱的思想真正搞通了呢！』『胡說！胡說！』胡先生直是搖頭，『不可能！不可能！』」請閱《胡適雜憶》（臺北：傳記文學，一九八一），頁二三至二四。這是白話文，這種白話文不是人人都可以寫得出來的。猶憶大陸上出版了《胡適口述自傳》已久，有一次我問唐先生，為什麼大陸上還沒有出簡體字版《胡適雜憶》？他答說如果大陸出版這本書，「有人會造反」。後來《胡適雜憶》在大陸出版了，沒有人造反，但我不知道唐先生寫羅爾綱這段文字有否被刪掉？有人說《胡適口述自傳》裡的注釋等於半部「唐德剛口述自傳」了（比如《胡適口述自傳》傳記文學版頁四一注四即是一例，這種注解在書中是很多的）。因此江勇振在他的《舍我其誰：胡適【第一部】璞玉成璧（1891-1917）》（臺北：聯經，二〇一一）裡說：「一定要用英文本，因為中譯本有許多錯誤和不精確，甚至疏漏之處。」見該書頁二六。我認為中譯本有利有弊，用起來要小心一點就是。雖然現在有英文版膠片可以買得到，但是英文版還不是那麼普遍。

8 轉引自顏非，〈胡適的家世〉，《胡適與他的家族和家鄉》第一集，頁六至七。

9 胡頌平，〈從適之先生的墓園說起〉，《傳記文學》第四卷第二期，頁二三。

10 顏非，〈胡適的家世〉，《胡適與他的家族和家鄉》第一集。

11 詳參 David Herbert Donald, *Lincoln* (New York: Simon and Schuster, 1995), Chapter 1.

12 見〈《曹氏顯承堂族譜》序〉，收入黃保定、季維龍選編《胡適書評序跋集》（長沙：嶽麓書社，一九八七），頁四九三至四九四。

13 朱光潛在被逼迫出來批判胡適的文章中說有一天，他去看胡適，見他書房桌上到處攤開著許多書，這就證明他平日無實學，臨時東抄西摘。這篇文章紐約華文報紙也有轉載，胡適看到了，有人問他，讀過有什麼反應？胡適大笑說：「朱光潛先生文章寫得很好！在那種環境裡他怎能不寫？我非常同情他。」一九八一年周策縱訪問大陸，見到了朱光潛，周策縱說：「我就把胡先生的話告訴他，問他的感想。他望了望陪我去的那位年輕人，然後低下頭來，用十分富於感情的音調說：『你知道嗎，我的大半生都在這北京大學教書，我如果不到北大來，還不知終生會怎麼樣了。我到北大就是胡先生盡力介紹來的！』他說到這裡就噎住了，沉默了許久，說不出話來。」詳見周策縱，〈胡適風格：特論態度與方法〉，《中國時報》，一九八七年二月二十六日，第八版「人間」副刊。

第一部

童年

一八九一至一九一〇

【第一章】

父親胡傳（1841-1895）

胡傳是胡適的父親。胡適家世代做茶葉生意，他的高祖胡錫鏞於嘉慶年間在上海黃浦江對岸川沙開一家胡萬和茶葉店。他的祖父胡奎熙在上海與友人合開一家瑞馨泰茶葉店。胡適祖父輩第一個讀書的是胡星五（奎照）。他在鄉里有名望，但沒有功名，只是一個塾師，他很賞識胡適父親。胡適父親名傳，字鐵花，一八四一年生於績溪縣北部的上莊，兄弟五人胡傳最長，也最聰明。星五伯認為像胡傳這樣聰明的孩子，不應該在茶葉店裡埋沒了，應該去讀書，參加科舉，乃對胞弟說：「吾家世業賈，然此兒慧，勿以服賈廢讀。」於是帶他到川沙，延師課讀。這也就是日後胡適祕書胡頌平所說：「我們也許可以說，有了星五先生的賞識與期望，才有鐵花公的崛起。也因為有了鐵花公的異稟與遺傳，才有以後適之先生的大成就。」[1]

胡傳人雖聰明，但是在科場卻不甚得意。一八六五年他二十四歲考上秀才，越二年，他參加南京鄉試（舉人）不售。翌年一八六八年進上海龍門書院讀書，準備他年「捲土重來」。胡傳在龍門書院讀了共計三年，即從一八六八年至一八七一年。在龍門肄業時，他參加了一八七〇年的江南鄉試（鄉試每隔三年考一次），試畢仍返龍門，但這年他又名落孫山。明年應族宗長輩之召，耑返故里襄助修葺被太平軍摧毀的祠堂，胡傳就離開了龍門。胡氏宗祠建於一八四〇年，一八六一年毀於太平軍。一八六五年鳩工重建，至一八七六年竣工，歷時十一載。胡傳在督工之餘仍不忘功名，在這期間，他參加了兩次鄉試（此即一八七三年及一八七六年）。在祠堂修建完工後他又參加了一次鄉試，此即一八七九年。這三次鄉試都在他離開龍門書院以後。唐德剛在《胡適口述自傳》注釋中有這樣幾句話：「他不甘失敗，鄉試落第之後，乃正式進大學──『龍門書院』，好好的讀了三年書，預備捲土重來，再參加『江南鄉試』。但是他是否又參加過鄉試，那連他自己的兒子也不知道了。」[2]唐德剛最後幾句話，有點挖苦胡氏父子，不僅不恭也不敬，且有點輕薄。怪不得蘇雪林說唐德剛在《口述自傳》中的注解對胡適有惡意。[3]很可能唐德剛沒有看到《鈍夫年譜》，鈍夫是胡傳另一字號。胡傳歷年參加鄉試在《鈍夫年譜》中均有記載。一八七九年是胡傳最後一次鄉試。這年他記：「先妣六十壽辰，玉弟亦自上海歸，同祝壽，而後偕赴金陵應鄉試，八月將入場。」後來又記：

「□□榜發，鈍夫復被黜。鈍夫應鄉試凡五次，丁卯薦卷，庚午癸酉皆不出房。丙子及是科皆薦，而堂備，仍不能中式。十月回里。」[4] 丁卯年是一八六七年，在他進龍門前。庚午是一八七〇年，時肄業龍門。癸酉是一八七三年，丙子為一八七六及已卯一八七九。這三次鄉試他已離開龍門。他先後參加過五次鄉試。至於胡適是否知道他父親離開龍門書院後又參加過鄉試，則我們首先要瞭解胡適整理他父親遺稿經過情形。《鈍夫年譜》是他父親《胡鐵花遺稿》的一部分。他父親遺稿甚是零亂，字跡很潦草，不易辨認。據羅爾綱說：「胡適曾幾次請人抄錄，都沒有做得下去。」最後胡適於一九三〇年請羅爾綱代為抄錄，胡適自己親自來校訂。[5] 有時胡適的親戚江秀之，或者朋友王重民來代抄，有時胡適自己也抄。胡適在晚年準備他的口述自傳時，關於家世及他父親部分均依據《鈍夫年譜》。《年譜》中有胡適的批注，有時還指出他父親的小誤，這些均可認為胡適看過《鈍夫年譜》的明證。既然胡適看過《鈍夫年譜》，則哪有不知道他父親離開龍門後「是否又參加過鄉試」的理由。[6]

胡傳參加五次鄉試，屢試不售，他認為被洪楊之亂耽誤了。但在《年譜》中他毫無怨尤，亦不灰心。一八八一年他去東三省，如果在那地找不到工作，就像杜牧詩句「捲土重來未可知」了，他又要準備參加一八八二年的鄉試。胡傳的例子，令人想起《儒林外史》裡「白首未登科」的老童生來，這也是科舉時代一個讀書人的典型例子。在胡傳想來希望中鄉試（舉人），可是他又想：「然三年一科，萬一再應二科不中，年漸老，將奈何！」[7] 胡傳有了這一層顧慮，想先找一個固定的工作。然而在北京或在東南沿海如上海、金陵，人才濟濟，找工作不易，於是他想到天候嚴寒，人煙絕跡，人家不願去的東北邊陲。且他喜歡輿地之學，尤喜邊疆地理（這種興趣是他在龍門培養出來的），故決定隻身去東北。

二

一八八一年，胡傳已四十歲了，乃向堂兄胡嘉言（善文）借了一百銀圓，於七月二日從上海搭「永清」輪啟程北上。[8] 一路風平浪靜，海面如鏡，見是景詩興來了，在海上做了四首絕句。茲錄兩首如下：

第一首：

初秋時節日新晴，
海不揚波萬里平。
上下水天同一碧，
居然人在鏡中行。

第三首：

身如大海一浮鷗，
南北東西任去留。
野性慣將雲水狎，
生涯飄泊不知愁。

他在《年譜》中說詩中所記「皆記實語也」。[9] 舟行五日抵天津，在紫竹林登岸，夜宿客棧次日僱車上北京，行四日抵京，居宣武門外椿樹頭條胡同績溪會館，後來應邀移居親戚胡寶鐸（虎臣）家寓。胡寶鐸與東北邊防大臣吳大澂相識。[10] 胡傳乃請他寫介紹信，明說不求差事，只請個護照（通行證）以便遊歷。後來又請李鴻章女婿張佩綸及吳大澂門人彭頌田也寫類似的介紹信。在《口述自傳》及英文本上都說有兩封信，事實上他去東北有三個人為他寫介紹信。

胡傳晉見吳大澂。八月二十五日，他帶了三封介紹信僱車啟程，於九月九日出山海關，同日至奉天省城。十八日抵吉林省城，這時吳大澂已移駐寧古塔。[11] 十月六日抵寧古塔，胡傳自記「自京至此凡三十六日」。因吳大澂至琿春閱兵未回，十月二十六日才見到吳大澂。吳大澂（1835-1902）是一個翰林，此外他又是一個大學者，訓詁、詞章名手，篆籀專家，本在河北道，後來奉旨調赴吉林幫辦邊防，胡傳見他時已升為太僕寺正卿，改為督辦。儘管在介紹信或者自己面陳時說他不是來謀職的，這是中國傳統士大夫要面子而不肯說老實話的典型例子。試問不是來找工作究為何事？胡傳那時沒有工作，喪偶已四年，上有老母，下面子女一大堆，妻卒時長的十三歲，小的才三歲，現在一個人離鄉背井，家貧，借了錢遠途跋涉，只說是為了遊覽及考察邊疆地理而來，似乎有點不太合常情了。吳大澂何人也，他當然明白胡傳不遠千里而來的目的何在。吳很賞識他，故乃對他說：「邊方荒僻，往往數千里數百里無人煙，子孤身難以遊歷，可留我營徐圖之。」吳又說：「吾將閱邊，子隨吾行，不亦可乎？」胡傳在《年譜》上記：「此貢生欲求而恐不可得，不敢啟口者也。次日即有委札下。」後來胡傳又記：「鈍夫受知於太僕，自此始。」[12]

胡傳在東北時，常至野外考察，旅途艱辛，險象環生。在一八八三年那年有一次在吉林奉命公差，連人帶馬在大森林中迷失了方向，三天三夜走不出來，乾糧已盡，無計可施，此時胡傳忽有所悟「水必出山無可疑」，在山林中迷了路可以找水，跟著水去走，必定可以出山，於是叫隨行人員去找尋山澗，終於找到了一條水，跟著水走，居然脫險。四十年後胡適用這個故事及他父親的那一句「水必出山無可疑」來說明「實驗主義」的功用。[13]胡傳在東北凡六年，此即從一八八一年至一八八六年。

一八八六年胡傳丁母憂，返里奔喪，他就此離開了東北。翌年吳大澂奉調，任廣東巡撫，乃任命胡傳為海南島巡查。又一年（即一八八八年）鄭州一帶黃河缺口，吳大澂改調任河道總督，負責治河。督署設於鄭州。胡傳被調至鄭州督署，監督堤工。隔年（一八八九）胡傳返里探親，為時甚暫，但在這短暫停留期間，胡傳第三次結婚，新娘即是胡適的母親，名馮順弟。胡傳第一次結婚是在咸豐十年（一八六〇）二十歲娶元配馮氏，比他小二歲，一八六三死於洪楊之亂。馮氏無子女。越二年（一八六五），胡傳二十五歲娶曹氏為妻（比他小五歲）。曹氏於一八七八年病逝，遺有子女六人（三男三女）。曹氏卒後，胡傳想續弦，但找不到合適的對象，人家都嫌他年紀大。[14] 鰥居十一年後，深覺一個人在外面諸多不便，求偶心切，是為常情，因此託族叔星五娘代為物色。星五娘看上績溪七都中屯的馮順弟。她是農家女，家道貧寒，是個荊釵裙布的女兒，雖沒有念過書，但馮順弟生得端雅穩重，人聰明、又賢慧。胡傳看了也很滿意。馮順弟父母嫌胡傳年紀大，可是馮順弟說：「男人家四十七歲也不能算年紀大。」女兒想嫁，八字又對，所以這門親事成功了。結婚時新娘實足年齡還不到十六歲（差一個月），新郎胡傳四十八歲，算是一對老夫少妻的類型。[15] 胡傳在他的日記上記載他與馮順弟結婚禮儀甚是簡略，茲錄如下：

〔光緒十五年（一八八九）二月〕十六日，行五十里，抵家。

二十一日，遣媒人訂約於馮姓，擇定三月十二日迎娶。

三月十一日，遣輿詣七都中屯迎娶馮氏。

十二日，馮氏至。行合巹禮。謁廟。

十三日，十四日，宴客。……

四月初六日，往中屯，叩見岳丈岳母。

初七日，由中屯歸。……

五月初九日，起程赴滬，天雨，行五十五里，宿旌之新橋。

婚後胡傳仍返鄭州治河。[17]是年冬，河工合攏。由於胡傳襄助治河有功，吳大澂乃保舉他直隸州候補知州分發各省候補任用。一八九〇年胡傳到北京等候抽籤奉派新職（合格的官吏選派，多由抽籤來決定），胡傳抽到的是前往江蘇省候補的籤。這在當時是一個最好的差遣任所。翌年（一八九一）六月，胡傳前往江蘇省會蘇州奉辦水陸總巡保甲局。同年夏調至上海任淞滬釐卡總巡。十二月胡傳喜獲麟兒，這就是胡適。胡適本名嗣糜，在上海讀書時用的學名是胡洪騂，一九一〇年參加庚子賠款留美考試，因怕考不取為朋友所笑，臨時改用胡適這個名字。從此以後，沒有人知道誰是胡洪騂了。胡適於一八九一年十二月十七日（光緒十七年十一月十七日）生於上海大東門外、祖父胡奎熙開的瑞馨泰茶葉店中，時胡母十八歲，父五十歲。

III

胡適生下來二個月後，他父親奉調臺灣。胡傳本來打算是希望以候補道臺身分在上海等候實缺，他很想憑他與吳大澂的關係補授江蘇太倉州知州（太倉距上海很近，是個魚米之鄉，也是肥缺）。當時官場有言：「三年清知府，十萬雪花銀」，胡傳當時也想積蓄一點錢，到年老可以養老。[18]沒有想到湖廣總督張之洞循新任臺灣巡撫邵友濂之請，把胡傳調到臺灣。臺灣本隸屬福建省的一道，至一八八五年中法戰爭後改建行省，第一任巡撫為淮軍宿將劉銘傳。劉銘傳（1836-1896）安徽合肥人，一八八五年十一月就任臺灣巡撫職，一八九一年因病辭職返鄉，卒於一八九六年。在他五年半的巡撫任內，加強海防，整肅吏治，開辦鐵路，一般來說劉銘傳在臺政績不錯。對臺灣早期現代化建設，很有口碑。繼任他的巡撫即是邵友濂。邵友濂浙江餘姚人，同治舉人，他上任後為了節省經費，將劉銘傳在臺建設計畫盡廢。邵友濂把胡傳調到臺灣，胡傳不是心甘情願的，奉命之後，只好隻身赴臺，因為對臺灣人地生疏，將眷屬暫時安頓在上海附近川沙居住。胡傳在日記中說：「到川沙賃黃姓宅十二間，每月租錢三千文。」[19]胡傳赴臺前曾至各地親友辭行，他們都有送禮，大都以火腿、茶葉、皮蛋、筆、墨為多，也有人送紹興酒及一品鍋。胡傳於光緒十八年（一八九二）二月十九日登舟。二十二日午後啟碇，在海上雖無大風浪，但此行不像十年前從上海到天津那一段航程愉快，因他暈船，並嘔吐，不能飲食，當然不能在航程正中做詩了。（我們現在所看到的胡傳到臺灣去之前的幾首詩，是他十九日上船後，在碼頭上寫的，時船尚未啟航。）

胡傳於二十四日辰刻（早晨八、九時）到了臺灣北部最尖端的富貴角附近的小基隆。[20]他到了小基隆後，曾僱小舟上岸訪舊友張經甫（煥綸）。張是胡在龍門書院的同學，時在小基隆任金砂局提調。因張外出未遇。次日到基隆二十六日到臺北拜見上司及前輩，有人為他洗塵，來往酬酢頻繁。胡傳在臺北逗留一個月始南下。三月二十三日他從滬尾（今淡水）登輪。二十四日申刻（下午三時許）抵臺南鄰近的安平港。[21]二十六日到臺南道署報到，正式接任新職，委充全臺營務處總巡。總巡官銜不大，也不是獨當一面的行政長官，有點打雜性質，胡傳對這份差使並不很喜歡。[22]四月一日即開始巡查各地防禦工事、軍隊訓練。所到之地南至恆春，北至基隆、淡水，西至澎湖，東至蘇澳、花蓮。每到一地，除日記外，並將實情奏稟道署，據實報告。[23]胡傳在報告中認為臺灣軍隊武器不良，裝備訓練不足，且以臺地瘴氣防阻瘴疾為藉口，大部分士兵均抽鴉片煙，戰鬥力虛弱自不待言，實際上臺島一隅，無防禦可言。胡傳的報告可能得罪了一些人，不隱瞞據實報告，這是他的個性使然。從他的日記及稟啟來看他是一個很能幹負責的官吏。當時臺灣究屬瘴癘之地，他到任後不畏艱險之境，環島巡查，歷時半載，隨從三人，僅一人生還，他自己「倖免路斃，寒心之至」。

一八九二年九月胡傳受命為鹽務提調（提調是官名相當於現在的鹽務局局長），管理全臺鹽政。這份工作他並不喜歡，一再請求內調，均不許，於是於同年十月初九寫信給他過去的老上司吳大澂，那時候吳任湖南巡撫，胡傳在信裡說：「臺灣直隸州只有臺東一缺，去冬已經補人。□（指胡傳本人）抵臺甫三日，已補者即以憂去。此班候補者只有□一人。同調諸人到即署補，否亦派當優差，以□不才作牛馬走。」他又說：「留臺則已無出路，兼恐復遣出犯煙瘴。去臺則非臺撫奏請仍回原省別無去路。吾師正當用人之際，而□羈於海外，不克自致左右，請效馳驅，為進退失據之人。深自愧憤，若逕棄此託疾以歸，又恐獲規避之咎，辜負師恩。再四籌思，惟有懇求吾師函致顧方伯請代一言於邵中丞，或逕致邵中丞，俾蒙及早放還耳，□不求補署，不求優差，惟求生還。」[24] 胡傳雖由邵友濂簽調至臺灣，他們兩人關係並不很好。邵與布政使唐景崧亦不睦，且邵本人亦時時想內調。

胡傳自知請求內調無望，乃於同年十二月初九日致函同門范荔泉（當時在撫署幫辦文案）訴苦說：「寓中自九月以來，人口甚不平安，至今尚有未愈者；兒輩不但無人課讀，並醫藥亦無人照料，苦不勝言等情。焦灼殊甚。比以此情披肝瀝膽面稟顧公，求其垂憐放還內地，不蒙鑒諒，而惟以接眷渡海相勸。」[25] 內調無望，胡傳只好將在上海川沙的妻小接來臺灣。於是胡適於光緒十九年（一八九三）二月二十六日由四叔陪同，隨母親從上海到臺南。胡傳在日記上有記：「廿六日，四弟偕兒輩及內人婢嫗等自滬抵臺南，共十一人。」[26] 日記中所記四弟即介如，兒輩除幼子胡適外，還有前妻所生的二個兒子（雙胞胎即嗣秬、嗣秠）。

到了臺南他們一家居於臺灣道署內。道署坐落在臺南府西定下坊道爺口，即今臺南市中西區永福路二段永福國小（永福路及永福國小是紀念清末悍將劉永福）。該署建於康熙二十三年（一六八四）為清代治臺最高長官臺廈道公署。據朱鋒在〈臺南與胡適〉一文中說：「道署的規模，本來是很大，但自日據之後，力充官衙學校，幾經折毀，現只剩下北邊一座殘破磚屋，榕樹一株及歷史館門前石獅一對而已，已無昔日景觀。」[27]

光緒十九年（一八九三）五月初四日，胡傳奉調代理臺東直隸州知州。當時在臺灣直隸州只有臺東一地。他對直隸州知州是有興趣的，因為可以獨當一面。斯職是陞遷，故同僚及友人均向他道賀。臺東是新設一州，一切草創，故暫留家眷在臺南。因臺東地僻有瘴，原用隨從兩個僕人陳福及林福不肯跟去，胡傳只好另外招人。他於初五日交下鹽務提調職務，十九日僱了轎夫、挑夫離開臺南，四日後抵達臺東。六月初一日接印任臺東州知州。接印後翌日，後山駐軍統領（代統埤南各軍副將）後海吾（元福）突告病故（胸腹脹痛）。胡適認為後元福很可能是因心臟病發而猝逝。[28] 邵友濂乃委派胡傳兼領臺東後山軍務。所以胡適說：「當我在一九五二年訪問臺東時，臺東父老仍然記得我的父親是位武官——胡統領；而非文官——胡知州。」[29]

胡傳是有資格侯補臺東知州，但前幾次均未曾補到。故向吳大澂發過牢騷，現在終於補到了，他也就不會有「譬彼壞木，疾用無枝」之感。故當他到了臺東二個月後曾寫了一封信給他在昆弟中關係最好，幫他忙最多的四弟介如，函中頗多心腹肺腑之言，可供大家參考，他說：「余既代理臺東，正因事簡，可暫偷閒一年；而接印甫一日，而後海吾總鎮遽而病故，所轄三營五哨分防地方四百餘里，文武二事，遂叢集於一身。豈蒼蒼者必不許余安閒耶！余生平頗喜談兵，今雖精力大不如前，尚善飯，壯心不已。如果上臺不准所請，必令兼統，是亦書生難得之奇遇，自不能不強自振作，蒐討軍實，勤加訓練，以期轉弱而為強，圖報稱於萬一。」（光緒十九年七月初四日）[30]從這封信來看，他對這個允文允武的兼職，尚甚滿意，大有一展平生抱負的機會，沒有想到二年後為了臺東州而喪命，夫復何言歟哉！

胡傳到了臺東稍事安頓後，乃把在臺南的眷屬接到臺東來居住。是年（一八九三）十二月初三胡適隨母、二哥、三哥就離開了臺南，胡傳於十二月九日移居州署，等待妻子及兒子來臺東團聚。胡傳於十二月十日日記記載：「至午後，家眷未至。」他有點掛念。胡適母子終於在十二月十四日抵臺東，那天日記：「內子及子姪輩偕朗山姪、漢生弟並領餉差弁到署。」[31]一家團圓，歡愉之情，不言可喻。可惜好景不長，翌年五月朝鮮東學黨之亂，六月中日兩國共同出兵朝鮮，至七月中日戰爭爆發了。臺灣為備戰區。

在劉銘傳巡撫任內，臺灣軍隊有四十營，但自邵友濂接任後，屢有裁減，到甲午戰爭前夕僅存半數，大約二十營（一營五百人），當不足以防臺。到中日戰起，海疆戒嚴，清廷深覺臺灣防禦空虛，乃命福建水師提督楊岐珍，廣東南澳鎮總兵劉永福赴臺協防，楊統十營。邵友濂不知兵，胡傳說他又怕死，恐日人攻臺，效古人智者不居亂兵之地，乃託病請辭，密求內調。一八九四年十月海疆危急之秋，清廷將邵調任湖南巡撫，遺缺乃由布政司唐景崧遞陞為巡撫。中日戰雲密布，唐坐鎮臺北，劉永福守臺南。[32]

此時臺灣孤懸海外，岌岌可危，人人畏懼，因此胡傳安排家眷送回徽州故鄉。胡適在《四十自述》裡說：「甲午（一八九四）中日戰爭開始，臺灣也在備戰的區域，恰好介如四叔來臺灣，我父親便托他把家眷送回徽州故鄉，只留二哥嗣秬跟著他在臺東。」[33] 胡適乃由四叔陪同，隨母親及三哥於光緒二十一年（一八九五）正月十三日離開臺東。胡傳臺東日記記載：「介如、吉庭兩弟偕內人、秠兒、穈兒、稷姪啟程赴臺南，內渡回里。」[34] 二月二十六日胡傳得介如來信，得悉胡適母子等人於正月二十七日到了上海，二月初十已從上海啟程回績溪故鄉。

那時臺灣有變化，一八九五年中國戰敗，四月和議訂《馬關條約》，割讓臺灣、澎湖予日本。臺灣紳民激烈反對，乃成立臺灣民主共和國，公推巡撫唐景崧為大總統。胡傳負責臺東後山防務，但情勢甚惡劣，電報已不通，軍餉已斷絕。此時他的腳氣病發，手足不能行動。他守到閏五月初三日始離後山，準備赴廈門，到了安平，南部守將劉永福再三請他幫忙，不肯放行。到六月二十五日，他雙腳都不能動了，劉永福才肯讓他走。六月二十八日到廈門，病重，七月初三病逝。胡適在《四十自述》中說他父親是「東亞第一個民主國的一個犧牲者！」

胡適又說：「我彷彿記得我父死信到家時，我母親正在家中老屋的前堂，她坐在房門口的椅子上。她聽見讀信人讀到我父親的死信，身子往後一倒，連椅子倒在房門檻上。東邊房門口坐的珍伯母也放聲大哭起來。一時滿屋都是哭聲。」那時胡適只有三歲零八個月。胡適說：「我只覺得天地都翻覆了！我只彷彿記得這一點淒慘的情狀，其餘都不記得了。」「我父親死時，我母親只有二十三歲。」[35]

1 胡頌平編，《胡適之先生年譜長編初稿》第一冊（臺北：聯經，一九九〇），頁十。

2 唐德剛譯注，《胡適口述自傳》（臺北：傳記文學，一九八一），頁十九。

3 蘇雪林，《猶大之吻》（臺北：文鏡，一九八二），頁一三三。

4 胡適，《四十自述（附《胡鐵花先生年譜》一種）》（臺北：遠流，一九八六），頁二五九至二六〇。

5 羅爾綱在其《師門五年記．胡適瑣記》（香港：三聯，一九九四），頁八八至九二，有一專章題為「胡鐵花遺稿」，介紹胡傳生平及其遺著，最後一節談到他如何整理胡傳手稿情形，他說：「《胡鐵花遺稿》就內容分類，分為年譜、文集、詩集、申稟、書啟、日記六種，約有八十萬字。要整理這部巨著不是一件容易的事，首先就是抄錄問題。因為這一堆草稿，不但寫得很潦草，而且改來改去，東塗西抹，又左添右補，十分難認，再加上年久破損，更是難上加難。胡適曾經幾次請人抄錄，都沒有做得下去。到我來了，便交給我去做。我拿起筆來也是抄不下去的。後來我先把那些草稿細看，看了幾天，認識了他的字體，摸出了他的語法，又看出他把同一事件分別記在各項草稿中的情況，得出互相核對以解決問題的工作方法。於是才開始抄錄整理，從一九三〇年六月做起，到一九三一年六月始成。」（頁九一至九二）羅爾綱說的《胡鐵花遺稿》中的臺灣部分，臺灣省文獻委員會於一九五一年出版，書名為《臺灣紀錄兩種》。臺北遠流出版社於一九八六年重刊胡適《四十自述》，書內刊有《鈍夫年譜》做為附錄。有關胡傳遺稿除文集、詩集及部分日記外，均已刊布。

6 在中文本《胡適口述自傳》中有下面一段話：「父親進學之後，參加了幾次省試都未能如願。因此他深深瞭解他的學業為戰火所耽誤了；所以他決定到上海去進那些戰後重開的書院，繼續進修。經過慎重考慮之後，乃於一八六八年春初進新近復校的龍門書院。」（頁十一）大陸學者胡明在其《胡適傳論》一書中對此曾有質疑，他說：「胡傳於一八六五年中秀才，一八六八年春初進龍門書院，其間三年不到，三年不到的時間不可能參加幾次鄉試的。」見《胡適傳論》上冊（北京：人民，一九九六），頁二四。按鄉試每隔三年才考一次，是故《胡適口述自傳》中這段有語病，不合邏輯。事實上胡傳考取秀才後進龍門前，只考過一次「省試」即鄉試（一八六七年）。

7 胡適，《四十自述（附《胡鐵花先生年譜》一種）》，頁二六二。

8 在中文本《胡適口述自傳》中載：「一八八一年（光緒七年）他年已四十，乃向一位經商致富的族伯（胡嘉言）借一百元銀元，搭船自上海去天津轉往北京。」（頁十二）把胡嘉言譯成族伯可能有誤，英文本是這樣說的：「In 1881, at the age of forty, he borrowed 100 silver dollars from a merchant cousin and sailed from Shanghai to Tientsin whence to Peking.」（頁十七）胡嘉言是胡傳的堂兄，胡傳在他的《年譜》中均稱他為「嘉言兄」，所以不可能是族伯，英文本上「merchant cousin」譯成中文應是「經商的堂兄」。

9 胡適，《四十自述（附《胡鐵花先生年譜》一種）》，頁二六七。

10 在《年譜》中說吳大澂與胡寶鐸「為戊辰會榜同年」（《四十自述（附《胡鐵花先生年譜》一種）》頁二六七至二六八），胡適指出他父親在這裡有誤，按吳大澂為同治七年（戊辰）二甲五名進士，而胡寶鐸為同治十年（辛未）二甲四十名進士（《四十自述（附《胡鐵花先生年譜》一種）》頁二七二）。

11 胡文華在其《胡適評傳》（重慶：重慶，一九八八）中說：「寧古塔，是為寧安府治所，現屬黑龍江省寧安縣，唐德剛注其在吉林省東南，可能有誤。」（頁四）據羅爾綱說，寧古塔今為牡丹江市的寧安，見羅著《師門五年記．胡適瑣記》，頁八八。

12 胡適，《四十自述（附《胡鐵花先生年譜》一種）》，頁二七一。

13 胡適，《胡適文存》第一集（臺北：遠東，一九六一），卷二，頁三二一。一九五二年胡適自美返臺做短期訪問，十二月八日於臺北市臺灣省立師範學院演講「杜威哲學（第二講）」時，有講到這個故事。詳請參閱《胡適講演集》中冊（臺北：中央研究院胡適紀念館，一九七八），頁三〇〇至三〇一。

14 胡適在《四十自述》中說：「我父親因家貧，又有志遠遊，故久不續娶。」（一九六六年遠東版，頁十八）胡適在這裡為親者諱。他父親在《鈍夫年譜》中說：「先妣意在為鈍夫再謀續絃，屢囑訪求配偶，近處實無其人。求之遠處，問知為鈍夫續絃，皆曰，聞其名久矣，計其年歲必在六十以上，老矣。」（《四十自述（附《胡鐵花先生年譜》一種）》頁二六二）

15 老夫少妻在中外歷史上是很多的，多得不勝枚舉，且美滿的居多。如中國名畫家齊白石。他在詩畫中常提到胡媛，她嫁給齊白石時只有十七歲，齊白石四十七歲。二十世紀英語世界裡的大詩人艾略特（T. S. Eliot）於一九五七年一月與他年輕女祕書Valerie Fletcher結婚時，新娘三十歲，新郎六十八歲。婚後鶼鰈情深，生活很愉快。艾略特有一次寫信給他的朋友龐德（Ezra Pound）說，他的童年及晚年（第二次結婚後）是他一生最愉快的日子。胡適在哥倫比亞的業師杜威（John Dewey）於一九四六年與他朋友的女兒羅慰慈（Roberta Lowitz Grant）結婚，時杜威八十七歲，新娘四十二歲。

16 胡適，《四十自述》遠東版，頁十四至十五。

17 胡適在《四十自述》中說：「光緒十五年（一八八九）他在江蘇候補，生活稍稍安定，他才續娶我的母親。」（遠東版頁十八）胡適弄錯了，他父親續娶他母親不在江蘇，而是在鄭州治河。胡適晚年在《口述自傳》中就沒有犯這個錯誤，但他說：「婚後父親乃攜眷返鄭州繼續治河。」（頁十四）這句話也許還是有問題的。筆者遍查各種資料，未找到胡傳婚後「攜眷返鄭州」的記載。在《四十自述》中胡適說：「結婚後不久，我父親把她（胡適母親）接到了上海同住，她脫離了大家庭的痛苦。」（頁十九）這條可信。這樣看來，馮順弟未去過鄭州。

18 程法德，〈胡適與我家的親緣與情緣〉，收入李又寧編《胡適與他的家族和家鄉》第一集（紐約：天外，一九九九），頁一六二至一六三。

19 據程法德說，胡傳就在他家開的「胡萬和茶葉店」不遠的地方租了一座本地人叫「內史第」（很可能是residence之譯音）的舊府第中。那座府邸規模很大，有四、五十間房子，胡適母子住一進院子上下兩間廂房。「內史第」是一個高尚住宅區。詳見程法德，〈胡適與我家的親緣與情緣〉，收入李又寧編《胡適與他的家族和家鄉》第一集，頁一六三。

20 小基隆從前稱小雞籠，相對大雞籠（即今基隆）而言。小基隆位於基隆西北，相距約七十浬，亦即在淡水東北約三十浬。

21 安平港在當時為全臺貨物集散吞吐港，萬商雲集。外商如怡和洋行、德記洋行在此均設有分行。臺灣省會本在臺南，但於一八九四年自臺南遷至臺北（這是在邵友濂任內，也是他的主意），從此臺南樞紐地位為臺北取而代之。安平港也就日漸式微。

22 按清代政府行政制度分為全國—省—府—縣；省又分直隸州、府、分府（稱廳），均隸屬巡撫（省長）。省下設布政司（專管財政）。臺灣自一八八五年建省以來，至一八九四年甲午戰爭割臺予日本為止，逐漸建立起三府一州十縣四廳的行政區。當時臺南為臺南府，是臺灣首府，為臺灣省會所在地，也是臺灣政治、經濟、文化中心。當時有一府（臺南）、二鹿（鹿港）、三艋舺（指臺北的萬華區）之稱，是臺灣繁華鼎盛之區。

23 胡傳在臺南及臺東的日記和稟啟，一九五一年由臺灣省文獻委員會印行，題為《臺灣紀錄兩種》，為「臺灣叢書」第三種，日記和稟啟各一冊。書出後胡適因方豪的建議，復將日記和稟啟按照年月日時序編排合編，更名為《臺灣日記與稟啟》分三冊，由臺灣銀行經濟研究室印行，列為該室臺灣文獻叢刊第七十一種，一九六一年出版。筆者愚意還是認為《臺灣紀錄兩種》為佳，便於閱讀採用，惟此書在海外不易覓得。我採用的是臺北文海書局影印臺灣銀行叢刊本，由沈雲龍主編的「近代中國史料叢刊」續編第八十五輯。關於日記臺東部分，復於一九六一年由臺東縣文獻委員會用線裝裝訂出版印行，定名為《清代州官胡傳臺東日記》，列為「寶桑叢書」第二種。本書裝訂古雅，亦便於閱讀查核日期，亦較《臺灣日記與稟啟》本醒目方便，余甚喜此書。李敖在其《胡適評傳》（臺北：文星，一九六四）頁四中說，胡傳到了臺灣二星期後，「開始環島巡行，考核軍隊的訓練」，這一記載恐有誤，因為胡傳到了臺灣後，曾在臺北停留了一個月。他於三月二十三日隨邵友濂從淡水搭貨輪同赴臺南，次日抵安平港，二十六日到臺南道署報到。

24《臺灣日記與稟啟》，頁八三。

25《臺灣日記與稟啟》，頁一〇八。

26《臺灣日記與稟啟》，頁一三〇。

27 朱鋒，〈臺南與胡適〉，《臺南文化》第二卷第四期（臺南市文獻委員會，一九五三年一月三十一日），頁二一。

28《胡適口述自傳》，頁十五。

29《胡適口述自傳》，頁十六。

30《臺灣日記與稟啟》，頁一七〇。

31《臺灣日記與稟啟》，頁二一〇。

32 唐景崧（1841-1903）字維（薇）卿，廣西人，同治進士。一八九一年任臺灣布政使，一八九四年晉升臺灣巡撫。一八九五年《馬關條約》簽訂後反對割讓臺灣予日，同年五月二日臺灣民主國正式成立，唐被推為總統。在基隆、臺北被日軍攻下後，於六月四日從滬尾（今淡水）逃至廈門。一九〇三年病死。著有《請纓日記》。劉永福（1837-1917）雖也是廣西人，但與唐景崧不睦。劉是出身草莽。中法戰爭時的名將。一八八四年大敗法軍於北越，收復河內，因而威名四播。一八九四年調臺駐防。中日戰爭爆發後，臺北有唐景崧坐鎮，臺南由劉永福備戰。自唐內渡後，劉永福為在臺唯一的軍事首領，當時還統治著南部半個臺灣，繼續抗日，到底勢力單薄，只維持了四個月，至九月七日（十月十九日）搭英輪出走，於是可歌可泣的東亞第一個「臺灣民主國」也就像曇花一現消失了。

33 胡適，《四十自述》遠東版，頁十七。

34《臺灣日記與稟啟》，頁二四六。胡適小名嗣穈，胡傳在日記裡稱他為穈兒，這是筆者在胡傳日記及函牘中所看到的第一次，也是僅有的一次提到胡適小名的地方。秠兒是胡適的三哥嗣秠，稷姪是嗣稷，介如的長子。

35 胡適，《四十自述》遠東版，頁十八。

【第二章】

母親馮順弟（1873-1918）

A man who has been the indisputable favorite of his mother keeps for life the feeling of a conqueror.

受其母全心愛護長大的男子，將終生自視為征服者。——佛洛伊德（Sigmund Freud）

胡適的母親像林肯的母親一樣，是一個不識字的農家女，但管教小孩綦嚴，很像小羅斯福的母親。胡適母親娘家姓馮，名順弟，一八七三年生於績溪七都中屯。中屯距胡傳故里八都上莊很近，從上莊出發，過楊林橋，東北行十里許即到中屯。馮順弟的父親名馮金灶（馮振爽），是一個績溪中屯鄉下農人，為什麼取這樣的一個名字，據胡適說因為他外祖父八字裡缺金、缺火、缺土，所以取名「金灶」，「金、火、土」就全有了。[1] 馮金灶青少年時參加過長毛（太平軍），除了是一個會種田的農民，也是裁縫師。亂平後又回中屯種田，娶了一個妻子，頭胎生下來是一個女兒，這就是胡適的母親。胡適在《四十自述》裡說，在大亂之後，女兒是不受歡迎的，所以他女兒叫做順弟，這是求吉兆的名字——希望下一胎生一個弟弟。可是第二胎又生了一個女兒，名桂芬，即是馮順弟的大妹，第三胎還是一個女兒，是順弟二妹玉英，又隔了好幾年，果然生了一個弟弟，名馮敦甫。[2]其實胡適的外公把女兒取名為順弟，還是中國傳統的重男輕女心理作祟。

歷史上中外名人受母親的影響遠比受父親的影響多，最有名的是孟母三遷，外國則如美國的小羅斯福，以及上一世紀美國名作家福克納（William Faulkner）、厄普代克（John Updike）等人，受母親的影響之大，彰彰明甚，而且他們與母親關係至為親密，英文裡稱為sissy boys是也。美國總統小羅斯福及杜魯門（Harry Truman）小時候都是sissy boys，這種例子很多，不勝枚舉。本書傳主胡適就是一個很顯著的例子。胡適父親早逝，所以他受父親的影響甚是有限，微不足道。胡適母親對她兒子的影響是多方面的，最重要的是從小給他很好的教養，教他做人道理和讀書上進。馮順弟雖然自己不識字，但知道讀書的重要，是故，自一八九五年從臺灣歸來，即送胡適上學，當時私塾的學金是兩元，馮順弟給塾師的學金是六元，比人家出的多幾倍，以後每年增加，最後加到十二元。胡適說：「這樣的學金，在家鄉要算『打破紀錄』的了。」[3]馮順弟本性很慷慨大度，也許受母親的影響或天生遺傳，胡適成年後待人接物，也很「慷慨大度」，樂善好施，遠近馳名。茲舉一例，當年臺灣「革命青年」彭明敏留學加拿大時，求學中途經濟困難，胡適曾匿名援助彭明敏，彭始終不知道是誰，等到胡適卒後，臺大校長錢思亮告訴他才知道這個無名氏就是「適之先生」。[4]

胡適父親去世時，他母親只有二十三歲。這麼年輕就喪偶，沒有改嫁，做了二十三年的寡婦（卒於一九一八年，年僅四十六歲）。好在她有一個親生兒子，兒子是她精神上的支柱。胡適回憶父親死後，他母親「含辛茹苦，把全副希望寄託在我的渺茫不可知的將來，這一點希望居然使她掙扎著活了二十三年」。[5] 胡適父親結過三次婚，第一個妻子也姓馮，沒有小孩，死於太平軍之亂，第二個太太曹氏死於肺癆，生了三個女孩，三個男孩。胡適的三個姊姊、兩個嫂嫂（即大嫂及二嫂），她們的年紀有的比胡母大（大姊大七歲，從小由別人帶大的二姊大五歲，大哥大兩歲。三姊比順弟小三歲，孿生的二哥、三哥比順弟小四歲）。胡適父親死後，由於是大家庭，人口眾多，生齒浩繁。且她們幾個姑娘兩個妯娌，都不是好惹的。兩個姊姊先後出嫁（順弟過門時，大姊已出閣），三哥過繼出去，可是兩個嫂嫂在家常常鬧意見，給馮順弟的氣已夠受的了。大哥是敗家子，賭博、抽鴉片什麼都來，大嫂是最無能又最不懂事的人。因大哥一生糊塗，二哥很能幹，由他管家，後因病抽鴉片煙成癮（胡適於一九一七年從美國回來看到他抽鴉片煙，叫他戒煙，二哥就生氣了。胡適母親也是因病抽鴉片，胡適回國後，怕有損兒子聲名就戒掉）。二嫂也是個很能幹的人，可是氣量很窄小。胡適說：「只因為我母親的和氣榜樣，她們還不曾有公然相罵相打的事。她們鬧氣時，只是不說話，不答話，把臉放下來，叫人難看。二嫂生氣時，臉色變青，更是怕人。

她們對我母親鬧氣時，也是如此。我起初全不懂得這一套，後來也漸漸懂得看人家的臉色了。」[6] 大嫂二嫂一生氣，往往十天或半個月，走進走出板著臉、咬著嘴，打罵小孩子出氣，像《紅樓夢》裡的女子一樣指桑罵槐，說些尖刻的話給別人聽。馮順弟只裝著沒有聽見。有時候她實在忍不住了，她就跑到鄰居家去坐一下。有時鬧得沒有辦法，她就不起床輕輕地哭一場，哭她自己苦命，哭她丈夫早死。大嫂住在後堂西房，二嫂住前堂東房，在這種情況之下，其中一位嫂子會走進來，捧著一碗熱茶，送到馮順弟床前，勸她不要哭，請她喝口茶，那位嫂子站著勸她一會就退出去，沒有一個人提到鬧氣的事，如果用第二次世界大戰後國際間美蘇之爭的術語來說，這就是「冷戰」。這位端茶進來的嫂子就是她鬧氣的人，胡適說他母親「這一哭之後，至少有一兩個月的太平清靜日子」。[7] 在這裡胡適沒有提到三嫂，但他晚年回憶，因為「我三哥（嗣秠）出繼出去，後來窮得什麼都沒有了，我母親又接他回來，從此我的母親受的氣更大」。[8] 三嫂給胡適母親增加更多麻煩，雖然他在《四十自述》裡沒有寫三嫂。三嫂人品如何？我們可以從胡適別的文章或日記裡找出一些蛛絲馬跡來，把《四十自述》裡缺了的三嫂材料補進去。胡適說他姪子胡思永（即三哥三嫂的獨子）有點才氣，出過一冊《胡思永的遺詩》（上海亞東圖書館印行），只活了二十一歲就死了。一九二三年當思永病重時，胡適在其日記裡記：「我所痛者」，倒不是因為三哥無後，而是思永是「一個有文學天才的少年，因父母遺傳的病痛而中道受摧殘！此子一身病痛，是從其父母得來的；一生的怪癖多疑，不能容人容物的心病，是從其母親得來的」。[9]三嫂為人如何，當可思之過半矣！胡適晚年在臺北對祕書胡頌平說：「我寫《四十自述》時是很客氣的，還有許多都沒有寫出來。」[10]後來我在李又寧主編的《胡適與他的家族和家鄉》第一集裡，看到胡適姪外孫程法德（即大哥長女胡惠平的兒子）寫過一篇〈胡適與我家的親緣與情緣〉，講到三嫂的事，述之甚詳，頗可參考。[11]茲根據程法德所述，摘錄如下。

胡適在《四十自述》裡沒有把三嫂寫出來，因為三嫂的故事是很複雜的，此外我認為胡適寫《四十自述》還是有忌諱的。三嫂即三哥嗣秠之妻，三哥與二哥是雙胞胎，三哥過繼給胡星五的長子祥虹為子。思永死後，三嫂要二哥將第三個兒子思猷過繼過來。這樣一來，三嫂曹細絹，即是曹誠英的同父異母姊姊，便以立嗣娘的身分名正言順至胡適的大家庭居住。這樣過繼來、過繼去，更形複雜，所以胡適畢生極力反對中國舊傳統的大家庭制及過繼陋習。三嫂娘家本來也是富有人家出身，但因她早年守寡，性情孤僻，又染阿芙蓉，不類常人，在家裡惹得很多是非。胡傳死後家道中落，漢口及上海的店鋪相繼破產，但在上海川沙的老店「胡萬和茶葉店」尚能保留下來。這家店的產權是由過繼出去的三哥一房繼承（三哥死後歸三嫂），而由二哥負責經理。二哥人雖很能幹，也很聰明，在上海讀過梅溪書院及南洋公學，是有見解且有新思想的人，有名士派頭，但照程法德的說法，胡適二哥嗣秬因病「吸鴉片煙成癮，且有官少爺派頭，哪裡會做生意？」胡萬和茶葉店經營不善，店面只是一個空殼子，後來行將倒閉，三嫂出來說話，她說二哥挪用胡萬和店裡的資金，於是吵起來了。要胡萬和老店維持下去，胡適不得不出來調解。他就想到程法德的父親程治平（胡惠平的丈夫），胡適很欣賞他，程治平儀表堂堂，又很能幹，他們（胡適與程治平）是同庚，但胡適輩分高，乃對他說：「你是我的姪女婿，對胡家有半子之靠。你受人僱用，終究不出頭，不如川沙萬和店由你去經營，我家都是讀書人，以後不會找你的麻煩。」[12] 經胡適這樣一講，程治平就來經理胡萬和老店。這家百年老店終於保存下來，也擔負了胡家老小的一部分生活費用。這是有關三嫂鬧起來的胡家財務糾紛。程法德說，胡適出來調解這件事大約在一九二〇年前。胡母於一九一八年病逝，二哥卒於一九一九年。自一九一七年胡適回國後，家中有事如三嫂鬧事及其他大小麻煩，胡母不怕，因胡適回國了，家中有事都由兒子去擔當。三嫂鬧胡萬和老店時，無法確知馮順弟是否尚健在。辛亥革命後，大哥漢口店被北兵毀了，二哥亦百般不得志，「兩兄皆有家累，子姪聰穎可造，可惜因沒有錢而不能受完全教育。」胡適在日記中記：「恨吾何苦遠去宗國？吾對於諸兄即不能相助，此諸姪皆他日人才，吾有教育之責，何可旁貸也！」[13] 胡適回國後不久，在北大教書，他給母親家書說：「適在此上月所得薪俸為二百六十元，本月加至二百八十元，此為教授最高級之薪俸。適初入大學便得此數，不為不多矣。他日能兼任他處之事，所得尚可增加。即僅有此數亦盡夠養吾兄弟全家，從此吾家分而再合，更成一家，豈非大好事乎！」[14] 胡適正如周策縱教授所說，是「一個很可愛的人」。

除了三嫂為胡萬和老店資金問題鬧事外，胡家另一件大事是阿翠吞金自殺，在績溪一度謠諑紛紜，滿城風雨，這件事很使胡適難過，困擾他很久。阿翠是胡適二哥的女兒。一九一九年胡適二哥病逝，不久二嫂（即阿翠的母親）亦逝。小阿翠三歲的弟弟思猷過繼給三嫂，因此二嫂死後，阿翠（本在上海川沙）回到家鄉跟她三嬸生活。但阿翠回到績溪後，因不堪忍受三嬸苛刻待遇，乃吞生煙土自盡，死時口吐白沫，滿床打滾，年僅十九歲。那時（一九二八年）胡適已名滿天下，大戶人家出了這種意外事很失面子，因此對外界只好說阿翠死於時疫。那年江冬秀適在績溪監修祖墳，給胡適寫信時沒有明說或者沒有說清楚，胡適接信後覺得阿翠之死很是離奇，故有信給江冬秀：「你說是『時症』，家鄉有別家人害此病死的嗎？如外間無此病，那就不是時症。時症總起於貧苦小戶人家。我們家中比較要算清潔空敞的了。除非大瘟疫，不容易傳染。」[15]這時胡適在上海也聽到了一些有關阿翠自殺的謠言，乃於四月一日寫信給江冬秀：「阿翠死後，家鄉出了很多謠言。前天近仁說，有人說阿翠吞金死的，我聽了當作笑話。今天去看祥鈞叔，他也說，聽見人說阿翠吞金。我把你信上說的病症告訴他。大概外面總還有不少的怪話，這種話不知如何造出來的。可不必告訴秠嫂，也不必同外人說。」[16]胡適也在家書上說：「思敬知道了阿翠的死信，哭的不得了，我看了十分難過。」[17]思敬是阿翠的胞弟。近仁及祥鈞均是胡適的族叔。秠嫂即是三嫂。關於阿翠的死，胡適後來又有信給江冬秀：「請你自己斟酌看。我在外面，有什麼法子可以決定？你也不必為他生氣。年輕的人不懂世事，請你勸勸他。這個世界是不容易住的，有皮（脾）氣的人總要吃苦，做媳婦固然不易，做妻子也不容易。我們最好此時暫不回絕祥鈞叔，等你、他出來再談，你看如何？」[18]胡適後來弄清楚了阿翠的死，就採取了息事寧人的態度，這就是所謂清官難斷家務事，所以他寫《四十自述》時，只寫大嫂及二嫂而不提三嫂。胡適常對人說寫傳記最好不要有忌諱，「忌諱太多，顧慮太多，就沒有法子寫可靠的生動的傳記了。」[19]可是當他自己寫《四十自述》時，對三嫂就很「客氣」了，「許多都沒有寫出來」。這樣看來，一個人寫自傳或為他人立傳，有時候也是很難的。像胡適這樣治學嚴謹的大學者，尚且「對三嫂是很客氣的」。阿翠自殺時，胡母已經死了多年。

馮順弟對家人很和氣。胡適在《四十自述》裡說：「我母親待人最仁慈、最溫和，從來沒有一句傷人感情的話，但她有時候也很有剛氣，不受一點人格上的侮辱。」族中無正業的浪人五叔，有一天在煙館裡亂說話，說馮順弟有事總找某人幫忙，大概總有什麼好處給他。這句話傳到了馮順弟耳朵裡，她氣得大哭，乃請了族中幾位長輩，把五叔喊來，當面質詢，「直到五叔當眾認錯賠罪，她才甘休。」[20]他在《留學日記》裡說：「我母為婦人中之豪傑，二十三歲而寡，為後母，我三兄皆長矣。我母以一人撐拒艱難，其困苦非筆墨所能盡者。而我母治家有法子，內外交稱為賢母。我母雖愛余，而督責綦嚴，有過失未嘗寬假。每日黎明，吾母即令起坐，每為余道吾父行實，勉為毋忝所生。吾少時稍有異於群兒，未嘗非吾母所賜也。」[21] 在《留學日記》裡是用文言文寫的，在《四十自述》用白話文寫，更為生動，母親說上學要用功讀書：「你總要踏上你老子的腳步。我一生只曉得這一個完全的人，你要學他，不要跌他的股。」（跌股便是丟臉的意思）每天一到天大明，把胡適叫醒，把他衣服穿好，催他去上早學，學堂門上的鎖匙是在塾師家，胡適先到老師家裡拿鑰匙，拿了跑回去，開了門，坐下來開始念生書，十天之中總有八九天，他是第一個開學堂門的，等到老師來了，他背了生書，再回家吃早飯。胡適後來在《四十自述》回憶說：「我母親管束我最嚴，她是慈母兼任嚴父。但她從來不在別人面前罵我一句，或打我一下。」胡母這樣做，不使小孩子在眾人面前失了面子，可養成小孩子的自尊心。很多傳記家認為胡母這個辦法很好，我也同意。胡適又說：如果「我做錯了事，她只對我一望。我看見了她的嚴厲眼光，便嚇住了。犯的事小，她等到第二天早晨我睡醒時才教訓我。犯的事大，她等到晚上人靜時，關了房門，先責備我，然後行罰，或者跪，或擰我的肉，無論怎樣重罰，總不許我哭出聲音來」。[22]

一般公認胡適的成功歸之於胡母的嚴格教養。胡頌平說，如胡適幼年沒有母親的嚴格管教，則中國近世史上就沒有管領風騷的大學者；民國初年興起文學革命，提倡白話文運動，其成就光耀史冊。可是近來也有人認為胡母嚴格管教孩子的方法是不正確的，不是很好的教育方法，有害兒童心理發展。[23] 綜觀胡母的一套方法，不外灌輸孝道，行為要斯文、規規矩矩，鼓勵小孩子要讀書上進。筆者認為這種想法沒有什麼不好。移民來美國的中國人，對於管教子女要採取美國式的放任，還是用中國的老傳統嚴格管教，孰是孰非，爭論不休。胡適成年後，在《四十自述》裡說：「我在母親的教訓下住了九年，受了她的極大極深的影響。我十四歲（其實只有十二歲零兩三個月）就離開她了，在這廣漠的人海裡獨自混了二十多年，沒有一個人管束過我。如果我學得了一絲一毫的好脾氣，如果我學得了一點點待人接物的和氣，如果我能寬恕人體諒人——我都得感謝我的慈母。」[24]可是胡適的姪外孫程法德說，可見「胡適對他慈母的教導是十分崇敬、稱道的！然而我在青年時期，讀到胡適描述胡母教子情景的文章時，混身上下竟會產生一種不寒而慄的異樣感覺！」[25]為什麼程法德會說這樣的話？因為程法德的母親胡惠平（1891-1947）是胡適大哥嗣稼的大女兒，在輩分上，惠平比胡適小一輩，但她只比胡適小一歲（自述裡說小一歲，日記裡說小二歲），她與胡適一起長大，由胡母帶大。程法德說：「我是親身體驗過胡母教子的一套『規矩』的過來人。先母（即惠平）自小跟隨著胡母生活，耳濡目染，胡母的一套家教烙入了她的腦海中。特別是胡適早年揚名一時，更使先母對胡母家教的效果深信不疑。在她有了兒子後，就全盤照搬的來管教她的兒子。」[26]這個兒子就是程法德，一九三〇年生，南開大學經濟系畢業。惠平用胡母的辦法把程法德訓練成一個有用的人，不是也很好嗎？未必每一個人都要成為胡適之。

II

胡適母教的例子，令人想起第二次世界大戰時領導盟國擊敗德、義、日的美國大總統小羅斯福。像胡適一樣，小羅斯福幼時母親對他寵愛有加，但管教甚嚴。小羅斯福父母的婚姻也像胡適父母一樣，是老夫少妻。小羅斯福父親詹姆斯·羅斯福（James Roosevelt）與他母親薩拉·迪蘭諾（Sara Delano），是在老羅斯福（Theodore Roosevelt）家裡邂逅，這兩家羅斯福是世家，都是荷蘭後裔，遠房親戚。那時老羅斯福尚在哈佛讀書，弟弟埃利奧特（Elliot）遠遊，只有兩個妹妹在家，父親已逝，母親孀居，年四十七，住在紐約州市西區五十七街，距中央公園很近。一八八〇年春天，老羅斯福的母親邀請住在赫德遜河畔海德公園（Hyde Park是一個鎮的名字）的詹姆斯·羅斯福進城晚餐。她同時也邀請了她女兒的朋友薩拉·迪蘭諾。她住在上州赫德遜河畔的紐堡（Newburgh），距海德公園十八英里，原來他們（詹姆斯與薩拉）是「鄰居」，但彼此並不相識。詹姆斯·羅斯福當時五十二歲，鰥居多年，有意物色新伴，一般人都認為他與孀居的女主人（即老羅斯福母親）門當戶對，年齡也相若，實是很理想的一對，但詹姆斯·羅斯福卻偏偏中意比他年齡小一半的薩拉。隔了幾個星期後（確切日期是五月七日），詹姆斯·羅斯福邀請原班人馬到他鄉郊的海德公園寓所晚餐（距紐約市大約一小時火車車程）。五月七日重逢後，詹姆斯·羅斯福與薩拉感情日增，男方單刀直入，快馬加鞭，不久兩人就談婚論嫁，也像馮金灶夫婦一樣，薩拉的父母（即日後的小羅斯福外祖父及外祖母）也因為詹姆斯．羅斯福年齡大，反對這樁婚事。但薩拉有另一種想法，她快要二十六歲了，已過摽梅（當時是十九世紀後半葉，二十六歲的姑娘還沒結婚，確實太晚）。她認為這次詹姆斯．羅斯福求婚是天賜良機，可能是一生最後一次機會了，如果錯過，那就像一般美國人常說的要missed the boat（錯過機會）了。薩拉這種待嫁心情與馮順弟如出一轍。兩人不久即於當年十月七日結婚。一八八二年一月，薩拉生下一個男孩。這個男孩即是日後任紐約州州長及美國第三十二任總統的小羅斯福。隔了半個世紀後，她寫信給兒子小羅斯福：「五十一年前的昨天，如果我不去海德公園，則我現在可能還是一個獨善其身的可憐的老小姐（poor "old Miss Delano"）。」[27] 對薩拉來說一生已很滿足，另外她對丈夫詹姆斯．羅斯福有一種感念之情。她晚年寫信給在白宮的兒子，說她一生有幸，有三個男子照顧她，首先有「你外祖父的寵愛與照顧，然後遇到了你父親，到了晚年，你使我現在有這麼美好的晚境」。[28]

薩拉與詹姆斯的婚姻如同胡適的父母，是老夫少妻的一個類型。一般而言老夫少妻的婚姻，十之八九美滿的居多。薩拉與詹姆斯亦不例外。婚後薩拉照拂詹姆斯無微不至，生了小羅斯福後，薩拉即稱她自己不要再有小孩。據傳記家說，因詹姆斯年邁，薩拉亦就日漸放棄敦倫之歡。詹姆斯死後，薩拉全副精力放在小羅斯福身上。雖然小羅斯福同父異母的哥哥很多，一般傳記家仍視小羅斯福為獨生子，一如馮順弟視麋兒（胡適）為獨生子；但薩拉管教兒子富蘭克林（小羅斯福）一樣極其嚴格，全力栽培。循當時富家子弟慣例，羅母延師到家裡來為她兒子課讀。她自訂日程，小羅斯福六時起床，八時早餐，然後上課。午餐一小時，再一小時自由時間。下午又是課讀，然後鋼琴及遊戲等活動。這個課程對幼童來說，即使在當時（十九世紀與二十世紀之交）也應該算是繁重的。羅母在當時備受指責，認為這樣的教育令小孩喪失童年樂趣，且妨礙兒童心理發展。小羅斯福於一九三三年當選總統後，記者問羅母對兒子小羅斯福有沒有一套訓練計畫？她說沒有，她從未夢想過兒子會當總統。她對兒子最大的期望，是希望他成年後像父親一樣，做一個受人敬仰的紳士。[29]馮順弟也一樣很敬仰胡傳，很崇拜他，她對胡適說：「你總不要丟你老子的臉。」[30]薩拉曾說希望她的父親華倫．迪蘭諾（Warren Delano，即小羅斯福的外祖父）要以這位外孫及她的女兒（即薩拉本人）為榮。結果他的女兒把這個外孫教養的那麼好。

III

羅母及胡母教子有方，都成功了。但她們的方法，到現在還會引起爭議，褒貶不一。因為現在在美國的第二代移民，尤其是中國人、韓國人及越南人等亞裔，他們用的是中國老傳統的辦法，也就是羅母及胡母教育小羅斯福及胡適的一套儒家辦法來教育他們的子女。一句話，極其嚴格。他們就是把胡母的管教方法搬到美國來，現在一般美國人都稱這樣的媽媽為Tiger Mothers（老虎媽媽，簡稱「虎媽」）。好教練能把球員的技能（talent）發揮到極點，而虎媽就像教練一樣，就是要在子女智慧發展最好的年齡階段（英文稱為formative years）盡其所能嚴格訓練子女把書讀好，因為這個階段的努力效果事半而功倍，過了這個時期則事倍而功半，不抓住這個機會，也許就要永遠地錯失良機（特別是語言文字，不管是中文或英文）。二〇一一年一月八日，美國《華爾街日報》刊出一篇文章〈為什麼華人媽媽比較厲害〉（Why Chinese Mothers are Superior），這篇文章就是虎媽教育兩個女兒的經驗之談，同時宣傳作者即將面世的一本書。她是耶魯大學一位經濟學教授蔡美兒（Amy Lynn Chua），當時出版了一本書《虎媽的戰歌》（*Battle Hymn of the Tiger Mother*, New York: Penguin Press, 2011）。書出後轟動一時，但引人爭議，因為很多教育專家及心理學家群起攻擊，咸認為她用這種方法來管教子女是不健康的。儘管如此，該書仍暢銷數十萬本，蔡美兒名利雙收。蔡美兒父親是菲律賓華僑，她幼時受過父母極其嚴格管教。她本人是麻省理工學院經濟學博士，獲博士學位後任教於加州大學柏克萊分校，現在在耶魯教書。她嫁了洋人，育有二個女兒（名蔡思慧、蔡思珊），就把中國傳統的管教子女辦法（其實也就是胡母那一套方法）如法炮製，施之於兩個女兒身上，成效如何？報章報導都說成績斐然，因為蔡思慧及蔡思珊先後錄取哈佛大學，蔡美兒成功了，這是不爭的事實。但還是有人反對她用這種辦法來管教子女。她兩個女兒成年後很愉快，感謝媽媽教養的苦心。胡適在其《留學日記》裡說：「吾少時稍有所異於群兒，未嘗非吾母所賜也。」[31] 在《四十自述》裡說：「如果我學得了一點點待人接物的和氣，如果我能寬恕人、體諒人—我都得感謝我的慈母。」[32] 馮順弟的姪子馮致遠說：胡母是「一位罕見的賢妻良母。胡適因賢母的渾恩未報，終身引為憾事」。[33] 一般而言，在美國的這批「虎媽」種瓜得瓜，一如佛家所言「功不唐捐」。

美國聖若望大學（St. John's University）李又寧教授，在南京大學召開的「紀念胡適先生誕辰一百二十週年國際學術研討會」上演講時說：「英國有個左翼作家馬丁・雅克（Martin Jacques）寫了一本書 *When China Rules the World: The End of the Western World and the Rise of the Middle Kingdom*（《當中國統治世界》），這兩本書（指加上《虎媽的戰歌》）合在一起，讓西方人十分震驚，他們覺得，如果中國媽媽培養出的都這麼能幹，中國恐怕真的會統治世界。」[34]

現在在美國常春藤盟校或東西兩岸名校，看看校園裡的亞裔學生多如過江之鯽，這就是「虎媽」教養成功的明證。但這批名校裡的天之驕子亞裔學生，並不是每一個都像胡適或小羅斯福那樣，或像蔡美兒女兒成年後那樣感謝母親的嚴格管教，我有幾個朋友的小孩就像程法德一樣，有時會說，如果幼時沒有他母親那樣嚴格管教，則童年會有更多樂趣，誠然。但如果童年有太多樂趣，也許成年後就出不了頭。[35] 所謂出頭，是指過著正常生活，有一個

good life，在社會上做一個有用的人。不是每個人都要像小羅斯福或胡適之那樣有成就。馮順弟及羅母那樣嚴格管束小孩，她們當時也只是希望兒子將來成年後像他父親一樣，做一個受人尊敬的人。一九三二年小羅斯福當選總統後，薩拉答覆記者，她從未夢想過兒子會做總統。小羅斯福及胡適的例子，令人想起十九世紀英國大思想家約翰．彌爾（John Stuart Mill）及民國初年的錢鍾書來。彌爾的父親詹姆斯．彌爾（James Mill）是一個思想家——邊沁（Jeremy Bentham）功利主義的巨擘。錢鍾書的父親錢基博是極其保守的儒家學者，又是古文大家。詹姆斯．彌爾與錢基博兩人均刻意教導及栽培子姪輩，他們的方法有異曲同工之妙。用現在的術語來說，詹姆斯．彌爾及錢基博算是「虎爸」。但詹姆斯．彌爾也只教出大兒子約翰．彌爾。民國時代錢家也只出了一個三百年來難得一見的大才子錢鍾書。彌爾在《自傳》裡，對他父親的嚴格教育稍有微詞。但錢鍾書對於幼年嚴格教育沒有講過一句話，既無感謝或贊許，也無責備。可喜的是，約翰．彌爾及錢鍾書兩人的聲名光芒遠遠地蓋過了乃父。[36]對於管教子女，我本人傾向於比較放任的態度，不要太勉強小孩子，如果自己認為家裡有個聰明的孩子，用虎媽（亦即胡母、羅母）的管教方法，量才施教，我並不反對。羅母及胡母都是成功的榜樣：一個兒子做了大總統，一個兒子是曠世大學者，但羅、胡的成功不是偶然的，這兩個母親都做了極大的犧牲——羅母生了小羅斯福後因丈夫年老，即放棄了性愛幸福；胡母二十三歲做寡婦，終身沒有改嫁。每當我讀胡適《四十自述》或小羅斯福傳記，讀到馮順弟及小羅斯福母親薩拉教育兒子的苦心，對這種偉大的母愛，我不得不衷心向胡母及羅母再三脫帽鞠躬敬禮。

1 胡頌平編著，《胡適之先生晚年談話錄》（臺北：聯經，一九八四），頁二三（一九五九年五月九日）。這是胡適對胡頌平說的。後來胡適又說，古時常有人這樣取名字的，「實在沒有道理」。他又說：「過去都是以五行來取名字的，像朱夫子的名字叫熹，他的父親叫朱松，他的兒子叫朱塾，是用木火土金水來取，五代一換的。到了明朝，朱洪武之後，差不多都用五行取名的。」

2 馮致遠，〈胡適的家庭及其軼聞瑣事〉，收入顏振吾編，《胡適研究叢錄》（北京：三聯，一九八九），頁三六。胡適，《四十自述》（臺北：遠東，一九六六），頁六。我想很可能還是農業社會重男輕女的緣故，希望下胎生一個弟弟的吉兆，所以取名「順弟」。我們江蘇鄉下人家生了女兒取名「來弟」的很多，其用意是一樣的。

3 胡適，《四十自述》，頁二五。

4 彭明敏於二十世紀中葉即有臺獨意識，他很能念書，是一個傑出青年，但國民黨不知道他是一個「革命青年」，一九六二年曾獲蔣介石召見。彭明敏一九四八年在臺大畢業後，曾獲得大陸留下來的庚款（即後來的中華文化基金會）獎學金為期一年，但他讀國際太空法碩士學位要兩年，讀了一年後沒有獎學金就無法讀下去，於是寫信要求當時庚款理事長胡適延長一年，胡適回信說庚款獎學金不能延長，他（胡）曾向別的機構或基金會要求幫助彭，未成。過了一段時間，胡適寫信給彭明敏說，他終於找到一個無名氏，願意在經濟上幫助他完成學業，金額與第一年獎學金一樣，但這個人不願透露其姓名。胡適死後，彭才知道這個不願透露姓名的人就是胡適。一九六二年胡適在中央研究院院士會議上因心臟病發猝逝，彭明敏得悉後即趕到南港，他說他見到胡適「躺在地上，覆蓋一席白巾。我端詳他的面孔，他的神情就與他生前全神貫注說話時一模一樣。就在那裡，臺大錢思亮校長告訴我，曾給我經濟支持，使我能夠在加拿大麥基爾大學讀完第二年的，不是別人，就是胡適先生本人」。彭明敏最後說：「我也太天真，太不夠經驗」，從來沒有想到這位「無名氏」就是「這位最慈祥、最親切的學者」適之先生。詳請參閱彭明敏著，林惠美譯，《自由的滋味：彭明敏回憶錄》（美國加州Irvine：臺灣，一九八六），頁七九至八〇及一〇九。

5 胡適，《四十自述》，頁十九。

6 胡適，《四十自述》，頁三四。

7 胡適，《四十自述》，頁三五。

8 胡頌平編著，《胡適之先生晚年談話錄》，頁五八。

9 《胡適日記》，一九二三年四月九日。

10 詳見胡頌平編著，《胡適之先生晚年談話錄》，頁五八。

11 程法德，〈胡適與我家的親緣與情緣〉，收入李又寧主編，《胡適與他的家族和家鄉》第一集（紐約：天外，一九九九），頁五九至一七三。

12 程法德，〈胡適與我家的親緣與情緣〉，收入李又寧主編，《胡適與他的家族和家鄉》第一集，頁一六二。

13 《胡適留學日記（一）》（上海：商務，一九四八），「三七 思家」，一九一四年六月九日，頁二五五。

14 耿雲志、歐陽哲生編，《胡適書信集》上冊（北京：北京大學，一九九六），頁一一一至一一二。

15 〈致江冬秀（一九二八年三月十九日）〉，耿雲志、歐陽哲生編，《胡適書信集》上冊，頁四二三；程法德，〈胡適與我家的親緣與情緣〉，《胡適與他的家族和家鄉》第一集，頁一六五至一六六。

16 〈致江冬秀（一九二八年四月一日）〉，《胡適書信集》上冊，頁四二五至四二六。

17 〈致江冬秀（一九二八年三月二十九日）〉，《胡適書信集》上冊，頁四二五。

18 見〈致江冬秀（一九二八年三月十日）〉，《胡適書信集》上冊，頁四二一。

19 見〈傳記文學〉，收入《胡適講演集》中冊（臺北：中央研究院胡適紀念館，一九七八），頁四〇八。

20 胡適，《四十自述》，頁三五。
21《胡適留學日記（一）》，「三六　第一次訪女生宿舍」，一九一四年六月八日，頁二五二。
22 胡適，《四十自述》，頁三二。
23 程法德，〈胡適與我家的親緣與情緣〉，《胡適與他的家族和家鄉》第一集，頁一六〇至一六一。
24 胡適，《四十自述》，頁三五至三六。
25 程法德，〈胡適與我家的親緣與情緣〉，《胡適與他的家族和家鄉》第一集，頁一六〇至一六一。
26 程法德，〈胡適與我家的親緣與情緣〉，《胡適與他的家族和家鄉》第一集，頁一五九至一六〇。
27 Ted Morgan, *FDR: A Biography* (New York: Simon & Schuster, 1985), pp. 20-21.
28 Ted Morgan, *FDR: A Biography*, p. 38.
29 Bonnie Angelo, *First Mothers: The Women Who Shaped the Presidents* (New York: William Morrow, 2001, p. 29.
30 胡適，《四十自述》，頁三二。
31《胡適留學日記（一）》，「三六　第一次訪女生宿舍」，一九一四年六月八日，頁二五二。
32 胡適，《四十自述》，頁三五至三六。
33 馮致遠，〈胡適的家庭及其軼聞瑣事〉，收入顏振吾編《胡適研究叢錄》，頁三七。
34 耿雲志、宋廣波編，《紀念胡適先生誕辰一百二十週年國際學術研討會專輯》（北京：社會科學文獻，二〇一二），頁十二。
35 我家有個虎媽，我內人劉笑芬女士管教小孩（獨子Kevin）極其嚴格，我兒子幼時很頑皮，成年後有一次他對我說，如果媽媽幼年不管教他那麼嚴，他的童年就會有很多樂趣，我對他說，如果沒有媽媽這樣嚴格的管教，由我來擔當，你可能進不了大學，遑論想進常春藤盟校，那你現在也不可能在大學裡教書。以後他再也沒有與我說過這樣的話。
36 約翰·彌爾成年後不僅是傑出的哲學家、經濟學家及政治學理論家，而且是十九世紀思想界的重鎮。約翰·彌爾一生著作很多，《自傳》（*Autobiography of John Stuart Mill*）是他的名著之一，當吾人讀其《自傳》，不但可以看出他如何從一個小思想家變成大思想家，而且還可以瞭解十九世紀歐洲思想界的變遷大勢。約翰·彌爾在《自傳》裡直截了當地說：「很公允地說，我開始讀書要比同時代的人早二十五年，我占了這個便宜。」錢鍾書沒有說過這樣的話，但吾人當知，他開始讀書也要比同時代的人早很多年，至少十年或二十年，他考清華時雖數學考零分，但中英文特優，羅家倫校長破格錄取，故當他於一九二九年一進清華，文名已滿全校，即有「清華才子」之稱，也就不足為奇了。

【第三章】

上海—臺南—臺東—績溪，一八九一至一九〇四

上海是胡適誕生的地方。胡適與上海有淵源，他於一八九一年十二月十七日生於此。他與上海有緣；在績溪九年家鄉教育之後，一九〇四年又來上海求取新的知識。一九一〇年他考取庚子賠款公費留美，是年八月十六日他從上海碼頭上船前往新大陸。一九四九年四月六日在上海搭克里夫蘭總統號（President Cleveland）去美國以後，再也沒有回到過上海。在胡適離開上海去美國之前幾天，陳衡哲夫婦邀請胡適還有錢鍾書夫婦作陪（一共五人）在陳衡哲家裡舉行雅集小聚，那天在座的五個人都講上海話，據楊絳晚年回憶，胡適的上海話講得非常道地。楊又說傍晚時有人開汽車來陳衡哲家接他，臨走時他還拿了一個蟹殼黃燒餅帶走。[1] 胡適與任鴻雋於一九一七年四月七日同赴紐約市北郊普濟布施（Poughkeepsie）

造訪陳衡哲（莎菲），這是胡適與陳衡哲第一次見面。他們三人是最好的朋友。一九四九年四月六日胡適在上海赴美前夕，任、陳在他們寓所為胡適餞行，沒有想到這是三人最後一次聚首。一九六一年十一月任病逝。翌年二月二十五日胡適心臟病發猝逝，莎菲大女兒任以都告訴在香港友人：「無論如何不能讓好娘（即莎菲）知道。」[2]

胡適出生時，上海是一個新興的城市。上海的歷史最早可追溯至春秋時代，但信史可據是從隋唐開始。中國有的是古老的城市，要是與其他歷史悠久的城市，如長安、洛陽、開封、北京、金陵、蘇州、杭州等古城相比，上海是最年輕的城市了。但今日上海是中國幅員廣袤、人口最多（兩千三百萬人）的大城市。上海原是位於揚子江口的一個漁村，在宋代是一個小鎮，元代始設縣治，至明代始建城池，而真正迅速的開發在鴉片戰爭以後，《南京條約》設五口通商，上海是五個口岸之一，而後又有租界興起，發展神速；到了十九世紀末葉，一八九〇年代胡適出生的時候，上海已形成一個國際大都市的雛形。胡適在上海誕生兩個月後，父親奉調臺灣，因為對臺灣人地生疏，於是隻身赴臺，把眷屬留在上海川沙。胡適與母親在川沙住了一年後才去臺灣。

II

胡適父親胡傳於一八九二年二月底抵臺灣。一年後，確切日期是一八九三年二月二十六日，襁褓中的胡適也跟著母親到了臺灣，他們先到臺灣南部的臺南（當時是臺灣首府），住在臺灣道署內。道署位於臺南府西定下坊道爺口，即今臺南市中西區永福路二段上的永福國小。胡傳一度擔任鹽務提調，臺南鹽務局即設在道署頭門右邊。胡適母子住在鹽務局二個月十六天。後來胡傳奉調臺東，也是隻身先行，胡適母子於五月十三日搬至道署西邊暫住，計六個月二十五天。依據朱鋒計算，胡適住在臺南前後總計九個月十一天。[3] 胡適父親於一八九三年六月調任臺東直隸州知州，兼統鎮海後軍各營。那時臺東是新設的一州，一切草創。胡適在《四十自述》裡說：「故我父不帶家眷去。到〔光緒〕十九年（一八九三）十二月十四日，我們才到臺東。我們在臺東住了整一年。」[4] 因為胡適幼時在臺南及臺東住過，故當他於一九五二年十一月十九日第一次從美國到臺灣，曾特地於十二月二十六至二十九日去臺南及臺東訪故居，受到當地居民熱烈歡迎（一九四九年三月胡適也曾到臺灣短期逗留，但未曾去臺南及臺東）。[5] 當時（甲午戰爭前）在臺灣的外省人很少能有像胡適那樣的機緣：幼時隨父母在臺灣居住過。因此本省人對胡適另有一種特殊的感情，把他當鄉親看待。而他自己亦自稱他是半個臺灣人，或者說臺南及臺東是他第二故鄉。關於胡適到臺南永福國民學校（今永福國小）訪問故居的報導，則以衡五在《臺南文化》上刊載的〈維桑與梓，必恭敬止——胡適之先生在臺南訪舊追記〉一文最為詳盡。其中一段衡五這樣記述：「胡先生住過的房子連整個道署被日本人拆毀改建，已經面目全非。後來幸而發現這久被忽視的清代老樓房，不管它是不是胡先生的舊居，總算是道署舊物，應該與他有關係。於是清理打掃，叫它飛上枝頭，掛起『胡適紀念館』的招牌來。胡先生到那房子裡，就有人替他說明這房子的意義，其中一個人甚至武斷地對他說『這就是胡博士以前住過的房子。』但是胡先生不肯放棄他懷疑的老態度說，『記不得了！記不得了！』」[6] 胡適走出來後，就在這棟小樓房前攝影留念，然後手植一株榕樹做為紀念。胡適後在永福國校內題字：「維桑與梓，必恭敬止」八個字，並在題字左側題一小記：「六十年前曾隨先人寓居此地今日重遊，蒙諸父老兄弟姊妹歡迎，敬記謝意。民國四一．十二．廿六　胡適」，胡適還為永福國校家長會會長黃伯樂題「遊子歸來」。[7] 中午胡適在新生社應各界歡宴，席上說，他今天回到第二故鄉臺南，願意以臺南市民的身分，將來再回來看看自己手植的榕樹。然後去臺南體育場演講，講題為「國際形勢與中國前途」，聽眾有一萬多人。第二天上午九時在臺南工學院（成功大學前身）七週年紀念會上講「工程師的人生觀」。講完後即搭十點四十分飛機飛往臺東。[8]

III

胡適到了臺東，也是受到各界熱烈歡迎。就在當天（十二月二十七日）下午在臺東公共體育場演講，題目是「中學生的修養與擇業」，這也是一場很好的演講。他忠告青年說：「語言文字，可以說是中學時期應該求得的工具當中非常重要的了。在中學時期如果沒有打好語言文字的基礎，以後做學問非常的困難。而且過了這個時期，很少能夠把語言文字弄好的。」胡適很有口才，能言善道，看到不同的人講不同的話。這天他在講本題之前，講了一段開場白，講他自己與臺南和臺東的歷史關係，他說：「剛才吳縣長報告了五十八年前我在此地的一段歷史——我在三歲至四歲間，隨先人在臺東州住過一年多，在臺南住過十個月——要我把臺東看作第二故鄉；昨天臺南市市長也向臺南市市民介紹我是臺南人；這番盛意，我非常感謝。吳縣長預備在這裡要做紀念我先人的舉動，實在不敢當。明天舉行縣議員選舉，我將以不是候選人也不是選舉人，冒充同鄉，到各投票所去參觀。」我想在場聽眾聽了一定很高興。接著他說：「今天我看到了吳縣長老太太，看到了她，我非常感動，她可算臺東年齡最高的了，他與先母年齡相當，先母如在世，已經有七十九歲了。」[9] 胡適長於演講，這種開場白，不僅討人喜歡，也很感動人的。二十七日晚，胡適應各界歡宴。並為臺東文獻委員會之請，在《臺東州採訪修志冊》上題字。此書是他父親在臺東州知州任內所撰，對臺東歷史、人口、地理、社會風俗述之甚詳，這本著作為後人研究臺東歷史人文地理重要文獻（美國哥倫比亞大學東亞圖書館藏有此書，我曾參閱過某一部分）。二十八日胡適在忠烈祠前手植兩株樟樹以資紀念。二十九日上午參觀臺東地方選舉，又去參觀臺東女中童子軍觀摩會，並應該校校長之請，寫了一幅字：「一個人的最大責任是把自己這塊材料鑄造成器」。旋往卑南鄉檳榔村阿里擺蕃社訪他兒時故居，惜找不到了，除了一堆荒坵外什麼都沒有。這是一九五二年，故居遺址今為中華路臺灣銀行臺東分行職員宿舍用地。[10]

胡適在臺東文獻會看到他父親任知州時的官服，是他父親送給一位名叫海丹的原住民。文獻會徵得海丹女兒的同意，將胡傳的官服交給該會收藏。這襲官服可能是僅存的一件了。據胡適的姪外孫程法德說：一九四八年夏天，國共內戰方酣，「他（胡適）去南京、上海後返平，見室內無人時對我說：『我父親（鐵花公）的一串朝珠放在川沙茶葉店中，我向你父親（程治平是胡適大哥的女婿）索取了好幾次，這次在上海你父親說找不到了，豈不可惜！』他的語氣有點不高興。一八九五年胡適父親在廈門病逝後，他的二兄紹之將其父的官服、官帽、朝珠、書信等遺物存在川沙胡萬和店裡。一九一七年自美國回至上海，急匆匆去川沙取走了他父親的日記、遺稿，日長時久，其他的遺物都散失了。」[11]

胡適與母親在臺灣也沒有很久，在臺南住了十個月，在臺東住了一年。甲午（一八九四年）中日戰爭開始，臺灣也是備戰區域，海疆不寧，剛好那時胡傳四弟介如到臺灣，胡傳就託他把家眷送回徽州老家。胡適在《四十自述》裡說：「我們於乙未年（一八九五）正月日離開臺灣。二月初十日從上海起程回績溪故鄉。」[12]那年四月，中日和議成，把臺灣割給日本。臺灣紳民反對割臺，公推巡撫唐景崧為臺灣民主國大總統，唐請求西洋各國干涉被拒。臺灣一片混亂。胡傳在臺東，有病在身，時電報不通，糧餉斷絕。六月二十八日終於在兵荒馬亂中到了廈門，手足俱不能動了。「七月初三日他死在廈門」，胡適說父親死時「我只有三歲零八個月」。[13]胡適在母親襁褓中離開上海及臺灣，回到了徽州故鄉，從此他生命中開始了另外一個階段。

IV

胡適母子甫自臺灣回績溪故鄉後，母親馮順弟雖然不識字，但知道讀書的重要，所以即送胡適上學讀書。這個私塾是家塾，就是胡適四叔父介如（名玠）辦的，胡適自己說那時他號稱五歲，實足年齡只有三歲零幾個月，因身體弱又瘦小，還不能夠跨一個七、八寸高的門檻，人家抱他坐在高凳子上，坐上了，就爬不下來。但他在這所私塾裡不能算低年級的學生，因為在臺灣他父親已教他識了一千多個字了，所以他不能算是「破蒙」的學生，因此就不需念《三字經》、《千字文》、《百家姓》、《神童詩》等一類的開蒙書。胡適孩提時念的

第一部書是他父親自己編的一部四言韻文，叫做《學為人詩》，而且是他父親自己抄寫了給他的。這是一部講做人道理的書。茲錄開頭幾行如下：

為人之道，在率其性。
子臣弟友，循理之正；
謹乎庸言，勉乎庸行；
以學為人，以期作聖。

下面幾首分別說五倫。胡適說，最後三節可以代表他父親胡傳的思想。

五常之中，不幸有變，
名分攸關，不容稍紊。
義之所在，身可以殉。
求仁得仁，無所尤怨。

古之學者，察於人倫，

因親及親，九族克敦。
因愛推愛，萬物同仁。
能盡其性，斯為聖人。

經籍所載，師儒所述，
為人之道，非有他術：
窮理致知，返躬踐實，
黽勉於學，守道勿失。[14]

胡適念的第二部書也是他父親自己編的四言韻文——名叫《原學》。這是一部略述哲理的書。胡適說：「這兩部書雖是韻文，先生仍講不了，我也懂不了。」胡適念的第三部書叫做《律詩六抄》，他成年後猜想，很可能是姚鼐編的選本。這一冊全是律詩，他讀了，雖不懂得，但背得很熟。胡適在稚年讀書的情形，與英國思想家約翰．彌爾很相似，開蒙很早。胡適說他雖不曾念過《三字經》等書，卻因為聽慣了別的小孩子高聲朗讀，也能背得出這些書的一部分，尤其是那五七言的《神童詩》，差不多能從頭至尾背得出來。他說他很喜歡這部書的下面兩句七言句子，茲照錄如下：

人心曲曲彎彎水，
世事重重疊疊山。

胡適當時雖不懂得這兩句的意思，當然更不懂其中意義奧妙，但他很喜歡這重字雙聲，所以能背得很熟。常常愛念著玩。這些句子當時不懂得，可是成年後都能瞭解。[15]胡適幼年念的第四部書是《孝經》，然後依次接著《小學》、《論語》、《孟子》、《大學》、《中庸》、《詩經》、《書經》、《易經》及《禮記》。這些幼童發蒙書光緒年間在長江流域一帶很是盛行。蔡元培（浙江人）、蔣廷黻（湖南人）回憶錄及沈剛伯（湖北人）等人所寫的童年回憶，他們幼年所受的教育、所讀的書，與胡適幼時所念的課本別無二致。[16]

當胡適在私塾裡念到《論語》的下半部時，塾師即四叔胡介如去外縣做官去了（這是胡適的幸運，因為四叔教書很扯爛汙）。他把私塾交給另外一個族宗胡禹臣，他也是胡適的族叔，但教課很認真。四叔教課並不認真，且外務太多，有時叫學生自己讀書，他出去與朋友打徽州紙牌，打完紙牌回來，虛應故事一番就放學了。所以胡適說「功課很鬆」[17]。學生只有兩個，一個是四叔的兒子，另一個就是胡適。但是胡禹臣來接替私塾，學生人數就多了，最初從二個增加到五個，後來增加到十幾個，原來私塾的小屋不夠用了，就搬到一所大屋叫「來新書屋」上課，不是所有的學生都像胡適一樣勤奮好學，有的學生也不肯讀書，或翹課，常常吃戒尺或吃「作瘤栗」。什麼叫做「作瘤栗」，這是老師體罰頑皮或不讀書學生的一種方法。鉤起五個手指，打在頭上，常打起瘤子來，故名之「作瘤栗」。胡適是好學生，不認為讀書是一樁苦事，可是他也有過一次被塾師「作瘤栗」的經驗。胡適埋怨說，我們念的書愈到後來愈不好懂，《詩經》起初還好懂，讀到《大雅》就難懂了；讀到《周頌》更不好懂了。《書經》裡有幾篇，比如《五子之歌》，他說「我讀得很起勁，但《盤庚》三篇我總讀不熟。我在家鄉私塾九年，只有《盤庚》害我挨了一次打。」[18]

這一點我覺得胡適很好、很老實地講出了他挨過罰吃「作瘤栗」。過目不忘的民國第一才子錢鍾書，在牛津讀書時有一門功課不及格。像胡適、錢鍾書這樣聰明絕頂的人在課本上也會有錯失，這說明他們也是人，不是神。可是楊絳刻意地再三說明是因為錢鍾書看錯了題目，所以考試不及格，其實大可不必。關於體罰學生，胡適晚年回憶說，文明的西方如英國也有。胡適有一次對他的祕書胡頌平說，他曾經參觀過一所英國貴族學校，很多英國名人都是從這個學校畢業的，那裡有一張花桌，在桌上刻滿了這些名人大名。另外有一種打人用的樺杖（birch）放在一間小房間裡，還有一張專為體罰學生用的特製椅子。胡適特別強調：被處罰過的學生，學校會通知家長要繳費，用意無他，即是讓家長知道你的孩子在學校裡受到處罰了。[19]

V

胡適在私塾裡讀書除了一次曾受處罰外，他書念得好——比一般人家子弟念得好，因他人聰明，又肯用功，除此而外，胡適後來在其《四十自述》裡也說，因他母親給塾師的學金比人家多。胡適說他們績溪家鄉的蒙館學金太少，每個學生每年只送兩塊銀元。塾師對這一類學生，自然不肯對他們耐心教書，每天只教他們念死書，背死書，從來不肯為他們講活書——有趣味的書。[20]胡適說：「小學生初念有韻的書，也還不十分叫苦。後來念《幼學瓊林》、《四書》一類的散文，他們自然毫不覺得有趣味，因為全不懂得書中說的是什麼。因為這個緣故，許多學生常常賴學。」胡適說他不是屬於「兩元」階級。他母親渴望他讀書，故送的學金特別優厚，第一年就送六塊錢，以後每年都有增加，最後一年增加到十二元。胡適說：「這樣的學金在家鄉要算『打破紀錄』的了。」[21]胡適母親給學金多，她就要求塾師給他兒子講課時，要費神講解每一個字句的意思，所以他比人家學得的多。胡適還講了一個故事，說他班上一個同學，因為他的母親沒有給塾師較多的學金，沒有給他講解每一個字的意義，所以他的同學不懂得「父親大人膝下」是什麼意義。胡適認為他書念得好與母親給的學金有關，因此塾師給他特別照顧，他就比人家念得多、學得多。對胡母來說，只要兒子書念得好，多給一點學金何足道哉！用白話文來說，算不了什麼，這個想法是對的。

但反過來說，如果胡適懶惰，不上進或天資不高，則胡母送的學金再多也是沒有用的。如果是好老師，學金給多沒有害處，可是像四叔這樣的塾師，學金給再多，也是無濟於事。如果「紅包」真的像胡適說的能幫助小孩讀書，則讀書人應該均出自富豪人家，但事實證明並不如此。有錢人家小孩讀書會占很多便宜，這是無可否認的事實。我對胡適在《四十自述》裡學金的故事，不敢苟同，但我倒是十二萬分敬佩胡母的慷慨大度，英文叫 generous，脫帽敬禮。這是天性，也是一種很良好的美德。胡適也有這種美德，很明顯是從他母親遺傳過來的。[22]

VI

除了讀正經書外，胡適幼時也看小說。他看小說是他偶然發現的新天地。在其《四十自述》裡說，當他九歲時，有一天在四叔家裡東邊小屋裡玩耍。這小屋前面就是學堂，後面有一間臥房，有客來就住在這裡。有一天四叔被人家邀去打紙牌，胡適就沒有課了，[23]偶然走進那間臥房裡去，看見桌子下有一只木箱子，是美國煤油大王美孚煤油公司的煤油箱子，四叔用它來做字紙簍的，他看見字紙簍裡有一本破書，撿起來一看，兩頭都被老鼠咬壞了，書面也扯壞了。但是胡適說：「這一本破書忽然為我開闢了一個新天地，忽然在我的兒童生活史上打開了一個新鮮的世界。」[24] 這本破書是一本木刻小字本的第五才子書，即是《水滸傳》。小胡適就拿著這本破《水滸傳》一直站著一口氣看完，那本破書到「李逵打死殷天錫」以下就沒有了。[25] 胡適說他在戲臺上早已認得出李逵是誰了，看完殘破《水滸傳》之後，心裡不很舒服，一直想知道這一本殘本的前面是講什麼，後面講些什麼？如果真的像胡適所說「李逵打死殷天錫」以下沒有了，則胡適只看了這一回的一半。殷天錫是高唐州知府高廉妻弟，依仗他姊夫的權勢強占柴進叔叔的花園，李逵為了打抱不平，把殷天錫打死了。殷天錫被打死了之後，故事仍未完。這一回的後半即是高廉與林冲及宋江的鬥法，是很精采的，儘管胡適後來說，「這個故事其實不大頂好」。[26] 這個故事是很好看的，何況是一個八、九歲的小孩子呢。如果胡適當時看完這一回，故事也未完，他當然很想知道前面講些什麼？後面講些什麼？他迫不及待就拿了這本破書去找他五叔。不料五叔竟沒有這部書，叫他去找守煥哥。守煥哥對胡適說：「我沒有《第五才子》，我替你去借一部；我家中有部《第一才子》，你先拿去看。」守煥哥說他家中有一部《第一才子》，即《三國演義》。胡適《三國演義》先看完了，後來才得著《水滸傳》全部。所以胡適小時候先看三國，後看水滸。從此以後，他到處去借小說看。五叔、守煥哥都幫了他不少的忙，三姊夫（周紹瑾）在上海鄉間周浦開店，他最愛看小說書，回績溪時帶了不少小說書回家鄉，胡適說：「他每到我家來，總帶些《正德皇帝下江南》、《七劍十三俠》一類的書來送給我。這是我自己收藏小說的起點。」[27] 胡適的大哥吸鴉片煙，胡適說：「但鴉片煙燈是和小說書常作伴的。」大嫂認得一些字，嫁妝裡帶來好幾種彈詞小說，如《雙珠鳳》之類，這些書稍後都成了胡適的書了。三哥在家鄉時間多；二哥及三哥都在上海梅溪書院及南洋公學念過書，舊學都有根底。三哥看小說很有選擇。胡適說：「我在他書架上只尋得三部小說：一部《紅樓夢》，一部《儒林外史》，一部《聊齋志異》。二哥有一次回家，帶了一部新譯出的《經國美談》，講的是希臘的愛國志士的故事，是日本人做的。這是我讀外國小說的第一步。」但是「幫助我借小說最出力的是族叔近仁，就是民國十二年和顧頡剛先生討論古史的胡堇人」。[28]他比胡適大幾歲，已能開筆做文章，他們是好朋友。看過的小說互相交換，兩人各有一本小手摺，把看過的小說都記在上面，看誰看的書多。胡適於一九〇四年離開績溪到上海讀書的時候，他說：「我的摺子上好像已有了三十多部小說了。」[29]這裡所謂小說，包括彈詞（彈詞是中國古時一種傳統的曲藝，是用琵琶、三弦伴奏，流行於南方。起源於宋代，盛於明清）、傳奇，以及筆記小說在內。《雙珠鳳》在內，《琵琶記》也在內；從《聊齋》、《夜雨秋燈錄》、《夜譚隨錄》、《蘭苕館外史》、《薛仁貴征東》、《薛丁山征西》、《五虎平西》這一類最無意義的小說，到《紅樓夢》和《儒林外史》之類的第一流作品，胡適說：「這裡面的程度已是天懸地隔了。我到離開家鄉時，還不能瞭解《紅樓夢》和《儒林外史》的好處。但這一類都是白話小說，我在不知不覺之中得了不少的白話散文的訓練，在十幾年後於我很有用處。」他又說：「看小說還有一椿絕大的好處，就是幫助我把文字弄通順了。」[30]

胡適後來又說：「《周頌》、《尚書》、《周易》等書都是不能幫助我作通順文字的。但小說書卻給了我絕大的幫助。」[31] 他在十二、三歲時，已看了大量的小說，也能對本家姊妹把故事講出來，他在《四十自述》把他的聽眾都一一寫出來：四叔的女兒巧菊，禹臣先生的妹子廣菊、多菊，祝封叔的女兒杏仙，和本家姪女翠蘋、定嬌等，她們都在十五、六歲之間，常邀請他去講故事。她們或繡花、或做鞋子，胡適則講一些女孩子愛聽的故事，等到故事講完，她們總去泡炒米或做蛋炒飯來犒賞小胡適。胡適這樣說書也要準備，他必須「把古文的故事翻譯成績溪土話，使我更瞭解古文的文理」，所以他十四歲到上海做古文時，「就能做很像樣的文字了」。[32] 無獨有偶，錢鍾書幼年也有胡適那樣說書的經驗。他幼時過繼給大伯錢基成，大伯有名士派作風，他每天要上茶館，錢鍾書跟著去；他伯父花一個銅板給他買一大酥餅吃，然後花兩個銅板到小書鋪或小書攤租一些通俗小說看，這樣大伯就把錢鍾書打發了，一直看到伯父叫他回家。這些通俗小說包括《說唐》、《濟公傳》、《七俠五義》，在看這些小說之前，錢鍾書已看過《西遊記》、《三國》、《水滸》，現在來看《說唐》等通俗小說，當然沒有問題。錢鍾書的弟弟及堂弟很多，他看完後，即指手畫腳把剛才看來的小說同他的弟弟及堂弟現場表現，講出來。這對錢鍾書也有好處，因此他看起小說來特別仔細，這也就像一般教員一樣，教學相長。錢鍾書多看小說，結果像胡適一樣「把文字弄通順了」。有人說小說是閒書，多看小說有害。其實不然。我有一位朋友的小孩，因是獨子，平時或下雨天沒有玩伴，所以養成看小說的習慣，他喜歡看的是科學小說，結果SAT英文考滿分，據教育專家說，小孩子喜歡看小說是件好事，不管看哪一種小說都應該鼓勵。

小說對於胡適有幾種意義，不僅使他把文字弄得通順了，復次把他在小說裡所得來的人情世故、待人接物，以及偉大慈母的愛，帶到十里洋場的上海新式學堂求學。因為他的文字通順了，能寫出像樣的文章，無往而不利。在中國公學《競業旬報》時代，在「之乎者也」的文言文天下，他就已經靠白話文來寫作賺錢，靠白話文可以謀生。白話文對他還有一種特殊意義——有了白話文做底子，使其有發酵作用，日後才有使他名滿天下的文學革命、白話文運動，白話文很早就為他播下了種子。良有以也。

1 見楊絳〈懷念陳衡哲〉，收入《楊絳散文選》（臺北：時報，二〇一五），頁二三四。胡適有語言天才，他在《四十自述》裡說他在上海讀書，各學校全用上海話教書。學生都得學上海話：「我的同學中四川人最多；四川話清楚乾淨，我最愛學他，所以我說普通話最近於四川話。二、三年後，我到四川客棧（元記、厚記等）去看朋友，四川人只問：『貴府是川東，是川南？』他們都把我看作四川人了。」見胡適，《四十自述》（臺北：遠東，一九六六），頁六五至六六。胡適晚年對他的祕書胡頌平說：「徽州話是我的第一語言，當然還會說。

上海話是我的第二語言。官話是我的第三語言。現在如果和上海人在一起，聽他們談了半小時之後，我也可以很流利的談了。」見胡頌平編著，《胡適之先生晚年談話錄》（臺北：聯經，一九八四），頁一〇七至一〇八。胡適於一九四九年四月六日在上海搭克里夫蘭總統號去美國，他在這天的日記：「上午九時離開上海銀行，九點半到公和祥碼頭，十點上President Cleveland船，十一點開船。此是第六次出國。」見《胡適日記全集》第八冊（臺北：聯經，二〇〇四），頁三九五至三九六。

2 易竹賢，〈終生不渝的友情：陳衡哲與胡適之〉，收入李又寧主編，《胡適與他的朋友》第一集（紐約：天外，一九九〇），頁二五〇。

3 朱鋒，〈臺南與胡適〉，《臺南文化》，第二卷第四期（臺南市文獻委員會，一九五二年一月三十一日），頁二一。

4 胡適，《四十自述》，頁十七。

5 一九四九年三月二十七日，胡適在臺北中山堂有一個演講，講的題目是「中國文化裡的自由傳統」，在演講之前，他有一段開場白，他說「我是臺灣人」，臺下的聽眾熱烈鼓掌大叫。詳見〈胡適在臺灣〉，《新聞天地》第六七期。

6 衡五，〈維桑與梓，必恭敬止——胡適之先生在臺南訪舊追記〉，《臺南文化》第二卷第四期，頁二六。

7 衡五，〈維桑與梓，必恭敬止——胡適之先生在臺南訪舊追記〉，《臺南文化》第二卷第四期，頁二七。

8 胡頌平編著，《胡適之先生年譜長編》第六冊（臺北：聯經，一九九〇），頁二二八五至二二八七。

9 在胡適訪臺東期間，臺東縣政府已將火車站前的光復路改為鐵花路（紀念胡適尊翁）。並稱要將鯉魚山忠烈祠留下來的忠魂碑，改為州官胡鐵花紀念碑。詳見姚漢秋，〈胡適與臺東〉，《採訪十五年》（臺北：建國，一九六三），頁一四七至一五〇。關於胡適演講，見《胡適講演集》下冊（臺北：中央研究院胡適紀念館，一九七〇），頁六五六。李敖在其《胡適評傳》有這樣一段話：「他（指胡傳）四男三女，其中唯一有出息的是他小兒子，由於這個小兒子的緣故，在他死後六十年，臺東出現了胡鐵花先生紀念碑，臺北市出現了胡鐵花先生獎學金。他雖已墓草久宿，卻為『父以子貴』的傳統，做了一番新說明。」見《胡適評傳》（臺北：文星，一九六四），頁九。我認為李敖不應該說這樣的話。胡適父親胡傳是遜清末葉少有的清官能吏，在臺東時間雖短，但也做了很多事，如果李敖看了胡傳的《臺東州採訪修志冊》、稟啟及日記，也許就不會說這種話了。而且胡鐵花獎學金是胡適自己拿錢出來辦的。李敖卻輕佻地用「父以子貴」四個字把胡傳在臺東的辛勞一筆勾銷了，很不公允也不適當。

10 胡頌平編著，《胡適之先生年譜長編》第一冊，頁二四；第六冊，二二八八。

11 程法德，〈胡適與我家的親緣與情緣〉，收入李又寧主編，《胡適與他的家族和家鄉》第一集（紐約：天外，一九九九），頁一七三。

12 胡適，《四十自述》，頁十七。

13 胡適，《四十自述》，頁十八。

14 錄自胡適，《四十自述》，頁二〇至二三。

15 筆者幼時念過介於私塾與新式學堂之間的鄉村學校，不是很嚴格的私塾。猶憶幼時十一、二歲，塾師教我們念韓愈的〈祭十二郎文〉，當時講解後，我們還是不太懂得，但要背誦，我們能背得滾瓜爛熟。但成年後我們都能懂得，且還能背得出來。中國傳統的私塾方法有大道理存焉，其實教育家還可以研究研究。關於胡適上述所錄的這兩句詩句，確實是很美麗且很有意義的文字，不知其他國家也有這麼美麗的字句否？從另一方面來講，在文學革命期間，我們就沒有聽過胡適像錢玄同、吳稚暉等人講出要用羅馬拼音來代替中國文字、或者把古書扔到茅坑裡去。胡適是鍾愛中國文化的，喜歡中國文字但主張要改革。胡適於一九六二年二月在南港心藏病發猝逝，蔣廷黻在其日記上記載：「在寥若晨星的哲學家中，對維護自由，人類尊嚴，他是一個毫不妥協的人。他是一個追求真理的學者。他知道中國文化的優點和缺點。他很感激過去幾千年來的偉大成就，但他相信這一代和將來的世代，一定要有現代科學和西方文化才能獲得成功。」（《蔣廷黻日記》，一九六二年二月二十四日）蔣廷黻的日記是用英文寫的，筆者翻譯成中文，但意思是一樣的。我認為蔣廷黻講得很中肯，在胡適的同輩中，蔣廷黻算是少有的一位能真切瞭解胡適思想的人。他們是多年的好朋友，所以能瞭解得如此真切，雖然有時也會抬槓。

蔣介石在一九五八年四月十日中央研究院院長（胡適）就職典禮上致辭，含沙射影說到胡適年輕時要打倒孔家店，這是背黑鍋，因此胡適很是生氣。但輪到胡適講話時，他回了這樣一句話：在青年時代，在新思潮、新文化的時代，「至少我個人沒有受蘇聯的影響，也沒有受馬克思的影響。」（見《胡適講演集》下冊，頁四九八）這句話很重，因為蔣家父子在青年時代曾受過蘇聯的影響，曾到過蘇聯去「學習」。蔣經國是托派。因為胡適講了這句話，那天蔣介石父子聽了也是受不了，也是非常生氣。結果那天這三個人都很生氣，可是在場的人知者不多。胡適初任中央研究院院長時，總幹事是楊樹人，在胡適卒後，他寫過一篇文章〈我為胡適之先生服務的回憶〉，刊於李又寧主編《回憶胡適之先生文集》第二集（紐約：天外，一九九七），頁一七九至二二二。胡適那天與蔣介石抬槓，直接指出總統說他的話錯了，大陸上清算他思想，是因為他反對共產主義，與他道德無關。胡適口才好，蔣介石說不過他，有興趣的讀者可以找來一讀。在臺灣，能夠在典禮場所當面指正蔣介石「總統你說錯了」的人，恐怕只有胡適一個人了（大陸上誰敢與毛澤東說主席你錯了，也許梁漱溟）。

中央研究院近史所退休研究員呂實強〈淺論胡適自由思想〉一文中說，總統講話或訓詞已經不允許人家批評或討論的了。蔣介石聽了胡適駁他，他很生氣，他（蔣）站起來要走了，被陳誠拉他坐下來。呂那天不在場，是聽胡適祕書王志維告訴他的。呂想聽錄音，不許。見潘光哲主編《胡適與現代中國的理想追尋：紀念胡適先生一百二十歲誕辰國際學術研討會論文集》（臺北：秀威，二〇一三），頁三六六。到底胡適說了哪句話，讓蔣介石想不辭而行？胡適還講到中央研究院總幹事楊杏佛被國民黨暗殺的事件，這些也都是火藥氣味很濃的話。在我看來那天胡適講的最重的話，是他說在一九一七年蘇聯革命初期的新時代，「至少我個人沒有受蘇聯的影響，也沒有受馬克思的影響」，這句話太重了，胡適膽子真大，在老虎頭上捋鬚。可是這份工作，楊樹人說蔣介石「等於逼迫朱家驊先生讓出院長，然後由陳誠共同請人多方勸說胡先生回國，孰料第一天見面就發生這樣的局面」。見楊樹人〈我為胡適之先生服務的回憶〉，《回憶胡適之先生文集》第二集，頁一八三。

16 蔡元培，〈我所受舊教育的回憶〉，《人間世》創刊號（上海，一九三四年四月五日）；蔣廷黻，《蔣廷黻回憶錄》（臺北：傳記文學，一九七九），頁十七至二六；沈剛伯，〈我幼時所受的教育〉，《傳記文學》創刊號（臺北，一九六二年六月）。文革末期，海外一批「左仔」（親共的華人）在左傾報刊（紐約《星島日報》）上「清算」胡適，「揭發」他在哥倫比亞大學讀書時，沒有拿到博士學位就回國了，說他是「假博士」。同時他們也指斥說，胡適在《四十自述》裡說他童年在私塾裡讀那麼多古書是吹牛的。這種指責不好，反而顯得他們淺薄。

17 胡適，《四十自述》，頁二三。

18 胡適，《四十自述》，頁二九。

19 胡頌平編著，《胡適之先生晚年談話錄》，頁九八。

20 胡適，《四十自述》，頁二五。

21 胡適，《四十自述》，頁二五。

22 這裡我舉三個胡適很慷慨大度（generous）的例子，不是一般常人所能做得到的：其一，一九二六年赴英參加中英庚款會議後，轉往紐約哥倫比亞大學演講中國古代哲學（六講，並正式補領博士學位）。後來他去綺色佳（Ithaca）拜訪韋蓮司母女，走時他曾給韋蓮司家黑人長工華特（Walter）小費，數目很多，遠比一般人給的小費要多。因為數目很多，是故韋母要華特把錢還給胡適，並怪胡適不應該給那麼多錢，胡適說華特有病，還說「我很喜歡他」。結果沒有要華特還錢。其二，來自臺灣的彭明敏在加拿大讀書，獎學金用完，學位還未拿到，不能半途而廢。胡適乃以無名氏名義從自己腰包裡拿錢出來，幫助彭讀完學位。其三是胡適在一九四九年把價值連城的孤本甲戌本《石頭記》借給只謀一面的燕京大學學生周汝昌。周汝昌有了這本孤本，寫了一本《紅樓夢新證》，書出後，佳評如潮，飲譽士林，從此周汝昌在新紅學學術界奠定了他的學術地位。

23 〈白話文的意義〉，收入《胡適講演集》中冊（臺北：中央研究院胡適紀念館，一九七八），頁四二四。

24 胡適，《四十自述》，頁二六。

25 〈白話文的意義〉，收入《胡適講演集》中冊，頁四二四。

26 〈中國文藝復興運動〉，收入《胡適講演集》中冊，頁三七七。

27 胡適，《四十自述》，頁二七。

28 胡適，《四十自述》，頁二七至二八。
29 胡適，《四十自述》，頁二八。
30 胡適，《四十自述》，頁二七至二九。
31 胡適，《四十自述》，頁二九。
32 胡適，《四十自述》，頁二九至三〇。

【第四章】

又上海：新式學堂，一九〇四至一九一〇

胡適在故鄉績溪接受九年鄉村教育之後，光緒三十年（一九〇四）離開績溪到上海，進新式學堂去讀書，那時《十三經》還沒有讀完，《周禮》也未讀。晚年他對祕書胡頌平說，因《十三經》沒有讀完，他的小學功夫不深，對金文及甲骨文全不懂。[1] 但是他在鄉下已把國學基礎打得很好了。胡明在其《胡適傳論》中說，胡適結束九年家鄉教育去上海之前，曾在涇縣（安徽省東南部）他舅父馮誠厚經管的恒升泰藥店做過學徒，為時甚短，外界知道的不多。[2] 但據馮致遠一篇〈胡適的家庭及其軼聞瑣事〉的文章說：胡適讀完九年家鄉教育後，因「家中經濟拮据，入不敷出，其母因其弟馮敦甫那時在涇縣恒升泰中藥店當管事，曾叫胡適跟其舅父到中藥店當學徒。因親朋故舊都認為胡適天資好，應該繼續讀書才作罷」。[3] 因此他就到上海進

新式學堂繼續讀書，時為光緒三十年。馮致遠是胡適外祖父馮振爽的孫子，胡適的表弟，他叫胡適的母親姑媽，他的話應該可靠。且胡適在其《四十自述》裡未曾提到他做過學徒的事。

一九〇四年春天，胡適跟他三哥一起去上海。因三哥身罹肺病，在當時算是一種絕症，決定去上海醫治。那時胡適為十四歲（其實只有十二歲零四個月），因為有三哥照顧，母親很放心。再則，績溪的孩子在胡適這個年紀，大多出外學生意（做學徒），但是胡適去上海讀書，他母親的心情與人家不太一樣。胡適在其《四十自述》中說：「她只有我一個人，只因為愛我太深，望我太切，所以她硬起心腸，送我向遠地去求學。臨別的時候她裝出很高興的樣子，不曾掉一點眼淚。我就這樣出門去了，向那不可知的人海裡去尋求我自己的教育和生活，——孤零零的一個小孩子，所有的防身之具只是一個慈母的愛，一點點用功的習慣，和一點點懷疑的傾向。」[4] 胡適就這樣去了上海。

「千萬不要僅僅做個自了漢」，一九〇四至一九〇五

梅溪學堂是胡適到上海就讀的第一所學堂，「千萬不要僅僅做個自了漢」是梅溪辦學的座右銘。胡適在上海讀書前後計六年，從一九〇四年至一九一〇年，換了四個學堂，即梅

溪學堂、澄衷學堂、中國公學及中國新公學。因各種不同的因素與緣由，這四個學校他都沒有拿到畢業文憑就走了。其故安在？質言之，不肯與他的原則妥協。這也就是小胡適在名為「胡洪騂」的少年時代展現的偉大情操。最後他於一九一〇年考取庚款留美考試，去了美國。

他一生受教育可分為三個階段：第一階段是績溪九年家鄉教育。在上海六年的新式學堂算是第二階段。第三階段是留學美國前後計七年。本章要講的是胡適所受第二階段的教育。這一階段的教育對胡適來說也很重要，是他一生從中國傳統教育到美國留學的過渡時期，但這一階段的教育制度本身不是很健全、也不完整，事實上沒有制度可言；管理也不是很嚴格。胡適到上海的翌年，清廷廢除科舉，士子一定要進新式學堂。事實上，上海在廢科舉之前就有新式學堂了。胡適到上海進的第一個學校——梅溪書院——即是一例，後來改為梅溪學堂。梅溪是胡適父親在龍門書院讀書時的同窗好友張煥綸（字經甫，1846-1904）辦的。他是上海人。胡適二哥、三哥都在梅溪書院念過書，所以胡適到了上海也順理成章進了梅溪學堂，這是中國最早在上海辦的近代新式小學，創於光緒四年（一八七八），初名正蒙書院，一八八二年改為梅溪書院。胡適於一九〇四年從績溪到了上海，即去見張煥綸先生，胡適說他只見過張先生一次，不久他就死了。[5]

張煥綸是中國提倡新教育的先驅人物，他諄諄教誨學生的教育宗旨只有一句話：「千萬不要僅僅做個自了漢。」「自了漢」是什麼意思呢？孟子說：「拔一毛而利天下，不為也。」凡是一個人只顧自己，不顧大局者，謂之「自了漢」。語出《晉書．山濤傳》，帝謂曰：「西偏吾自了之，後事深以委卿。」原指「自行料理」，日後引申為只顧自己而不顧大局之意。胡適在《四十自述》裡說，張煥綸先生說的這句話，影響了張的一個得意門生趙頌南（無錫人）的一生。二十九年後，胡適在南港做中央研究院院長，收到一位剛滿二十歲的青年張寶樂的一封信（一九六〇年五月中旬），信的開頭講胡適白話文的文章，然後講張煥綸說的「自了漢」。這位青年在信中說：「您在《四十自述》中提到張煥綸先生的一句話：『千萬不要僅僅做個自了漢。』張先生的一句話影響了他的一個學生的一生。張先生的教育事業不算是失敗。您引了這句話假使影響一個學生的一生，您的引述也不算白引。不過我不是說我以後會有出息，而是說可能有別人看了這句話，使他的將來有出息。」據胡頌平說，胡適收到這封信「看了這幾句話就很感動」。[6]胡適說張煥綸是中國新教育的「老先鋒」，可惜他死得早（死時只有五十八歲）。梅溪的課程不是很完備，只有國文、算學、英文三門課。分班的標準是以國文程度高下來分。英文、算學雖好，國文不到頭班，仍不能畢業。反之國文到了頭班，英文、算學馬馬虎虎就可以畢業。這與教會學校偏重英文如出一轍。從胡適分班及跳級即可看出，這個辦法不能算頂好。梅溪學堂一切草創，尚在摸索階段。

那時梅溪上課是用上海話（其他學校也都一樣）。胡適初到上海的時候，全不懂得上海話。他的穿著全是鄉下人的打扮。隔了幾十年後，一九三一年春天，他在北京寫幼年初到上海的回憶時還記得很清楚，他說：「我穿著藍呢的夾袍，絳色呢大袖馬褂，完全是個鄉下人。許多小學生圍攏來看我這鄉下人。」[7]因為他不懂上海話，又不曾開筆做過文章，所以分班時把他編在第五班，這是最低的一班。班上讀的課本是文明書店的《蒙學讀本》，英文班上用《華英初階》，算學班上用《筆算數學》，加減乘除。因為胡適在績溪鄉下已經讀了很多古書，現在來上海跟這批小孩子讀《蒙學讀本》，當然太容易了。所以他把剩下來的時間專門用功在英文及算學上。教《蒙學讀本》的老師沈先生鴉鴉烏（上海話意思是馬馬虎虎）地教，這批小孩子也是鴉鴉烏地跟著念。胡適上課幾個星期後，教國文的沈老師講到書裡有這樣一段引語：「傳曰，二人同心，其利斷金。同心之言，其臭如蘭。」沈先生脫口而出說，這是《左傳》上的話。老師不知道他說錯了，這些小孩子當然更不知道他的老師說錯了，但是胡適這個「鄉下孩子」有「學問」的，知道老師說錯了，等到老師講完後，胡適拿著書本走到老師面前，那時他已經會說幾句上海話了，低聲對老師說這個「傳曰」是《易經繫辭傳》，不是《左傳》。胡適說：「先生臉紅了。」[8]乃問「儂讀過《易經》?」答說：「讀過。」他又問「阿曾讀過別樣經書?」胡適答道：「讀過《詩經》、《書經》、《禮記》。」他再問胡適做過文章沒有，答道：「沒有做過。」老師說：「我出個題目，撥儂做做試試看。」沈先生寫了「孝悌說」三個字，於是胡適回到他自己的座位上，慌慌張張地寫了一百多個字，交給老師看，老師看完了對胡適說：「儂跟我來。」胡適拿起書包跟著沈先生走，走到樓下前廳。前廳東邊是頭班，西邊是二班。沈先生帶他到西邊二班課堂上，胡適說沈先生對二班的顧先生嘰哩咕嚕說了幾句他一知半解的上海話後，顧先生就叫胡適坐在最後一排的桌子上。這時候胡適才知道他「一天之中升了四班，居然做第二班的學生了」。[9] 他現在是高班生了。正在高興的時候，抬頭一看黑板上寫著兩個題目：

一、論題：原日本之所由強。

二、經義題：古之為關也將以禦暴，今之為關也將以為暴。

胡適中年回憶說，這天是星期四，正是作文課。作文題有兩個，一是論題，另一是經義題，任選一個。這兩題目把他唬住了。經義題是宋代以後才有的一種科舉考試文體，必須用經書中的文句做題目，應考的一定要在作文裡發揮其義理。據易竹賢在其《胡適傳》裡說，經義題在明清時代演變成一種狹窄的八股文文體，比較呆板。題目用四書五經裡的文句，解釋必須要依據朱熹的《四書集注》。胡適在《四十自述》裡所述的「經義題：古之為關也將以禦暴，今之為關也將以為暴」，易竹賢說，這個黑板上的題目錄自《孟子集注．盡心章句下》。[10] 做經義題是很難的。胡適在績溪鄉下沒有做過，也不知道怎麼做，所以沒有去想它。可是第一個題目「論題」，他自己認為是可以敷衍的，但他弄不清楚日本在哪裡，也根本不知道如何著手，又怎能論「之所由強」呢？因為他新到二班，不敢去問老師，班上同學一個都不認識。在績溪讀了那麼多古書幫不上忙，怎麼辦呢。他有點憂慮與慌張，正在這個時候，課堂裡的茶房進來拿了一張紙條給顧先生，顧先生看了，對胡適說家中有急事，派人來了要領他回家。顧先生說他可以把作文題帶回家做，下星期四補繳，這樣也就救了他。他離開了課堂，到了門房，才知道三哥病危。因為二哥在漢口店裡沒有回來。那時他們家在上海南市開的公義油棧裡的管事慌了，所以派人來領胡適回去。胡適趕到店裡，三哥還能說話但不久即死了，年僅二十七歲。胡適後來回憶說：三哥死時「他的頭還靠在我的手腕上」。[11] 胡適在三哥去世四週年，曾寫了一首五言詩來紀念三哥，題為〈先三兄第四週年忌辰追哭〉，茲錄幾行如下：

初見醫頗效，便期病全絕。
遂乃挾筴去，別兄往就學。
入學十二日，豈圖成永訣。
聞耗即趨歸，猶幸得一別。

這首詩中還有一句「我時侍兄來，相處僅匝月」，是指胡適跟三哥到了上海後，曾與三哥在一起照顧他一個月，後來見三哥病漸痊癒，他上梅溪學堂讀書。詩的最後一行即是講他三哥死時，他的頭還靠在他的手腕上。[12]

他的二哥在第三天才從漢口趕到上海，料理三哥喪事後，胡適把他自己升班的事告訴二哥，並問作文題〈原日本之所由強〉應看哪些書，二哥幫他找了幾本書，如《明治維新三十年史》、《壬寅新民叢報彙編》等一類，裝了一大籃，叫他帶回梅溪去看，胡適說：「費了幾天功夫，才能勉強湊了一篇論說文繳進去。不久我也會做『經義』了。幾個月之後，我居然算是頭班學生了。」[13] 因為是頭班，他就可以很快畢業了，但英文還沒有讀完《華英初階》，算學只做到利息。

這一年（一九〇五年）梅溪學堂改為梅溪小學，年底畢業第一班，也就是最高班要畢業的一班，要選派幾位成績最好的優秀學生到上海衙門去考試。學校決定派張在貞、王言、鄭璋和胡洪騂（胡適）四個人去衙門考試。可是胡適和王言及鄭璋都不願意去考試，所以不等到考試日期，他們三人就離開了梅溪。為什麼呢？因為他們都自命為「新人物」了。拿胡適來說，他本是鄉下孩子，在績溪讀了很多古書，訓練成一個很乖的、文謅謅的「穈先生」，可是來了上海不到一年，看了很多新思潮的新書，思想變了，所謂「新書」是指他二哥給他的《明治維新三十年史》、《壬寅新民叢報彙編》，其中梁啟超一派人的著述很多，這時是梁任公的文章最有勢力的時代。任公的文章雖然沒有明目張膽提倡反對滿清的種族革命，但他的文章對青年人影響很大，看了他的文章在少年腦海裡播下不少的革命種子。在這個時候，有一天王言借了一本鄒容的《革命軍》，從書名來看，顧名思義，這是一本反對滿清政府的書。這本書在當時很暢銷，風行一時。鄒容是一位四川籍反清的革命青年。他的書頗具煽動性，青年人讀了熱血沸騰。茲錄開端一節如下：「掃除數千年種種之專制政體，脫去數千年種種之奴隸性質，誅絕五百萬有奇披毛戴角之滿洲種，洗盡二百六十年殘慘虐酷之大恥辱，使中國大陸成乾淨土。黃帝子孫皆華盛頓，則有起死回生，還命返魄，出十八層地獄，升三十三天堂，鬱鬱勃勃，莽莽蒼蒼，至尊極高，獨一無二，偉大絕倫之一目的，曰『革命』。巍巍哉，革命也！皇皇哉，革命也！」鄒容《革命軍》一書一九〇三年由上海大同書局出版，雖是一本薄薄的小書，但其影響極大，是一本暢銷書，馮自由說：「銷售逾百十萬冊，占清季革命群書暢場第一位。」馮自由又說，鄒容的革命貢獻，「不在孫、黃、章諸公下也」。[14]鄒容與章太炎同時被清廷逮捕，章刑滿出國，而鄒容一九〇五年春死於清政府監牢裡。鄒容生於一八八五年，大胡適六歲。他是胡適心目中的英雄人物。王言借來此書，胡適等幾個人傳閱，讀後無不感動。但是借來的書要還人家的，怎麼辦？胡適說，他們幾個人到了晚上，等到舍監查夜過後，偷偷起來點了蠟燭，輪流抄錄了一本《革命軍》。胡適說，這批「正在傳鈔《革命軍》的少年，怎肯投到官廳去考試呢？」[15]還有二、三件事使這三位少年很不願去參加考試，這一年是日俄戰爭的第一年。上海的報紙天天報導戰爭的消息。當時中國的輿論是同情日本，痛恨俄國，又痛恨清政府宣告中立。仇俄的心理也增加了排滿的心理。正在此時，上海發生了幾件刺激人心的事件。這年（一九〇四年十一月），革命黨人萬福華在英租界內一家飯店裡槍擊前廣西巡撫王之春（王是晚清親俄派的頭子），王未死，但萬福華被捕，黃興、張繼及章士釗牽連入獄坐牢，此案在當時轟動一時。[16] 其次在黃浦灘上，一個周姓的寧波木匠（名周生有）被一個俄國水兵無故砍殺。上述這兩件事蜚騰報章。胡適說，「我們少年人初讀這種短評，沒有一個不受刺激的。周生有案的判決結果使許多人失望。我和王言、鄭璋三個人都恨極了上海道袁海觀（袁樹勛）。所以聯合寫了一封長信去痛罵他。這封信是匿名的，但我們總覺得不願意去受他的考試。所以我們三個人都離開梅溪學堂了。」[17] 他們三個人很明顯是受了《革命軍》及「自了漢」的影響，而離開了梅溪學堂。

赫胥黎，一九〇五至一九〇六

胡適在上海讀的第二所學校是澄衷學堂。澄衷對他很重要，因為在澄衷他開始接觸到西方思想，這就是為什麼他要到上海讀書。他進澄衷，也許是他二哥推薦的。因為澄衷學堂的總教（相當於現在的教務主任）白振民是他二哥過去的同學。胡適說白先生看見了他在梅溪的作文，就勸他到澄衷學堂來。胡適說：「光緒乙巳年（一九〇五），我就進了澄衷學堂。」[18]澄衷學堂是寧波富商葉成忠（1840-1899）辦的，葉成忠字澄衷，故他辦的學校就以他的名字命名為澄衷學堂。葉氏九歲時因家貧而輟學，後來經商致富，於一八九九年在上海虹口捐了三十畝土地，十萬兩銀子鳩工興建，一九〇一年落成開學。所以這所學校專門為寧波清寒子弟辦的，第一任校長是蔡元培。後來規模漸漸擴大，成為上海一所有名的私立學校。招考的學生也就不限制寧波人了。所以胡適是徽州人也可以進去。其後澄衷學堂改為澄衷小學、澄衷中學。[19]葉成忠卒於一八九九年，卒後由其子克紹箕裘。一九四八年，因校舍陳舊殘破，其子曾籌款翻新修建。這所學校現在還在，中共柄政後，一九五六年改為上海市第五十八中學，一九八五年恢復舊名。

胡適於一九〇五年轉學時，澄衷學堂還是在草創階段，那時全校共有十二班，課堂分東西兩排，最高一班稱東一齋，第二班為西一齋，以下直到西六齋。胡適說那時候還沒有嚴格規定的學制，也沒有明顯的小學與中學之分，如果用現在的名稱，則前六班為中學，其餘的六班為小學。比起梅溪學堂，澄衷學堂的學科完備得多了，科目分國文、英文、算學之外，還有物理、化學、博物、圖畫等各種科目（體操不算，因梅溪也有）。分班是根據各科的平均分數，但英文、算學程度太差就不能進入高班。胡適說他初進澄衷，因英文、算學太差，不能進入高班，就被分在東三齋，這是第五班。下半年便升入東二齋，此即第三班，第二年即一九〇六年又升了一班（第二班，此即西一齋）。澄衷管理學生較為嚴格，每月有月考，每半年有大考一次，考試的成績全都公布出來，考前三名的還有獎品。胡適畢竟聰明又肯用功，故常常考第一。他在梅溪一天升四班是破紀錄的，在澄衷經過層層考試，總是名列前茅，一年之內從第五班升上第二班，恐怕也是少有的。他後來回憶說，在澄衷一年中最得益的是英文及算學，隔了幾十年，他還記得這些老師的名字：「教英文的謝昌熙先生、陳詩豪先生、張鏡人先生，教算學的郁耀卿先生，都給了我很多的益處。」[20]我們由此可以看出，他學英文都是中國人教的。相較於其他同時代的人，如蔣廷黻、葉公超等人，他就吃虧了。因為蔣、葉等人的英文都是洋人教的。[21]胡適在《四十自述》裡說，他在澄衷最有進步的是英文與算學。特別是算學，他一度對算學興趣最濃厚，幾乎到了廢寢忘食的程度。他常在宿舍熄燈後，把蠟燭放在帳子外面床架上，伏在被窩裡仰起頭來，把石板放在枕頭上做算學題。日後他回憶，他的英文和算學就在澄衷這時期打好了基礎。[22]

其次，澄衷學堂有體育課，體育老師是馬子通，對他很有幫助。胡適因幼時多病，也不與一般小孩子一起玩遊戲，很瘦弱，在家鄉的人看他很斯文，書又讀得好，所以大家稱他「穈先生」（他的小名叫嗣穈）。離開績溪出門到上海之後，梅溪及澄衷學堂課程表裡均列有體操，他身體才逐漸強健。他說：「重要的原因我想是因為，我在梅溪和澄衷兩年半之中從來不曾缺一點鐘體操的功課。我從沒有加入競賽的運動，但我上體操的課，總很用氣力做種種體操。」[23]他認為體操對身體助益良多，這個想法是好的。不過我認為他上體操課，雖不是虛應故事，恐怕也只是蜻蜓點水。除了體育外，胡適對音樂、藝術也沒有多大興趣。比如他的好朋友蔣廷黻喜歡莫札特與貝多芬，葉公超喜歡京戲，胡適不喜歡國劇，也不喜歡西洋古典音樂。胡適除了上體育課外不喜歡運動，而蔣廷黻年輕時喜歡打網球，打得很不錯，晚年喜歡打高爾夫球，很入迷，段數很高。此外蔣也喜歡看各種球類競賽。他是紐約洋基棒球隊的球迷。可是我們看《胡適日記》及他晚年與胡頌平寫的《談話錄》，沒有談過各種球類競賽。《留學日記》裡他只提到一次觀看康乃爾與另一常春藤盟校的美式足球賽。一九四九年後他在紐約做寓公，那時紐約的洋基棒球隊是常勝軍，洋基隊給住在紐約的球迷很多樂趣，可是他沒有興趣，胡適在日記裡從未提過洋基隊。因為本質上他不是一個好動的人，他天性喜歡動腦，重思考。

胡適在《四十自述》中說，在澄衷所有教員中，他受楊千里老師影響最大。胡適在《澄衷日記》中稱他為楊師。他是澄衷國文教員，「我在東三齋，他是西二齋的國文教員，人都說他思想很新。我去看他，他很鼓勵我。」[24]後來胡適在高班東二齋及西一齋（第二高班）時，楊千里都是這兩班的國文老師。有一次他叫班上學生去買一本讀本：嚴復翻譯、吳汝綸刪節的英國著名生物學家赫胥黎（Thomas Henry Huxley, 1825-1895）的論著《演化與倫理》（*Evolution and Ethics*），嚴復把它譯作《天演論》。（在英國近世史上有三個很有名的赫胥黎：

除了《天演論》作者湯瑪斯．赫胥黎外，其他兩位一位是朱利安．赫胥黎〔Julian Huxley, 1887-1975〕是生物學家，他的弟弟阿道斯．赫胥黎〔Aldous Huxley, 1894-1963〕是文學家及哲學家。他們都是《天演論》作者的孫子。）胡適說這是他第一次讀《天演論》，他很高興看這本書。赫胥黎英文原著《天演論》出版於一八九一年，《天演論》影響了嚴復，嚴復又影響了胡適。嚴復很喜歡這本書，就把它譯出來。於一八九四至一八九六年譯竣，一八九八年四月出版轟動一時，風行全國，影響了千千萬萬的中國知識分子及青少年，其故安在？有幾個原因：一，赫胥黎《天演論》的主要論點為「物競天擇，適者生存」，「物競」就是「struggling for existence」（生存競爭），「天擇」意即自然選擇（natural selection），也就是自然淘汰（cosmic evolution）。這些西方新名詞如物競、天擇都是嚴復創造出來，為了要使他同時代的士大夫能看得懂，煞費苦心，是故他說「一名之立，旬月踟躕」。對於譯文更是苦心謹慎斟酌，他說：「字字由戥子秤出。」（這句話稍作解釋，「戥」是古代的一種小秤，這裡是說他翻譯的每一個字都好像在天平秤上秤過的，其用心之苦，當思之過半矣。）因為嚴復的英文及中國古文都有很高深的修養，他翻譯的《天演論》用很古雅美麗的魏晉文字譯出來，人家讀《天演論》好像赫胥黎用中文寫的，不覺得是翻譯過的譯文。他講究「信、達、雅」這三個字，為翻譯界後人奉為圭臬的「三字經」。大家公認嚴復是近世翻譯的老祖宗。在《天演論》〈導言一　察變〉中對於物競、天擇有所說明：「雖然，天運變矣，而有不變者行於其中，不變惟何？是名天演〔evolution〕。以天演為體，而其用有二：曰物競，曰天擇。此萬物莫不然，而於有生之類為尤著。物競者，物爭自存也。以一物以與物物爭，或存或亡，而其效則歸於天擇。天擇者，物爭焉而獨存。則其存也，必有其所以存。」嚴譯《天演論》又說：「斯賓塞爾〔Herbert Spencer, 1820-1903〕曰：『天擇者，存其最宜者也。』夫物既競存矣，而天又從其爭之後而擇之。一爭一擇，而變化之事出矣。」這一節翻譯完後，嚴復有一按語說，「物競天擇，適者生存」，語出達爾文的巨著《物種源始》(*On the Origin of Species*)。赫胥黎是生物學家，他認為「物競天擇，適者生存」是自然界發展的規律，但他把這一規律應用於植物生存演變，也應用到動物、人類、社會現象，甚至應用於國與國之間弱肉強食的國際現實。再者，中國自鴉片戰爭後，接二連三在英法聯軍之役、中法戰爭受到西方霸凌，特別是甲午之戰敗給日本，嚴復棖觸難免，王栻說：「這本書（《天演論》）是在甲午戰爭失敗的刺激下譯成的。」[25]甲午敗後，滿清面臨帝國主義國家爭奪「勢力範圍」(sphere of influences) 或者要瓜分中國 (scramble of concessions)。嚴譯《天演論》出版的那年，也就是維新變法失敗的那一年（美國也在一八九八年據有菲律賓），越二年八國聯軍，如果照《天演論》的「優勝劣敗，適者生存」的理論，中國就快要亡國滅種了。十七世紀西班牙占有中南美洲，十八世紀英國統治印度（一七九三年），十九世紀歐洲人瓜分非洲，赫胥黎出書的時候，正是西方帝國主義鼎盛時期。衡諸歷史演變，看樣子二十世紀中國就要成為印度第二。進化論本是西方帝國主義侵略擴張的藉口。古老的中國奄奄一息。進化論之輸入中國始於嚴復，他譯《天演論》來反對當時士大夫的保守思想，喊醒國人。嚴幾道功在國家。更重要的是，嚴復在書中寫了很多按語，發揮了他自己的見解，彌足珍貴。再者，嚴復的譯筆華美古雅，很有文學價值。當時如梁任公等明識之士，對嚴復譯文之典雅無不擊節稱賞，嚴復留學英國學海軍，但學非所用，李鴻章沒有重用他，他對國家的貢獻不在於海軍——而在於他翻譯西書來救國，提醒國人說中國快要亡國了。《天演論》一時天下風從，成為革命人士的理論根據。「物競天擇，適者生存」成為當時國人的口號。[26]

胡適在澄衷高班（即東二齋及西一齋）讀書時，國文老師是楊千里先生，他是個好老師，一般國文老師保守、陳腐、冬烘得很，可是楊老師思想很新。對胡適有啟發，影響很大。有一次楊老師拿嚴復的《天演論》譯本在班上當讀本。還有一次，楊老師出了一個很時髦的題目，此即「物競天擇，適者生存，試申其義」。這個題目不好做，胡適後來（在一九三一年）回憶說：「我的一篇，前幾年澄衷校長曹錫爵先生和現在的校長葛祖蘭先生在舊課卷內尋出，至今還保存在校內。」他又說：「這種題目自然不是我們十幾歲小孩子能發揮。」[27] 這也許是胡適的謙虛。這篇作文做得很不錯，全文一共分四段，計八百個字。文字簡練精核，他開宗明義即解釋題旨：「物與物並立必相競，不競無以生存也，是曰物競。」這就是赫胥黎《天演論》的主題，英文是「struggling for existence」，嚴復翻譯為「物競」，就是萬物必須要競爭，不然不能生存。接著解釋，「天擇」就是自然選擇或自然淘汰。胡適說：「競矣，優勝矣，其因雖皆由於人治，而自其表面觀之，一若天之有所愛憎也者，是曰天擇。惟其能競也，斯見擇矣；惟其見擇也，斯永生存矣。」上面是胡適講的「物競天擇」道理，下面是作文題後半「適者生存」(the survival of the fittest)。[28]「物競天擇」的道理也可以適用於其他，胡適又說：「於物則然，於人亦然，於國家亦然」，並舉了例子：「橘柚與麥，同一植物也。而何以橘柚不生於北地，麥穗不秀於赤道也？曰：惟不適物競，而不被擇故。」他說植物如此，動物亦然。然後講到人種，胡適說「印第安人（美洲土人），人也，亞利安人（歐洲民族），人也，而何以一則蒸蒸日上，而一則澌滅以盡也。曰：惟適於競爭與不適於競爭之故。」第三段又說：「高麗、暹羅、安南、緬甸、印度，皆國也，日本、法蘭西、英吉利，亦國也，而何以一為主國，一為藩屬也？曰：惟一能競，而一不能競之故。」在這裡胡適漏了菲律賓，菲律賓初為西班牙統治，一八九八年美西戰爭失敗後割讓給美國。最後一段算是結論，他說：「今日之世界，一強權之世界也。人亦有言，天下豈有公理哉！」我要大聲地說：小胡洪騂善哉斯言！胡適寫這篇文章時在一百年前，那時美國總統是老羅斯福，他有強烈的帝國主義意識。他的外交政策是「巨棒外交」(Big stick diplomacy)——溫言在口，大棒在手（speak softly and carry a big stick），意思就是中國的成語「口蜜腹劍」——也就是強權外交，不聽話我就打你，今日美國打伊拉克、打阿富汗即是如此。老羅斯福與人談判，手裡就拿一根棍子來威嚇你，所以後人說他的外交是「巨棒外交」，今日的美國總統川普（Donald Trump）一切對外政策皆標舉「美國第一」（America First），包括外交、商業，一切以美國利益為優先。不管美國人如何解釋，老羅斯福或川普都是達爾文主義（Darwinism）者。一百年後的「今日之世界」，還是如此，正如胡適所說「一強權世界也」。希伯來語裡有一句成語警告弱小國家，很適當的：「Hazak, Hazak, Venithazak」，翻譯成英文：「Be strong, be strong, let us make ourselves strong」（強大，強大，要使我們自己強大）。

胡適在澄衷這篇文章寫得很不錯，獲得楊師佳評，批語有「富於思考力，善為演繹文，故能推闡無遺」。[29] 據胡不歸在其《胡適之先生傳》中說，文末還批有「賞制錢二百，以示獎勵」。[30] 胡適這篇文章之所以做得好，除了他「富於思考力」，還有一個原因是他平時看了不少課外書，能夠容易理解嚴復翻譯的《天演論》了。這篇作文獲得老師好評，還得了賞金二百文錢，他在《四十自述》裡沒有提起。這是胡適的謙虛。他寫這篇文章當然不是為了錢，何況文章好壞也不是用錢可以衡量的。他在《自述》裡只說：「這種題目自然不是我們十幾歲小孩子能發揮的，但讀《天演論》，做『物競天擇』的文章，都可以代表那個時代的風氣。」[31]

胡適說「物競天擇」是那個「時代風氣」，誠然，嚴譯《天演論》譯成出版後八年，即胡適在澄衷讀書的時候，陳寶琛（清室末代皇帝溥儀的老師）還在說《天演論》以「瓌（瑰）詞達奧旨，風行海內」。[32] 不僅此也，且沒有想到還做了中學生的讀物。胡適說，讀這本書的人很少能瞭解赫胥黎在科學史上及思想史上的貢獻，但他們能瞭解書中講「優勝劣敗」或「物競天擇，適者生存」的意義。「在中國屢次戰敗之後，在庚子辛丑大恥辱之後，這個『優勝劣敗，適者生存』的公式確是一種當頭棒喝，給了無數人一種絕大的刺激。幾年之中，這種思想像野火一樣，延燒著許多少年的心和血。」[33] 於是「天演」、「物競」、「淘汰」、「天擇」等等新名詞，漸漸成為報章上熱門話題，陳炯明（做過廣東省省長，孫中山的對頭；要注意，孫中山的對頭不一定都是壞人）的號是競存。還有許多人喜歡用這種名詞做為自己兒女的名字，胡適有兩個同學，一個叫孫競存，一個叫楊天擇。拿胡適本人來說，他自己的名字也改了，他在學堂裡的名字本來是胡洪騂，改為胡適，就是因循這種風氣，用「物競天擇，適者生存」裡的「適」字來做他的名字。一九一〇年參加留美官費考試，就正式用「胡適」的名字了。[34] 以後歷史上只有胡適的大名，沒有胡洪騂了。

胡適從美國回來後常說，他的思想受兩個人的影響：一是杜威，另一是赫胥黎。杜威的實驗主義對胡適的影響具體而微。唐德剛說，「說穿了，實驗主義在中國只是一些早期留美學生帶回國的美國相聲」，過一陣就消失了。[35] 可是赫胥黎《天演論》對胡適的影響及對中國的影響，豈不彰明乎！[36] 除了赫胥黎，在國人之中，胡適早年在上海梅溪及澄衷深受梁啟超及嚴復的影響。他在梅溪開始接受梁啟超革命思想，而後在澄衷也接受任公的中國學術思想，同時開始接受了嚴復翻譯的西方思想。所以胡適接觸西方思想是從上海開始，除課本讀《天演論》外，他也在澄衷看課外讀物，嚴復翻譯彌爾的名著《群己權界論》（*On Liberty*，即《論自由》）就在這時候看的。胡適在《四十自述》中說：「嚴先生的文字太古雅，所以少年人受他的影響沒有梁啟超的影響大。梁先生的文章，明白曉暢之中，帶著濃摯的熱情，使讀的人不能不跟著他走，不能不跟著他想。」他又說：「我個人受了梁先生無窮的恩惠。現在追想起來，有兩點最分明。第一是他的《新民說》，第二是他的《中國學術思想變遷之大勢》。」[37] 任公自號「中國之新民」，又號「新民子」。他的雜誌就叫《新民叢報》。「新民」的意義是要改造中國的民族，要把這老大的民族，有病夫的民族，改造成一個新鮮活潑的民族。梁啟超在《新民說》〈敘論〉中說：「未有四肢已斷，五臟已瘵，筋脈已傷，血輪已涸，身猶能存者；亦未有其民愚陋、怯弱、渙散、混濁而國猶能立者。」任公又說：「苟有新民，何患無新制度，無新政府，無新國家！」胡適說任公《新民說》最大的貢獻，在於指出「中國民族缺乏西洋民族的許多美德」。梁先生很不客氣地說：「五色人相比較，白人最優。以白人相比較，條頓人最優。以條頓人相比較，盎格魯撒遜人最優。」（《新民說》〈敘論〉）胡適說梁先生指出中國所最缺乏的是公德心，是國家思想及權利、義務思想。[38] 最後胡適說任公的《新民說》：「給我開闢了一個新世界，使我徹底相信中國之外還有很高等的民族，很高等的文化；《中國學術思想變遷之大勢》也給我開闢了一個新世界，使我知道《四書》《五經》之外中國還有學術思想。」[39]

梁啟超在上述這篇文章把中國學術思想史分七個時期：一、胚胎時代（春秋以前）；二、全盛時代（春秋末及戰國）；三、儒學統一時代（兩漢）；四、老學時代（魏晉）；五、佛學時代（南北朝、唐）；六、儒佛混合時代（宋元明）；七、衰落時代（近二百五十年）。胡適在一九三一年的《四十自述》裡說，現在我們對任公上述幾個分期也許不能滿意，不過後來任公自己也不滿意，因他在《清代學術概論》一書裡已經不認為近二百五十年為衰落時代了；但這是中國人「第一次用歷史眼光來整理中國舊學術思想，第一次給我們一個『學術史』的見解」。所以胡適說，「我最愛讀這篇文章」。可是後來梁任公做了幾篇文章之後，忽然停止了，很使胡適失望。雖然後來任公補撰了一些章節，究屬零碎，不夠全面。在胡適看來，很重要的部分如「全盛時代」緒論寫了幾萬字，未把本論寫出來。其次「佛學時代」本論一節也沒有寫。最後是「儒佛混合時代（宋元明）」部分也沒有寫出來。這部中國學術思想史缺了三個最重要的部分。胡適說他期待已久、望眼欲穿，可是一九二九年梁任公猝逝，年僅五十六歲，一部劃時代的中國思想史巨著始終沒有完成，多可惜。任公是天才兒童，早慧，十二歲進學、成秀才。江山代有人才出，任公之後又出了一個胡適之。適之先生敏而好學，是一個勵志為學、有野心的少年。他在澄衷做學生的時候發了野心，心想：「我將來若能替梁任公先生補做這幾章缺了的中國學術思想史，豈不是很光榮的事業？」胡適不敢告訴他人，但他說：「這一點野心就是我後來做中國哲學史的種子。我從那時候起，就留心讀周秦諸子的書。我二哥勸我讀朱子的《近思錄》，這是我讀理學的第一部。梁先生的《德育鑑》和《節本明儒學案》也是這個時期出來的。這些書引我去讀宋明理學書，但我讀的並不多，只讀了王守仁的《傳習錄》和《正誼堂叢書》內的程朱語錄。」[40] 梁先生與適之先生這兩位近世思想界的巨擘，都未能完成他們的傳世巨製，為中國思想史上不可彌補的大損失，誠屬可惜。

胡適在學校裡很用功，書讀得好，在課外也是一個很活躍的學生。他在澄衷的第二年，發起了各班組織自治會。他在西一齋（即第二班）做了班長，因此與學校辦事人員常有糾紛，與學校當局發生衝突。有一次，為了班上一個同學被開除，開除一個學生不是小事，胡適代表這個學生向教務長白振民先生交涉無效，就寫了一封長信抗議。白先生生氣了，乃記了胡適一個大過。胡適心感不平，就不想留在澄衷了。剛好這年夏天中國公學招生，他去報考並考取了。這年（一九〇六年）秋天他就進中國公學了。[41] 胡適就這樣離開了澄衷。他在澄衷前後只有一年半（三個學期），英文和數學就在澄衷打好了一點基礎。他說：「澄衷的好處是管理嚴肅、考試認真。還有一個好處，就是學校辦事人真能注意到每一個學生的功課和品行。白振民先生自己雖不教書，卻認得個個學生，時時叫學生去問話。因為考試的成績都有很詳細的紀錄，故每個學生的能力都容易知道。天資高的學生，越級可升兩班；中等的可以半年升一班；不升班就等於降半年了。」胡適認為，「這種編制和管理，是很可以供現在辦中學的人參考的。」[42] 胡適在《四十自述》裡沒有講為什麼學校要開除這個學生，他幫這個學生的忙是可以的，但為什麼學校要記他一個大過？胡適應該給讀者一個交代，曲直在誰，可是胡適沒有這樣做，誠屬遺憾。最後照胡適在《四十自述》裡所講的，筆者認為白振民先生是一個很開明的人，做事認真，很能幹又有魄力的教務長，把澄衷學堂辦成一所很好的學校，白先生有大功德也。現在胡適要離開白先生和澄衷，到中國公學去了。

《競業旬報》與少年詩人，一九〇六至一九〇九

胡適於一九〇六年進了中國公學。他在中國公學從課本上得益的不多，得益最多的是課外：一是他辦學生報。另一是他學會了做詩。他在中國公學辦報與做詩對他日後影響很大，我們先談學生報，然後再談做詩。在中國公學裡有一個學生報是由學生辦的，名《競業旬報》。他起初是投稿，後來做了編輯。談《競業旬報》之前，我們應該先談中國公學。中國公學是近代中國高等教育體制裡最早的一所私立大學。早期的中國公學也僅為大學預科或中學。中國公學的創辦是日本人逼出來的。因為在光緒三十一年（一九〇五）十一月二日，日本文部省公布了一個法案《取締清韓留日學生規則》，這是因日本受清廷壓力來限制留日學生中的革命黨人，故有這個法案，旨在嚴加限制這批中國留日學生。中國留日學生

認為這是侮辱中國人而強烈反對，在東京就有八千名留日學生罷課抗議。很多中國留日學生回國，要在上海創辦自己的學校，這就是中國公學。為了創辦中國公學，先後損失了兩條血性青年的生命（一是陳天華，另一姚弘業。有人說國民黨黨國元老吳敬恆也曾跳過海，可是沒有死成，章太炎說他跳到陽溝裡所以沒有死）：正當風潮最激烈的時候，湖南籍留日學生陳天華於一九〇五年十二月八日清晨在東京大森灣投海自殺。他留下五千言絕命書一紙，「勉勵國人努力救國，一時人心震動，所以回國的很多。」三千多名留日學生立即從日本歸國，大家都主張在國內辦一所公立大學。同年十二月中，十三省代表開會決議定名為「中國公學」。[43] 翌年（一九〇六年）三月四日在上海新靶子路黃板橋北租屋開學。中國公學正式成立，設有大學班、中學班、師範速成班、理化專修班，四月間正式上課。稍後因為學校經費有困難，據胡適在《四十自述》中說：「這時候反對〔日本〕取締規則的風潮已漸漸鬆懈了，許多官費生多回去復學了。上海那時還是一個眼界很小的商埠，看見中國公學裡許多剪髮洋裝的少年人自己辦學堂，都認為奇怪的事。」[44] 因此社會稱他們為怪物。政府官員疑心他們是革命黨人（事實上他們就是革命黨人），因此贊助捐款的人很少。[45] 胡適說：「學堂開門不到一個半月就陷入了絕境。」[46] 就在這時候，公學裡一位幹事姚弘業（湖南益陽人）激於義憤，遂於三月十三日投江自殺，遺書數千言曰：「我之死，為中國公學死也。」他為什麼要自殺呢？他說：「我同志等組織此公學也，以大公無我之心，行共和之法，而各同志又皆擔任義務，權何有？利何有？而我同志所以一切不顧，勞勞於此公學者，誠以此公學甚重大，欲以我輩之一腔熱忱，俾海內之仁人君子憐而維持我公學成立，扶助我公學發達耳。」[47]姚弘業的遺書發表之後，輿論對他頗表敬意。胡適說：「社會受了一大震動，贊助的人稍多，公學才稍稍站得住。」[48]

胡適說他本人就是在當時讀了姚弘業烈士的遺書大受感動，而去投考中國公學的一個「小孩子」，而他考取了。考試的國文題目是「言志」，胡適在寫《四十自述》時說，他都記不得說些什麼。監試的總教習馬君武（1881-1940）後來告訴他，看了他的卷子，拿去給譚心休（1860-1917，湖南邵陽人，革命黨人，同盟會員，一九一二年曾任中國公學校長）和彭施滌（1869-1947，湖南永順人），他們兩人都是革命黨人，也是早年熱心創辦中國公學的負責人，「都說是為公學得了一個好學生」。[49]

胡適後來回憶，他進了中國公學之後，看到的教員與同學大多是剪了辮子的革命黨人，穿戴多是日本人穿著的和服，腳上拖的是木屐。此外，他說：「又有一些是內地剛出來的老先生，戴著老花眼鏡，捧著水煙袋的。他們的年紀都比我大的多；我是做慣班長的人，到這裡才感覺我是個小孩子。」[50]胡適說過：「上海那時還是一個眼界很小的商埠，看見中國公學裡許多剪髮洋裝的少年人自己辦學堂，都認為奇怪的事。」[51]我認為不是上海商埠「眼界小」，而是胡適自己的「眼界小」。胡適上了課後知道中國公學裡的英文及數學都很淺。胡適在《四十自述》裡說，那時候（指一九〇六年），中國教育界的科學程度太淺，他說：「中國公學至多不過可比現在（一九三三年）的兩級中學（初中、高中）程度，然而有好幾門功課都不能不請日本教員來教。如高等代數、解析幾何、博物學，最初都是日本人教授，由懂日語的同學翻譯。」[52] 這樣看來，當年從日本回來的留學生程度不高。

中國公學這些剪掉辮子的同學多數是革命黨人，他們很像一九六〇年代美國校園裡的嬉皮（hippies，左傾青年）多留有鬍子、蓄長頭髮，為一時時尚；但他們不強迫他人（指意識形態不同的人）也要留鬍子或長頭髮。可是在上海有些激烈的革命黨人，往往會強迫有辮子的同學把辮子剪掉。胡適說「我在公學三年多，始終沒有人強迫我，也沒有人勸我加入同盟會」，可是在二十年後，但懋辛（1886-1965，革命黨人，同盟會員，曾參加黃花崗之役）告訴他說，當時校內的同盟會員曾商量過，大家都認為他將來可以做學問，胡適說「他們要保護我」，因此沒有人勸他加入同盟會做個革命黨人。這些革命黨人有些活動不但不瞞他，還會找他幫忙。他們知道他年歲比人家小，都叫他「子供」（這是日本話小孩子的意思），也知道他會寫文章，還會講英國話。胡適說了一個故事：有一個晚上，已經十點多快要就寢了，但懋辛來找他說，有個女學生從日本回來，替朋友帶一只手提小皮箱，海關要檢查，她說沒有鑰匙，海關還是不放行。但懋辛知道胡適會說英語，乃請胡適到海關上去辦交涉，胡適知道箱子裡的東西是危險的違禁品，就跟著他去碼頭，這時已經過了十一點鐘，海關碼頭什麼人也沒有，他們只好怏怏而返。第二天那位女學生也走了，箱子丟在海關不要了。[53]這要是在今日的美國機場或海關碼頭，對「恐怖分子」絕不會這樣馬馬虎虎、不了了之的。

中國公學當時有兩個特點：一是教師授課是用國語（即普通話），這是中國公學帶頭革新的一個措施。因為在這之前，上海各學校老師全用上海話教書。所以中國公學是第一所用普通話來教授的學校。公學裡的學生來自四川、湖南、河南、廣東最多，其他各省來的也不少。因此公學師生都應該說普通話。江浙兩省的教員也硬著頭皮來學普通話，或順應用普通話教課，如宋耀如（1864-1918，宋慶齡、宋美齡的父親）、沈翔雲（1888-1914，浙江湖州人，與陳其美等是老革命黨人）在講堂上也得勉強說官話。胡適說：「我初入學時，只會說徽州話和上海話，但在學校不久也就會說『普通話』了。」[54]另一特點是開始創辦時，同學都是創辦人，職員都是同學中選出來的，很像美國在一九七〇年代開始的一種民房合作公寓制度。因為當初創辦人都有革命思想，就想在創校時來實行一種民主政治制度，也就是姚弘業烈士遺書中所說的「以大公無我之心，行共和之法」是也。全校的組織分為「執行」與「評議」兩部。執行部的職員（教務幹事、庶務幹事、齋務幹事）都是評議部選出來的，有一定任期，並對評議部負責。評議部是由班長或室長組成，有監督和彈劾之權。評議部開會辯論時是很激烈的，常常到點名熄燈時方才散會。評議員之中最出色的一位名為龔從龍，他是四川人，胡適說他「口齒清楚，態度從容，是一個好議長」。胡適本人是有領袖才能（leadership），以前在別的學校他都是做班長的。所以他看到中國公學裡評議部開會辯論，大有像曹丕說的「高山景行，私所仰慕」，雖不能至而心嚮往之也。他何嘗不想也參加他們的辯論：「這種訓練是很有益的。我年紀太小，第一年不夠當評議員，有時在門外聽聽他們的辯論，不禁感覺我們在澄衷學堂的自治會真是兒戲。」[55]

胡適雖因年紀小，沒有資格參加中國公學的評議會，有點遺憾。但稍後他參加了公學辦的《競業旬報》。胡適在中國公學從課本上學到的知識經驗很有限，可是他從課本以外得來的知識經驗實在彌足珍貴：一是他為《競業旬報》撰稿，到後來做了《競業旬報》的編輯；二是他在《競業旬報》停刊後，得了腳氣病請假回家鄉養病，學會了做詩。在舊時一個文人能寫漂亮的毛筆字及會做律詩，有這兩樣法寶會占很多便宜。胡適平時常練字，所以他的毛筆字寫得還不錯。他在中國公學讀書時有機會學會了做詩，何其幸也。胡適在《旬報》做編輯得來的經驗及對白話文的興趣，對他日後在美國編輯《中國留美學生季報》，回國後在一九二二年與丁文江辦《努力》週刊，一九二八年與徐志摩等人辦《新月》月刊，而後在一九三二年與蔣廷黻等人辦《獨立評論》週刊，很有幫助。這些在國內辦的刊物如果沒有胡適的參與是辦不起來的。現在我們先來談胡適在中國公學編《競業旬報》，再來談他如何學做詩。

《競業旬報》是中國公學辦的學生報。這份《旬報》不用當時日常用的文言文，而是用白話文做為媒介，因由革命黨人主辦，政治立場明顯反清。中國公學的學生會在辦報之前，事先組織了一個競業學會，其宗旨是「對於社會，競與改良；對於個人，爭自濯磨」，所以定了這個學生報的名字為《競業旬報》，會長是鍾文恢，因為他年紀比胡適大，留了鬍子，所以大家都叫他鍾鬍子而不名，鍾鬍子邀請胡適加入競業學會，他答應了。[56] 胡適生性喜歡熱鬧，現在他參加了競業學會，彌補了因為年少而不能參加評議會的遺憾。他參與競業學會是很愉快的。競業學會會所在校外北四川路厚福里，入會後鍾鬍子帶他去，為他介紹了一些新朋友，這些朋友萍水相逢，盡是他鄉之客。眾所周知，他們都是過激派的革命黨人。胡適晚年回憶說，他們一些朋友往往有時無形中消失了，緣是幹革命或暗殺去了，比如任鴻雋（1886-1961）忽然不見了，「後來才知道他去日本學製造炸彈去了；如但懋辛也忽然不見了，後來才知道他同汪精衛、黃復生到北京謀刺攝政王去了。」[57] 在這些革命黨人中，但懋辛是他很熟稔的朋友，任鴻雋與胡適日後成為生死不渝的好朋友。鍾鬍子組織成立了競業學會後的第一件事，就是要創辦一份白話報。辦報的宗旨有四：一振興教育、二提倡民氣、三改良社會、四主張自治。胡適說，「其實這都是門面話，骨子裡是要鼓吹革命。他們的意思是要『傳布於小學校之青年國民』，所以決定用白話文。」[58] 一個人辦不了一份報，鍾鬍子很能幹，他請到了一位很有才氣、能詩能文的青年來做編輯，這個人就是傅君劍，湖南醴陵人。傅與鍾鬍子都很器重胡適。鍾鬍子與胡適住在公學宿舍裡同一個房間，他看到這位「小朋友」胡洪騂「常看小說，又能作古文」，乃勸他為《旬報》做白話文。這位「小朋友」也喜歡寫文章，更喜歡做白話文，所以也就答應了。胡適人緣很好，鍾翳子與傅君劍二人要比胡適大近十歲左右，也都很喜歡他，樂意照顧這位小兄弟，他們相處得很好，到後來這位小兄弟接任傅君劍做過的編輯位置。除了傅君劍、胡適、詩人胡梓方（他是教員）外，還有幾位也是喜歡寫文章的人，也多是競業學會的會員。這些朋友（包括胡適）在《旬報》創刊號裡都有文章發表。

《競業旬報》於丙午年，即光緒三十二年（西元一九〇六年）九月十一日出版。創刊號的發刊辭是出自胡梓方（即日後詩人胡詩廬）手筆，他是公學的教員，雖是用文言文寫的，也很有開明的革新思想，其中有一段說：「今世號通人者，務為艱深之文，陳過高之義，以為士大夫勸，而獨不為彼什佰千萬倍里巷鄉閭之子計，則是智益智，愚益愚，智日少，愚日多也，顧可為治乎哉？」[59]有一位署名「大武」的同學寫了一篇，題為〈論學官話的好處〉，是用白話文寫的，他說：「諸位呀，要救中國，先要聯合中國的人心，要聯合中國的人心，先要統一中國的言語。」可是今日中國的語言也不知道有多少種，如何「統一中國的語言」呢？他說：「除了通用官話，更別無法子了。但是官話的種類也很不少，有南方官話，有北京官話。現在中國全國通行官話，只須模仿北京官話，自成一種普通國語哩。」[60]大武這篇文章說得很有道理。胡適說：「這班人都到過日本，又多數是中國公學的學生，所以都感覺『普通國語』的需要。『國語』一個目標，屢見於《競業旬報》的第一期，可算是提倡最早的了。」[61]當年《競業旬報》諸君子亟求統一中國的語言，這個語言統一的目標在毛澤東時代的中國做到了。可是胡適在一九三〇年代即說最早提出這個問題的是《競業旬報》，很明顯的這是《旬報》對國家的貢獻之一。

胡適在《競業旬報》創刊號裡也有一篇文章，是講地理學裡的地圓說，用白話文寫在「學術欄」裡，題目是「地理學」，講地球是圓的：文章分序言、總論、說地球、地球的行動、論地理學上的分界。他顯然沒有寫完。寫到第三期，以後就沒有繼續寫下去了。他寫「地理學」也符合《旬報》宗旨「開通民智」，署名「期自勝生」。《四十自述》裡說，這是他平生第一篇白話文字，所以他抄了一段在這裡，做一個紀念：「譬如一個人立在海邊，遠遠的望這來往的船隻。那來的船呢，一定是先看見他的桅杆頂，以後方能夠看見他的風帆，他的船身一定在最後方可看見。那去的船呢，卻恰恰與來的相反，他的船身一定先看不見，然後看不見他的風帆，直到後來方才看不見他的桅杆頂。這是什麼緣故呢？因為那地是圓的，所以來的船在那地的低處慢慢行上來，我們看去自然先看見那桅杆頂了。那去的船也是這個道理，不過同這個相反罷了。」[62]「天圓地方」是中國傳統對宇宙的觀念，但近代科學的看法認為地球是圓的。當他於一九三二年寫《四十自述》時，對上述這段文字又有評語：「這段文字已充分表現出我的文章的長處和短處了。我的長處是明白清楚，短處是淺顯。這時候我還不滿十五歲。二十五年來，我抱定一個宗旨，做文字必須要叫人懂，所以我從來不怕人笑我的文字淺顯。」[63]胡適做文章「文字淺顯」與「叫人懂得」，是他寫作的態度與原則，這也是他的文字長處。

胡適後來回憶，他在《競業旬報》裡做了一個月的白話文，膽子大起來了，赫然「決心做一部長篇的章回小說」。小說叫做《真如島》，為什麼題為「真如島」他沒有講。小說的主旨用意是「破除迷信，開通民智」。這正符合中國公學及《競業旬報》的中心思想。他擬了四十回的回目，就開始寫下去了。第一回就在丙午（一九〇六年）年十月初一日，於《競業旬報》第三期上開始發表。回目是：

虞善仁疑心致疾

孫紹武正論祛迷

這小說開場白一段是：「話說江西廣信府貴溪縣城外有一個熱鬧的市鎮叫做神權鎮，鎮上有一條街叫做福兒街。這街盡頭的地方有一所高大的房子。有一天下午的時候，這屋的樓上有二人在那裡說話。一個是一位老人，年紀大約五十以外的光景，鬢髮已略有些花白了，躺在一張床上，把頭靠在床沿，身上蓋了一條厚被，面上甚是消瘦，好像是重病的模樣。一個是一位十八九歲的後生，生得儀容端整，氣概軒昂，坐在牀前一隻椅子上，聽那個老人說話。」[64] 老人大致說的是相信算命及一些迷信的話，且多是很悲觀的話，不切實際，因此使這個老人生病了。在小說裡，老人四十九歲那年，一位算命先生叫賈半仙（假半仙）路過此地，老人請他算過一次命。老人說算命的告訴他：「那年逢著厄年，一定有一場大災，恐怕過不過去，若是那年被我過去了，便要活到五十四歲，那年的災害便一定逃不過去了。」「今年我恰恰是五十四歲，便生了這病」，老人認為這個算命先生不是很「靈驗」的嗎？那個後生說，哎呀，算命先生的話不可信，一個人的壽年，我們這樣好好的人，誰都不能預測，「何況那些沒了眼睛、五官不全的瞎子呢？」這位年輕後生一開導後，他的病也就慢慢地好了。胡適在第一回結尾時說：「列位看官，那兩個人倒是什麼人呢？原來那老人姓虞名善仁（愚善人），本地人氏，家私富有，年登半百，只可惜膝下無兒，只有一女名喚蕙華，年方一十七。」他又說：「那位後生姓孫，名紹武，表字國洪，年方一十九歲，身強體壯，天資又極聰明，不但諸子百家無所不曉，並且又極開通，時常借些新書新報來看，所以於那些新學，也略知一二。只是父母雙亡，家道也很是艱難，所以不能做些大事業，現在因為他舅父生了病，特來看他。方才聽了虞善仁一番話，他就曉得這病是因『疑心』上生出來的，所以他發了這麼一篇議論，把虞善仁（愚善人）的疑心，都解去了。要知虞善仁的病，究竟好也不好，且聽下回分解。」這是《真如島》第一回的結束。第二回的回目：

議婚事問道盲人
求神簽決心土偶

主旨也是破除迷信。從第五回，即丙午年（一九〇六）十一月二十一日《競業旬報》第八期起，孫紹武見舅父病好了，就離開了。第五回一開始即說：「孫紹武自從那日動身以後，一路曉行夜宿，非止一日，不覺已出了江西的境界，到了安徽婺源縣界。」胡適把小說的場景從江西很巧妙地搬到徽州去了。這個技巧很好。胡適後來在《四十自述》裡說，因為小時候最痛恨道教，所以這部小說的開場放在道教頭目張天師的家鄉。但因他不知道貴溪縣的地理風俗，因此不久就把書中主人翁搬到他熟悉的徽州去了。[65] 因為主人翁到了徽州，徽州是作者熟悉的地方，寫起來當然更得心應手，也更言之有物。這些做法也與現在一般寫實主義作家的做法相去不遠。有一位傳記作家說《真如島》「極為稚嫩」、「沒有什麼文學技巧」，我不以為然。[66] 當胡適於一九五二年第一次從美國到臺灣，受到熱烈歡迎，當時《中央日報》資深記者龔選舞在《中央日報》上寫過一篇〈四十五年前的胡適〉，在這篇文章裡曾說到胡適的《真如島》：「連續在旬報刊載十期的長篇小說《真如島》，是用《水滸傳》似的白話文寫成的。」筆者認為這句話正是龔選舞對胡適最大的恭維。因為《紅樓》《水滸》的白話文是第一流的，曹雪芹和施耐庵寫對話的巧妙也是第一流的。魯迅說：「《水滸》和《紅樓夢》的有些地方，是能使讀者由說話看出人來的。」[67]龔選舞又說：「在僅能找到五期《旬報》中，我們看出胡先生以徽州做背景，姓胡的人物為主角，輕鬆地描繪出當時徽州的風俗，深刻地刻畫出當時的可愛人物，而且更用他的潑辣的『禿筆』，痛斥迷信，打擊神佛，這種大膽的作風，現在是家常便飯，當日卻說得上是驚世駭俗的。」[68]胡適那時只是一個十五歲的童子，能寫出這樣文字，實是難能可貴。在我看來，他是一個天才，我實在不忍再批評他了。《真如島》初刊於《競業旬報》丙午年（一九〇六）十月一日第三期。《旬報》出刊至第十期（丙午年十二月十一日）即停刊了，這種情形即使現在辦刊物也是常有的。《真如島》也刊至第六回就腰斬。胡適在《四十自述》裡說：「戊申年（一九〇八）三月十一日，《旬報》復活，第十一期才出世。但傅君劍不來了，編輯無人負責，我也不大高興投稿了。到了戊申七月，《旬報》第二十四期以下就歸我編輯。從第二十四期到第三十八期，我做了不少的文字，有時候全期的文字，從論說到時聞，差不多都是我做的。《真如島》也從第二十四期上續作下去，續到第十一回，《旬報》停刊了，我的小說也從此停止了。這時期我改用了『鐵兒』的筆名。」胡適說：「《旬報》停刊了，我的小說也從此停止了。」[69]在這裡他說得不太清楚，或許他記錯了。我看了其他資料，《競業旬報》最後停刊是在四十一期。可是《真如島》最後一回是第十一回，刊於三十七期。在四十期上胡適有一則〈鐵兒啟事〉：「《旬報》撰述之人現已謝去。後此一切，概非鄙人所與聞。」是故在四十一期上就沒有胡適的文字了。四十一期是《競業旬報》出版的最後一期，這一期是誰編的不詳。[70]從此《競業旬報》就變成歷史名詞了。

胡適在一九三〇年代初寫《四十自述》時，講到《競業旬報》上一些文字：「我早已完全忘記了。前年（胡適指在一九三〇年，但是胡頌平說是一九二九年，可能胡頌平說的對，因他查證，胡適是回憶，回憶有時靠不住）中國國民黨的中央宣傳部曾登報徵求全份的《競業旬報》——大概他們不知道這裡面一大半的文字是胡適做的——似乎也沒有效果。我靠幾個老朋友的幫忙，搜求了幾年，至今還不曾湊成全份。」[71]胡適又說：「今年回頭看看這些文字，真有如同隔世之感。但我很詫異的是有一些思想後來成為我的重要出發點的，在那十七八歲的時期已有了很明白的傾向了。」[72]這幾句話就是說，胡適成年後的思想，已在他的童年（美國人說的teenage）時期有其雛形。費正清（John K. Fairbank）的門人賈祖麟（Jerome Grieder）在他的《胡適與中國文藝復興》（*Hu Shih and the Chinese Renaissance*）一書裡說，胡適在上海時期所接受的新思想及稍後在留美時期的思想，幾乎不分軒輊。[73]這一「發現」並不很稀奇。因為他在澄衷學堂接受了梁啟超新思想及嚴復的翻譯，使他接觸到西方新思潮，如赫胥黎及彌爾等思想家。十五歲聰明早慧的胡洪騂，在中國公學得到一個平臺——《競業旬報》——讓他馳騁想像並發表，何其幸也。

胡適後來回憶：「這幾十期的《競業旬報》給了我一個絕好的自由發表思想的機會，使我可以把在家鄉和在學校得著的一點點知識和見解，整理一番，用明白清楚的文字敘述出來。《旬報》的辦事人從來沒有干涉我的言論，所以我能充分發揮我的思想。」[74]他又說，《旬報》不但「給我發表思想的機會」，還給了「我一年多做白話文的訓練。清朝末年出版了不少白話報，如《中國白話報》、《杭州白話報》、《安徽俗話報》、《寧波白話報》、《潮州白話報》，都沒有長久的壽命。光緒宣統之間，范鴻仙等辦《國民白話日報》，李莘伯辦《安徽白話報》，都有我的文字，但這兩個報都只有幾個月的壽命」，可是「《競業旬報》出到四十期（應該是四十一期，前後斷續有兩年多），要算最長壽的白話報了」。他說：「我從第一期投稿起，直到他停辦時止，中間不過有短時期沒有我的文字。和《競業旬報》有編輯關係的人，如傅君劍（第一任編輯），如張丹斧（接替傅君劍任編輯），如葉德爭（接替張丹斧），都沒有我的長久關係，也沒有我的長期訓練。我不知道我那幾十篇文字在當時有什麼影響，但我知道這一年多的訓練給了我自己絕大的好處。白話文從此成了我的一種工具。七、八年之後，這件工具使我能夠在中國文學革命的運動裡做一個開路的工人。」[75]胡適說這幾句話是對《競業旬報》有一種感念之情，這也是胡適可愛的地方。因為在民國初年他提倡白話文運動，最後白話文替代了幾千年文言文，所以也有人稱這個運動為「文學革命」，這也就是胡適說的：「我能夠在中國文學革命的運動裡做一個開路的工人。」（其實他不僅是「一個開路工人」，而是「開路先鋒」。）文學革命的成功是他一生事業的最大成就，名垂青史。

胡適在為《競業旬報》寫白話文及編報時期，已開始學做詩。中國學者易竹賢寫的《胡適傳》裡講到胡適學做詩，拿「腳氣病與做詩」這六個字連在一起來做小標題，初初一看，深以為奇，後來看到他引《四十自述》裡頭的話，我才明白了。[76] 胡適《四十自述》裡說：「我進中國公學不到半年，就得了腳氣病，不能不告假醫病。我住在上海南市瑞興泰茶葉店裡養病，偶然翻讀吳汝綸選的一種古文讀本，其中第四冊全是古詩歌。這是我第一次讀古體詩歌，我忽然感覺很大的興趣。病中每天讀熟幾首。不久就把這一冊古詩讀完了。」胡適又說，他小時讀過一本律詩，毫無趣味，但這回看了這些樂府和五七言詩歌，「才知道詩歌原來是這樣自由的，才知道做詩原來不必先學對仗。」[77] 他背熟了〈木蘭辭〉、〈飲馬長城窟行〉、《古詩十九首》一路下去，直扣陶潛、杜甫門戶了。他又在二哥的藏書處找到了《陶淵明集》和《白香山詩選》，後來他自己買了一部《杜詩鏡銓》，胡適漸漸進入詩國的大世界了。舊詩裡送別、應酬是很多的了，這是中國舊詩的特色，據唐德剛說，他拿《蘇東坡全集》來統計：唱和、應酬、飲宴占詩人三分之一。[78] 胡適舊詩看多了，牛刀小試也就開始做起詩來。有一天他回學堂，路過《競業旬報》社，他進去看傅君劍，傅對他說不久要回湖南去了。這對胡適來說是一個做詩的好機會，他回到了宿舍，寫了一首送別詩，自己帶給傅君劍，問他像不像詩，至於詩的內容，胡適說已記不得了，只記得起首「我以何因緣，得識傅君劍」，傅君劍很誇獎他的送別詩。過了一天，他送了一首〈留別適之即和贈別之作〉來，用日本捲箋寫好。胡適說：「我打開一看，真嚇了一跳」，因見他詩中有「天下英雄君與我，文章知己友兼師」兩句。[79] 胡適受傅君劍這兩句詩的影響，從此就著迷地做詩。著迷的程度很像《紅樓夢》裡（第四十八回）的香菱跟林黛玉學寫律詩那樣。[80]

傅君劍這兩句詩，頗使胡適受寵若驚，他後來回憶這兩句鼓勵的話，「可害苦我了！從此以後我就發憤讀詩，想要做個詩人了。有時候，我在課堂上，先生在黑板上解高等代數的算式，我卻在斯密司的《大代數學》底下翻《詩韻合璧》，練習簿上寫的不是算式，是一首未完的紀遊詩。」他又說：「一兩年前我半夜裡偷點著蠟燭，伏在枕頭上演習代數問題，那種算學興趣現在都被做詩的新興趣趕跑了！我在病腳氣的幾個月之中發見了一個新世界，同時也決定了我一生的命運。我從此走上了文學史學的路，後來幾次想矯正回來，想走到自然科學的路上去，但興趣已深，習慣已成，終無法挽回了。」[81] 胡適受傅君劍的鼓勵後，做詩的熱忱實不下於香菱。

除唱和、應酬外，遊記也是詩人做詩最喜歡的題材。胡適說，丁未（一九〇七年）正月「我遊蘇州，三月與中國公學全體同學旅行到杭州，我都有詩紀遊」。他說：「我那時全不知道『詩韻』是什麼，只依家鄉的方音，念起來同韻便算同韻。」在西湖上寫了一首絕句，只押了兩個韻腳，過去澄衷國文老師楊千里先生看了大笑，說，一個字在「尤」韻，一個字在「蕭」韻，他改了兩句，「意思全不是我的了。我才知道做詩要硬記詩韻，並且不妨犧牲詩的意思來遷就詩的韻腳。」[82]

從杭州旅行回來二個月後，胡適的腳氣病又發了。那時為一九〇七年五月，這次似乎較一年前厲害，胡適說：「我們徽州人在上海得了腳氣病，必須趕緊回家鄉，行到錢塘江的上游，腳腫便漸漸退了。」[83] 其故安在？不詳。胡適回家鄉是否過了錢塘江腳腫就退了呢？胡適沒有講。腳氣病也是一種病，可大可小。韓愈在〈祭十二郎文〉中也談到腳氣病：「汝去年書云：『比得軟腳病，往往而劇』。吾曰：『是疾也，江南之人，常常有之』，未始以為憂也。嗚呼！其竟以此而殞其生乎？抑別疾而致斯乎？」[84] 文中所說「比得軟腳病」，就是腳氣病。十二郎說近來得了腳氣病，有時很厲害。文中說的「江南之人」，即是指徽州人。韓愈家族在安徽南部宣城有產業，他十六歲到十九歲在宣城住過三年多，對這一帶風土習俗知之甚稔，所以他說，沒有關係，這種病「江南之人，常常有之」，但最後兩句話「其竟以此而殞其生乎？抑別疾而致斯乎？」意思是韓愈懷疑十二郎是不是就是得腳氣病死的呢，還是因別的病而死呢？胡適的父親胡傳於一八九五年中日之戰末期，從臺東來到廈門，就是因腳氣病而死在廈門。[85]

一九〇七年，胡適從上海回到家鄉績溪上莊老家養病，住了兩個多月，很閒，詩興大發，他又幸好有個族叔胡近仁幫他很多忙，鼓勵他做詩。胡近仁（1886-1935）長胡適五歲，一九〇五年十九歲考取秀才，在族譜上排行比胡適高一輩，他本質上是一個文人，好詩文，與胡適意趣相投，所以他們二人不僅是叔姪，又是好朋友。胡適在家鄉兩個月，他們朝夕相聚，大家做詩唱和。胡適說這時候他讀了不少白居易的詩，所以這時期的詩受白居易的影響很大。如在家鄉寫的〈棄父行〉即是一個很明顯的例子。[86]白居易詩的特色是「老嫗能解」，〈棄父行〉是寫族人某人家中「棄父之人」的真實故事。這首詩最初以「鐵兒」筆名發表在《競業旬報》第二十五期中的「詞苑」裡，較一般詩長，近三百字，茲錄如下，以饗讀者：「『富易交，貴以妻』，不聞富貴父子離。商人三十初生子，提攜鞠養恩無比。兒生七歲始受書，十載功成作秀士。明年為兒娶佳婦，五年添孫不知數。阿翁對此增煩憂，白頭萬里經商去。秀才設帳還授徒，脩脯不足贍妻孥。秀才新婦出名門，阿母憐如掌上珍。掌上珍，今失所，婿不自立母酸楚。檢點奩中五百金，珍重攜將與息女，夫婿得此愁顏開，睥睨親屬如塵埃。持金重息貸鄰里，三年子財如母財。爾時阿翁時不利，經營慘澹終顛躓。關河真令鬢毛摧，歲月頻催齒牙墜。窮愁潦倒重歸來，歸來子女相嫌猜。私謂『阿翁老不死，窮年坐食胡為哉！』阿翁衰老思粱肉，買肉歸來子婦哭：『自古男兒貴自立，阿翁恃子寧非辱？』翁聞斯言勃然怒，畢世劬勞徒自誤。從今識得養兒樂，出門老死他鄉去。吁嗟乎！慈烏尚有反哺恩，不如禽獸胡為人。」這首詩通俗樸素，模仿白香山的詩，彰彰明甚。易竹賢說：「少年人寫出這樣的詩，算是很不錯的了。」[87]

胡適在績溪家鄉養病二個月，腳氣病痊癒了，乃又回中國公學，他回上海途經富春江，富春江為浙江旅遊勝地，他曾遊覽釣臺及西臺。他還寫了一首〈西臺行〉紀遊詩如下：

富春江上煙樹裡，石磴嵯峨相對峙。
西為西臺東釣臺，東屬嚴家西謝氏。
子陵垂釣自優遊，曠觀天下如敝屣。
皋羽登臨曾慟哭，傷哉愛國情靡已。
如今客自桐江來，不拜西臺拜釣臺。
人心趨向乃如此，天下事尚可為哉！

富春江位於今浙江省桐廬縣。釣臺及西臺位於富春江邊的富春山上。釣臺即是東臺，東漢文士嚴光隱居垂釣於此，故又稱釣臺。嚴光字子陵，會稽餘姚人，年輕時與光武帝劉秀是同窗好友。劉秀起兵，他也出力很多。劉秀稱帝，他卻隱居東臺。光武帝多次延攬他出山輔政，他不為所動。後人很欽佩他高風亮節。范仲淹於宋仁宗明道年間謫居於此，曾建一嚴光祠。西臺是宋末謝皋羽哭文天祥之處。但胡適去遊覽時，遊客多聚集在釣臺，而西臺門可羅雀。胡適這首詩很明顯褒謝貶嚴。他認為一個人應該為國家做事，不應該像嚴光那樣做隱士。同理，一個人也應該像文天祥那樣忠貞愛國。這是一首胡適詠懷古跡的詩，也是一首很有意義的詩，最可反映出他早年思想。一個十幾歲的小孩能寫出這樣的詩是少見的。

胡適二次腳氣病發，對他做詩有益，頗有進境，中國公學裡會做詩的同學很多，當他回到學校後，他也常常和同學唱和。胡適在《四十自述》裡說：「丁未（一九〇七年）以後，我在學校裡頗有少年詩人之名。」有一次他做了一首五言律詩，押了一個「赬」字韻，同學和教員和作的詩有十幾首之多。如湯昭（保民）、任鴻雋（叔永）、朱經（經農）、沈翼孫（燕謀）等人都能做詩。[88] 教員中如胡梓方、石一參等也都提倡詩詞，胡適說：「梓方先生即是後來出名的詩人胡詩廬，這時候他教我們的英文，英文教員能做中國詩詞，這是當日中國公學的一種特色。」[89] 這種特色也許是中國文人的小傳統。此外胡適還有一位英文老師，名為姚康侯，是辜鴻銘的學生，他教胡適班上翻譯，從英文譯漢文，或從漢文譯英文。有時學生可以把英詩翻譯成中文詩，翻譯完後「拿給姚先生和胡先生評改」。因此胡適一九〇八年在中國公學譯過英國詩人坎貝爾（Thomas Campbell）的〈軍人夢〉(A Soldier's Dream)，這首詩譯成中文大約二百五十字上下，字數幾近〈棄父行〉了。這種翻譯訓練對他很有益處，所以他後來在康乃爾自己翻譯拜倫長詩《哀希臘》(*The Isles of Greece*) 不是偶然的。胡適在這一時期寫的詩很多，有一些曾刊登在《競業旬報》上。《四十自述》也有刊載幾首。茲錄胡適很滿意的一首〈秋柳〉絕句如下，做為本節的結束：

〈秋柳有序（己酉）〉

秋日適野，見萬木皆有衰意。而柳以弱質，際茲高秋，獨能迎風而舞，意態自如。豈老氏所謂能以弱者存耶？感而賦之。

但見蕭颼萬木摧，尚餘垂柳拂人來。
西風莫笑長條弱，也向西風舞一回。[90]

「無忘城下盟」，一九〇八至一九〇九

「無忘城下盟」是胡適和一批新公學裡的死硬派朋友，與老公學鬥爭失敗後寫的一句詩。這句詩的意思是雖然他們失敗了，但不認輸。事情是這樣的：光緒三十四年（戊申，一九〇八年）九月初，中國公學鬧出一個很大的風潮。很多學生離開學校，另組一個中國新公學。這次風潮是因校長問題而引起的。中國公學當初創辦的時候，是一種與眾不同的辦學制度，胡適稱作為共和制度，是很民主化。在這個制度下，評議部為最高立法機關，執行部的幹事是由大家選出來。胡適說很不幸，這個制度只實行了九個月就修改了，即從光緒三十二年（丙午，一九〇六年）二月到十一月。有幾個原因：一、因為當時發起的留日學生日漸減

少，而新招來的學生逐漸加多。二、社會及政府對這種共和制度的學校有點猜疑。三、沒有校舍也無基金，無法向官府請求補助。因為這幾個原因，中國公學要改組，改組問題就來了。

中國公學辦事人員於一九〇六年冬天，聘請社會名流鄭孝胥、張謇、熊希齡等人為中國公學的董事，董事會成立後第一件事就是修改章程，原來以學生為主的共和制度，由董事會來替代。董事會根據新章程，公舉鄭孝胥為監督，相當於現在的董事長。一年後鄭孝胥辭職，董事會乃舉夏敬觀為監督。胡適說，這兩位監督都是有名的詩人，他們兩人不大管事，也很少到學校來，「所以我們也不大覺得監督制的可畏」。[91]可是董事會成立後訂立新的章程，在新制度下，公學的幹事不能由同學選舉出來。評議部本來是公學最高立法機關，現在新制度下，評議部沒有了，學生大權旁落，當然不服氣。評議部取消之後，全體同學就組織了一個「校友會」，相當於今日的學生代表會。校友會與幹事會交涉很久，結果，幹事會同意學校章程可由校友會修改，但是董事會不許，否認學生有修訂校章之權。復次，董事會出了兩道布告，一、學生「集會演說，學堂懸為厲禁」。二、學生代表朱經、朱紱華「倡首煽眾，私發傳單，侮辱職員」應予開除。被開除的學生朱經就是後來的教育家朱經農。朱紱華是四川人，和任鴻雋、朱經農、胡適都是中國公學甲班的同學，後來用他的表字叫朱芾煌，也是當時奔走國是的名人。胡適說他「是一位能說話又有辦事才幹的人」。現在公學要開除這二朱學生領袖，是夠嚴重的了。這是戊申（一九〇八年）九月初三日。翌日（初四日）全體學生簽名停課，在操場上開大會，尚未散會，下午幹事會又出布告，又開除七位學生羅君毅、周烈忠、文之孝等人，並說：「如仍附從停課，即當將停課學生全行解散。」雖然初五日教員出來調停，但董事會不肯開會。初八日董事陳三立出來調停，胡適說：「但全校人心已到了很激昂的程度，不容易挽回了。」初九日學校公布將暫停膳食，學校停課，「俟本公學將此案辦結後，再行布告來校上課。」[92]

胡適說，學校這樣處理激起公憤，致使絕大多數同學決定退學。於是推舉幹事籌備，另行創辦新學校。胡適回憶：「退學的那一天，秋雨淋漓，大家冒雨搬到愛而近路慶祥里新租的校舍裡。」雖然找到一所廚房吃飯，可是桌凳不夠，碗碟也都不夠，一切草創，「大家都知道這是我們創立的學校，所以不但不叫苦，還要各自掏腰包。」十天之內，新學校籌備完成，正式聘教員，排課程，就開始上課了。校名定為「中國新公學」。一個新學校誕生了，學生一百六七十人。[93]又是一所別開生面的新學校。

胡適在新學校裡扮演的是什麼樣的角色？他後來回憶說：「在這風潮之中，最初的一年因為我是新學生，又因為我告了長時期的病假，所以沒有參與同學和幹事的爭執；到了風潮正激烈的時期，我被舉為大會書記，許多紀錄和宣言都是我做的；雖然不在被開除之列，也在退學之中。朱經、李琴鶴、羅君毅被舉作幹事。有許多舊教員都肯來擔任教課。學校雖然得著社會上一部分人的同情，捐款究竟很少，經費很感覺困難。」那時李琴鶴是教務幹事，相當於現在的教務主任，有一天他邀請胡適去談公事，他希望胡適教低年級各班的英文，一星期教三十個鐘點，月薪八十元；但他聲明「自家同學作教員，薪俸是不能全領的，總得欠著一部分」。[94] 胡適這時候還不滿十七歲，換了三個學堂，沒有拿著一張畢業證書，如果繼續上學，明年可以畢業。但他後來說，他確實不能繼續上學，他有不得已的苦衷——「我家本沒有錢」。他父親死後，家道中落，上海及漢口兩家店鋪虧空，在別人看來，破產就在眼前。且這幾個月以來，胡適沒有錢住宿舍，就寄居在《競業旬報》社裡，因為從《旬報》二十四期起，他擔任《旬報》的編輯，每出一期，就給他十塊錢編輯費。住宿及膳食都歸由《旬報》社照顧。家中還有母親，亟待他寄錢贍養。正在這個時候，李琴鶴來勸他在新公學做教員，以解一時之困，胡適一口答應。

在《四十自述》裡，胡適很謙虛地說，「以學問論，我那時怎配教英文？但我是個肯負責任的人。」胡適說他是「肯負責任的人」這句話很重要，這是他的天性，也是一種美德，也是他一生事業成功的要素。他肯下工夫去預備功課，所以他說他在這一年之中，沒有出過洋相。這成了他一生最得意的事之一，他在《四十自述》裡以及在晚年，常常津津樂道說，在新公學教的兩班後來居然出了幾個有名的人物：饒毓泰（樹人）、楊銓（杏佛）、嚴莊（敬齋）等人，胡適說他們「都做過我的英文學生」。[95] 在新公學一年得益良多，對於文法本來在老公學因為受英文老師姚康侯的影響，很喜歡分析文法，又因為受馬建忠《馬氏文通》的影響，是故常把英文文法與中國文法來比較，趣味盎然。胡適說：「現在做了英文老師，我更不能不把字字句句的文法弄的清楚。所以這一年之中，我雖沒有多讀英國文學書，卻在文法方面得著很好的練習。」[96]這也就是中國人常說的「教學相長」是也。

中國新公學與老公學鬥，雖然新公學銳氣沖天，精力彌漫，大家為了要爭一口氣，要辦好這所學校，做給老公學看，一般而言，新公學成績還很不錯，口碑很好，內地來的學生到了上海，知道有兩個中國公學在爭持，大家都同情新公學，所以新公學的學生比老公學的學生多。但是新公學畢竟太窮了，因為募不到錢，窮到連很能幹的幹事朱經（即後來的朱經農）一籌莫展要跳河自殺。據胡適說：一日朱經「憂愁過度」，出門亂走到徐家匯的一條小河邊，跳下河去，「幸遇人救起，不曾喪命。」[97]

中國新公學在這種最困難的情形之下掙扎了一年多，活不下去了。但對老公學來說，新公學的招牌一天不去，老公學一天不得安穩，此即所謂「卿不死，孤不安」的局面。在這種僵局之下，有人出來調停合併就容易說話了。條件有三：一、凡新公學的學生願意回去的，都可以回去；二、新公學的功課成績全部承認；三、所有虧欠的債務，一律由老公學擔負清償。新公學在一年之中，債臺高築，捐款有限，無濟一時燃眉之急，職員多是少年人，犧牲了自己的學業來辦學，究竟不能持久。到了已酉（一九〇九年）十月，新公學決議接受了「城下盟」（調停三條件），決定解散：「願回舊校者，自由回去。」[98] 李敖在其《胡適評傳》裡說，新公學中有一些「死硬派」：如朱芾煌、朱經農、胡適等人就是死也不肯回去。[99]

在《四十自述》中胡適說「我有題新校合影的五律二首」（其實還有七律一首）可看出他的心情，茲錄五律第二首如下：

此地一為別，依依無限情。
淒涼看日落，蕭瑟聽風鳴。
應有天涯感，無忘城下盟！
相攜入圖畫，萬慮苦相縈。

胡適說這算不得詩，但「應有天涯感，無忘城下盟」兩句確實是當時的心理。他又說：「合併之後，有許多同學都不肯回老公學去，也是為此。這一年的經驗，為一個理想而奮鬥，為一個團體而犧牲，為共同生命而合作，這些都在我們一百六十多人的精神上留下磨不去的影子。二十年來，無人寫這一段歷史，所以我寫這幾千字，給我的一班老同學留一點『鴻爪遺痕』。」[100]

新公學是胡適來上海換的第四個學校。他在戊申（一九〇八年）離開老公學來到新公學，如果繼續念書，一年後他可以畢業。但他在新公學教了一年英文，新公學解散後，沒有拿到一張文憑，拿到的是「兩三百元的欠薪，前途茫茫，毫無把握，那敢回家去？只好寄居在上海，想尋一件可以吃飯養家的事。在那個憂愁煩悶的時候，又遇著一班浪漫的朋友，我就跟著他們墮落了」。[101] 胡適在這裡所說的「浪漫朋友」，不夠真實，其實就是遇著一般常人所說的「酒肉朋友」也。他說的是客氣話。如果他交了浪漫朋友，可能會墮落，也可能不會墮落，但他交了酒肉朋友則非墮落不可。最後胡適關在巡捕房裡，也就不足為奇了。

1 胡頌平，《胡適之先生晚年談話錄》（臺北：聯經，一九八四），頁四四。
2 胡明，《胡適傳論》上冊（北京：人民，一九九六），頁四七。
3 馮致遠〈胡適的家庭及其軼聞瑣事〉，收入顏振吾編，《胡適研究叢錄》（北京：三聯，一九八九），頁三七。
4 胡適，《四十自述》（臺北：遠東，一九六六），頁四九。
5 胡適，《四十自述》，頁五〇。
6 胡頌平，《胡適之先生晚年談話錄》，頁七三。
7 胡適，《四十自述》，頁五〇。
8 胡適乍看之下平時笑嘻嘻的平易近人，可是論學一向絲毫不含糊。他在梅溪讀書時，教國文的沈老師隨口把《易經繫辭傳》上的一句話說成是《左傳》上的，小小的胡洪騂就對老師說儂說錯了。後來在一九一四年，英國漢學家解兒司（Lionel Giles）翻譯《敦煌錄》出錯，胡適的批判更是絲毫不留情面。後來為了老子的年代，他與馮友蘭爭論不休，一點也不肯遷就。一九四九年批評白英（Robert Payne）寫的毛澤東傳，就說作者草率，頗多妄誕之言，是個下流商業化的作品。及至晚年中央研究院院長任內，還寫過一篇文章，題為〈論初唐盛唐還沒有雕板書〉（收入《自由中國》，二十一卷一期，一九五九年七月）力駁老友李書華，斬釘截鐵地說唐代尚無雕板書。如果我們從這個角度來看胡適，他在學術爭論上始終一絲不苟，從小到老前後一致。

9 胡適，《四十自述》，頁五一。

10 易竹賢，《胡適傳》（武漢：湖北人民，二〇〇五第四版），頁三三。看到紐約市的《僑報》上說，《胡適傳》作者易竹賢先生去世了（二〇一八年十二月）。我知道易先生，但沒有見過他一面。我曉得他也是一個「胡適迷」，他是一位不求聞達，很勤懇努力寫胡適的傳記作家，是我們的「同志」，我在這裡寫幾個字，做一個紀念。

11 胡適，《四十自述》，頁五二。

12 全詩見耿雲志主編，《胡適遺稿及祕藏書信》第十一冊（合肥：黃山書社，一九九四），頁一三七至一三九。

13 胡適，《四十自述》，頁五二至五三。

14 馮自由，〈「革命軍」作者鄒容〉，收入馮著《革命逸史》第二編（上海：商務，一九四六），頁五五。

15 胡適，《四十自述》，頁五三。

16 王之春是親俄的。一八九六年，俄皇尼古拉二世加冕，清廷派王之春為代表前往慶賀，王雖是親俄派的首領，但俄國嫌他官位及名聲不夠響亮而拒絕，要求以李鴻章為代表。於是清廷派遣李鴻章為正使、王之春為副使，結果在聖彼德堡與俄國財政大臣維特（Sergei Witte）簽訂了喪權辱國、臭名昭彰的《中俄密約》。

17 胡適，《四十自述》，頁五四。

18 胡適，《四十自述》，頁五四。

19 詳見蔡冠洛編纂，《清代七百名人傳（二）》（上海：世界書局，一九三七），頁六三〇。

20 胡適，《四十自述》，頁五五。

21胡適的英文寫不如蔣廷黻，講不如葉公超，他們兩人的英文從小就是洋人教的，再加上出國很早。葉公超出國時只有九歲，他講英語與洋人無異（沒有口音）；蔣廷黻十一歲上教會學校就開始念英文，是跟洋人學的，十六歲出國。胡適出國時十九歲。但他的英文無論講或寫，都遠遠勝過一般中國留學生的程度。他在康乃爾讀書時到處去演講，並常向報館投書，參加學校徵文獎而獲得首獎。這不是一般留學生能做得到的，即使教授也不一定能做得到。

22胡適，《四十自述》，頁六二。

23胡適，《四十自述》，頁五五。

24胡適，《四十自述》，頁五五至五六。

25王栻，〈嚴復與嚴譯名著〉，收入商務印書館編輯部編，《論嚴復與嚴譯名著》（北京：商務，一九八二），頁五。

26以上我引述的嚴復翻譯《天演論》〈導言一　察變〉，這一段還不算嚴復最好的翻譯。大家公認嚴復早期最好的翻譯是《天演論》，而在《天演論》裡譯得最好的是起首第一段，茲錄如下：「赫胥黎獨處一室之中，在英倫之南，背山而面野。檻外諸境，歷歷如在几下。乃懸想二千年前，當羅馬大將愷徹未到時，此間有何景物。計惟有天造草昧，人功未施，其藉徵人境者，不過幾處荒墳，散見坡陀起伏間。而灌木叢林，蒙茸山麓，未經刪治如今日者，則無疑也。」（《天演論》，〈導言一　察變〉）下面是英文原文：It may be safely assumed that, two thousand years ago before Caesar set foot in southern Britain, the whole country-side visible from the windows of the room in which I write, was in what is called "the state of Nature". Except, it may be, by raising a few sepulchral mounds, such as those which still, here and there, break the flowing contours of the downs, man's hand had made no mark upon it; and the thin veil of vegetation which overspread the broad-backed height and the shelving sides of the coombs was unaffected by his industry. (From Huxley's *Evolution and Ethics*, "Prolegomena") 嚴復翻譯《天演論》並不是死扣住原文來譯，他是把整個英文原文字句段落結構拆開打碎，然後照中國古文語法來翻譯，但仍不失原意。如上述最明顯的例子，原文裡「I」他改用了第三人稱「赫胥黎」。所以吾人讀嚴譯《天演論》不像翻譯過來，倒像赫胥黎用中文寫的。

27 胡適，《四十自述》，頁五六。

28「the survival of the fittest」嚴復譯為「適者生存」，但是馬君武認為正確的翻譯應是「最宜者存」。詳見Tsing-song Vincent Shen, "Evolutionism Through Chinese Eyes: Yan Fu, Ma Junwu and their Translations of Darwinian Evolutionism," *Asia Network Exchange* 22:1 (Fall 2014), p. 57. 不過我們現在習慣了，覺得「適者生存」也很好。胡適這篇文章參看周質平編，《胡適早年文存》（臺北：遠流，一九九五），頁四三四。

29 周質平編，《胡適早年文存》，頁四三四。

30 胡不歸著，《胡適之先生傳》，頁五五；轉引自胡頌平編著，《胡適之先生年譜長編初稿》第一冊（臺北：聯經，一九九〇），頁六〇。

31 胡適，《四十自述》，頁五六。

32 轉引李敖，《胡適評傳》（臺北：文星，一九六四），頁一三七。

33 胡適，《四十自述》，頁五六。

34 胡適，《四十自述》，頁五六至五七。

35 唐德剛譯注，《胡適口述自傳》（臺北：傳記文學，一九八一），頁一五六。

36 民國初年胡適與陳獨秀發動文學革命，一九二一年陳獨秀與李大釗創辦中國共產黨，毛澤東要革命，他們都是受了《天演論》的刺激及影響（陳獨秀、李大釗、毛澤東那時受馬克思的影響較少）。馬克思主義自一九一七年蘇聯革命後興起，第二次世界大戰後的一九六〇年代及一九七〇年代達到極盛。很多西方思想家的影響如彩虹般紅極一時，日久即消逝，包括馬克思在內；赫胥黎的《天演論》影響已不如約翰·彌爾的《論自由》了，十九世紀的西方思想家，時至今日，也只有彌爾的《論自由》影響歷久不衰。彌爾著作不很多，照西方標準，算不上著作等身，但他的每一本著作都很有分量，均屬經典，對後世影響很大。他最重要的一部著作是《邏輯學》（*A System of Logic*，嚴復譯為《穆勒名學》），但最有名、流傳最廣、影響最大的要推《論自由》（*On Liberty*，嚴復譯為《群己權界論》）；其次是他的《自傳》。這兩本書自一百多年前刊行以來皆廣為流傳，目前在美國坊間仍可買到。彌爾是近代西方自由主義的老祖宗，《論自由》這本書是自由主義的經典之作。大凡很多哲學家的思想影響力會隨著時間逐漸消失，但彌爾是個例外，他的思想今天仍然健在，當我們每天打開報紙，看到大家爭辯同性戀結婚問題或女子墮胎問題，或是美國關押在古巴關達那摩基地的伊斯蘭恐怖分子嫌疑犯（Guantanamo detainees）問題，乃至二十世紀中葉如火如荼的民權問題餘波仍在，這些活生生的新聞，孰令致之，無非是彌爾的思想影響猶存有以致之！彌爾在《自傳》裡說：「在我退休前二年，我與我妻子合作開始寫《論自由》，我們起初計畫寫一短短的論文（essay），時在一八五四年。」John Stuart Mill, *Autobiography of John Stuart Mill* (New York: Columbia University Press, 1944), p. 170. 彌爾又說他們寫完後一改再改，以前從來沒有像寫《論自由》那樣仔細再三推敲；這本書終於在一八五八年與一八五九年間定稿，而他的妻子，即泰勒夫人（Harriet Taylor Mill），病逝於一八五八年，翌年出版時，他在扉頁上將書獻給亡妻。他在《自傳》裡一再說此書與其妻合撰，或者說她對此書貢獻良多，對「我妻」稱譽備至、再三讚賞（lavishly praised）。但很多專家學者有異議，絕大多數學者認為他的妻子雖有學養，亦有才華，但彌爾的文采及其深邃思想，當非其筆下的「我妻」所能望其項背。除了女權問題外，絕大多數學者並未對彌爾讚譽妻子照單全收，至今可能只有英國諾丁罕（Nottingham）大學教授海倫．麥卡貝（Helen McCabe）在她以「Harriet Taylor Mill」為題的一篇論文裡開宗明義即說：「一個偉大人物背後一定有一位偉大的女性。」言下之意是彌爾背後的偉大女子就是泰勒夫人。麥卡貝教授此文獨排眾議，表示彌爾在思想上及情緒上深受妻子的影響。胡適在澄衷就讀過嚴復翻譯的彌爾《群己權界論》（《論自由》），到了美國也在康乃爾讀過彌爾 *On Liberty* 的英文原著，其領悟當非在澄衷時可相提並論。質言之，當今西方世界仍處處受到英國思想界影響，實際上源頭只有兩人：一是彌爾，另一是赫胥黎。

37 胡適，《四十自述》，頁五六。

38 胡適，《四十自述》，頁五九。

39 胡適，《四十自述》，頁五九至六〇。

40 胡適，《四十自述》，頁六〇至六一。

41 胡適，《四十自述》，頁六一至六二。

42 胡適，《四十自述》，頁六二。紐約市哥倫比亞大學附近有一所銀行街教育學院（Bank Street College of Education）辦的附屬學校，從小學到八年級（國二），他們學生升級，就是採用這個辦法。

43 胡適，《四十自述》，頁六三。

44 胡適上面這一句話：「上海那時還是一個眼界很小的商埠」，常有一些傳記家說胡適認為那時的上海人眼界小；我認為胡適的意思不是這樣的，而是說那時的上海人還比較保守，不比後來的冒險家的樂園或十里洋場的上海人開朗、新潮。

45 胡適，〈回憶中國公學〉，《中央日報》，一九五二年十二月二十四日。

46 胡適，《四十自述》，頁六三。

47 胡適，《中國公學校史》（臺北：一九五三年線裝重印本），頁一至三。

48 胡適，《四十自述》，頁六三至六四。

49 胡適，《四十自述》，頁六四。

50 胡適，《四十自述》，頁六四。

51 胡適，《四十自述》，頁六三。

52 胡適，《四十自述》，頁六四。

53 胡適，《四十自述》，頁六五。

54 胡適，《四十自述》，頁六五至六六。

55 胡適，《四十自述》，頁六六。

56 胡適，《四十自述》，頁六七。

57 胡適，《中國公學校史》，頁四至五。

58 胡適，《四十自述》，頁六七。

59 胡適，《四十自述》，頁六七。

60 胡適，《四十自述》，頁六七至六八。

61 胡適，《四十自述》，頁六八。

62 胡適，《四十自述》，頁六八。

63 胡適，《四十自述》，頁六九。

64 胡適，《四十自述》，頁六九至七〇。

65 胡適，《四十自述》，頁七〇。

66 江勇振，《舍我其誰：胡適【第一部】璞玉成璧（1891-1917）》（臺北：聯經，二〇一一），頁九五。

67 魯迅，〈看書瑣記（二）〉，收入《魯迅三十年集之二十七》（上海：魯迅全集，一九四一）。

68 龔選舞，〈四十五年前的胡適——祝胡適先生六二壽誕〉，臺北《中央日報》，一九五二年十二月十七日。據胡頌平說，一九二九年前後，國民黨中央宣傳部登報徵求全份《旬報》，但沒有收齊。胡適在寫《四十自述》以前（《四十自述》是一九三二年九月下旬寫完的），中國公學的老同學趙健民等幾個人搜求《旬報》，也沒有湊成全份。現在（一九八四年，胡頌平編撰《胡適之先生年譜長編初稿》的年代）保存在國民黨黨史史料編纂委員會裡，只有殘缺不全的五份：此即二十五期，二十八期，三十四期，四十期，四十一期。這也就是龔選舞文中所說的「五期《旬報》」。

69 胡適，《四十自述》，頁七〇。

70 詳見胡頌平編著，《胡適之先生年譜長編初稿》第一冊，頁七九。

71 後來周質平編的《胡適早年文存》，他在序言裡也沒有說找到了全份。

72 胡適，《四十自述》，頁七三。

73 Jerome Grieder, *Hu Shih and the Chinese Renaissance* (Harvard University Press, 1970), p. 43. 賈祖麟這本英文書於一九七〇年出版後頗獲佳評。特別是哈佛費正清學派裡治中國思想史的學者史華慈（Benjamin Schwartz），列文森（Joseph Levenson）等人。其中尤以列文森為最，他對賈祖麟這本書擊節讚賞，稱許不已，用白話來說，真的喜歡得不得了。一九五六年秋季，胡適在加州柏克萊分校哲學系講學（中國思想史）一學期（一九五六年秋至一九五七春，七千五百美元薪酬），他在柏克萊哲學系講學的頭銜是特聘教授（Regents Professor），穿針引線的是趙元任，與歷史系的列文森無涉。列文森在柏克萊教授中國史，有一天曾邀請胡適到他班上來給學生見面講話，那時國際學術界左派勢力已經開始囂張，胡適此時常在美國華人社會公開演講反共抗俄，並準備到臺灣接任中央研究院院長。列文森和學生似乎不是胡適的粉絲，他們問了幾個很難回答的問題（tough questions），那天胡適可能不是很舒服。以上有些話是由我的業師盧其敦教授（Prof. Charlton M. Lewis）平時和我閒談時提到的，他與賈祖麟是好朋友，一九五〇年代兩人同在臺北學中文，他也是列文森的學生，那時是柏克萊研究生，那天胡適在列文森班上「亮相」，他「躬逢其盛」（I was there）。我在《胡適日記》裡沒有找到那天、或有關那天胡適在列文森班上談話的任何記載。我認為如果是蔣廷黻，他也許就會詳細記下這種情形。有一次蔣廷黻應哥倫比亞大學學生會之邀，在哥大公開演講，結果只來五個人，學生會主席很尷尬，他也很尷尬，於是大家就隨便談談。蔣廷黻在日記上照記不誤。

胡適在柏克萊講學時正流亡美國，也是他一生最淒涼、最不得意的時期，柏克萊講學翌年，他就準備回臺灣出任中央研究院院長。胡適生前或死後那段時間，如果有人在紐約發表有關胡適的公開演講，我都會去聽，我常常問人家，胡適為什麼在一九五八年要回臺灣去定居，很多回答都不能令我滿意，後來看到胡適寫給好友趙元任夫婦的信才明白了。這封信是一九五六年十一月十八日寫的，說明「為什麼我這幾年總不願在美國大學尋較長期的教書的事」。胡適說：「第一，外國學者弄中國學術，總不免有點怕我們，我們大可以不必在他們手裡討飯吃或搶飯吃。第二，在許多大學裡主持東方學的人，他們的政治傾向往往同我有點『隔教』，他們雖然不便明白說，我自己應該『知趣』一點，不要叫他們為難。第三，我老了，已經到了『退休』的年紀，我有一點小積蓄，在美國只夠坐吃兩三年，在臺北或臺中可以夠我坐吃十年而有餘。」見《胡適給趙元任的信》（臺北：萌芽，一九七〇），頁一〇六。胡適寫這封信，是因為趙元任想當軸活動加大把胡適留下來。他在同一封信裡說：「我昨晚聽你們說，元任曾向U. C.（加大）的秉先生提起我將來能否重來U. C.的問題。我盼望你們不要向U. C.重提此問題，因為我現在的計畫是要在臺中或臺北郊外的南港（中央研究院所在地）尋一所房子為久居之計。不管別人歡迎不歡迎，討厭不討厭，我在臺灣是要住下去的。」（同上，頁一〇五）

我們回頭再談賈祖麟寫的那本胡適，後來英文本得了獎。中國大陸有兩種翻譯本，一本譯的比較生硬，另一本（譯者名張振玉）較通順而難免有很多錯誤，但有些錯誤不免離譜。比如第十三頁講到范縝，范縝是六世紀齊梁時代的人，死於西元五一〇年，賈祖麟原文：「Hu ran across a reference to an anti-Buddhist tract written by the Confucian scholar Fan Chen at the turn of the sixth century, a time when the influence of Buddhism was very great.」張譯：「他（胡）遇見一篇反佛文字，是十六世紀末儒士范縝寫的，當時正是佛家勢力膨漲之時。」譯者把六世紀誤譯成十六世紀。譯者對美國漢學界的華人學者所知有限，比如原作者在序言裡提到哈佛的楊聯陞、威斯康辛大學的林毓生等人，譯者似乎都沒聽過。但譯者在〈譯者序〉裡又特別提及唐德剛與夏志清，諸多溢美之辭，甚至離譜地說「唐德剛先生為胡氏晚年之入室弟子，在學術上自是後來居上，青出於藍」（頁VII）。這就有點像《紅樓夢》裡薛寶釵所謂的「胡說」了。

74 胡適，《四十自述》，頁七〇。

75 胡適，《四十自述》，頁七五。

76 易竹賢，《胡適傳》，頁四五。

77 胡適，《四十自述》，頁七六。

78 唐德剛，《胡適雜憶》（臺北：傳記文學，一九八一），頁九五。

79 傅君劍（1882-1930），湖南醴陵人。本名尃，字君劍。還有一個名字傅熊湘。早年曾留學日本弘文學院。他很早就參加革命，回國後在上海也很活躍，與鍾文恢（即鍾鬍子）創辦《競業旬報》，與柳亞子結「南社」。《南社詩集》第五冊裡（上海版）有他詩集《傅尃君劍詩》。他離開上海回湖南，一度在長沙一個有名的革命溫床——明德學堂教書。後來他做過湖南沅江縣縣長。

80 在《紅樓夢》裡，香菱陪伴薛寶釵住進蘅蕪院後，香菱與林黛玉較熟，乃要黛玉教她做詩，黛玉對她說：「你要做詩，你就拜我為師，我雖不通，還教得起你。」香菱笑道：「果然這樣，我就拜你為師。」黛玉乃對香菱說：「你先讀王維、李白、杜甫詩各一、二百首，細心琢磨，肚子裡有了這三個人的詩做底子，熟透了，再讀一些陶淵明等人的詩就夠了。」黛玉又說：「你又是這樣一個極聰明伶俐的人，不用一年的工夫，不愁是個詩翁了。」香菱聽了黛玉的鼓勵，乃發憤讀詩做詩，於是向黛玉拿了詩集回去蘅蕪院，諸事不顧，直向燈下一首首的讀起來。寶釵連催她數次睡覺，她也不睡。寶釵見她這樣苦心，只得隨她去了。後來大觀園的姑娘組詩社，香菱也參與做起詩來。香菱做詩更是專心，茶飯不分，廢寢忘食。據寶釵說：「這個人（指香菱）定要瘋了，昨晚咕咕噥噥，直鬧到五更天才睡下。沒有一頓飯的功夫天就亮了。」（詳見《紅樓夢》第四十八回）黛玉對香菱說的詩觀，也就是曹雪芹自己的看法。

81 胡適，《四十自述》，頁七七。

82 胡適，《四十自述》，頁七七。

83 胡適，《四十自述》，頁七七。

84 韓愈〈祭十二郎文〉在《古文觀止》裡是一篇很有名的祭文。十二郎在韓愈大家族裡男孩排行十二，韓愈排行十八，都是同一祖父的堂兄弟排行。十二郎名韓老成，是韓愈二哥韓介的兒子，後來過繼給大哥韓會。韓愈生下來不久母親去世，三歲喪父，是故韓愈與十二郎都由大嫂鄭氏撫養長大。輩分上講，十二郎是韓愈的姪子，叔姪年齡相近，感情很好，勝過親兄弟。詳請參閱王鼎鈞，《古文觀止化讀》（臺北：木馬，二〇一九），頁一〇六至一一二。

85 腳氣病一般都是溼性腳氣病，西文稱 Wet Beriberi，近代醫學上講腳氣病的起因是身體內缺少維生素 B1 所致。現在醫學發達，可以醫治，但嚴重的腳氣病有時還是會有生命危險。

86 胡適，《四十自述》，頁七八。

87 易竹賢，《胡適傳》，頁四八。

88 尤其任鴻雋、朱經農等，後來也先後到了美國，還常常和胡適做詩唱和。但在文學革命後，胡適只做新詩不做舊詩了（可是他做的白話詩不太高明，像蒸餾水，沒有詩的意境）。據唐德剛說，胡適晚年只做過一首舊詩。那是一九五八年夏，胡適去美國途中，在沖繩島偶遇國民黨黨國元老鈕永建（1882-1970），二人在海灘上散步，談起鈕永建曾是南菁書院學生，胡適於是勸他到紐約時務必與哥倫比亞大學中國口述歷史部聯絡，好把這段口述歷史留下來。胡適興奮之餘，乃口占一絕。詩云：沖繩島上話南菁，海浪天風不接聽。

乞與人間留記錄，當年朋輩剩先生。鈕永建（1882-1970），江蘇松江人。在國民政府做過內政部長，一九四九年隨蔣介石到臺灣，晚年做過代理考試院院長多年。南菁書院在江蘇江陰，清末民初稍有名聲。

89 見胡適，《四十自述》，頁七八。一九三〇年代清華大學英文系的吳宓（雨僧），抗戰時期錢鍾書在西南聯大，以及一九四九年後臺灣大學外文系的吳鴻藻（魯芹），他們三人中英文俱佳，吳雨僧有詩集問世，他反對胡適、反對白話文，反對新詩，但舊詩做得很好。錢鍾書不用講了。吳魯芹以散文及一手極其漂亮的毛筆字飲譽士林，他律詩也做得很好。

90〈秋柳〉一詩原載《競業旬報》第三十三期，署名「溟遊」，光緒三十四年（戊申，一九〇八年）十月二十一日出版。易竹賢，《胡適傳》，頁五〇注六說，胡適在《四十自述》注「己酉」，誤。胡適寫《四十自述》時沒有看到《競業旬報》第三十三期，他可能記錯了。己酉是一九〇九年。他在一九一四年《留學日記》卷七第三五節有記載。易竹賢因此又說李敖《胡適評傳》裡所引留學日記亦誤。

91 胡適，《四十自述》，頁八三至八四。

92 胡適，《四十自述》，頁八四至八五。

93 胡適，《四十自述》，頁八六。

94 胡適，《四十自述》，頁八六。

95 胡適，《四十自述》，頁八七至八八。胡適臨死前幾個小時，在中央研究院酒會上說了「一個很得意的故事」：「幾年前，我就對朋友說過，我對物理一竅不通，但是有兩個學生是物理學家，一位是饒毓泰，一位是吳健雄。我雖然沒教他們物理，他們自己努力成了大名。今天中午，幾位海外回來的院士和我一起在談天，吳健雄小姐和吳大猷先生敘排行，吳健雄說：『我高一輩，他該叫我師叔』。原來吳大猷先生還是饒毓泰的學生，而楊振寧、李政道又是吳大猷的學生，這麼一來，我的第二代、第三代是三位物理學家，第四代還得了諾貝爾獎金呢。我雖然對物理一竅不通，竟有這麼多在物理學方面有輝煌成就的『後代』，非常得意！非常自豪！」見風舟，〈最後的酒會——記一代學人胡適博士的死〉，後來收入馮愛群編，《胡適之先生紀念集》（臺北：學生書店，一九七三），頁七六。

96 胡適，《四十自述》，頁八八。
97 胡適，《四十自述》，頁八八至八九。
98 胡適，《四十自述》，頁八九。
99 李敖，《胡適評傳》，頁二四二。
100 胡適，《四十自述》，頁九〇。
101 胡適，《四十自述》，頁八六、九一。

【第五章】

「我怎樣到外國去」，一九一〇

胡適幼時在鄉里間大家都叫他「小先生」，因為他很斯文，是一個循規蹈矩不做壞事的「好孩子」。成名後有人叫他「聖人」，或如周策縱教授說的：「胡先生是一個很可愛的人，你不要罵他。」可是他在上海讀書末期，也正是一般青春少年最「野」（wild）的時期，在中國新公學裡，結識了一批新朋友，胡適說是「浪漫朋友」，其實這批朋友都是「酒肉朋友」，那時他母親在績溪，二哥在東三省，三哥已病死，他一個人在上海，天高皇帝遠，沒有人管他，他就變壞了。他開始墮落了。

這樣看來，其實他也是一個有喜、怒、哀、樂，有七情六欲的人。中國新公學裡有一個德文教員（胡適也是教員，教英文）何德梅（Ottomeir），他是一個中德混血，父親是德國人，母親中國人，他能說廣東話、上海話、官話。胡適說他「什麼中國人的玩意兒，他全會」。何德梅在這批酒肉朋友裡是頭子，胡適本來住在《競業旬報》報社裡，《競業旬報》停刊，就住在中國新公學，中國新公學停辦了，胡適沒有地方住，就搬到何德梅隔壁的一所房子，這兩所房子裡面是通的，近水樓臺，與胡適一起居住的還有好幾個四川人，這樣就很熱鬧了。何德梅常邀請這班人打麻將，胡適不會，何德梅教他，胡適人很聰明，很快就學會了。胡適自己說，「從打牌到喝酒，從喝酒到叫局，從叫局到吃花酒，不到兩個月，我都學會了。」[1]一個人學做壞事是很容易的，胡適學會了這些，這是他開始墮落的第一步。結果如何呢？不問可知，遲早會出事的，他在《四十自述》裡說：「有一個晚上，鬧出亂子來了。」他喝醉了，在馬路上胡鬧，與巡捕（員警）打架，最後被抓起來關在巡捕房，巡捕頭問了胡適姓名及職業。胡適自己說：「他聽說我是在華童公學教書的。自然不願得罪我。他說，還得上堂問一問，大概要罰幾塊錢。」最後罰了五圓大洋，巡捕房放了他，因下雨又是深更半夜，受了寒，好在年輕，醫生下了重藥也很快就好了。[2]胡適《四十自述》最後一章的章名題為「我怎樣到外國去」，如果我們率直地說，他在這十里洋場上海灘墮落了，混不下去了。剛好這年他有機會去考庚子賠款的留美考試。這也是「逼上梁山」，無路可走的一條路。這一考試成敗如何，與他一生前途至關重要。否極泰來，他考取了。[3]這是一九一〇年，他十九歲，也是美國退還庚子賠款的官費留美考試的第二年。庚子賠款是義和團拳亂的產物，一九〇〇年後八國聯軍後，中國與俄、德、法、英、美、日、義、比、奧、荷蘭、西、葡及挪威等十四國簽了《辛丑和約》，賠償上述十四個國家總計四億五千萬兩，合美金三億三千三百八十餘萬元。俄國最多，占百分之二十八。美國占百分之七，為美金約二千五百萬元。到了一九〇六年，中國未付美國的賠款本息還有美金一千三百萬元。一九〇七年，美國總統老羅斯福倡議退還美國庚子賠款多餘部分，所謂多餘部分，即是美國扣除拳亂所受損失和應有利息後的額外賠款，拿來做為資助中國學生赴美國各大學進修讀書費用，這就是美國庚子賠款留學生的由來。[4]胡適決定報考一九一〇年的考試。他在《四十自述》裡關於從上海到北京趕考的過程，只是三言兩語，講得極其簡略，他說：「我閉戶讀了兩個月的書。就和二哥紹之一同北上。到了北京，蒙二哥的好朋友楊景蘇（志洵）先生的厚待，介紹我住在新在建築中的女子師範學校（後來的女師大）校舍裡，所以費用極省。」[5]是年他於六月二十八日與二哥從上海乘「新銘輪」北上，到北京去應考。[6]在海輪上他寫了一封信給他母親，比較詳細，所以我認為有必要抄錄下來。他對母親說：「兒今年本在華童公學教授國文。後，二兒自京中來函，言此次六月京中舉行留學美國之考試，被取者留在京中肄業館預備半年或一年，即行送至美國留學。兒思此次機會甚好，不可錯過。後又承許多友人極力相勸，甚且有人允為兒擔任養家之費。兒前此所以不讀書而為糊口之計者，實為養親之故。而比年以來，窮年所得，無論兒不敢妄費一錢，終不能上供甘旨，下蓄妻孥，而日復一日年復一年歲不我與，兒亦鬖鬖老矣。既不能努力學問，又不能顧瞻身家，此真所謂『肚皮跌筋斗，兩頭皆落空』者是也。且吾家家聲衰微極矣，振興之責惟在兒輩，而現在時勢，科舉既停，上進之階惟有出洋留學一途。且此次如果被取，則一切費用皆由國家出之。聞官費甚寬，每年可節省二、三百金。則出洋一事，於學問既有益，於家用又可無憂，豈非一舉兩得乎。兒既決此策，遂將華童之事辭去，一面將各種科學溫習，以為入京之計。」在這封信裡，胡適將他的計畫及為何報考庚子賠款留學考試的動機，給他母親說的非常清楚，因為「官費甚寬」當有餘款奉養寡母，叫他母親放心。從這封信來看，他是一個「好孩子」。他說他將華童公學辭了（他在華童公學教國文是王雲五介紹的），對這次留學考試頗有「破釜沉舟」的決心。再者，華童公學在上海是一有聲譽的公學，如教員在巡捕房有案，事後得知當要解雇，胡適趁這機會辭職，是一明智之舉。胡適這封信寫得很好，也有浪子回頭的決心。可惜他母親不識字看不懂，他的信均由他人傳達，轉達得再好，總會辭不達意。

上面這封信在船上寫的，寫完後，胡適本來託他姊丈弼臣帶給他母親，後來他的姊丈不回績溪，隔了二十多天，胡適乃將原信索回，那時他已抵北京，又繼續寫了一些抵京後得來的新消息報告母親，以及他如果考取將如何計畫，落榜又作何打算，說得很明白，也很有層次，不讓母親擔心。他在補寫的信上說：「今兒於廿二夜與二哥同趁『新銘輪』北上，舟中蜷伏斗室不能讀書，因作此書奉稟，兒此舉雖考取與否，成敗尚不可知，然此策實最上之策，想大人亦必以為然也。兒此行如幸而被取則趕緊歸至上海，搬取箱篋入京留館肄業，年假無事當可歸來一行。如不能被取，則仍回上海覓一事糊口，一面竭力預備以為明年再舉之計。年假中亦必回家一行，望大人放心可也。兒此行舟中風平浪靜，又有二兄同行，尤可無慮。抵京之後二哥往東三省，兒則留京預備，考期定於六月中，惟尚無定期，當俟抵京後再行報告也。」[7] 胡適在補寫的家書上告訴母親，他出國留學之志甚堅。如果今年考不上，則明年再考。胡適到了北京後，又寫一信給母親：「兒於廿七日抵京，二哥於二十九日乘火車往奉天矣。兒抵京後始知肄業館今年尚不能開辦，今年所取各生考取後即送出洋。兒既已來京不能不考，如幸而被取，則八月內便須放洋。此次一別遲則五年，早亦三年，始可回國。兒擬如果能被取，則趕緊來家一行，大約七月初十以前可以抵家，惟不能久留，至多不過十日而已。」他到了北京，很快知道了考試日期，是從十五日到二十三日，亦即稟告母親，並說二十四日即可放榜。他又說：「兒此次北上一切用費皆友人代籌，故今年家用分文未寄，如能被取則有每人五百兩之改裝費，家用可以無憂。」如果考不上，他準備仍回上海找事、還債，家用「當趕緊設法籌寄，大人可以放心也」，一面習德文、法文及各種高等科學，預備明年捲土重來。[8] 這封信是六月六日寫的，陽曆七月十二日。胡適寫給母親的兩封信都用陰曆。胡適在信中有兩次提到肄業館，此即在宣統元年（一九〇九），即美國退還賠款的第一年，外務部（即外交部）會同學部（相當於民國時代的教育部）設立遊美學務處，開始考選庚款留美學生放洋，並附設肄業館（即預備學校）。後來肄業館停辦，因為第一批考取放洋的學生，先念中學一年再進大學（怕跟不上），後來這批學生覺得課程太容易，在校成績斐然，所以第二批考取的學生直接進美國大學一年級或插入二年級。（成績還是呱呱叫，如趙元任和胡明復每學期都拿全A。

II

時間過得很快，胡適焦急而又緊張地期待的七月庚款留學考期終於到來。考試共分兩場，第一場只考國文及英文。一九一〇年七月二十一日（陽曆）是考試的第一天，上午考國文作文。午飯時，給每個考生幾個饅頭吃（四百三十多人考，恐怕要備一、二千個饅頭）。下午考英文，也是三個小時。這是初試。初試及格，才可以參加第二場覆試，覆試在初試五天後舉行，考各種科學及人文地理，諸如化學、物理學、動物學及西洋史等，一共有十幾門功課。第一天考國文，作文題目引自《孟子》第四章「不以規矩不能成方圓」。胡適覺得這個題目不太容易發揮，好在他平時喜歡看雜書，又好考據，用他的話來說，「就做了一篇亂談考據的短文」，居然得了一百分。他文章一開始即說：「矩之作也，不可考矣。規之作也，其在周之末世乎？」下文接著說：「《周髀算經》作圓之法足證其時尚不知道用規作

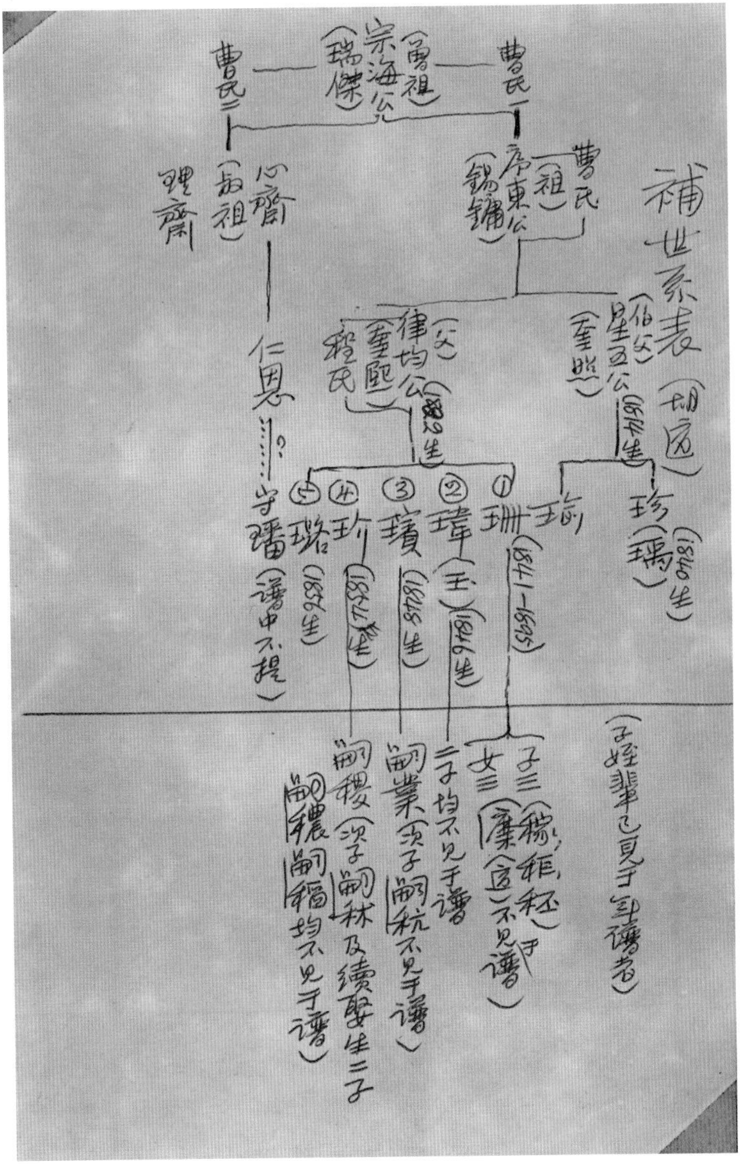

《鈍夫年譜》手抄本，胡適手書「補世系表」。

胡適父親胡傳，原名珊，字鐵花，號鈍夫。

有四子：嗣稼、嗣秬、嗣秠、嗣穈（即胡適）。

來源：中研院近史所胡適紀念館提供

胡適父親胡傳（1841-1895）四十七歲畫像

二十四歲中秀才，其後鄉試接連失利，科場失意。

四十一歲外出遠遊，得到吳大澂的賞識。

光緒十七年（1891）任松滬釐卡總巡，光緒十八年（1892）奉調臺灣。

光緒二十一（1895）《馬關條約》簽字，臺灣割讓給日本，

胡傳奉命內渡，途中病死廈門。

來源：中研院近史所胡適紀念館提供

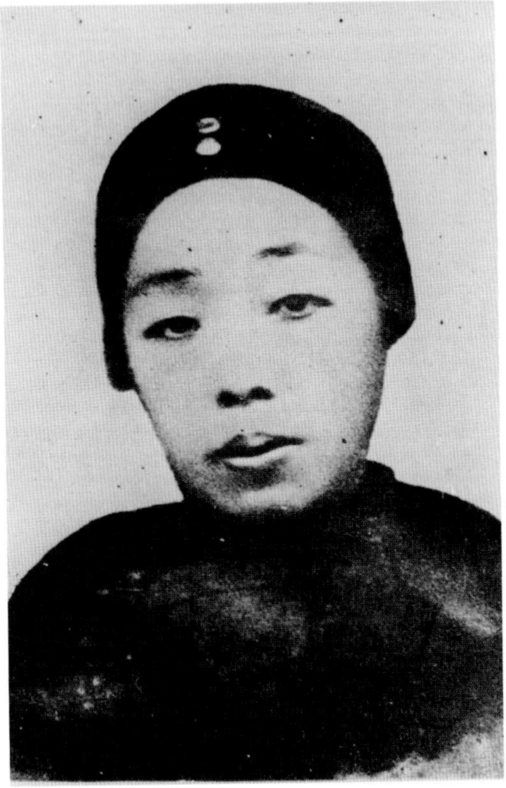

胡適母親馮順弟（1873-1918）
十六歲嫁給胡傳，二十三歲就做了寡婦。
來源：中研院近史所胡適紀念館提供

胡適族叔胡近仁（1886-1935）

僅長胡適五歲，但在族譜上排行比胡適高一輩。

好詩文，與胡適意趣相投，二人既是叔姪，也是好友。

來源：中研院近史所胡適紀念館提供

胡適妻兒合影

坐者為妻子江冬秀；右一長子祖望（1919年出生）；
左一女兒素斐（1920年出生，1925年早夭）；
中為思杜（1921年出生）。
這張妻兒合影是胡適寄給美國女友韋蓮司的家庭照。

來源：中研院近史所胡適紀念館提供

胡適十八歲攝於上海（1909）

第二屆庚款留美官費生合影

胡適幼年先在家塾受教，1904年赴上海入新式學堂，
陸續進梅溪學堂、澄衷學堂、中國公學與中國新公學。
1910年，考取第二屆庚款留美官費生。
同年8月，錄取官費生在上海會合，準備搭船赴美。
此行前合影，胡適為立者第二排左一。

來源：中研院近史所胡適紀念館提供

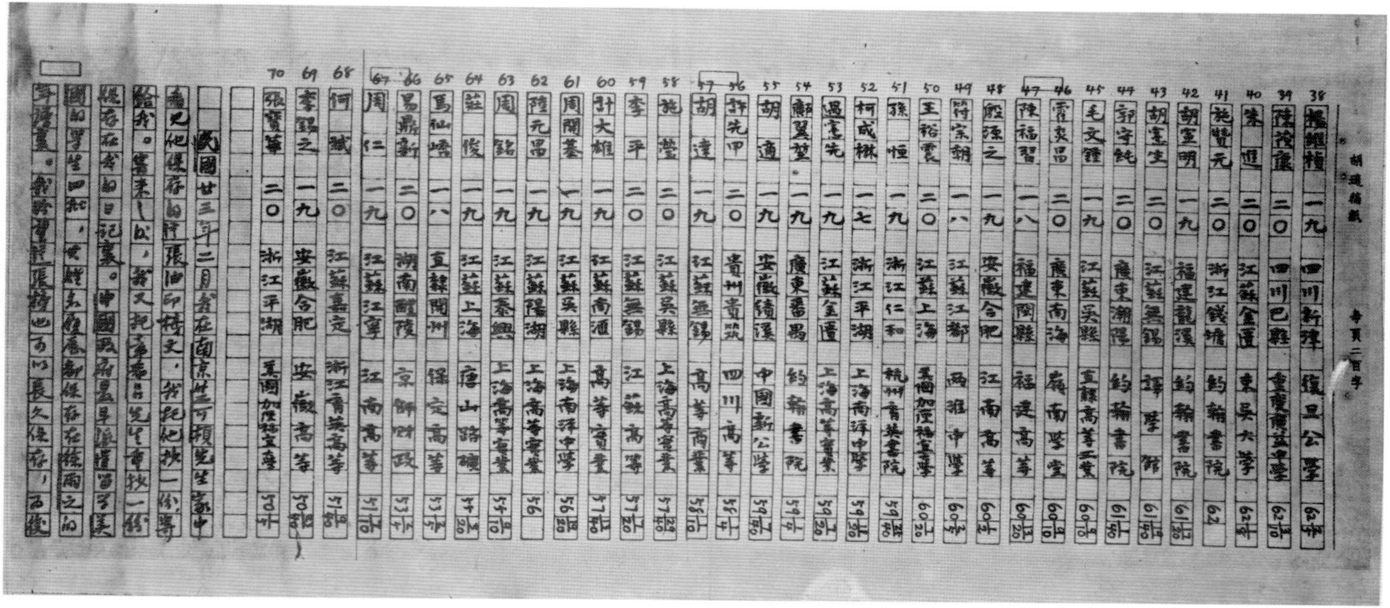

第二屆庚款官費留美考試榜單（1910）

這張油印榜單是1934年2月胡適在南京竺可楨家中看到的。
他先請竺抄寄一份，後託同鄉章希呂重抄一份保存在日記裡。
此次留美考試錄取七十人，胡適是第五十五名。

來源：中研院近史所胡適紀念館提供

圓；又孔子說『不逾矩』，而不並舉規矩，至墨子孟子始以規矩並用，足證規之晚出」胡適說：「這完全是一時異想天開的考據，不料那時看卷子的先生也有考據癖，大賞識這篇短文，批了一百分。」[9] 如果這篇文章照他自己所說的「這完全是一時異想天開的考據」，這篇文章裡的考據與典故是杜撰的，那就很像蘇軾考取進士及第的〈刑賞忠厚之至論〉。蘇東坡在這一篇試卷內有一段：「堯之時，皋陶為士，將殺人，皋陶曰殺之三。堯曰宥之三。故天下畏皋陶執法之堅，而樂堯用刑之寬。」（這段話的大意，當堯在位時，皋陶是法官，判人死刑三次，而堯赦了三次。老百姓懼皋陶執法嚴，喜歡堯用刑寬。）這個故事是蘇東坡杜撰的。主考官是歐陽修，讀了此文大為欣賞，對梅堯臣說：「老夫當避此人，放出一頭地。」他對蘇東坡本人說：「吾將休矣，付子斯文。」那時蘇東坡只有二十二歲，居然在禮部試卷上杜撰典故。其他考官也都是博學鴻儒的大學者，見了這段妙文，不知出自何典，又不敢說出來，恐怕人家譏笑他沒有學問，故只好藏拙。後來在謝師酒會上，席間有一老儒偷偷地問蘇東坡這段「殺之三，宥之三」出於何書？蘇東坡說「想當然耳」。[10] 胡適留美考試與蘇東坡科場考試有異曲同工之妙。蘇東坡憑想當然耳而進士及第，胡適也是憑「想當然耳」的作文得了一百分。胡適國文作文占了大便宜，而考取了第二批庚款官費留美考試。

第一場初試的下午考英文，胡適考了六十分，平均起來，他第一場考試成績八十分。第一場錄取的二百七十名，他排名第十。胡適初試及格了。五天後（即七月二十六日）參加覆試，考其他科目，諸如代數、平面幾何、希臘史、羅馬史、德文或法文任選一，接著第二天考物理、植物、動物、生理、化學、三角。第三天考立體幾何、英國史、世界地理。但最後一天北京下豪雨，二百七十個考生只有一百人左右到場，因此考試延期了一天。最後第二批庚子留美考試在暴風雨後一天結束。[11] 胡適第一場國文考滿分，救了他「一命」，因為第二場考試的科目，都是他「臨時抱佛腳預備起來的，所以考的很不得意」。除了考最好的國文外，其次史地考得好，此外，理化等科目考得不很理想。第一場與第二場的考試平均分數五九．一七五分，在錄取的七十名中第五十五名。照胡適自己的說法，「我很挨近榜尾了」。（趙元任考第二名，第一名是楊錫仁。）他對留美考試能否上榜，並沒有多大信心，所以他看榜時從榜尾開始往前看。十八年後（即一九二八年）在悼念同時考取、同時進康乃爾讀書的同學胡明復（即胡達）時，回憶當年看榜，有一段很有趣味的描寫：「宣統二年（一九一〇）七月，我到北京考留美官費，那一天，有人來說，發榜了。我坐了人力車去看榜，到了史家衚衕時，天已黑了。我拿了車上的燈，從榜尾倒看上去（因為我自信我考得很不好）。看完了一張榜，沒有我的名字，我很失望。看過頭上，才知道那一張是『備取』的榜。我再拿燈照讀那『正取』的榜，仍是倒讀上去，看到我的名字了！仔細一看，卻是『胡達』，不是『胡適』。我再看上去，相隔很近，便是我的姓名了。我抽了一口氣，放下燈，仍坐原車回去了，心裡卻想著，『那個胡達不知是誰，幾乎害我空高興一場！』」那個胡達即是胡明復，後來與胡適同上康乃爾讀書，中國同學見了他們的姓名，還認為他們是兄弟，其實不是。胡達與另一位也同上康乃爾的胡世憲是堂兄弟，胡適說：「我和他卻全無親屬關係。」[12]（胡達是江蘇無錫人，創辦上海大同大學並任校長的胡敦復是他哥哥，弟弟名胡剛復，胡彬夏是他二姐，當時他們都是在康乃爾或哈佛讀書的留學生。胡達在康乃爾成績非常好，總是名列前茅，他有數學天才，發表過〈機率論〉及〈誤差論〉等多篇數學論文，頗受重視，惜英年早逝。他與趙元任兩人在康乃爾創下最好的數理成績紀錄，一直到一九一三年後才被打破。胡達在康乃爾畢業後即赴哈佛，二十六歲獲得博士學位，為中國第一位數學博士。學成歸國後即在大同大學及交通大學教書。造物忌人，一九二七年因泗水溺斃，年僅三十七歲。）

III

胡適本名胡洪騂，但他進康乃爾就開始用胡適的名字。胡適考庚款留美考試，他說：「我怕考不取為朋友學生所笑，所以臨時改用胡適的名字。」我認為胡適講這一段改名的理由有點矯情。因為用「胡適」的名字報了名，如果不取，很多親友還不是照樣知道「胡洪騂」今年參加了第二批庚款留美考試。在我看來，用胡適報名或用胡洪騂報考，沒有什麼兩樣。

因為考試官不會把落榜的名字公布出來的。胡適的名字是從他的表字「適之」而來，他的二哥表字「紹之」，三哥「振之」。據胡適在《四十自述》裡說，那時在上海，有一天早晨他請二哥代他想一個表字，二哥一面洗臉，一面說就用「物競天擇，適者生存」的「適」字好不好？胡適說：「我很高興，就用『適之』二字。」胡適又說：「後來我發表文字，偶然用『胡適』作筆名，直到考試留美官費時（一九一〇），我才正式用『胡適』的名字。」[13]「從此以後，我就叫胡適了。」[14]「胡洪騂」的名字被丟掉，胡適的辮子是否也被他丟掉呢？這是一個問題。中國人到外國去，有很多大大小小的問題。除人種膚色不同外，衣冠亦異。一九一〇年胡適與趙元任出國是否剪掉辮子？這是我由民國初年新女性陳衡哲是否小腳想起來的。陳衡哲（1890-1976）與唐玉瑞（1894-1979，蔣廷黻元配）是一九一四年考取第一批女子放洋的十二人其中二位女生，我就很關心這些名門閨秀大小姐是否有小腳問題？因為辮子可以一剪刀剪掉，小腳則不能一時放大。後來我看了陳衡哲大女兒《任以都先生訪問紀錄》，我才知道陳衡哲六歲開始纏足，但其個性剛強，堅決反對，白天裹了腳布，夜裡就自己把它解掉。因不斷反抗，到十三歲時由舅舅及舅媽帶她到他們家課讀養育。[15]因此陳衡哲是小腳放大的。關於唐玉瑞是否小腳或小腳放大，不詳。[16]關於辮子問題，顧維鈞及蔣夢麟出洋較早，他們自費留學，回憶錄裡都有記述，他們到美國去之前就把辮子剪掉了。[17]江勇振在其胡適傳裡說到留學生出國的辮子：「與之相較，公費生就沒有這個自由了。像胡適、趙元任這些在一九一〇年放洋的第二批七十名庚款留美學生，各個頭上都拖著一根辮子，浩浩蕩蕩地到了美國。根據胡適晚年的回憶，他顯然在美國把辮子剪掉以後，還把它寄回家保存起來。」[18]江勇振說的恐怕與事實不符。胡適晚年對祕書胡頌平說：「我十九歲還不到就出國的，那是宣統二年。我記得我的頭髮剪斷後寄到家中保藏起來。」[19]我推斷胡適可能在上海剪斷了辮子，就在上海寄回績溪家中由母親保存起來。我的證據是根據趙元任的《早年自傳》，他說這批考取的留學生首先要到上海美國領事館辦理入境手續。有幾件事必須做的，包括把中國農曆出生的年月日改為西曆。趙元任又說：「我們必須換穿西裝，最重要一點是剪掉髮辮。我告訴理髮師剪掉辮子時，他問了我兩次，以便確定我要那麼做。他說有一個人（不是我們團體之一）（趙元任意思是指這個人不是庚款留學生）剪掉了辮子，他的太太竟而自殺。」[20]趙元任也參加這次考試（他考第二名），他有日記記錄下來，應當可信，幫助我們瞭解這次考試情形（如在考試時遇到大風雨而延期一天），也幫助我們解決了胡適的辮子問題。我相信趙元任的說法，他是剪掉辮子去美國的。照這個推論，胡適就不可能拖著辮子去美國了。因此我認為江勇振說「像胡適、趙元任這些在一九一〇年放洋的第二批七十名庚款留美學生，各個頭上拖著一根辮子，浩浩蕩蕩地到了美國」是錯誤的。費正清門人賈祖麟在其名著《胡適與中國文藝復興》一書中說，胡適離開上海時「His queue was still uncut」（他的辮子還沒有剪掉），未注明出處。[21]我認為他也是錯誤的。

趙元任在回憶錄裡還說，考取庚款的學生每人都有發給治裝費及旅行津貼三百元，他們拿這筆錢去做全套西裝，以及購置大皮箱等旅行裝備，胡適因母親需錢孔殷，打算從治裝費中省下一部分錢匯給母親家用。沒有想到，胡適不慎在上海電車上遺失了治裝費三百元，時為八月上旬，還有一個多星期即要放洋赴美，他當然心焦萬分，可是也沒有辦法，悶聲不響，向一位在上海經商的宗族叔公胡節甫臨時借了三百元，以解燃眉之急。胡適還算幸運，他在電車上失落的治裝費是被一個洋人撿到的。這位洋人撿到這三百元，沒有自己吞下，他把錢存在郵局裡，並查明胡適的地址，要胡適本人寫信才發還。從那時起，他「對西方的文明便已肅然起敬了」。胡適丟掉錢的事，他都沒有對人講，到了美國後，才寫信告訴他在績溪很親近的族叔胡近仁。[22]

這批庚款留學生啟程放洋之前，上海美國領事館還舉辦了一個盛大的園遊會（即 party）歡送他們。據趙元任說，美國總領事見了他們都改穿西服，乃說道：「你們全換西裝；希望你們仍為中國人。」[23]因為美國各大學將先後分別於九月中開學，政府決定這批學生於八月十六日搭「中國號」放洋。從考試到放榜到出洋，時間極其倉促，因此胡適沒法也沒有時間回績溪家鄉向母親辭行。關於這批庚款留美學生人數，常有各種不同的說法，可是胡適在其〈回憶明復〉一文中幾次都說是七十一人，所以本文從胡適的說法。[24]除學生外，另外還有三位學監：唐孟倫、嚴智鍾及胡敦復（胡敦復即是胡明復的大哥，一九〇五年康乃爾畢業生）。他們的任務是在途中監督、管理及輔導這批留學生。胡適與另外七十名庚款學生於一九一〇年八月十六日由上海上船，船名「中國號」，是美國太平洋航運公司（Pacific Mail Steamship Co.）所屬。胡適晚年對祕書胡頌平說，這艘輪船（指「中國號」）只有幾千噸，據趙元任在其《早年自傳》中說，停泊黃浦江中的「中國號」是一艘一萬零二百噸的郵輪，在一百年前應該不能算「小船」。胡適對胡頌平講的話是根據回憶，而且說的噸數很籠統。趙元任說出精確的噸數，他的《早年自傳》根據他的日記寫的，可信。

胡適他們這批學生登舟，必須坐小火輪才能到江中的「中國號」。他們即將遠赴重洋，離父母之邦，但這不是悲傷的離別，歡送的場面熱鬧異常，因為大家都知道這批學生等到三、五年後學成歸國，衣錦還鄉，個個前程似錦，所以大家歡天喜地。胡適二哥特地從東三省到上海為他送行。[25] 拿胡適來說，在碼頭上歡送他的當不止他二哥一人，胡適人緣很好，在上海六年朋友很多，還有旅居上海「努力做徽駱駝」的績溪同鄉也不少。一九一〇年胡適第一次出國，他自己曾賦詩〈去國行〉兩首，我比較喜歡第一首開頭幾句，清雅可愛。茲錄如下：

木葉去故枝，
遊子將遠離。

故人與昆弟，
送我江之湄。[26]

IV

胡適與趙元任等一批學生從八月十六日離開上海，到九月九日抵達三藩市，剛好二十四天。這並不是舟行二十四天，據胡適說舟行只有「十多天」（這是很籠統的說法，要是趙元任就不會說這樣籠統的話）。因途中先後停泊在日本的長崎、神戶、橫濱及夏威夷等港口多日，在神戶停留最短。並且每到一地均上岸遊覽。據趙元任在《早年自傳》中說，出航後在海上航行沒有多久，即到長崎。長崎在九州西南，在沿途停留的幾個港口來說，長崎距離中國最近。離開長崎，神戶是停泊在日本的第二站。橫濱是第三站，也是在日本最後一站。據胡適晚年回憶，他赴美途中經過日本，停泊在橫濱時，適逢日本併吞朝鮮的一天。他對胡頌平說：「一九一〇年，宣統二年的八月裡，我第一次出國，我們七十多個學生同乘一隻只有幾千噸的小船，那天（八月廿九日）（日期可能有誤，尚待查證）船到橫濱，看見岸上的日本人，瘋狂的發號外，掛滿了國旗，成千成萬的人在狂歡著，原來是宣布高麗併入日本本國的一部分，就是說高麗正式亡國的一天。在第一次中日戰爭之後，日本取得高麗的統治權，但還把高麗的國王留著，這一天起，高麗的國王也沒有了，高麗正式的亡國了。船上有些同學上岸去看，我就沒有上岸去。」[27] 因「中國號」在日本停泊的三個口岸，橫濱距東京最近，所以很多人結伴上岸去東京遊覽。

胡適在橫濱他鄉遇故知。他說他未曾上岸，但過去在中國公學的同學、現在在日本留學的任鴻雋特地到碼頭，登船來看他。[28] 任鴻雋有一首詩紀其事。詩云：

秋雲麗高天，
橫濱海如田。
扣舷一握手，
君往美利堅。[29]

胡適後來語任鴻雋：對此詩「余極喜之」。胡適於一九一五年八月二十九日要離開綺色佳，轉學哥倫比亞大學時，做一詩和任鴻雋，提到一九一〇年他們在橫濱相遇，這是一首長詩，題為「將去綺色佳留別叔永」。詩中有二句「君期我作瑪志尼（Mazzini），我祝君為倭斯韈（Wilhelm Ostwald）」，他們彼此鼓勵、相互期許。[30] 在這裡我只錄胡適起首幾句，憶述他們五年前在橫濱碼頭上匆匆一晤。詩云：

橫濱港外舟待發，倘徉我方坐斗室，
檸檬杯空菸捲殘，忽然人面過眼瞥。
疑是同學巴縣任，細看果然慰飢渴，
扣舷短語難久留，惟有深情耿胸臆。[31]

從這首詩來看，一九一〇年他們似乎沒有事先聯絡，任鴻雋可能從報紙上看到這消息，或朋友相告，得悉胡適及這批庚款留學生去美途中泊橫濱，特來相見。

胡適對日本的印象壞極了。他離開日本後曾致友人書說：「過日本時，如長崎、神戶、橫濱皆登岸一遊。」他說在日本所見：其「規模之狹，地方之齷齪，乃至不如上海、天津遠甚。居民多赤身裸體如野蠻人。所居屬矮可打頂、廣僅容膝，無几無榻，作書寫字，即伏地為之。」胡適是很瞧不起日本人的，他第一次到日本，看到這樣的日本，棖觸難免，他在信中感慨地說：「此種島夷，居然能駸駸稱雄於世界，此豈〔非〕吾人之大恥哉！今日韓已合併矣。韓之不祀，伊誰之咎！吾國人猶熟視若無睹然，獨不念我之將為韓續耶！嗚乎！傷已！」[32]

胡適與這批庚款學生於八月下旬離開日本橫濱東行。從橫濱至三藩市六千三百浬，這是一段很長的航程，不過他們中途在檀香山停留若干天（從橫濱至夏威夷大約四千浬）。在夏威夷有僑界、基督教青年會，以及中國學生聯合會等團體迎送這批庚款學生過境，並在本地導遊觀光，然後繼續東行，邁向新大陸。從夏威夷至三藩市大約二千三百浬，這是庚款留美學生最後一段的海上航行。陳之邁在其《舊遊雜憶》中說：「海洋航行最大的樂趣是與大自然直接接觸，令人充分領略造化的瑰麗與雄奇。」他又說：「風和日麗，海面一平如鏡，是一景；雷電交作，白浪滔天，又是一景。」[33]中國史學家兼外交家蔣廷黻少年時自費留學第一次出國時，在上海乘的是「波斯號」，是一艘很小很陳舊的客輪。三等艙內空氣很齷齪，又不通風，令人作嘔。離開上海後不久就遇上一陣暴風雨，真是屋漏碰上連夜雨。這場暴風雨使蔣廷黻頭暈目眩，他暈過去了，鄰鋪的人把他搖醒，給他一個橘子，橘子味美，正好能解頭暈病。同船的中國人都是廣東人，有的躺在床上，有一些在賭博。因蔣廷黻不諳粵語，所以無法交談。不過大家都知道他是學生，到美國去留學，所以對他都很客氣。給他橘子吃的人拿了一張紙叫他看，蔣廷黻對他說這是一張銀行匯票，並告訴他數目多少，他聽了很是高興，知道銀行沒有騙他。船過日本天朗晴和，風平浪靜，水波不興，蔣廷黻常到三等艙的甲板上呼吸新鮮空氣，同時看看一碧萬頃的大洋，偶有沙鷗翺翔，令人心曠神怡。這是好的，但也有不愉快的，即是看到「頭二等艙的客人從上面看下來」，那副嘴臉，「對三等艙的客人表示一種可憐和不屑的神情。我對他們的態度至感厭惡。」[34]胡適在太平洋上第一次航行沒有蔣廷黻赴美的這種經驗，雖然沒有道及「海洋的樂趣」，但胡適在海上是很愉快的。庚款學生人多，他在海上並不孤寂。據胡適後來追念胡明復的〈回憶明復〉一文：「那年我們同時放洋的共有七十一人，此外還有胡敦復先生、唐孟倫先生、嚴約沖先生。船上十多天，大家都熟了。」他說：「我是一個愛玩的人，也吸紙菸，也愛喝檸檬水，也愛學打『五百』及『高，低，傑克』等等紙牌。在吸菸室裡，我認得〔胡〕憲生，常同他打『Shuffle Board』；我又常同嚴約沖、張彭春、王鴻卓打紙牌。明復從不同我們玩，他和趙元任、周仁是同胡敦復在一塊談天；我們偶然聽見他們談話，知道他們談的是算學問題，我們或是聽不懂，或是感覺沒有趣味，只好走開，心裡都恭敬這一小群的學者。」胡適後來回憶說，他們在船上四人一室（其實就是四人一艙）。胡適與楊錫仁、周象賢及王裕震等四人同艙。趙元任說他是三號艙，和陸元昌、路敏行同艙；對面的艙由周仁和王預住。開飯以敲鑼為號。他說餐廳很小，所以旅客用餐時分兩批，「先是中國旅客，第二批是西方人。我們發覺念菜單和學外國吃法，頗不容易，對我們來說，無異是上了一課。」[35]

「中國號」於一九一〇年八月十六日自上海啟程，九月九日抵達北加州第一大埠三藩市。據趙元任說，船抵三藩市當天，適逢是年加州Admission Day，Admission Day是加州加入聯邦的紀念日。[36] 趙元任說抵埠後：「我們這批清華學生由蔣夢麟等人來接，夢麟那時是加州大學四年級學生……他們引導我們去看舊金山的景色，包括一九〇六年大地震尚未清除的廢墟。」[37]

這批庚款學生到達三藩市後，以學校為單位分成若干小組，分送到各大學，大多在中西部（Midwest）或東部。其中十九人，包括胡適與趙元任在內進康乃爾（人數最多），其次進密西根大學計十六人，伊利諾大學十四位，威斯康辛大學十三人，其餘不詳。上述幾所學校，除康乃爾在東部紐約州外，其他三校均在中西部（Middle West或簡稱The Midwest）。[38]上述三校（密西根、伊利諾、威斯康辛）都是州立大學，屬於Big Ten（十大），因為每所大學學生人數都在萬人以上。這三校在Big Ten裡，無論學術或球技運動競賽都是佼佼者。康乃爾則在美國東部紐約州西南一個名綺色佳（Ithaca）的小城，這是一所很特別的大學，因其一部分州立，一部分私立。比如胡適進康乃爾初讀農科，是屬於紐約州立大學系統（不收學費，即使收費亦甚低廉），後來他轉系，改念文科哲學系，則屬於私立康乃爾大學文學院，為常春藤盟校的一員，學費奇昂。何以如此？這是很複雜的，我將在下一章「康乃爾」嘗試做一詳細說明。現在我們再回到胡適與趙元任這批庚款學生，到了三藩市上岸後，趙元任說他分配在唐人街斯托克頓（Stockton）街上一家「東方旅館」裡住，翌日「搭乘橫越大陸的火車去到水牛城（Buffalo），然後換車到綺色佳」。[39]胡適沒有講他住在哪裡，致友人書說：「於八月七日（陰曆）抵San Francisco。休息兩日即以火車東行，車中凡四日始抵Chicago，又一日始抵Ithaca（綺色佳）即Cornell University（康乃爾大學）所在地也。」[40]

1 胡適，《四十自述》（臺北：遠東，一九六六），頁九二。
2 詳見胡適，《四十自述》，頁九二至九八。
3 胡適考取了。到了中年，他寫信給美國女友韋蓮司，還特別提到自己這一件「浪子回頭金不換」的故事。他說他一生有兩個轉捩點：早年即十九歲那年，他在上海開始墮落了。他受了刺激，後來發憤用功，考上了庚款留美考試。另一是他在康乃爾最後一年（一九一四至一九一五），在塞基哲學院（Sage College）讀研究所的時候，申請獎學金被拒，他對韋蓮司說，他因此不得不轉學哥倫比亞，他受了打擊，一九一五至一九一七年間在哥大非常用功讀書。雖然胡適這樣說，我認為兩者並不完全相同，不能相提並論。一九一〇年胡適開始墮落，而後考上庚子賠款留美，算得上符合浪子回頭的說法，但與後者相較似乎不倫不類，且胡適哥大二年在我們看來，並不像他所說「非常用功讀書」。康乃爾哲學系梯利（Frank Thilly）教授於一九一五年沒有繼續給他一年獎學金的原因，是說他課外活動太多，並說他不喜歡哲學，另一大牌教授克萊頓（James Edwin Creighton，他在康乃爾哲學系做了很多年的系主任）對此亦有同感。我也同意兩位教授說法名正言順。胡適活動太多，在英國皇家學會辦的《亞洲季刊》上發表了一篇英文文章，駁斥兒司的《敦煌錄》翻譯有誤，以及用中文寫了〈爾汝篇〉等學術性文章，上述這些發表的文章很有價值，卻與哲學無關。其實真正的原因是當時有一位日本佛學教授來康乃爾演講，克萊頓教授叫胡適去綺色佳火車站接他，結果那天胡適早有約去波士頓演講，不能去車站接日本教授。克萊頓教授大為不悅。梯利教授也很不高興。這種情形下，胡適在康乃爾待不下去了，只有轉學。所以後來轉到哥倫比亞大學去。這些細節容後在哥倫比亞大學一章再申述之。
4 參看林子勳，《中國留學教育史》（臺北：華岡，一九七六），頁五〇至五一。
5 胡適，《四十自述》，頁九八。
6 胡適二哥（胡洪騅）又名胡覺，號紹之，人很能幹，對胡適影響很大。二哥那時在東北工作，為了胡適要考留美考試，特地從東北回到上海，陪胡適到北京應考，並安排他在北京住宿，後來胡適考取了，又特地從東北回到上海為他送行。

7 耿雲志、歐陽哲生編，《胡適書信集》上冊（北京：北京大學，一九九六），頁十三至十四。

8 耿雲志、歐陽哲生編，《胡適書信集》上冊，頁十五。

9 胡適，《四十自述》，頁九九。

10 關於蘇東坡的軼事，請參閱林語堂的〈話說東坡〉一文，收入林著《無所不談》第一集（臺北：文星，一九六五），頁四三至四六。

11 趙元任，《趙元任早年自傳》（臺北：傳記文學，一九八四），頁八三至八四。

12 胡適，〈回憶明復〉，刊於《科學（胡明復博士紀念號）》第十三卷第六期（一九二八年六月），頁八二七。

13 胡適，《四十自述》，頁五七。

14 胡適，《四十自述》，頁九九。胡適進康乃爾改了名字，無獨有偶，近讀赫克歇爾（August Heckscher）寫的美國第二十八任總統《威爾遜傳記》（*Woodrow Wilson: A Biography*, New York: Scribner, 1991），作者一開頭即說威爾遜本名Thomas Wilson，家裡的人都叫他「Tommy」，他於一八七五年二十歲時，從戴維森學院（Davidson College）轉學到普林斯頓，後來在他母親慫恿下，把名字「Thomas」改為「Woodrow」，於是他本來的全名「Thomas Wilson」改為「Woodrow Wilson」。Woodrow是他母親娘家的姓。Thomas是威爾遜祖父的名字。

15 張朋園、楊翠華、沈松僑訪問，潘光哲記錄，《任以都先生訪問紀錄》（臺北：中央研究院近代史研究所，一九九三），頁九一至九二。

16 關於唐玉瑞是否小腳或小腳放大，我問過蔣廷黻的後人蔣居仁，蔣居仁的朋友Mrs. Ann Salazar回答我說：唐玉瑞是intellectual（受過教育的），她不是小腳。這個回答，我不甚滿意。

17 參看顧維鈞著，中國社會科學院近代史研究所譯，《顧維鈞回憶錄》第一冊（北京：中華書局，一九八三），頁二三；蔣夢麟，《西潮（英文本）》（臺北：世界書局，一九八三），頁六。

18 江勇振，《舍我其誰：胡適【第一部】璞玉成璧（1891-1917）》（臺北：聯經，二〇一一），頁一九五至一九六。

19 胡頌平編著，《胡適之先生晚年談話錄》（臺北：聯經，一九八四），頁一九四。

20 趙元任，《趙元任早年自傳》，頁八四。

21 Jerome Grieder, *Hu Shih and the Chinese Renaissance: Liberlism in the Chinese Revolution, 1913-1917* (Cambridge: Harvard University Press, 1970), p. 37.

22 見胡頌平編著，《胡適之先生年譜長編初稿》第一冊（臺北：聯經，一九九〇），頁一〇四。當年魯迅及郭沫若等人罵胡適在外國吃了太多麵包及喝了太多洋水而崇洋，這樣看來，胡適「崇洋」是從上海開始的。他還沒有出國就已「崇洋」了。關於胡適二哥在東北的工作，見顏非，〈胡適的家世〉，收入李又寧主編，《胡適與他的家族和家鄉》第一集（紐約：天外，一九九九），頁五三。胡節甫（1841-1918）績溪上莊人，是胡適的小同鄉，長胡適二輩，所以胡適稱他為節甫公或節公。出身微寒，粗通文字。他是典型的徽商，刻苦耐勞，勤儉創業，經商致富，厚待鄉親。胡適在上海及在美國讀書的時候，鼓勵胡適努力上進，叫他安心向學。並對他說，其母親及家庭費用，有困難可找他幫忙。胡適在美七年，所有匯款均由節甫公經手。胡適學成歸國，在北大教書，曾函告節公稱歷年所欠借款，明年分四期還請。據節公後人說，節公曾告子孫不要胡適還債，亦不許索款。抗戰前夕，節公四子胡紀澤帶了他的幼子胡繼光見胡適，請他找一份工作。胡適說：「你的兒子年齡不大，再讀幾年書如能考取上海中學或吳淞中學，每年學雜費由我負責，其他中學不要考。如考不取，我在商務印書館或興業銀行設法介紹。」後來據胡繼光說，他考上吳淞中學，第一年胡適給他六十元學雜費，一年費用還用不完。第二年上半年也給費用，後來抗日戰爭爆發，他就沒有繼續讀書。詳請參閱〈胡適與胡節甫〉，收入李又寧主編，《胡適與他的家族和家鄉》第一集，頁二二九至二三三。

23 趙元任，《趙元任早年自傳》，頁八四。

24 胡適，〈回憶明復〉，《科學》第十三卷第六期，頁八二七。

25 胡適二哥（胡洪騅）又名胡覺，字嗣秬，號紹之，是胡適同父異母兄弟，在東北工作多年，先後擔任過遼原、康平兩縣稅捐局職員，職位不高的小官吏。人很聰明能幹，早年在上海讀過新式學堂（梅溪學堂及南洋公學），對新知，舊學也很有根底。看他寫給胡適的信函，見解不俗，有眼光，分析事理很有頭腦，但他有名士派，抽鴉片煙，仕途不甚得意，一生潦倒。命運也乎哉！胡適去北京應考庚款留美考試，二哥南下伴胡適北上，安排小弟在北京住宿，並托熟人照顧，使胡適安心用功讀書應考。後來胡適考取了，去美國前夕，二哥特地請假從東北來上海送行，胡適很感念。二哥在家中地位很重要，僅次於他的母親。胡適於一九一七年留學回來後，飛黃騰達，家中大嫂、三嫂家用及子姪輩學費都由胡適負擔。他母親及二哥均抽鴉片煙，胡適曾要他們戒煙，胡適母親為了怕影響兒子的聲名，把煙戒了。可是二哥就發牢騷了，他說：「這一點點錢不捨得，你有今天，都是我們栽培出來的。」其實胡適叫他們戒煙，不是為了錢，他認為抽鴉片煙是很不好的習慣。胡適是一個有恩必報的人，何況至親。一九一一年二月胡適在康乃爾讀書時，曾函告他的族叔胡近仁：「適有生以來，習遭坎坷。四歲失父，遂成□□（原文缺二字）路。十餘年來，幸有一母一兄提攜育養，以有今日。十餘年來，心中、目中、夢魂中，亦惟有此兩人而已。」轉引自陸發春，〈胡適致胡近仁未刊書信二則考釋〉，刊於《近代史資料》總一〇七號（二〇〇三年十二月），頁一〇六。信中所說「一兄」是指「二哥」。胡適常說，他一生有兩個恩人，一是慈母，另一是二哥。二哥生於一八七七年，長胡適十四歲，胡適於一九一七年從美國回國後二年內，母親及二哥先後病逝。胡母於一九一八年病逝，年僅四十六歲；一九一九年二哥卒時只有四十二歲。胡適親恩未報，終生遺憾。

26 胡適，〈去國行二首〉，收入《嘗試集（附錄去國集）》（臺北：中央研究院胡適紀念館，一九七一），頁二四五。

27 胡頌平編著，《胡適之先生晚年談話錄》，頁一八〇。

28 任鴻雋與胡適最初締交於上海中國公學。任於一九〇八年到日本加入同盟會。後來考入東京工業學校，讀應用化學一科。一九一二年冬赴美進康乃爾，又與胡適同學。任鴻雋是陳衡哲的夫婿。胡適與任鴻雋、陳衡哲三人具有生死不渝的友誼。他們三人第一次在一起（胡、陳初晤）是一九一七年四月七日在綺色佳，最後一次聚首是一九四九年四月三日在上海任家寓所，還有錢鍾書、楊絳夫婦，是年四月六日胡適搭輪赴美，以後就變成兩個世界。

29 《胡適留學日記（三）》（上海：商務，一九四八），「一一　將往哥崙（倫）比亞大學叔永以詩贈別」，一九一五年八月二十一日，頁七五四。

30 瑪志尼（1805-1872），義大利民族主義統一運動先驅、革命家及政治家。倭斯韈（1853-1932），德國化學家，曾獲一九〇九年諾貝爾化學獎。

31《胡適留學日記（三）》，「一九 將去綺色佳留別叔永」，一九一五年八月二十九日，頁七六七至七六八。

32 耿雲志、歐陽哲生編，《胡適書信集》上冊，頁十六。

33 陳之邁，《舊遊雜憶》（臺北：傳記文學，一九七五），頁一〇九。

34 蔣廷黻，《蔣廷黻回憶錄》（臺北：傳記文學，一九八四），頁四五。

35 胡適，〈回憶明復〉，《科學》第十三卷第六期，頁八二七至八二八。「Shuffle Board 」是娛樂室裡的一種彈子球遊戲。另一種在郵輪甲板上玩的方格子遊戲，應該叫 deck shuffleboard 或叫 floor shuffleboard。胡適把 shuffleboard 寫成 Shuffle Board，應該是一個字：shuffleboard。其他見胡頌平編著，《胡適之先生年譜長編初稿》第八冊，頁二八三九；趙元任，《趙元任早年自傳》，頁八五。

36 那天是九月九日，在加州是法定假日。美國立國是從東部十三州開始，在十九世紀拚命向西擴張，美國中西部及西部各州，在成為聯邦政府一州前，先經過一段領地時期（Territory），然後加入聯邦。加州情形特殊。美國於一八四五年因併吞德克薩斯（Texas），而引起一八四六至一八四八年的美墨戰爭。墨西哥戰敗，與美國訂城下之盟，即一八四八年墨西哥與美國簽訂的和平條約，墨西哥割讓一大塊土地，即今美國西南部，包括部分新墨西哥州及一大部分今日加州西南部。美國獲得此一大塊土地後，隨即於一八五〇年九月九日立即納入美國聯邦為第三十一州。這就是加州的 Admission Day 由來（現在是加州法定假日）。時任總統詹姆斯．波爾克（James Polk）一八四九年去世，墨西哥戰爭就在他任期內（一八四五至一八四九年）發動及結束。波爾克總統在美國歷史上沒有什麼地位，他人不是很能幹，一八四五年意外以「黑馬」之姿當選總統，任內併吞德克薩斯，擁有俄勒岡州（Oregon），以及因墨西哥戰爭而得的一大片土地。因此美國史家公認他有功於美國擴張，他們的說法是有功於Pax Americana。Pax是拉丁文，英文是peace，中文是「和平」的意思。但我們不能被誤導，說是「美利堅和平」，應該說是「美利堅帝國」。因為Pax Americana是從老羅斯福時代開始講的，到第二次世界大戰以後發揚光大。Pax Americana是從歷史上Pax Romana（羅馬帝國），Pax Britannica（大英帝國），Pax Mongolica（蒙古大帝國）而來的，名副其實應該是「美利堅帝國」的意思。

37 趙元任，《趙元任早年自傳》，頁八九。

38 中西部是地區名稱，在美國中部居北，沿大湖區（The Great Lakes）及密西西比河上游，包括俄亥俄（Ohio）、印第安納（Indiana）、伊利諾（Illinois）、密西根（Michigan）、威斯康辛（Wisconsin）、明尼蘇達（Minnesota）等地，有時也包括密蘇里（Missouri）、堪薩斯（Kansas）及內布拉斯加（Nebraska）三州。中西部也有美國「腹地」（Heartland）之稱。

39 趙元任，《趙元任早年自傳》，頁八九。

40 耿雲志、歐陽哲生編，《胡適書信集》上冊，頁十六。

第二部

康乃爾

一九一〇至一九一五

【第六章】

康乃爾與懷特：一所大學誕生了（一八六八）

據胡適致族叔胡近仁函中說，他與趙元任等十七名庚款留學生於一九一〇年中秋日抵綺色佳：「適此行對於家庭抱歉殊深。惟家二兄愛弟甚殷，期望彌切，故對於適之去國，異常欣慰。當適去國時，家兄特乞假南來，與適一訣。窮途萬里，得此稍慰羈懷。七月十二日去國，八月七日抵美國境，中秋日抵綺色佳城。」[1]這封信雖未署年月日，但落款「重九」，因此很容易推算出是在西曆一九一〇年十月十一日寫的。胡適信裡的日期是用陰曆，這年中秋節陽曆是九月十八日。五年後，他悄然離開康乃爾，轉學至坐落在紐約市的哥倫比亞大學。正確的陽曆日期即是一九一五年八月二十九日。本章所述，即是他從一九一〇年九月十八日抵綺色佳進康乃爾，至一九一五年八月二十九日離開綺色佳至哥倫比亞止，在康乃爾讀書及課外活動的五年大學生活。胡適在康乃爾初讀農科、後改念哲學，他的成績雖沒有趙元任及胡明復他們那麼好，但還是很不錯，因為他修了幾個暑期班，四年不到就修滿學分畢業，獲得文學士學位（BA）。接著就在康乃爾塞基哲學研究所（Sage School）念了一年，轉學哥倫比亞。胡適在上海念過四個中學都沒有畢業。他在哥倫比亞念的博士學位拖泥帶水，是有問題的，到現在為止對我來說仍是一個謎。[2] 因此康乃爾大學結業（undergraduate），乃是胡適一生唯一一個有始有終念完畢業的學校。職是之故，康乃爾的學位對胡適來說應該彌足珍貴，意義特別重大。胡適對康乃爾也鍾愛有加，良有以也。當吾人讀《胡適日記》及其家書、函牘，他是多麼喜愛康乃爾。我們還可以從另一方面看出胡適喜歡康乃爾，他送他兒子胡祖望、孫子胡復上康乃爾讀書。復次，他推薦戀人曹誠英也上康乃爾。可是最令人驚奇的是，他把價值連城的「寶貝」——古本《紅樓夢》，人間孤本十六回本的《石頭記》（一般稱甲戌本）「借」給康乃爾圖書館珍藏。他所謂「借」給康乃爾，其實就是送給（donate）他母校康乃爾。這部書就是魯迅譏諷胡適做考證「往往恃孤本祕笈，為驚人之具，此實足以炫耀人目。」[3] 一九八二年夏，周策縱教授在麥迪遜（Madison）威斯康辛大學召開的一個大型國際紅學會議上，由唐德剛獲得胡祖望同意，從康乃爾將甲戌本「借」出來在會議上「亮相」。其實這就真像魯迅所說的「炫耀人目」了。為了這部書，光付保險公司的保險費即四萬美元，其本身價值當思之過半矣。胡適送給哥大圖書館的書是些什麼書呢？商務版的《胡適留學日記》及一些臺灣遠東版的《胡適文存》。這些書在舊書鋪裡是可以買得到的。有一次我請教一位胡適專家：康乃爾與哥大對胡適來說孰輕孰重？胡適比較喜歡康乃爾呢，還是哥大？這兩個問題，他毫不遲疑地一次答道：「哥大」，「哥大」。我連說：「非也」，「非也」。

康乃爾大學與哥倫比亞一樣，同是國際著名學府，常春藤盟校之一。常春藤盟校由美國東部八所著名大學所組成。為什麼稱常春藤盟校？因為這八所大學都是美國很古老的學府，校舍大樓牆壁上均有常春藤而得名。除了康乃爾外，其他七校為哈佛（Harvard，建校於一六三六年）、耶魯（Yale，一七〇一年）、賓夕凡尼亞（Pennsylvania，一七四〇年）、普林斯頓（Princeton，一七四六年）、哥倫比亞（Columbia，一七五四年）、布朗（Brown，一七六四年）、達特茅斯（Dartmouth，一七六九年）。康乃爾在盟校中是最年輕的一校，成立於一八六八年。常春藤盟校本身是一個很鬆散的組織，正式成立於一九五四年，成立之初僅限於這八校之間球類、田徑等競技運動比賽，但自一九五六年起除運動項目外亦往來頻繁，經常不定期聚會，商討有關教育政策、課程更改、學費標準，以及關於招收新生的規定，彼此均有默契，合作無間。這八所學校均為美國第一流大學，所以常春藤盟校在美國名氣極大，為美國學術重鎮，尤以人文及社會科學著稱於世。常春藤盟校乃為美國青年人人所嚮往，能進入盟校是一種榮譽，是故為一般青年趨之若鶩，申請入學者多，錄取者少，競爭甚是激烈。

在建制上康乃爾是一所很特殊的大學，因康乃爾大學一部分的經費是由創辦人伊沙．康乃爾（Ezra Cornell, 1807-1874）提供的，伊沙．康乃爾即胡適筆下所記的康君。為免混淆，本文按照胡適的稱呼，對伊沙．康乃爾稱康君，對大學則稱「康乃爾」。康君傾家捐款五十萬元興學，首先創辦文理學院（Arts Science），這就是康乃爾大學的核心價值。每年畢業典禮時，文理學院的畢業生總是帶頭第一個出場。但另一部分是由Land Grant Fund（胡適譯作「官捐地」）而設立的，如（一）農學院、（二）家政學院（Home Economics，一九六九年改為人類生態學院〔College of Human Ecology〕）、（三）獸醫學院（Veterinary College）及（四）工業與勞工關係學院（School of Industrial and Labor Relations），這四個學院屬於紐約州立大學系統，學費較低廉。除了上述四個學院外，其他各學院均屬私立。康乃爾大學這樣的建制（即一部分私立，另一部分公立）為美國大學學制上所僅有。[4] 怎麼會有「一校兩制」？則我們必須從康乃爾創辦人康君及第一任校長安吉魯．懷特（Andrew Dickson White, 1832-1918）當初建校說起。康君及懷特兩人為康乃爾建校最重要的功臣。康君傾家捐鉅款而創辦大學；胡適說，無懷特則無康乃爾大學。我們現在首先講康君，然後再講懷特。

II

康君於一八〇七年一月十一日生於紐約州韋斯特切斯特棧橋（Westchester Landing，近紐約市布朗斯區〔Bronx〕邊境），出身微寒，他本人沒有受過正規教育，十七歲即到處遊蕩。他早年有一個流浪的故事：有一次在綺色佳貝湖（Beebe Lake）附近，投宿一客棧，乃對居停主人說：「如果有一個循規蹈矩的年輕人來對你說他尚未吃早餐，但囊無分文，你將何以對之？」主人供早餐，餐後康君掏出一個二十五分硬幣（quarter）付餐費，居停主人說：「你不是說『囊無分文』嗎？」康君答：「我沒有這樣說，我只是想知道你將何以對之。」這個故事康君發跡後津津樂道。康君在上州（Upstate）遊蕩一陣後，來到綺色佳，就在綺色佳落腳，當時綺色佳尚是一個人煙稀少的小村莊。康君在遊蕩之餘做木工，胡適在〈康南耳君傳〉裡說康君手很巧，做木匠時「尺寸繩度，不差累黍，雖老梓人亦莫不吐舌稱異焉。時君方十七歲耳」。[5] 康君顛沛流離，三十四歲後經營裝設電報幹線，發了財而成鉅富，他雖早年歷經坎坷，終於白手成家，成為一個百萬富翁，但不是一個為富不仁的人。他樂善好施，時時為綺色佳鄉里謀求公益，一八六三年當選為紐約州上議院議員，代表綺色佳附近三郡。他此時在政界已六載，獨資為綺色佳建一圖書館，並購書四千冊捐為本地公產。康君膺選入紐約州上議院，為渠日後創辦大學，名垂青史不朽事業的轉捩點，因為他在那裡結識了才從雪城

（Syracuse）新選出來的年輕參議員懷特。懷特自耶魯大學畢業後嘗遊學歐洲，居德、俄尤久，博學多才為當代名士，時年僅三十一歲，為議員中最年輕的議員，而康君最長，五十七歲。他們兩人的席次又是比鄰而座。康君原為商界中人，而懷特過去是大學教授。[6]康君為議會農業委員會的主席（Chairman of the committee on agriculture，胡適譯為農組長），而懷特為教育委員會的主席（Chairman of the committee on education，胡譯教育組長）。兩人出身、教育背景不同，經歷亦異，實在不可能成為朋友，但結果二人成為莫逆好友，「其間蓋有天焉」。胡適在〈康南耳君傳〉中說：「此二人之交誼，實他日康南耳大學之先河。」[7]他們締交不是一見如故。據懷特晚年回憶說，一八六四年元旦，他甫宣誓就職於阿爾巴尼（Albany）州議會，在人叢中見一身材魁偉、肅然莊穆之人，「此乃康南耳君也」。他們二人座位適比鄰相接，然康君是一個沉默寡言的人，在懷特看來，是一個不易相處的人。後來因康君籌建一圖書館捐贈給綺色佳，要議會立案，改變了懷特對康君的看法。懷特因為是議會裡教育委員會的主席，要負責審查，當他讀了康君提案的說帖，就很佩服他，不僅佩服他慷慨好義，更佩服他所物色的董事會人選，標準只管有無才幹、學識，不管其人宗教信仰及政治黨派背景，結果所舉董事在鄉里間均屬一時之選。懷特很快將此案通過了。[8]

懷特晚年回憶說，但後來因官地捐，二人意見不合，就沒有像過去那樣和諧愉快。[9]所謂「官地捐」者，是聯邦政府將全國官地九百四十二萬畝依各州面積大小，以人口多寡而均分之，做為興辦各州農工學院之用，此即美國各州，特別中西部的州立學院（State College）後來發展為州立大學（State University），亦即南部農工大學之濫觴。這個法案首由佛蒙特（Vermont）參議員摩里爾（Justin Morrill）於一八五七年提出，同年十二月十四日在參眾兩院以極些微的差距通過。一八五九年二月被布坎南（James Buchanan）總統否決了。後來原提案稍做修改，又重新提出，結果以極大差距的壓倒性通過。那時總統是林肯。這個提案經由林肯簽署成為法案，時為一八六二年七月二日。因為這個法案首先由摩里爾參議員提出，故名為「The Morrill Land Grant College」（胡適譯作「官地捐興學案」）。一般人稱之為「The Morrill Act of 1862」，簡稱《摩里爾法案》。康乃爾大學興建的第一所大樓即命名為「Morrill Hall」，就是紀念摩里爾參議員提案之功。

根據《摩里爾法案》，聯邦政府在各州分配官地時，紐約州所獲最多，因為紐約州當時面積最大、人口最多，計得九十八萬九千九百二十畝，約占全國官地捐十分之一。紐約州議會得悉後很快通過了一個議案，接受這批官捐地贈予。[10]當時紐約州雖號稱有二百三十六所學校，但夠得上稱學院者只有二十餘所。其中只有兩所學校具備「官地捐興學案」所要求的條件，一是在奧維德（Ovid，是一個小村落，在綺色佳西北相距大約二十五英里之遙）的農學院（Agricultural College），另一是在哈瓦那（Havana，即現在的Montour Falls，在綺色佳西南約二十五英里）的人民學院（People's College）。當時人民學院已向議會申請，並希望囊括紐約州所得的全部官捐地，而農學院經濟情況欠佳，具備條件似乎不及人民學院，康君為農學院董事會董事，在議會中提出一個提案，希望與人民學院平分，但懷特反對，理由是他認為高等教育應該集各科於一校通力合作，相輔相成，所以他反對二校平分，因他是議會教育委員會的主席，在議會有影響力。是故康君提出的法案卒未通過。但康君不以為忤。事實上當時人民學院占優勢，且已與政府簽約承諾擴建校舍，將於三年內（至一八六五年）招考二百五十名新生，增聘教員十餘人，擴充圖書儀器。可若人民學院屆時未能踐約，勢不能得官捐地。未幾康君邀請懷特赴其農會（全名是New York Agricultural Society，在羅徹斯特〔Rochester〕）大會，康君是該會總裁，他在農會上重申前議，希望農校分此官地之半，農校另募三十萬元為輔助（康君有意承擔）。康君認為懷特之所以反對此案者，深怕均分利微，二校俱不得益。他想自己捐出三十萬，可抵官捐地的一半，則雖分猶不分也。康君講完，與會者均表贊同，唯獨懷特不為所動，仍持前議。然懷特私下對康君說：「如果農校獲得官捐地全部，又加上康君樂捐三十萬，則當盡力設法通過此案。」（I would support such a bill with all my might）[11] 康乃爾大學校史專家畢夏普（Morris Bishop）謂：「康君與懷特二人同心協力建校的偉大目標，從此開始。」[12]

懷特晚年回憶說，是時，一日康君遇我，私下問曰：「吾有五十萬家財而無所用之，如用於本州公益，何者為最當？」（I have about a half million dollars more than my family will need: what is the best thing I can do with it for the State?）[13]懷特答說，今日要務唯有慈善與教育，慈善者盡人皆知，教育則初等和中等教育有公立學校在，唯獨高等教育知之者鮮矣。如無高等教育，則教育不能盡善。今君有五十萬金，何不辦一所大學？胡適在其〈康南耳君傳〉中，將懷特的答話大要摘譯部分譯得很好，茲錄如下：「余（指懷特）因為之陳說今日教育之缺乏，以為工業科學之類，非財力充足之校，無由授之；若文史之屬，譬之文明之花，雖絢爛怡悅，非今日之急務也。」[14]康君傾聽寡言（胡適譯「康君傾聽無語」，不切實：原文「He listened attentively but said little.」下面胡適如有類似這樣的小誤或曲解，筆者都已改正，茲不贅），懷特認為此事也許到此為止。不久康君又去見懷特，乃說：「吾同意閣下所言，官地之不宜分割，又知今日需一高等之大學也，吾願助此校地一區，金五十萬，而以此官地輔之，何如？余聞之，心折無已，即為草創議案。君初不願以己名名此校，余語以此為今日風尚，如哈佛、耶魯、戴特茅斯、阿默斯特（Amherst）、勃朗、威廉斯等皆是，君始諾之。遂名之曰康南耳大學，位於綺色佳城，承君志也。」[15]關於校址，懷特屬意雪城（這是懷特的選區），但康君反對，因他早年在雪城流浪，居民未善待他。懷特乃提議羅徹斯特。但康君喜歡綺色佳。綺色佳當時是一個小村落，坐落在一個山頂上，不僅交通殊為不便，而且天氣不好，寒暑水旱都有困難，起居不甚適宜，可是綺色佳是康君發跡的地方，他堅持，懷特及董事會諸君子曲循了康君本意。

大學的校名及校址也都有了，可是校長人選尚未決定。懷特晚年回憶說，康君請他推薦，他遞了幾個候選人名單，但康君遲遲未做定奪。一日他對懷特說有了，懷特問其是誰？（I asked him who it was.）康君賣關子，答道「暫且保密」（He preferred to keep the matter to himself.）。等到下一次召開董事會，董事到齊，討論校長人選時，康君發言即提名懷特。懷特大為驚奇，這非他意料所及，站起來自謙地說，他年稚，資歷不夠，在本州無名望，自忖任此職力有未逮。但是康君堅持，董事會一致通過。[16] 時懷特年僅三十四歲。

一所偉大的大學誕生了。胡適於一九一一年寫的〈康南耳君傳〉中說，康君於一八六五年乃將其在綺色佳土地二百畝「捐為校地，設董事部，推白博士（即懷特）為校長。於是築校舍，置器械圖籍，延聘教師，如是者三年。而康南耳大學遂於一八六八年十月七日，行成立禮。」[17] 那天天氣尚好，只是有強風。早上十時正，典禮正式開始，創辦人康君首先致辭，甚簡短。他說：「我希望我們已經為本校奠定了一個實用與人文教育的良好基礎。」接著紐約州副州長伍德福特（Stewart Woodford）主持懷特宣誓就職校長儀式，因康君與懷特微恙，他們致辭均甚簡略。[18] 開學典禮後，胡適說：「當是時，有駐校正教授十九人，名譽教授六人，助教四人，教習五人。學生四百十人而已。成立之後四十三年，而康南耳大學乃有學生五千餘人，為世界有名大學之一。」[19]胡適在康乃爾讀書時校長是休曼（Jacob Gould Schurman），他是第三任校長。那時康乃爾有八個學院（包括大學部及研究所），學生五千人。[20]今日康乃爾擁有十四個學院，此外尚有醫學院、法學院及商學院，除了醫學院與勞工管理學院在紐約市區外，二〇一七年在紐約市又增加了一個科技學部（Cornell Tech campus），其餘均在綺色佳。現在學生總數二萬三千人，為常春藤盟校裡學生最多、幅員最廣、校園最美麗的一所大學。

懷特辦學受歐洲大學的影響很大，他在當時實在是一個最理想的大學校長人選。他一生想要為人創辦一所完備的大學。懷特獲遴選為康乃爾大學校長後，可一展其平生抱負。他理想中的康乃爾大學，要有一個美麗的校園，第一流的師資，將來是一所第一流大學。所以他力主未來的康乃爾大學校園裡一定要有一個Arts Quadrangle（長方院），康乃爾師生所謂Quad，是指文理學院（Arts Science）的Quad，在長方院四周所建大樓均屬文理學院的大樓。在懷特心目中，Quad是校園的心臟，一定要像牛津大學耶穌（Jesus）及聖約翰（St. John）兩個學院那樣漂亮。此外，他也認為康乃爾一定要有一個像牛津博德利圖書館（Bodleian，錢鍾書稱之謂飽蠹樓）那樣藏書豐富的總圖書館。復次，他認為大學一定要有一個像牛津莫德林（Magdalen）及默頓（Merton）二學院那樣雄偉的鐘樓。因此康乃爾就有一個很雄偉的麥格羅塔（McGraw Tower），此一鐘樓現為康乃爾的象徵。

懷特對康乃爾校園匠心經營，其結果是康乃爾校園之美在美國數一數二。到了綺色佳，但見一幢一幢洋樓，紅的磚牆尖尖的屋頂，櫛比鱗次地坐落在一座半山上，四周綠草如茵，一片錦繡，巨松蔽天，而鄰近小橋掩映，溪聲淙淙可聞。在鐘樓遠眺凱約嘉湖（Cayuga Lake）及貝貝湖天然山水，風景幽絕，這種景色，正是中國古人所云「桃李成蹊徑，江山出畫圖」是也。胡適讀書的時候講到校園美麗，引以自豪，他在《留學日記》中或家書裡對康乃爾校園美麗讚不絕口。胡適在《留美學生年報》上介紹美國各大學，講到康乃爾時，他說：「背山臨湖，風景為世界大學之冠。」一九一四年九月八日胡適遊波士頓及劍橋哈佛，九月十三日回到綺色佳後寫了一篇很長的〈波士頓遊記〉，其中有一段又一再盛讚康乃爾美麗的校園，他說：「八日遊哈佛大學，哈佛校舍六十所，較康南耳為完備矣，而天然山水之美，則遠不及之。」[21] 康乃爾校園美麗，名聞遐邇，這是懷特之功。

對萬千莘莘學子而言，校園美麗，幽靜的讀書環境固然重要，但授業解惑的師資優劣也很重要。康乃爾的師資是第一流的。約翰霍普金斯大學（Johns Hopkins）第一任校長吉爾曼（Daniel Coit Gilman, 1831-1908）曾是加州大學第三任校長，他說過：「無論何地，一個大學的真正效率，不靠校舍，不靠儀器，只靠教員多寡好壞。」[22] 吉爾曼長懷特一歲，他們在耶魯是同窗好友，無論治學與辦事，兩人彼此相互激勵、相互影響。懷特對康乃爾也具有吉爾曼對霍普金斯的理想與抱負。在懷特看來，使康乃爾成為第一流大學，僅是校園美麗是不夠的。在他膺選為校長之初即到處奔走，招兵買馬，重金禮聘名教授。他請到了第一位英文系教授斯普拉格（Homer B. Sprague）、地質學教授霍爾（James Hall）、法學教授德懷特（Theodore Dwight）、政治學教授柯蒂斯（George William Curtis）、文學教授羅威爾（James Lowell），並從哈佛挖來生物學教授阿格西（Jean Louis Rodolphe Agassiz，瑞士出生，在德國受高等教育的生物學家兼自然史家）。這些教授在當時均是望重士林的大方家。但最為人稱道的是，他將英國最古老的牛津大學歐洲史權威史密斯（Goldwin Smith）請到最年輕的康乃爾大學來教書，這是懷特做校長時最得意的事件之一（在Quad旁邊有一幢大樓名Goldwin Smith Hall，即是紀念他的）。胡適在《留學日記》中載：「白博士（即懷特）親至英倫聘Goldwin Smith，當日第一史家也；又聘James Lowell，當日文學泰斗也，得此數人，而學者來歸矣。」[23]所以康乃爾開學之日即公認為第一流師資的大學。在懷特領導之下，為康乃爾奠定了日後成為世界名大學的良好基礎。而後繼任懷特做校長的也都本著他重視師資的優良傳統。今日康乃爾教授陣容仍極堅強，名師出高徒，人才輩出。

懷特早年嘗遊學歐洲，他辦學受歐洲大學的學風影響很大，其影響是多方面的，且極其深遠。但懷特還有創新的一面。他認為康乃爾應該迎合美國所需。除了像歐洲大學一樣教授拉丁文、希臘文以外，懷特兼重自然科學、農科及工程。這在當時算是一種很大膽的革新措施。此外，懷特堅持大學不受任何教派所左右。常春藤盟校傳統不收女生，康乃爾一開辦即男女兼收。[24]

IV

懷特是美國十九世紀後半葉三位最傑出的名大學校長之一。其他二位，一是哈佛第二十一任校長查爾斯・艾略特（Charles William Eliot, 1834-1926），亦即胡適日記中所譯伊里鶚是也，他是二十世紀的大詩人艾略特（T. S. Eliot）的族叔。他於一八三四年出生在波士頓，一八五三年自哈佛畢業後，先後在哈佛及麻省理工學院教數學及化學。於一八六九年出任哈佛校長，年僅三十五歲，至一九〇九年七十五歲告老退休。前後擔任校長達四十年之久，貢獻良多，他把哈佛從一所很普通的學院發展成為美國最著名的大學。

另一位是吉爾曼，他是霍普金斯大學的第一任校長，一八七四年巴爾的摩（Baltimore）一個大富翁去世，留下一大筆遺產，遺囑要辦一所大學及一個醫院。大學即是日後很著名的霍普金斯大學，董事會在找一位理想的校長的時候，他們很細心也很開明，請當時美國三位最有名的大學校長推薦：此即哈佛的伊里鶚、康乃爾的懷特、密西根大學的安吉爾（James Burrill Angell, 1829-1916），這三位校長沒有彼此商量，不約而同回信說，未來最好的校長人選是吉爾曼。吉爾曼對十九世紀美國教育的革新最多，特別是研究所（graduate studies），他認為研究所是大學的核心：「研究是一個大學的靈魂，大學不僅僅是教書的地方，學生不要多，必須要有創造研究的人才。」吉爾曼在霍普金斯早期培植了很多成名的學者，最有名的像美國第二十八任總統威爾遜及哲學家杜威、哈佛哲學系大牌教授魯一士（Josiah Royce），都是在霍普金斯獲得博士學位，而後名重士林。從此以後美國學生不一定要到歐洲去念研究所了。[25]

懷特於一八六五年任命為康乃爾大學第一任校長，至一八八五年退休。在校長任內，除一八七九年至一八八一年出任美國駐德公使外（那時的公使相當於現在的大使），他任大學校長前後長達十八年之久。其人有定力、卓識。康君對他俯首帖耳，言聽計從。因而奠定了日後他們二人生死不渝的友誼。大學董事會對懷特亦倚為長城。今日我們在康乃爾校園內看到Quad兩側各有一個銅像，立者是康君，坐者是懷特。一般人都認為懷特與康君是康乃爾大學的共同創辦人。關於懷特銅像，還有一個小掌故，趙元任在其《早年自傳》中說：「我參加了一九一四年六月十六日康乃爾第四十七屆畢業典禮，在典禮中，有首任校長懷特在史密斯館前塑像揭幕式，懷特校長說，在自己塑像前講演，頗覺尷尬。要我說什麼呢？」大家哈哈大笑。[26]

V

懷特自康乃爾校長退休後，仍卜居綺色佳。一八八五年退休後曾任駐俄公使二年（一八九二至一八九四），一八九七年復任駐德公使五年，懷特能操流利的德語。他與俾斯麥友善，德人甚敬重懷特。一九〇二年自駐德公使卸職後回綺色佳，仍寓校園附近舊居，與康乃爾師生仍有來往。學生都很敬愛這位老校長。眾所周知，康乃爾大學學生之間有一個不成文法，凡是新進來的大一新生（freshman）男生姓White者，不管他的first name是什麼，統統叫他「Andy White」，這豈不是老校長的姓名嗎。比如美國二十世紀鼎鼎大名的散文大家E. B. White（全名Elwyn Brooks White, 1899-1985）就是一個現成的例子（他是一九二一年級的畢業生），一般人稱他為E. B. White。但即使從康乃爾畢業以後，他在《紐約客》（*The New Yorker*）雜誌裡任編輯，同事也都還是一律叫他「Andy」，因此Andy名用了一輩子。這也是康乃爾的學生敬愛老校長的另一種具體表現。

廉頗老矣！一九一二年十一月七日是懷特八十壽誕，是日全校師生齊集在史密斯大樓（Goldwin Smith Hall）前，時大雨，但學生來者蜂至，當鐘樓奏母校校歌，五千學生齊脫帽和歌，懷特與校董自摩里爾大樓（Morrill Hall）施施然徐步走出。大家齊聲高呼歡迎，時雨愈大，但沒有人離去，由學生代表代表全體學生致賀辭。懷特亦致謝辭，簡述康乃爾大學發展史略，並謝謝今天這個盛會，大家又齊呼祝此老健康。胡適說：「余心為大動，歡呼時幾欲下淚」，等到老校長最後一句話講出「God Bless You」（願天佑汝）時，胡適說他真的眼淚落下來了。胡適又說懷特「著作等身，名及海外，前年八十壽辰，德皇威廉，美總統塔虎脫皆飛電致賀，今精神猶健，望之令人興起也」。[27] 懷特身體素健，突於一九一八年十月二十六日中風，一病不起，九天後（十一月四日）即逝，還差三天即是他八十六歲生日。懷特遺囑有言，卒後將五十萬遺產（相當於現在大約七億美元）捐給康乃爾大學。[28] 懷特對康乃爾大學的貢獻，在師生心目中地位與創辦人康君實不相伯仲。胡適在日記中曾有這樣的記載：「此老（指懷特）實此校之創始人也。人但知康南耳傾家建此校，而不知無白博士（即懷特）決無康南耳。」[29] 美國名史家貝克（Carl Becker，康乃爾大學教授）於一九四三年慶祝康乃爾大學成立七十五週年紀念會上演講時，也說過類似的話。

1　轉引自陸發春，〈胡適致胡近仁未刊書信二則考釋〉，《近代史資料》總一〇七號（二〇〇三年十二月），頁一〇四。

2　胡適的經歷及其在哥大的博士學位，與美國出生的二十世紀大詩人艾略特多少有點相像。艾略特在哈佛讀博士學位時，撰寫論文期間借讀牛津，論文寫完已通過，只差論文口試（oral defense），時歐戰方酣，他已訂好返美回哈佛參加口試的船票，後來因為德國潛水艇猖獗，輪船公司取消了預定的航程。但哈佛答應他口試延期。可是艾略特在倫敦被花襲人纏住了，沒有考慮到柴米油鹽，與一個英國女郎結婚，他就滯留倫敦，放棄了美國公民而入籍英國，對博士學位興意闌珊，後來始終沒有回哈佛參加口試，把一個唾手可得的博士學位放棄了。他臥病的父親在病榻上喃喃自語，說他兒子把一個大好的錦繡前程毀掉了。可是曾幾何時，一九二二年艾略特發表長詩《荒原》名噪一時。一九四一年艾略特重回哈佛時，是以英文系講座教授身分回母校的。一九四八年艾略特獲諾貝爾獎名滿天下，多瀟灑。艾略特沒有博士學位，無損其日月之明。相較於艾略特，胡適在博士學位上有點拖泥帶水，不夠瀟灑。像胡適這樣「一言而為天下法」的人，首倡白話文運動，光耀史冊，博士不博士是無關緊要的。在我看來，他與艾略特兩人各有其不朽的千秋事業，其成就是一樣的。關於胡適博士學位問題，我在第十七章還會提到，當詳述之。

3 魯迅，〈致臺靜農（一九三二年八月十五日）〉，收入《魯迅書信集》上卷（北京：人民文學，一九七六），頁三一九。

4 一八六二年 The Morrill Act（官捐地法案）在康乃狄克州（Connecticut）議會通過時，耶魯大學亦於一八六三年獲得官捐地，但後來因當時該州一部分民粹（populist）運動的人士反對，於是就把這些官地捐給該州一所公立學校，此即今日的康乃狄克大學（University of Connecticut，一八九三年創立）。

5 胡適，〈康南耳君傳〉，收入胡著《胡適的一個夢想》（臺北：中央研究院胡適紀念館，一九七四），頁四。

6 懷特從一八五八年至一八六三年，曾在密西根大學任歷史及英國文學教授五年。胡適的〈康南耳君傳〉後來收入《胡適的一個夢想》，其中「君（指康君）商業中人，而余（指懷特）新捨大學校長之席」（頁十），這一句話胡適可能理解錯誤。懷特於一八六三年當選為州議員之前，從未擔任過大學校長。原文：「He was a man of business. I was fresh from a university professorship.」詳見 Andrew Dickson White, *Autobiography of Andrew Dickson White* (New York: The Century Co., 1905), Vol. I, p. 294.

7 胡適，〈康南耳君傳〉，《胡適的一個夢想》，頁九。

8 Andrew Dickson White, *Autobiography of Andrew Dickson White*, Vol. 1, pp. 294-95.

9 原文「Our next relations were not, at first, so pleasant」，見Andrew Dickson White, *Autobiography of Andrew Dickson White*, Vol. 1, p. 295. 胡適把「not, at first, so pleasant」譯成「幾成水火」，有待商榷。

10 當時一般估計紐約州將此官地出售得六十萬元，然後每年可得利息大約三萬五千至四萬元，轉交各現有或興辦中的學校。

11 Andrew Dickson White, *Autobiography of Andrew Dickson White*, Vol. 1, p. 296.

12 Morris Bishop, *A History of Cornell* (Ithaca, New York and London: Cornell University Press, 1962), p. 62. 作者畢夏普是康乃爾一九一四年級，與胡適同年畢業，胡適識此君，見曹伯言整理，《胡適日記全集》第八冊（臺北：聯經，二〇〇四），一九四六年二月十一日，頁二二七。

13 Andrew Dickson White, *Autobiography of Andrew Dickson White*, Vol. 1, p. 298.

14 胡適，〈康南耳君傳〉，《胡適的一個夢想》，頁十二；Andrew Dickson White, *Autobiography of Andrew Dickson White*, Vol. 1, p. 298.

15 見胡適，〈康南耳君傳〉，《胡適的一個夢想》，頁十二及Andrew Dickson White, *Autobiography of Andrew Dickson White*, Vol. I, pp. 298-299. 哈佛大學是紀念約翰·哈佛（John Harvard, 1607-1638）。約翰·哈佛是英國人，早年曾就讀劍橋。一六三七年移居美國，翌年病逝麻州查爾斯頓（Charlestown）。他卒後，將所有財產及藏書捐給那時在麻州劍橋新成立的一所無名小學院，他所捐的款項不多，大約在四百英鎊左右，但遠較他人多，是故麻州法院判定即以他的姓氏做為校名，命名為哈佛學院（Harvard College），也就是今日遠近馳名的哈佛大學前身。懷特講的第二個大學是耶魯大學，這是紀念伊利胡·耶魯（Elihu Yale, 1649-1721），他是出生在波士頓的英國人，曾任職於東印度公司，很富裕。耶魯大學在草創時期，他捐鉅款外並贈大量藏書。所以董事會決定將這所學校定名為耶魯學院（Yale College），即是耶魯大學的前身。達特茅斯學院（Dartmouth College）的校名是紀念第二代達特茅斯伯爵（William Legge, 2nd Earl of Dartmouth, 1731-1801），因他在該校成立之初助力最多，董事會決定以他之名為這所學校命名。阿默斯特學院（Amherst College）坐落在麻州西部阿默斯特城。阿默斯特學院及阿默斯特城都是紀念印第安戰爭中名將阿默斯特（Jeffrey Amherst）。美國大學特別是私立大學，校名以人名為校名的很多，比比皆是，不勝枚舉，茲不贅述。

16 Andrew Dickson White, *Autobiography of Andrew Dickson White*, Vol. 1, p. 307.

17 胡適，〈康南耳君傳〉，《胡適的一個夢想》，頁十三。

18 Morris Bishop, *A History of Cornell*, pp. 87-88.

19 胡適，〈康南耳君傳〉，《胡適的一個夢想》，頁十三。

20 胡適進康乃爾時學生人數，他有時說三千人，有時說五千人，究竟多少人呢？今據 *Cornell in Pictures, 1869-1954*, compiled by Charles Young (Ithaca, NY: Cornell University Press, 1954) 一書所載，休曼從一八八四至一九一二年做了二十八年校長，學生人數從二千人增至五千五百人，以此推算，胡適進康乃爾時，學生人數應該是五千人。

21 胡適，〈美國大學調查表〉，原載《留美學生年報》，一九一四年一月出版，頁八三至九〇；後收入周質平編，《胡適早年文存》（臺北：遠流，一九九五），頁四一〇。《胡適留學日記（二）》（上海：商務，一九四八），「三〇　波士頓遊記」，一九一四年九月十三日，頁三九三。

22 胡適，〈一個大學教育的革新者吉爾曼的貢獻〉，收入胡著《胡適的一個夢想》，頁三七。

23《胡適留學日記（三）》，「二　國立大學之重要」，一九一五年二月二十日，頁五六五。

24 哈佛、耶魯屬於公理會（Congregational Church），普林斯頓屬於長老會，哥大及賓夕凡尼亞大學是屬於聖公會，布朗屬於浸信會。可是康乃爾反對任何教會來支配。關於女生，常春藤盟校向不招收女生。哈佛本來有女子部拉德克利夫學院（Radcliffe College），哥倫比亞也有女子部巴納學院（Barnard College），哈佛女子部已停辦，哥大女子部還存在。康乃爾開辦時即男女兼收，現在其他七所盟校於一九七〇年代起也都先後開始招收女生，比康乃爾落後了一百年。

25 中國現代化大學發展較晚，傑出的校長不多。過去臺大校長傅斯年很能幹，有魄力，既能做學問，又能辦事，可惜英年早逝，如假以天年，其成就豈可小視，或可與伊里鶚、懷特與吉爾曼等人相比肩。蔡元培與胡適都在戰亂過後擔任北京大學校長，可惜為時太短。

26 趙元任，《趙元任早年自傳》（臺北：傳記文學，一九八四），頁一〇〇。
27《胡適留學日記（一）》，「一六　赴白博士夫婦家宴」，一九一四年五月十五日，頁二三五。
28 懷特八十壽辰見曹伯言整理，《胡適日記全集》第一冊，一九一二年十一月七日，頁二一八至二一九。
29《胡適留學日記（一）》，一九一二年十一月七日，頁一二一。

【第七章】

初履綺色佳，一九一〇

漫說山城小，
春來不羨仙。
壑深爭作瀑，
湖靜好搖船。——胡適，〈山城〉

一九一〇年胡適進康乃爾時，校長是休曼，懷特早已退休了。胡適與趙元任一批人在美國西岸三藩市上岸後，從三藩市到芝加哥，最後到了紐約州的水牛城，再轉車南下至綺色佳，綺色佳乃康乃爾大學所在地也。康乃爾派一高年級同學金邦正到車站來接待（金邦正即《胡適留學日記》中的金仲藩是也，後來做過清華學校校長）。趙元任對綺色佳的第一印象，他說綺色佳「根本不像美國」，因為在他想像中「美國應該像明信片上所印的一排一排的高樓大廈」。可是在綺色佳，「除了校園內的大樓外，所有的房屋都是木造的」，不過他習慣於綺色佳的生活。[1]

胡適到了綺色佳後寫信給他族叔胡近仁時，曾做一簡略的介紹：「此大學依山傍湖，風景絕佳。學生三千餘人（應該是五千餘人）中有吾國同學約五十（并新生而言），弟已得大學許為正科生，專習農科 Agriculture。此校農科最有名，為國家科大學。凡農科學生概不納費，即此一項，一年可省百五十金，可謂大幸。」[2] 胡適在這封信裡所說幾點，有必要稍做解釋，這樣讀者或許有一個較為清晰的概念。函中所說他已得大學許可為農科正科生。因為過去清政府於一九〇九年遣送第一批庚款學生赴美，大多數送到高中部讀書，這批學生覺得美國高中課程太過於淺顯，這是清政府及美國政府的錯誤。因此這次第二批庚款學生（一九一〇年）全部直接送大學部讀書。所以胡適說：「弟已得大學許為正科生，專習農科。」他又說：「此校農科最有名，為國家科大學。」胡適說的「國家科大學」，即是公立的意思，他是從 state university 翻譯過來，照現在的說法即是「州立大學」之意。（有人認為胡適初來美國英文不好，我認為這與胡適英文好壞無關，傳聞法國路易十四說過：「I am the state」，這個 state 就是國家。）胡適在康乃爾初讀農科是農學院，屬於紐約州立大學的系統。所以在函中他說：「凡農科學生概不納費，即此一項，一年可省百五十金，可謂大幸。」（稍後農科亦收費，但甚低廉。）一年半後他改念文學院哲學系，這是屬於康乃爾私立大學（常春藤盟校）系統，學費奇昂。是故他後來轉系又補交了一部分學費，這些後面還會講到。胡適說康乃爾「農科最有名」，一點也不錯，過去是如此，現在還是如此。目前美國大學有三千多所，如果講到農科，康乃爾與加州大學臺維斯分校（UC Davis）為箇中翹楚，這兩校的農科是數一數二的。[3]

胡適進康乃爾那一年有女生宿舍，但沒有男生宿舍，供外國學生的宿舍尚在鳩工興建。他在校外大學路三一九號（319 College Avenue）租賃一室。在歐洲房東除供住宿外，還照顧房客三餐，如錢鍾書在牛津讀書即是如此，後來他到法國讀巴黎大學，也是由房東供應膳宿。在美國房東大多不管伙食，故必須自理。胡適寫信給母親說「兒居此室，主人不為具食（膳食）」，需另覓食堂或餐館。美國三餐：早餐大率是大麥飯（oatmeal，麥片）和牛奶，烤麵包塗牛油或玉米之類。午餐及晚餐始有肉食，大多是牛、羊、豬之類。「至禮拜日，始有雞肉。美國烹調之法，殊不佳，各種肉食，皆枯淡無味，中國人皆不喜食之。」胡適喜歡的「為一種麵包，中夾雞蛋，或雞蛋火腿，既省事，又省錢，又合口味」。他說有時有烤牛肉，但不常有。胡適函中所言麵包夾雞蛋火腿，即是美國人甚為普遍的一種三明治（sandwich）。[4]（據胡適晚年任中央研究院院長時的祕書胡頌平說，胡適很喜歡吃雞蛋及肥肉，這樣看來，胡適這種偏食的習慣至老未改。照現在醫學常識來說，雞蛋與肥肉吃太多，膽固醇太多對身體不好。）胡適住在綺色佳大學路，房東是一年老孀婦，其夫原為南美洲人。南美洲產米，且其烹調飲食與中國人相似。十一月中，居停主人僱一女廚，亦為南美洲人，特為房客料理伙食，同居者，有中國人七人，因久未嘗中國飯菜風味，今得日日有飯有肉，其樂當可思之過半矣，惟好景不長，不意居停主人忽然一病不起，房東死了，其所用的女廚也沒有了。胡適對他母親說：「如是此種中國風味之飲食，又不可得矣。」[5]

胡適初履美國，對美國印象彌佳，對綺色佳尤甚。他致友人書說：「途中極蒙學界歡迎，每至一城，可不費一錢而得周遊全市。美國風俗極佳。此間夜不閉戶，道不拾遺，民無遊蕩，即一切遊戲之事，亦莫不泱泱然有大國之風，對此，真令人羨煞。」[6]（這是一百年前，現在美國的大城市如紐約到處是遊民，哥倫比亞大學校門口乞丐成群。）胡適對美國印象之佳，與他在長崎、神戶、橫濱三個港口所見來綜合在日本所得印象，相較一如天壤之別。這封信無年月日，但用的是日本信箋，印有「明治」字樣。信封上的郵戳是Sept. 25, 1910, Ithaca（一九一〇年九月二十五日綺色佳）。這時胡適才來美國。可是在綺色佳四、五年，即使後來轉學哥大，他對這個山城仍憶念不已。一九一五年二月中旬，胡適代表康乃爾大學參加紐約市大學俱樂部（University Club），討論如何反對軍國主義增兵問題。胡適二月十三日到了紐約市，他去紐約上城（Uptown）赫德遜河畔海文路九十二號（92 Haven Avenue）訪女友韋蓮司，他們也談到弭兵問題。韋蓮司深信「人類善根性之足以發為善心，形諸善行」。

她引雨果（Victor Hugo, 1802-1885）的名著《孤星淚》（*Les Misérables*，即《悲慘世界》），證大度不疑之足以感人。胡適有同感，乃引綺色佳做例，他說「若人人疑他人為賊」，世無寧日，這還得了，「安能一日居乎？」但胡適認為美國人「有時頗能脫去此種疑懼根性，村僻之城市真能夜不閉戶（綺色佳是其一也）」。他又說：「吾居是邦五年，未嘗一日鑰吾室門，亦未嘗失一物。」[7] 胡適對綺色佳治安良好、民風淳樸讚賞不已，他對美國的印象，與清末名臣郭嵩燾出使英國，推崇十九世紀英倫「不期三代之治見於今日」，有異曲同工之妙。[8]

第二故鄉

胡適很喜歡綺色佳。他天性隨和，廣交遊，人緣好，朋友多。功課雖重，但他好讀書，故他給母親家書說：「兒居此極平安，惟苦甚忙，大有日不暇給之勢。此外則事事如意，頗不覺苦。且兒居此已久，對於此間幾有遊子第二故鄉之概。」[9] 綺色佳居民風淳俗厚，很友善，待他甚厚。在另一封家書裡，胡適說：「此間有上等人家常招兒至其家坐談，有時即飯於其家，其家人以兒去家日久，故深相體恤，視兒如一家之人。中有一老人名白特生，夫婦二人都五十餘歲，相持尤懇摯，前日兒以吾母影片示之，彼等甚喜，並囑兒寫家信時代問吾母安否。兒去家萬里，得此亦少可慰吾離愁耳。」[10] 過了一年，他致母親書：「計兒自丁未年歸家，於今六年餘矣。再加三年，則九年矣。日月之馳，真可謂迅速。然兒在此有山水之勝，友朋之樂，亦殊安之。兒謂除故鄉外，此綺色佳城，即吾第二故鄉矣。」[11] 這些都是胡適安慰他母親的話，亦可看出他對綺色佳的喜愛。有一次在第九封的家書裡，胡適因忙未寫片字，只寄一首小詩，他對綺色佳之喜愛之情躍然紙上。前半闋我已錄在本章題詞，這首詩很短，我就把全詩錄在下面：

〈山城〉

漫說山城小，春來不羨仙。
壑深爭作瀑，湖靜好搖船。
歸夢難回首，勞人此息肩。
綠陰容偃臥，平野草芊芊。[12]

胡適居大學路三一九號，只有一年，大二的時候就搬進校內的世界學生會（Cosmopolitan Club）宿舍。世界學生會在當時是一個校際組織，為世界學生聯合會（The Association of Cosmopolitan Clubs）下面的一個分會。他在那裡住了三年（從一九一一年夏至一九一四年夏止），到他念研究所第一年就搬出來了。搬到橡樹街一百二十號（120 Oak Street）。他在橡樹街住了一年，一九一五年八月就離開了綺色佳，去紐約進哥倫比亞大學。

胡適轉學哥大後，在其留學日記中有一首〈憶綺色佳〉小詩，亦可道出他對綺色佳思念之殷。詩云：

別後湖山無恙否？
幾番遊子夢中回。
街心車作雷聲過，
也化驚湍入夢來。[13]

胡適離開康乃爾八個月後，於一九一六年六月十七日至綺色佳。他說此次歸來，恍如遊子歸其故鄉，甚多感嘆。「戲謂此次歸綺色佳為『小歸』，明年歸國可謂『大歸』耳。小歸者，歸第二故鄉也。大歸者，歸第一故鄉也。」[14]

1 趙元任，《趙元任早年自傳》（臺北：傳記文學，一九八四），頁九〇。

2 耿雲志、歐陽哲生編，《胡適書信集》上冊（北京：北京大學，一九九六），頁十六。

3 因為胡適致友人書中說：「此校農科最有名，為國家科大學」，有一位傳記作家指出胡適「可能也有誤解的成分」，我認為胡適說的一點也沒有錯，在美國康乃爾的農科最有名。農科在康乃爾是屬於紐約州立大學的系統，與常春藤盟校不相干的。因此筆者在此做一附記說明之。

4 Sandwich 本是一個人的名字，現在變成一種食物的普通名詞，在兩片麵包中間夾肉或蔬菜塗上美乃滋即可吃，很簡單方便，美國人稱 sandwich，中國人譯作「三明治」。相傳「三明治」是十八世紀一個英國人約翰·孟塔古（John Montagu, 1718-1792）最先想出來的。他是英國貴族，後來封為第四代三明治伯爵（4th Earl of Sandwich）。他生性嗜賭，一次在賭臺上，餓了，乃差傭人購食物果腹。買什麼呢？他說兩片麵包中間夾肉或蔬菜即可。其他賭徒也叫這個僕人買相同的食物，英文裡說：「the same as Sandwich」。從此「三明治」就當作夾心麵包的名詞用了。在英文裡，現在sandwich不僅當夾心麵包的名詞用，有時也可以當作動詞用，「夾在中間」之意。

5 耿雲志、歐陽哲生編，《胡適書信集》上冊，頁十九。

6 耿雲志、歐陽哲生編，《胡適書信集》上冊，頁十六。

7《胡適留學日記（二）》（上海：商務，一九四八），「三一　紐約旅行記」，一九一五年二月十四日，頁五五二至五五五。

8 筆者猶憶一九六〇年代初履斯土，居中西部南達科他（South Dakota）一大學城費密林（Vermillion），凡一年，也是像胡適所說「未嘗一日鑰吾室門，亦未嘗失一物」。後來移居紐約，紐約是一個刺激而緊張的城市——八百萬人口的大城市，各色人等，是另外一個世界了，盜賊如毛，殺人放火，無日無之。有人說紐約不能代表美國，此之謂也。不過美國現在在蛻變中，過去美國的大總統無論人品、學識為人敬仰，足可楷模四方，如華盛頓、傑佛遜、林肯、威爾遜及小羅斯福等人早就沒有了。

9 耿雲志、歐陽哲生編，《胡適書信集》上冊，頁二六。

10 耿雲志、歐陽哲生編，《胡適書信集》上冊，頁二六至二七。

11 耿雲志、歐陽哲生編，《胡適書信集》上冊，頁三五。

12《胡適留學日記（一）》，「二〇　叔永作即事一律索和」，一九一四年五月二十二日，頁二三七。

13《胡適留學日記（三）》，「三七　憶綺色佳」，一九一六年四月五日，頁八六二。

14《胡適留學日記（四）》，「二一　恍如遊子歸故鄉」，一九一六年七月五日追記，頁九三八。

【第八章】

皈依基督教，一九一一；棄農習文，一九一二

——附論胡適公開演講訓練，一九一二

胡適這批先後赴美的庚款學生（即一九〇九至一九一一年間），正值美國歧視華人如火如荼，排華最激烈的時候。前有臭名昭彰的一八八二年《排華法案》（The Chinese Exclusion Act of 1882），後有一九二四年的移民法案《詹森—里德法案》（Johnson-Reed Act）。前者只是排除華人，後者是歧視華人及所有的亞洲人，以及限制東歐及南歐一部分移民名額。[1] 胡適在唐德剛編譯的《胡適口述自傳》裡說，他們「抵美之後，這批學生乃由有遠見的美國人士，如北美基督教青年會協會主席約翰·穆德（John R. Mott）等人加以接待」。[2] 胡適英文原文裡還有「a Cornell graduate」（是指穆德也是一位康乃爾大學畢業的校友），唐德剛未譯，

不知何故。但下面一段在哥大珍藏室裡原稿上，胡適用紅色筆已經刪掉的部分，唐德剛不知為何照譯不誤。茲錄如下：「多年以後，當洛克斐勒基金會撥款捐建那遠近馳名的紐約的「國際學社」（International House）〔有人譯作「國際學舍」〕時，穆德的兒子便是該社的執行書記。我（指胡適自己）特地在此提出說明這個國際精神，並未中斷。」[3] 胡適為什麼把這幾句話刪掉，而唐德剛何以自作主張又翻譯出來，不知其詳。不過唐德剛在譯本裡附加了一個不算短的注釋，這個注釋照蘇雪林在其《猶大之吻》一書裡的說法，是對胡先生懷有「惡意」的。唐在注釋裡說，他是「國際學社」非居住社員（non-resident member）多年，住在該社鄰近十條街內，「一住就住了二十五年。所以把這座『橫看成嶺側成峰』的廬山，可說是看得十分透澈了。它不是像一些有成見的人所批評的什麼『毒化』或『奴化』；但也不是胡適之先生心目中的那麼『國際精神』的可敬可愛！正如我國古代儒者所說的，『鄙夫有問，必竭其兩端而告之！』研究我國近代留學史的有心人，對『留美』這個制度，實在應該虛心的從『兩端』去看。」[4] 誠然，在胡適眼中似乎只有美國的「國際精神」，可是一般中國人在美國談「國際精神」是要落淚的。華人在北美洲有百餘年歷史，即是一部血淚史，所受的無理迫害及白人排華分子所犯滔天罪行，罄竹難書。李鴻章於一八九六年遊美時見了僑胞，殷殷垂詢：「西人待汝可好？」每念李相國關懷深情——「西人待汝可好」，不禁為之愴然淚下。但是胡適這批庚款學生，如任鴻雋、梅光迪，他們的筆下絲毫沒有看到像李鴻章那樣的「關懷深情」。筆者認為，我們要研究近代中國留學史，不止是「虛心的『兩端』去看」胡適與美國，其實不妨也應該虛心去「看看」魯迅與日本、嚴復與英國、馬建忠與法國。而且我們學歷史的，美國人好的部分要寫出來，他們錯誤的部分我們也應該讓他們知道，不要一味去談「國際精神」。

胡適在《口述自傳》中說，像穆德這類的美國人知道，接待中國留學生是讓他們瞭解受美國教育不僅限於學校教室或實驗室裡的很好機會，讓他們可以經由住在美國家庭體會美國人的生活方式，以及接受美國文化薰陶。[5] 唐德剛說：「美國人的社會基礎是建立在極端個人主義之上的。他們人與人之間的關係，如無個人利害夾雜其間，則守望相助，疾病相扶持；友朋之間，周而不比，固亦恂恂然基督教文明中君子之風焉。但是一旦彼此間夾雜利害，那就是另一回事了。」[6] 雖然穆德的基本觀念有點像現在的川普：「美國第一優先」，但穆德有這個想法對中國學生來說，也不能算不好。他透過青年會來號召美國各地的基督教領袖和基督教家庭以同樣的方式來接待中國留學生。「也讓中國留學生接觸美國社會中最善良的男女」，以及「使中國留學生瞭解在美國基督教整體中的美國家庭生活和德性」。[7] 基督教是西方文化最重要因素之一，多瞭解基督教，也等於多瞭解西方文化，這也不是一件壞事。穆德主旨是傳布基督教。對離鄉背井的中國留學生來說，基督教家庭可解鄉旅之愁，這是好的。很多基督教家庭響應穆德的號召。胡適說：「這對我們當時的中國留學生，實在是獲益匪淺。」在康乃爾校園附近或綺色佳地區的基督教家庭，也都有組織小團體來接待中國學生，大多是當地仕紳或康乃爾的教授或職員，他們並且組織了很多不拘形式的為中國學生所需的活動，如聖經班或是查經班，或介紹中國學生參加他們的教會活動。這種基督教家庭活動，胡適都參加了。對一個外國學生來說，這是一種極其難得的機會，能享受到美國家庭溫馨的招待。這些活動使他耳濡目染美國的宗教家庭所給予的「溫暖」，對胡適影響極其深刻，令他畢生難忘。[8]經過穆德的基督教家庭組織，胡適認識了康乃爾法文教授康福（William W. Comfort）、羅賓森（Fred Robinson）、白特生（Lincoln E. Patterson）等及其家人，他們成為終身好朋友。後來康福做了費城附近教友會辦的哈弗福德學院（Haverford College）校長，胡適就送他小兒子胡思杜在該校讀書。[9]胡適在校時曾遇母親急需錢用，而向羅賓森先生周轉，以解燃眉之急。白特生是一對五十多歲的夫婦，待胡適甚厚，常邀請胡適至其家做客便餐，可解鄉愁。至於胡適是否也透過穆德基督教家庭組織結識韋蓮司，不詳。

胡適在《口述自傳》特別提出康福，他是教友會（Quaker，貴格會）的教友，這一教派會員大多散布在賓州東部費城附近。教友會的信徒對耶穌不爭和不抵抗的教義奉為圭皋，胡適說：「我對這一派的教義發生了興趣，因為我本人也曾受同樣的，但是卻比耶穌要早五百年的老子的不爭信條所影響。」有一次胡適去費城，康福對他說他應該去費城近郊的德國城（Germantown）看他老母。胡適去了。康福老太太帶胡適去參觀教友會的會場（大多數基督教教會都有教堂，但是教友會只有會場，沒有教堂）。他說這是他生平第一次去教友會的「會場」；印象極其深刻。胡適說，因此他後來也交了很多教友會的朋友。[10]

II

一九一一年的夏天，也就是他來美國第一個夏天，自六月十三至十九日，胡適應邀至賓州東北部的旅遊勝地孛可諾松林（Pocono Pines）參加「中國基督教學生聯合會」暑期集會。這是一個宗教團體主辦的夏令營，一切活動以傳教布道為主，會址是在海拔二千英尺的高山上，風景幽絕。雖在盛暑，涼爽如秋。出席者三十五名中國人，美國人計二百名。與會者有基督徒，也有非基督徒，胡適去孛可諾之前不是教徒，但離開孛可諾時，他自稱是個皈依基督徒（converted Christian）了。胡適晚年在《口述自傳》裡說，我的《留學日記》裡便記載著孛可諾夏令營日記。我看了六月十八日，是孛可諾夏令營的第五日，夏令營快接近尾聲了，除了第五日，即是他自己承認是個基督徒的一天，他的日記甚簡略。是日他在日記上記事較平日詳盡：「第五日：討論會，題為『祖先崇拜』（Ancestor Worship）。聖經課。Father Hutchington 說教，講《馬太福音》第二十章一至十六節，極明白動人。下午紹唐為余陳說耶教大義約三時之久，余大為所動。自今日為始，余為耶穌信徒矣。是夜Mr. Mercer演說其一身所歷，甚動人，余為墮淚。聽眾亦皆墮淚。會終有七人起立願為耶穌信徒，其一人即我也。」[11] 紹唐即是陳紹唐，是胡適在上海中國公學的同班同學，下面胡適還會講到他。胡適在孛可諾的夏令營日記裡，六月十八日日記附錄兩封給朋友的信，稍詳細。第一封是寄章希呂的，另一致許怡蓀。給章的信上說：「此間耶教學生會乃合二會而成，一為美國東省耶教學生會，一為中國留美東省耶教會（Chinese Student's Christian Association），中國學生到者約三十餘人。適連日聆諸名人演說，又觀舊日友人受耶教感化，其變化氣質之功，真令人可驚。適亦有奉行耶氏之意，現尚未能真正奉行，惟日讀Bible，冀有所得耳。」[12] 這封信是六月十七日寫的，翌日他自稱皈依基督教了。

胡適寫給許怡蓀的信，比日記及給章希呂的信更詳細。他一開頭即說：「得手書，及哭樂亭詩之後，已有書奉覆，想以得之。」樂亭是程樂亭，是他的好朋友，為松堂翁之子，得悉於三月二十六日謝世，聞之傷感不已。胡適一九一一年在六月八日日記裡記：「余去歲北上，即蒙以百金相假，始克成行。其人沉毅，足以有為，而天不永其年，惜哉！」[13] 好友亡故，心情惡劣，是人之常情。他又說今考試完畢，暑假開始他到孛可諾松林宗教團體辦的夏令營。他說孛可諾是在高山上，「故寒如在深秋，早晚有擁爐者，可稱避暑福地。會中有名人演說，如Mott（即《青年會報》所稱之穆德，乃世界名人），Beach（此君曾居中國，能通《說文》，亦一奇也），Gilbert Reid（李佳白）等。弟愁苦之中，處此勝境，日聆妙論，頗足殺吾悲懷。」胡適在信中說了一個他鄉遇故知的故事，他說以前在上海中國公學一個同班同學，名陳紹唐，廣西人，後來忽然進教會勤學英文，受洗皈依基督教，他前年來美，今於此相見。其樂當可以想見。下面的話值得吾人注意，他說：「其人之言行，真如程朱學者，令人望而敬愛。其人信道之篤，真令人可驚。然其人之學問見識非不如吾輩也。此可見宗教之能變化氣質矣。」胡適這些話似乎慢慢地走向或接近耶穌教了。在信裡胡適又說了一個故事，這個人名 Mercer，為穆德的副手。Mercer 對大家說，在大學時代他染有種種惡習，無所不為，最後為其父趕出，離家流落四方，照現在的說法，他變成一個遊民（homeless），到處遊蕩，最後投河自盡，被員警救出來，送至一善堂（即教堂）叫他信教，此人從此悔悟前行，遂努力行善以自贖，變成一個好人了。「數年之後，一日有會集，此君偶自述其一生所歷，有一報紙為揭登其詞；其父於千里之外偶閱是報，知為其子，遂自往覓之。既至，知其果能改行，遂為父子如初。此君現卒成善士，知名於時，此君之父為甚富之律師，其戚即美國前任總統也（老羅斯福？）。此君幼時育於白宮（總統之宮），則所受教育不言可知，而卒至於此，一旦以宗教之力，乃舉一切教育所不能助，財產所不能助，家世所不能助，友朋所不能助，貧窮所不能助之惡德而一掃空之，此其功力豈可言喻！方此君述其父再見其子時，抱之於懷而呼曰：『My boy, My boy……』（吾兒，吾兒）。」胡適接著說：「予為墮淚，聽眾亦無不墮淚。會終有七人（此是中國學生會會員，大抵皆教中人，惟八九人未為教徒耳）起立，自言願為耶穌信徒，其一人即我也。」[14] 他日記上記：「自今日始，余為耶穌信徒矣。」如果用美式足球（football）的術語來說，胡適自言願為耶穌信徒，這是達陣（touchdown）。基督教是西方文化的一部分，現在胡適是一個基督徒了，更西化，不是很好嗎？但多年後胡適在商務版的《留學日記》裡（一九一一年六月十八日），在這封信的後面又加了一個附記。附記的日期是「八年十月追記」。附記所記，乃說：「此書所云『遂為耶氏之徒』一層，後竟不成事實。然此書所記他們用『感情』的手段來捉人，實是真情。後來我細想此事，深恨其玩這種『把戲』，故起一種反動。但是這書所記，可代表一種重要的過渡，也是一件個人歷史的好材料。」[15] 這是胡適於一九一九年十月追記的，距離胡適於一九一一年「願為耶穌信徒」已經隔了八年之後了。附記寫得不詳細，有點情緒化。他什麼時候覺悟的？他什麼時候脫離教會？為什麼後悔？這些是我們讀者很想知道的。筆者認為這條附記胡適說得太重了一點。他們（preachers）沒有強迫你，也沒有用麻醉藥，是你「自言願為耶穌信徒」的。如果你認為Mercer的故事、人物是虛構的，那麼陳紹唐的教育背景以及你在孛可諾看到的「老同學」，又說「其人之言行，真如程朱學者，令人望而敬愛。其人信道之篤，真令人可驚」，這些話是你（胡適）自己講出來，怎麼向我們解釋呢？至於他們用「感情」來布道，像一般推銷員一樣，這是他們布道的一種方法，一種技巧（skill），布道（proselytizing campaign）也是他們的工作之一。接受與否？要不要站起來？是由你來決定，怎麼可以怪人家「用感情的手段來捉人」。

III

二十世紀初期的留美學生與基督教的關係，大致可以分四個類型，分別以董顯光、蔣廷黻、胡適為代表人物：董顯光是死心塌地的耶教信徒；蔣廷黻信教是淡淡的，他是星期天不上教堂做禮拜的教徒；胡適是基督教徒裡的逃兵。最後一種即第四類，是從來不信教的（大多數留學生屬這一類），是「教外人」（pagan）。第一種及第四種，我們不去談他。在這裡我們只談胡適與蔣廷黻二人的類型。蔣廷黻與胡適教育背景有相似的地方，但也有相異的地方。所以我們先來談一下他們的背景。蔣廷黻與胡適一樣幼時念過私塾，念過四書五經。蔣廷黻與基督教的關係淵源很早，他從十一歲進益智中學起，到二十三歲奧柏林學院（Oberlin College）畢業，念的都是教會學校。益智是長老會在湖南湘潭辦的一所教會學堂。他的英文老師林格爾夫人（Mrs. Jean Lingle）待他很好，無微不至，親若母子。[16]一九一一年春天，蔣廷黻生了一場病，病了幾個星期始康復。在患病時，林格爾夫人像護士一樣悉心照顧，並對他說暑假應該跟她們到牯嶺去養病，因為他生病體弱，應去牯嶺避暑，藉以休養，到了暑假，病早已好了，但仍叫蔣廷黻寫信給二伯（大伯是抽鴉片煙的，蔣廷黻父親不管事的，家中一切事務都由二伯做主），二伯答應了，所以這年暑假蔣廷黻在牯嶺歇夏。牯嶺是長江流域一帶傳教士的避暑勝地（像孛可諾一樣）。他們在牯嶺算是度假，但也有一些宗教活動如青年會、救世軍夏令營，及牧師證道等節目。在牯嶺有很多當時很有名的布道家來證道，如饒伯森牧師（E. H. Robertson）及丁麗美（Ting Limei）牧師等人，在中國人裡這位丁牧師最負盛名。林格爾夫人很希望蔣廷黻信教，特地安排丁牧師與蔣廷黻單獨會面多次，希望丁能說服他相信上帝。丁是山東人，極有口才，蔣廷黻雖然感覺到很大壓力，但他仍不為所動。蔣廷黻晚年回憶說：「是年夏季我令林格爾夫人很失望，因為我始終拒絕受洗成為一個基督徒。」[17] 中國傳統士大夫基本上是無神論的，唐德剛說：「這是我們文明裡極其進步的一面。」[18] 蔣廷黻的大伯及二伯崇奉儒家思想，可是祖母是信佛的。像蔣廷黻這樣幼讀四書五經的中國知識分子，對西方基督教教義所知不多，成為基督教信徒的可能性是很少很少的。蔣廷黻的背景也適用於胡適的狀況。一九一二年初，蔣廷黻由林格爾夫人幫助去美國讀書，在他離開益智赴美前夕，終於答應了林格爾夫人，受洗成為一個基督徒。[19] 林格爾夫人傳教成功。但從另外一個角度來看，她為我們培植了一個人才，多一個信徒事小。蔣廷黻在其《回憶錄》中對受洗經過情形著墨不多，一筆帶過，不知何故。雖然蔣廷黻的朋友費正清說「蔣廷黻很西化，是一個虔誠的基督徒」，[20] 我同意蔣廷黻很西化，可是他不是一個虔誠的基督徒。

蔣廷黻於一九一二年到了美國。在美國他是一個皈依受洗的基督徒。但值得我們注意的是他對基督教的做法與看法。當他在奧柏林學院做學生的時候，奧柏林有一位很了不起的經濟學教授，名叫拉茲（H. H. Lutz）。他為學生講課時絕不馬虎，講解極其複雜的供需問題、邊際效用和價值、價格等問題均極其出色，但拉茲教授是一位怪傑。有一次青年會布道家穆德（就是前面講過的Mott）來校布道，他在當時是很負盛名的布道家，故學校當局宣布停兩堂課，以便學生去聽講道。但拉茲教授宣布他照常上課，蔣廷黻是一個基督徒，在兩者相較之下，他卻毫不遲疑地去上拉茲經濟學的課。這是他的行動。現在我們再來談他對宗教的看法，他說：「我對整個教會活動（指在奧柏林）都感到懷疑。第一，我認為中國不會變成一個基督教國家。第二，我認為中國道德精神價值高於西方。奧柏林過分的教會活動遭到反對，至少大多數中國學生是反對的。」他後來又說：「人民的信仰，是傳統中最內層的部分。的確，宗教信仰是傳統的。沒有傳統，特別是反傳統，就得不到精神安慰。大多數美國人都是基督徒，其所以如此，並非基於邏輯上的理由，純粹是因為他們的家庭和國家的傳統使然。為求精神健康，每個人都應該有某種程度的宗教信仰。任何破壞這種共同認識的企圖，都是一種精神上的損害。傳教可以視為十足的精神侵略。」[21]令人驚奇的是這些話出自一個中國基督徒之口。胡適似乎沒有這種想法，他從來沒有說過這樣的話。

胡適喜歡談國際精神。其實這種「國際精神」我們可以追溯到明末清初，十六、十七世紀明末利瑪竇、湯若望等來華的傳教士，他們有點國際精神。他們與鴉片戰爭以後來華傳教士大異其趣，根本上不一樣——早期來華傳教士是純潔的，他們的目的是與中國對等的文化交流，是善意的、平等的。但十九世紀自鴉片戰爭以後，西方到中國來的傳教士則是另外一回事了，這批後來的傳教士是帝國主義工具，確實是像蔣廷黻所說的「十足的精神侵略」，文化帝國主義。十九世紀末葉在中國發生了一連串層出不窮的教案，這種老鷹抓小雞式的傳教士，結果吃虧的是中國人。洋人常說中國如此落後、如此愚昧，傳教為你們好，為什麼要反對？但回頭來看美國，美國是一個崇尚自由的國家，信教自由也是當年美國開國先賢所揭櫫的立國精神之一。但在一九七〇及一九八〇年代風靡一時的朝鮮人教主文鮮明後來到那裡去了？文鮮明的興衰，筆者在美國是親眼看到的。為什麼美國要反對文鮮明呢？要消滅文鮮明呢？

蔣廷黻念益智、在美國派克學堂及奧柏林學院前後計十二年。照理講，他受的基督教文化薰陶要比一般（中國）教友深，但他不是一個虔誠的基督徒。基督教在西方文化裡是很重要的一部分，但蔣廷黻對基督教的態度、看法與詮釋與一般中國受洗信教的教友截然迥異。且他對基督教的態度與一般人亦大相徑庭，他對基督教從不敷衍，他本人很少說到上帝或耶穌。在蔣廷黻的文章或著作或日記裡，很少看到他提到上帝的。如果有的話，他在一九三三年三月寫的〈熱河失守以後〉一文中說：「自九一八事件以後，我常和外國朋友講笑話說：上帝造就日本的時候，原只造了一個三等國，日本人擅改為一個一等國；上帝造中國的時候，原造一個一等國，中國人改為一個三等國；但是我還信上帝。」[22]這裡意思甚明顯，他相信中國將來會成為一等國的，與他信不信上帝無關。其他地方筆者尚未看到他講上帝或神明。特由此也，當我讀他日記，他到國外開會時，當飛機發生故障（常常有），生死在一念之間，但他從不禱告上帝，他在日記上記載他相信近代科學文明（即今日的科技）會化險為夷，相信會安全到達目的地。還有一個小故事，蔣廷黻晚年駐美大使任上，在官邸雙橡園，有一個星期天他的妻子Hilda（沈恩欽）、媳婦Claire要去做禮拜，蔣廷黻主動表示願意幫忙帶小孩，照顧一個孫女、二個孫子。基本上蔣廷黻反對西洋人到中國來傳教，他不相信中國會變成一個基督教國家，因為他認為「中國道德精神價值高於西方」。胡適不曾講過這種話。再者，蔣廷黻認為十九世紀西方來中國傳教是一種「精神侵略」，在中國的教會學校也是西方帝國主義的一種「文化侵略」。胡適就沒有這種想法與觀念，他說他還是歡迎這種「文化侵略」，因為他們教育我們下一代。復次，蔣廷黻的父親、大伯及二伯一向崇奉儒家思想，對佛、道沒有多大興趣，可是他祖母是一個虔誠的佛教徒。[23]胡適的父親輩有程朱宋明理學的遺風。胡適說：「四叔家和我家的大門上都貼有『僧道無緣』的條子，也就是理學家庭的一個招牌。」他又說：「我家中女眷都是深信神佛的。我父親死後，四叔又上任做學官去了，家中的女眷就自由拜神佛了。」[24]胡適與蔣廷黻都是在長江流域一帶生長的，他們兩人教育背景相同（幼讀四書五經），境遇相似，這是偉大的傳統。蔣廷黻十一歲進教會學校念書，十六歲那年他在牯嶺拒絕受洗為基督徒，而胡適早年（十一歲）受了《資治通鑑》裡的范縝〈神滅論〉影響，是個無神論者，可是在孛可諾夏令營大會上，他又站起來，「願為耶穌信徒」，那是他十九歲半。何以有如此差別？我認為是胡適善變、懦弱性格使然。他在上海念過四個學校，都是有始無終，沒有拿到一張文憑。寫書只有上冊。一九四七年蔣介石邀請他參加政府任國府委員，他不太願意，但是並不堅拒，江冬秀叫他不要做官，蔣介石說這不是官，可以試試看。如果不是傅斯年叫他千萬不能試，也許胡適真的會「試試」看的。一九四九年蔣廷黻眼看國民黨快要垮臺了，在紐約出來籌組自由黨要胡適任黨魁，蔣對他說如果你不出來領導，這個黨不會成功的，他起初答應了。但是後來他又拖拖拉拉，他說他沒有這個能力出來組織或領導一個政黨。最後這兩個秀才，對於組黨事，也只說不做，自由黨胎死腹中。關於胡適信教問題，值得學者專家研究研究。

胡適晚年在《口述自傳》裡，對於他的宗教信仰還在閃爍其詞。他在孛可諾的日記甚是簡略。他說：「在我的日記裡，以及後來和朋友通信的函札上，我就說我幾乎做了基督徒。」可是我查閱了胡適一九一一年六月十八日那天日記裡，沒有「幾乎」的，而是肯定的。他說：「是夜 Mr. Mercer 演說其一身所歷，甚動人，余為墮淚。聽眾亦皆墮淚。」我相信胡適在Mercer演說時真的落淚了，因為這很可能使他想起他在上海與巡捕打架，關在巡捕房裡，最後考取庚子賠款留美考試，他自身有浪子回頭金不換的經歷，也是很動人的。是不是Mercer身上有他自己的影子，因此，他在會上成為起立的七人之一，亦自願為耶穌信徒了。也在同一日，他記：「自今日為始，余為耶穌信徒矣。」《胡適留學日記》裡記載有關他於孛可諾會議結束後，在孛可諾或在綺色佳，他參加耶穌教的講道等活動還是很多的。可是胡適說，「後來又在相同的情緒下，我又反悔了。」[25] 在什麼時候他脫離耶穌教，我們不知道，因為胡適從來沒有講過。胡適在晚年說，「直至今日我仍然是個未經感化的異端」，接著又說，「但是在我的日記裡我卻小心的記錄下這一段經驗，算是我青年時代一部分經驗的紀錄。」最後說：「今日回思，我對青年時代這段經驗，實在甚為珍惜。」[26] 蔣廷黻在幼年時也參加過類似胡適在孛可諾的夏令營。人家也給他壓力，勸他受洗成為一個基督徒，他拒絕了，那時他只有十六歲。可是蔣廷黻不信基督教，是因為他相信「中國道德精神價值高於西方」。再則，他說中國的傳統不可能使中國成為一個基督教國家。蔣廷黻晚年在他的回憶錄裡把他對宗教的看法也說得很清楚明白。胡適在孛可諾已經「站起來了」信耶穌，我的結論是：胡適在美國曾皈依基督教，不止一天或兩天，一個月或兩個月，或許一年、二年，到底多久只有胡適自己知道。我現在有一個問題，為什麼已經「站起來了」，後來又「賴」呢？我真希望胡適像蔣廷黻一樣，把他不信基督教的理由說出來。胡適生前開口必稱道美國，閉口即歌頌西洋文化，基督教文明是西洋文化中很重要的一部分，何以胡適卻輕易地棄之如敝屣，把基督教拋棄掉呢？我百思不得其解。

IV

又有一個問題為眾所周知，胡適初進康乃爾是學農科的，農科是農學院，屬於紐約州立大學系統。一年半後他放棄了農科，轉系到哲學系，哲學系屬於文理學院，是文科，在康乃爾大學裡是屬於私立的部分，是常春藤盟校之一員，學費甚昂貴。所以胡適轉系後叫苦，錢不夠用。我推測即使他每月要寄錢給母親家用，還是夠用的，因為庚款官費甚充裕。不管你念哪一系，進哪一個學校，錢是絕對夠用的。胡適凡事喜歡誇大（比如他說他來美國時帶來千卷書，這是不可能的，除非是一冊書裡包含有分幾十卷或幾百卷書），晚年在其《口述自傳》裡說，在康乃爾附設的農學院念了三個學期後「我做了重大犧牲」（at a great sacrifice），「決定轉入該校的文理學院改習文科」。胡適在英文原稿上把這「at a great sacrifice」四個英文字刪去。胡適所說的「重大犧牲」是指在經濟上的（錢），他才念了大一一年，大二半年，犧牲不大。為什麼他要刪削掉，也許他認為是稍嫌誇張了。可是唐德剛還是把它翻譯出來，不知何故。我不想在這些細微末節上去做文章來吹毛求疵。不過胡適晚年《口述自傳》不夠細密，有時交代不夠清晰是事實。比如他去美國為什麼要學農，即是一個例子。至於他後來為什麼要轉系改念哲學，寫得也不夠好。他初進康乃爾的日記已經散佚。[27] 關於這方面的材料，我們要在他的書信集裡及講演集裡去找才有，雖一鱗半爪，但可以彌補其《口述自傳》中的不足。

一九四九年中國局勢惡化，共產黨來了，直逼長江下游，南京政府奄奄一息。在上海解放前夕，胡適於四月六日從上海搭克里夫蘭總統號去美國，去做什麼，他沒有講，只說蔣介石突然叫胡適到美國去「看看」。看什麼呢？這一看就「看」了近十年，到一九五八年才回來出任中央研究院院長。其間於一九五二年冬天到臺灣做兩個月的訪問，他在臺灣曾做了一連串的演講。一九五二年十二月二十七日在臺東縣演講，因為他幼時三歲至四歲間隨父母在臺東住過一年，臺東縣長吳金玉介紹胡適時講了這一段歷史，並說「臺東是胡先生的第二故鄉」，在場聽眾無不熱烈歡呼。那天聽眾年輕人居多，講的題目是〈中學生的修養與擇業〉，是很合適的。胡適口才很好，他不照稿子念，所以他的演講都很精采，好像與觀眾促膝談話，令人忘倦，那天也不例外。是日他講的方面很廣，也很有深度，深入淺出，很受人歡迎。演講最後談到他個人到外國讀書的經過，為什麼他在康乃爾初讀農科，後來為什麼又要轉系？因為興趣不合。

這正是我們很想知道的，在《口述自傳》裡沒有講。他說民國前二年（一九一〇年）考取官費留美，家兄（二哥）特從東三省趕到上海為他送行，以家道中落，要他學鐵路工程或礦冶工程，他認為學了這些回來，比較容易找到工作，復興家業，重振門楣。千萬不要學些文學、哲學之類沒有飯吃的科系，也不要學做官的政治、法律，說學這些是沒有用的。胡適說：「好的，船就要開了。」[28]在船上他就想，也與許多人談過這個問題，開礦沒興趣，造鐵路也不感興趣，為了不辜負兄長的期望，準備選讀農科。當時康乃爾的農科是全美國最好的（現在還是如此）。且美國大學的農科是不收費的（現在收費，甚低廉），可以節省官費的一部分寄回給母親家用。胡適就這樣決定了進康乃爾讀農科。這是妥協的結果。

胡適於一九一〇年秋天進康乃爾報到入學，讀農科。開學後第三個星期，他收到農科實驗室部門的負責人一個通知，要他去報到實習。胡適在晚年回憶說，我去報到，教授便問我你有什麼農場經驗嗎？答說：「我不是種田的。」他又問：「你做什麼的？」答說：「我沒有做什麼，我要虛心來學。」教授答說：「好。」後來又問胡適，「洗過馬沒有？」答說：「沒有，我們中國人種田，是用牛不是用馬。」於是老師先教胡適洗馬。他洗一面，胡適洗另一面。洗完後乃又問胡適會套車嗎？答說：「不會。」隨即教胡適套車，老師套一邊，胡適套一邊，套好了跳上去，兜一圈，就結束了。做這些實習，胡適還覺得很有興趣。他說下一個星期的實習，為包穀選種，一共有一百多種，實習的結果，兩手起了泡，胡適說：「我仍能忍耐，繼續下去。」胡適人畢竟聰明，一個學期結束了，各門功課考試的成績，都在八十五分以上。

到了第二年成績仍舊維持這樣高分水準。依照學校的規定，各科成績在八十五分以上的，可以多選兩個學分的課程。於是胡適在第二學年（即第三個學期）開始註冊時，增選了一門課叫「果樹學」，或譯「種果學」（Pomology），通俗一點說法即是「種蘋果學」。這門課是專門研究果樹的培育方法，在當時是一門很新鮮的課程。上午講課，下午實習起初是剪樹、接種、澆水、捉蟲，胡適還覺得很有興趣。但在上「種果學」的第二個星期，有兩小時的蘋果分類實習，對胡適來說較為困難。在實驗室裡，每一個學生分得三十五到四十個不同種類的蘋果，測驗每一個蘋果莖的長短、果臍的大小、果上菱角和圓形的特徵，其他如果皮的顏色。切開蘋果後要嘗試果味酸甜、果質脆軟等等，然後去查對蘋果普通名稱和學名，找蘋果分類冊來區分其類別。那時美國蘋果有四百多種，現在更多，有六百多種。美國同學都是農家子弟，做這種實習工作，輕而易舉，優為之的。對於蘋果的普通名稱一看便知，只要在蘋果分類冊查對學名即可填表交卷，二、三十分鐘就把實驗做完了，然後挑選幾個蘋果塞在大衣口袋裡就回家了。可是我們三兩位中國同學就苦了，還在實驗室裡一個一個查對蘋果分類冊呢。胡適說：「花了兩個半小時，只分類了二十個蘋果，而且大部分是錯的。晚上我對這種實驗起了一種念頭：我花了兩小時半的時間，究竟是在幹什麼？中國連蘋果種子都沒有，我學它什麼用處？自己的性情不相近，幹嗎學這個？這兩個半鐘頭的蘋果實習使我改行，於是，決定離開農科。放棄一年半的時間（這時我已上了一年半的課）犧牲了兩年的學費。」[29]除了上述第一條學農科興趣不合外，他還說了兩個不成理由的理由：晚年在《胡適口述自傳》裡，還講到他轉系是因為辛亥革命，自中國革命推翻滿清後，中國在亞洲是第一個共和國，美國人對新興的老大中國發生了濃厚興趣，他常被邀請到處公開演講，對這些公開演講他有興趣，因此對中國的革命歷史背景，以及對重要革命黨人的生平做了一番深入研究，使他對政治史發生了興趣。第三個轉系的原因，當他大一在農學院讀書時，除必修英文外，必須讀德文、法文等第二外國語。此外他自修希臘文及拉丁文。因此這幾種外國語導致他對西洋文學很感興趣。[30]上述幾種轉系的理由，除了第一條學農科興趣不合外，其他兩種都很勉強。一言以蔽之，他對農科沒有興趣，要轉系就是了。胡適說他不懂蘋果，其實正因不懂所以才需要不遠千里而來學。

胡適現在想要轉系，乃慎重其事，寫信給他二哥，聽他意見。因大哥不管事，三哥早逝，二哥在家中地位很重要，他很能幹，是一個有見識的人；早年曾在上海梅溪書院及南洋公學讀書，頗有新思想。胡適在康乃爾念農科就是二哥的主意，現在胡適想轉系改念文科，禮貌上寫信給二哥要他決定。胡適寫給二哥的信我們沒有看到，我們現在看到的只是二哥的回信，開頭他說：「弟來函第一年學期已滿，甚以為慰。所囑代決一層，自愧學淺，無以副弟之望，只有任弟自行抉擇耳。」當初胡適進康乃爾，二哥叫他念農科，念了一年半，現在要棄農習文，叫二哥怎麼說呢？只好說「任弟自行抉擇耳」。雖然這樣說，他還是不贊成小弟胡適轉系的。他又說：「文學在西洋各國固為可貴而難能，然在中國則明珠暗投，無所見長。以實際言，似農學較為切用，且於將來生計，亦易為力。惟弟天性與文學為近，此則事難兩全。魚與熊掌之擇，固非隔膜者所能為妄斷也。」因胡適寫信給二哥說，美國耕田是用機器的，是故二哥在同一封回信說：「至弟所謂西洋農學利用機器，非千百畝不為功，因謂中國地多零畸，不甚合宜。此乃拘於家鄉山僻之情形，未見黃河以北及關外蒙古等處之沃野千里，一望無際，地曠人稀，正需機器乃始有濟也。」[31] 這封信寫得真好，胡適二哥諄諄告誡小弟不要放棄有用之學。但胡適的親友不是都像二哥一樣反對胡適轉系的。如他的好友梅光迪致函胡適，即大力鼓勵他轉系：「足下之材，本非老農，實稼軒、同甫之流也。望足下就其性之所近而為之，淹貫中西文章，將來在吾國文學上開一新局面（一國文學之進化，漸恃以他國文學之長，補己之不足），則一代作者非足下而誰？治哲學者，尤當治文學。」[32] 胡適在康乃爾轉系後，主修哲學，副修英國文學及經濟理論。經濟學及經濟理論自約翰．彌爾首創以來，甚重要，為近代社會科學的骨幹。與胡適同時代的蔣廷黻在奧柏林，及稍後的葉公超在阿默斯特（Amherst），他們對經濟學這門課均非常重視，念得非常好，都拿A。特別是蔣廷黻除歷史、外交外，畢生對財務、經濟學也有濃厚的興趣，在南開他還開過歐洲經濟史這門課。蔣廷黻從政後，蔣介石身邊的人幾次要他出任財政部長。可是胡適在康乃爾主修哲學外，他的副修經濟理論念得不夠好。教他的是亞爾文．詹森（Alvin

Johnson)，他是經濟理論的名教授，是這一行的權威。可是胡適在他經濟理論班上學了二年，「竟一無所獲」。[33] 胡適起初認為可能是教授方法有問題——教得不夠好。但是胡適自嘲，他班上同學後來出了一位傑出的經濟理論家納特（Frank H. Knight），為當時頗負盛名的經濟學家，所以問題不在教授，而在於他自己的頭腦有問題。因此當他於一九一五年從康乃爾轉學到哥倫比亞時，雖仍以哲學為主修，副修則是漢學及政治理論（不再以經濟理論為副修）。[34]

胡適在康乃爾以他自己興趣轉系後，二哥也在上述同一封信上說：「弟近從事於文哲二學，立志未嘗不是，惟恐寂寞無所見用於世耳！」[35] 但沒有想到胡適在康乃爾改念文科，而後轉學哥大。在哥大讀書的時候，因為他曾向《新青年》投稿，因而「結識」了《新青年》編輯鄉賢前輩陳獨秀。後來蔡元培做北大校長，陳獨秀是文科學長（相當於今日的文學院院長），一九一七年胡適在哥大考完博士考試後，即以博士銜回國，應聘到北大教書。在北京城牆內外，轟轟烈烈地幹了一番事業。他尚在哥大讀書的時候，即與陳獨秀醞釀提倡白話文，回國後發動了石破天驚的文學革命，鼓動新文化運動，在他們兩人影響之下，驚天動地的「五四」運動爆發了，把一個古老的中國換成另一個面目。從此胡適名滿天下，大有天下無人不識君之概。從一九一九年到一九四九年這一階段，在中國人文世界（包括文壇、學術界或思想界），我們可以大膽地說，這三十年是胡適的時代。可是一九四九年共產黨來了，忽值山河改，在大陸上他的思想被繳械（清算），如果胡適沒有思想，他就什麼都沒有了，他就一無所有。他本人流亡在美國，洋人沒有把他當胡適看待。他沒有固定的工作，用餐館打工的術語來說，他做的是散工，剩下來的時間去「玩玩」《水經注》，偶或代替江冬秀打幾圈麻將。一九五八年他回臺灣出任中央研究院院長，有一次我問唐德剛，胡適為什麼一九五八年要去臺灣？他說他在這裡（美國）沒有飯吃了，不知是真是假。我有一次問他，胡適家裡有沒有傭人？唐德剛大笑，胡適哪還能請得起傭人。胡適從一九四九年至一九五八年客居紐約，這十年流亡過的是寓公生活，是他一生過得最頹廢、也是最慘澹日子。當年在康乃爾他要放棄農科轉哲學系，曾問過二哥的意見，二哥對他說，你轉哲學系將來「惟恐寂寞無所見用於世耳！」到了晚年流亡在紐約，沒有想到被他二哥不意言中了。他晚年常說：留得青山在，不怕沒柴燒，青山是國家，國家沒有了，則什麼都沒有了。語氣甚是淒涼，這是他自己親身的體驗。

我們再回頭來講他於一九五二年在臺東對中學生演講時說他轉系的經驗。他說：在哥大「沒有回國時，以前與朋友們討論文學問題，引起了中國的文學革命運動，提倡白話，拿白話作文，做教育的工具，這與農場經驗沒有關係，蘋果學沒有關係，是我那時的興趣所在。我的玩意兒對國家貢獻最大的便是文學的『玩意兒』，我所沒有學過的東西。最近研究《水經注》（地理學的東西）。我已經六十二歲了，還不知道我究竟學什麼？都是東摸摸、西摸摸，也許我以後還要學水利工程亦未可知，雖則我現在頭髮都白了，還是無所專長，一無所成。可是我一生很快樂。」[36]這「一生很快樂」五個字，很酸。我認為他的好朋友趙元任也許有資格講這樣的話。趙學什麼都行。趙元任在康乃爾主修數學及物理，他與同班同學胡明復二人的成績不僅是全班最好的，也是全校最好的。趙在康乃爾畢業後，轉學哈佛，一九一八年獲得哲學博士（物理），乾淨俐落，一點問題也沒有。隨即應聘回母校康乃爾教物理，而後回國在清華教中國語文，又回美國在哈佛教哲學、語言學。可是他自己興趣是研究語言與音樂，最後在柏克萊加州大學教語言學與中國文法，一直到他退休為止。他一生沒有做過胡適那樣登高一呼、呼風喚雨的「大事業」。他在學術上的貢獻，不是在他大學裡所學的物理與數學或哲學，而是在他自身很有興趣的中國音韻學、漢語方言及中國文法。一九六八年他出版了一本英文著作，書名為*A Grammar of Spoken Chinese*（《中國話的文法》），被譽為二十世紀語言學範疇內最重要著作。他的成就與貢獻以及名望沒有胡適大，但是一生很快樂。即如洋人一般常說的一生很平穩（smooth），有一個「good life」。如果照中國人的說法，凡事一帆風順。胡適就不可以這樣說。在士林像趙元任學非所用的例子是很多、很多的，我不能盡舉，在這裡我想另舉一、二個類似趙元任學非所用的例子，第一個是詩人。因為我看了唐德剛在《胡適口述自傳》的注解裡引用了會計師及詩人做例子。他說：「有高度詩人氣質的天才，未始就不能做個有訓練的會計師。做個會計師，一天八小時之後，行有餘力，仍可大做其詩，為什麼一定要做『詩人』才能做詩呢？」[37]因此令我想起一九四九年後在臺灣詩壇（新詩）上出現了一位新詩人鄭愁予（本名鄭文韜），他就是這樣的。照唐德剛的說法，他就是詩人會計師，或者說是會計師詩人。他平時喜歡與朋友喝喝酒，量大而善飲，酒喝夠了，乃寫詩，就像李白一樣斗酒詩百篇，他是當時臺灣詩壇上婉約派大將，即使臺灣最簡略的文學史，也應該少不了他的名字。唐德剛不是說過會計師也可以寫詩嗎？鄭文韜在大學裡主修的就是會計統計系，不是學文學的或哲學的。他喜歡新詩，沒有轉系，可是他寫的詩，有些文學系出身自認是大詩人的詩人，不見得寫的比他好。比如鄭愁予寫過一首詩，題為〈霸上印象〉就寫得非常好。當時（一九六〇年代）就有人在《新文藝》雜誌上將〈霸上印象〉這首詩與杜工部的〈望岱〉詩相提並論。我同意。所以，我認為這位詩評家何等氣魄。[38] 另一個例子是二十世紀的一位美國猶太小說家諾曼．梅勒（Norman Mailer），一九二三年生於美國東部紐澤西州，但在紐約市布魯克林區（Brooklyn）長大。他人很聰明，喜歡文學、電影。中學成績非常好，父母要他學工程。梅勒於一九三九年十六歲那年，進哈佛大學主修航空工程。一九四三年在哈佛以優異成績畢業。翌年應召入伍，服役於南太平洋當偵察步槍兵（reconnaissance rifleman），日本投降後調駐日本占領軍軍營做廚師。一九四五年退伍。退伍後即開始把他在軍中自身的經驗寫成一本小說，此即《裸者與死者》（*The Naked and the Dead*），一九四八年殺青，書出後大家一致叫好，洛陽紙貴，立即成為《紐約時報》暢銷書欄長達六十二週。第一年即銷售一百萬本，暢銷不墜。一舉成名，名滿天下。版稅源源而來，因而成了百萬富翁。他很喜歡好萊塢性感明星瑪麗蓮．夢露（Marilyn Monroe），想娶她為妻，但夢露嫌他不夠高大。除此而外，這個人是多采多姿，他競選過紐約市市長、做過新聞記者、寫過劇本、拍過電影、做過導演、參加拳擊賽（boxing），他做的行業很多，就是沒有做過一天工程師。我舉了上面三個例子，旨在說明胡適的經驗不是最好的，對一般中學生來說，冒險性太大。

最後胡適在臺東演講的結尾說：「希望青年朋友們，接受我經驗得來的這個教訓，不要問爸爸要你學什麼，媽媽要你學什麼，愛人要你學什麼。要問自己性情所近，能力所能做的去學。這個標準很重要，社會需要的標準是次要的。」[39] 我認為那天胡適在臺東給中學生演講，一般來說都講得很不錯，但最後講到中學生選擇科系的一部分（即上引部分）欠佳。他說：「我的玩意兒對國家貢獻最大的便是文學的『玩意兒』，我所沒有學過的東西。」然後說他東摸摸、西摸摸，一事無成，以後說不定要去學水利工程。在這裡我無斗膽與胡適抬槓，只是想把我個人的意見說出來。他提倡白話文運動，是他一生不朽事業。至於他有沒有學過文學，真的沒有學過嗎？我暫且不去講它。我認為胡適以他的身分與地位，就不應該對這批天真爛漫的中學生講這種話，這些話前後矛盾，不切實際，語近「油腔滑調，浮而不實」。胡適講話一言九鼎，有影響力，講這種話會誤人子弟的。民國初年胡適與陳獨秀發動的文學革命白話文運動，可媲美唐代韓文公文起八代之衰的古文運動，是永遠值得驕傲的一件事。怎麼說「一事無成」呢？他也提到晚年研究《水經注》，如果不是浪費時間，就是本末倒置，不禁要問，為什麼不先去完成幾本下卷書呢？為什麼要去學水利工程呢？如果胡適真的要去學水利工程，余心猶戚戚焉！因為他在康乃爾經濟理論就沒有學好。正如梅勒想拍電影、做導演就沒有成功。試想如果胡適當年沒有《新青年》、陳獨秀、蔡元培，他不可能有個平臺來呼風喚雨。以他這樣的教育背景，最後放棄有用之學而習文史哲學之類，回國想有所作為，而能有如此成就，就是像買獎券一樣，要中獎的機會是很小很小的。而胡適中獎了。這也就是唐德剛所說的：「一個人的成就，單靠『主觀條件』是不夠的。那些『偶然性』很大的『客觀條件』也要決定一個領袖人物事業成敗的一大半。」[40]

唐德剛對胡適一九五二年在臺東對中學生的演講，要他們學他的經驗，即是「胡適的經驗」，在《胡適口述自傳》有一個很詳細的注解，深表不以為然。他說：「我認為他（胡適）這段話『個人主義色彩太重』，『浪漫主義色彩太重』對社會國家的需要和貢獻『不實際』！因為胡適之所說的只是『胡適』的經驗。『胡適的經驗』不適合——也不可能適合一般『中學生』。」唐德剛又說，胡適是個大學者、大使、大文豪，「總之是個大『有成就』的人。可是這個世界裡萬分之九千九百九十九，都可說是『沒有成就』的普通人，因而這個美好的世界原是我輩『沒有成就』的人的世界；『有成就的人』是極少極少的『少數民族』。所以我們的教育——尤其是中學教育，是應該教育一個人怎樣做個『沒有成就』的普通人，一個平民，一個光頭老百姓。」[41]盛哉斯言！胡適不應該輕易叫這批天真爛漫可愛的中學生去學他的經驗，去冒險。愚意他應該要鼓勵他們去學趙元任或鄭愁予或梅勒的模式或經驗才對，不要輕易放棄有用之學。比如他在一九三〇年代鼓勵大學生在他們畢業後，在工作之外培養一種業餘嗜好，這一點我很贊成。一九三四年胡適在天津《大公報》上發表了一篇文章〈贈與今年的大學畢業生〉，他說了四個方子，這裡我說的是第二個方子。他叫大學生「總得多發展一點業餘的興趣」，他說：「畢業生尋得的職業未必適合他所學的；或者是他所學的，而未必真是他所心喜的。最好的救濟是多發展他的職業以外的正當的興趣和活動。一個人的前程往往全看他怎樣用他的閒暇時間。他在業餘時間做的事也往往比他的職業還更重要。英國哲人彌兒（J. S. Mill）的職業是東印度公司的祕書，但他的業餘工作使他在哲學上，經濟學上，政治思想上都有很重要的貢獻。」[42]（一併補充：嚴復留英學的是海軍，但是他對國家的貢獻是翻譯。嚴復的例子應該放在趙元任、鄭愁予及梅勒的例子裡。還有美國聖路易出生的二十世紀大詩人艾略特在哈佛讀書時主修哲學，可是一九四八年是以詩及文學批評的貢獻而獲得諾貝爾獎。）

還有一個問題。胡適本人能言善道，可是他說一個人的口才是可以訓練出來的，我不以為然。胡適天性喜歡熱鬧、好交遊，像晏平仲善與人交，所以他人緣好，朋友多。辛亥革命以後，他常被邀請到綺色佳四周各地區演講，講中國問題。西至俄亥俄州哥倫布城，東至波士頓。在他大學四年級時，用筆名寫了一篇「A Defense of Browning's Optimism」（論英詩人卜朗吟之樂觀主義）論文應徵，而得了首獎。後來波士頓的卜朗吟學會（The Browning Society）知道了，邀請他去講演，因此他講演地區延伸到波士頓。是故他晚年在口述歷史裡說，他在康乃爾時代，講演地區相當遼闊。胡適說在他到處做公開演講之前，他沒有受過訓練。所以一九一二年夏天在康乃爾暑期班選修了一門訓練演講技術的課程，講這門課的教授是艾沃里特（G. A. Everett）。胡適說他是一位好老師：「當我第一次被叫上講臺做練習講演之時，我真是混身發抖。」在上這門課之前，他已經有過講演的經驗，且不知有多少次了。「此事說也奇怪，」他說：「那天雖然是盛暑，天氣極熱，但是我仍然混身發冷、發顫；我必須扶著講檯，始能想出我預備的講稿。艾教授看我扶著檯子才能講話，第二次他再叫我時，他便把檯子搬走了，當然我也就無所依據。因為我要忙著想我的講詞，我也就忘記我的腿了，它也就不再發抖。」最後他說：「這樣便開始了我後來有訓練的講演生涯。」[43] 胡適在艾教授班上緊張是可能的，但緊張得要發抖，筆者深以為奇，這不是考他博士學位的口試，為什麼他那麼緊張。在課堂上的練習，一般常人不會這樣的，何況胡適有過很多次公開講演的經驗。或許說得稍嫌誇張。復次，胡適在上述口述歷史裡以及他在其他文章裡一再說過，一個人的口才或演講是可以訓練出來的。我不敢苟同，這就是我為什麼要特地撰寫這一節的緣由。

就拿胡適本人來說，胡適是很會講話的，他口才好。民國初年胡適興起文學革命，鼓舞一代思潮，發起一連串新思想運動，在中國思想界有其不可磨滅的貢獻。他的成功，就憑他一支筆及一口動人的演說。但是很多中外著名學者不會講話，見了人木訥不能言，比如胡適在哥倫比亞大學的業師杜威即是一個很好的例子。杜威有學問，就是講不出來。我以前曾讀過一本杜威傳記，作者馬丁（Jay Martin）就說杜威不善辭令。[44] 杜威兩位得意門生胡適及史耐德（Herbert Schneider, 1892-1984）的回憶，也是說杜威不長於口才，講課很是沉悶。還有在哥大與杜威同時代政治系的名教授鄧寧（William A. Dunning）也是不大會講話。中國學者如王國維、吳宓、顧頡剛等人，也像杜威一樣，他們也是有一肚皮學問講不出來。王國維的學問，用不著筆者在此贅述，我們單看他寫的〈紅樓夢評論〉和《人間詞話》，以及讀他寫的詩詞，人家還認為他是一個風流才子。可是見了他本人，其貌不揚，終年戴一頂瓜皮小帽，留一個小辮子，很難看。他見了陌生人，說不出話來，木訥得很。吳宓學貫中西，喜歡寫中國律詩，也很喜歡教人家做舊詩，他教過清華同事蕭公權教授怎樣做律詩。對西洋文學，他愛好英詩。此外他是一個紅樓夢專家，對紅樓夢版本、人物曉得很多，道來如數家珍，在西南聯大時，學生請他演講紅樓，可是他講不出來。顧頡剛也是很有學問的人，他能寫史，但不會講史。哈佛大學費正清文筆很好，清新可讀，可是講課並不出色。

真正能言善道，口才又好，寫起文章來倚馬可待，這種人還是有的，如近世美國哲學家威廉．詹姆斯（William James）。他是美國十九世紀末葉才興起的「實驗主義」（Pragmatism）三位大師之一（其他二位：一是皮爾士〔C. S, Peirce, 1839-1914〕，另一是杜威）。詹姆斯不但文筆好，也能講，就是體弱多病。他的名著《實驗主義》（Pragmatism）一書，即是一九〇七年一月二十九日至二月八日在哥倫比亞大學講學（lecture）的八篇講稿結集成書。他在序言中說：「這八篇講稿不加補充，不加附注，即照原稿付印。」他說這句話是很自負的，也很有氣派，幾乎到了文不加點的地步了。在中國享有大才子之稱的錢鍾書，駸駸乎也有詹姆士這樣的氣派。不過錢鍾書另有一種風格。他為人俏皮而又長於諷刺，他的長篇小說《圍城》即是一部諷刺小說，自一九四七年出版後風靡一時，迄今仍暢銷不墜。他的散文集《寫在人生邊上》可視作單口相聲（monologue）的範本。錢鍾書跟詹姆斯一樣，學問與口才都好。他於一九七九年隨中國社會科學院訪問團來美國訪問一個月，在美國東西兩岸六所名大學（哥大、耶魯、哈佛、芝加哥、柏克萊加大及史丹佛）座談會上，手無片紙，縱談古今中外文學，舌戰群儒，妙趣橫生。像一個大力士打擂臺一樣，刀槍不入，沒有一個人能說得過他。錢鍾書的業師葉公超又是另一類的讀書人了。葉不但口才好也能寫，如一九三六年魯迅去世後，他寫過一篇〈關於非戰時的魯迅〉，客觀公正，是一篇佳作。他也寫過幾篇評論文章如〈寫實小說的命運〉、〈牛津字典的貢獻〉及〈論新詩〉，也都很不錯。葉公超文筆犀利，很有見地，可以看出他早有慧根，可惜他是一個述而不著的讀書人。沈剛伯也屬於這一類。沈剛伯是很會講話的，也能寫，但就是像胡適所說：「只是太懶，不肯寫文章。」[45]錢鍾書在西南聯大時，也說過葉公超懶，不寫文章。不過葉公超有點才氣。不但口才好——胡適說葉公超的口才，即使在外國一般大政治家中也不見得說得過他，[46]也擅書畫。此外，他是一個有急智、有捷才的人。他在臺灣做外交部長近十年，辦中美外交，常常受氣，有一次他氣不過，拋開外交禮儀，直接對美國駐華（臺）大使藍欽（Karl Rankin）說，請閣下鄭重轉告貴國有關部門，嗣後在中美關係上，應視我們為平等夥伴，不要把我們當作 poor cousin（窮親戚），甚至把我們當叫花子來看待。一九五二年與日本談判《中日和約》時，日人出爾反爾，計多善變，反反覆覆，葉公超發脾氣了，乃以李相國在馬關締約時說的話「中國雖敗了，但說一是一，講信修睦，仍視日本為鄰邦朋友，不似日方如此拖泥帶水，故意為難」來教訓日本全權代表河田烈。河田無話可說，只說：「承貴代表教訓，且感且愧。」有一年葉公超應邀赴光復大陸設計委員會報告，會中有人問他聯合國每年討論我代表權案，「有無一勞永逸」

的辦法，這個問題雖然問得不很高明，但也不好答，即使多花一點時間，也不一定說得清楚，可是葉公超答得很巧妙，他說有，當然有，乃一本正經地說：「那便是等到貴會將光復大陸設計，早日付諸實行，到時此一問題，自然可以迎刃而解。」葉公超三言兩語把這個問題答覆了。這一答，委員諸公，你們還有問題嗎？這種機智，率由稟賦。胡適說，一個人的演講或講話是可以訓練出來的，但由上述這些例子來看，我看還是靠天賦。我不是與胡大師抬槓，我只是想說出我個人的意見，我認為一個人的口才不是訓練出來的。質言之，一個人的口才是天生的。

1 詹森（Hiram Johnson）曾任加州州長，一九一七年當選為聯邦參議員，他是共和黨裡的孤立主義大將。里德（David A. Reed）是賓州選出的共和黨籍參議員，他與詹森聯合提出這個法案。

2 約翰．穆德（1865 -1955）極有口才，是當時極負盛名的布道家，他是基督教青年會（Young Men's Christian Association, YMCA）也是世界基督教學生聯盟（World Student Christian Federation）領袖人物。

3 唐德剛譯注，《胡適口述自傳》（臺北：傳記文學，一九八一），頁二八。

4 唐德剛譯注，《胡適口述自傳》，頁四〇至四一。

5 唐德剛譯注，《胡適口述自傳》，頁二八。

6 唐德剛，《胡適雜憶》（臺北：傳記文學，一九八一），頁一六四。

7 唐德剛譯注，《胡適口述自傳》，頁二八。
8 唐德剛譯注，《胡適口述自傳》，頁二八至二九。
9 康福（William Comfort, 1874-1955）一八九四年畢業於哈弗福德學院，一九〇二年獲哈佛博士學位，即在康乃爾教法文，教到一九一七年離開康乃爾，應聘為哈弗福德學院校長。他做哈弗福德校長，一直做到一九四〇年退休為止。胡適出任駐美大使時，胡思杜就在哈弗福德讀書（一九四一至一九四二）。胡適與康福有著終生不渝的友誼。
10 唐德剛譯注，《胡適口述自傳》，頁二九。
11 《胡適留學日記（一）》（上海：商務，一九四八），一九一一年六月十八日，頁四四。
12 《胡適留學日記（一）》，一九一一年六月十八日附記，頁四五至四六。
13 《胡適留學日記（一）》，一九一一年六月八日，頁四〇。
14 《胡適留學日記（一）》，一九一一年六月十八日附記，頁四七至四九。
15 《胡適留學日記（一）》，一九一一年六月十八日（八年十月追記），頁四九至五〇。
16 林格爾夫人是美國中西部人，一八六八年三月四日生於俄亥俄州辛辛那堤市（Cincinnati），一八八九年與她丈夫威廉・林格爾（William H. Lingle）新婚不久雙雙赴中國傳教。他們先到山東，後來到廣東，最後於一九〇〇年到湘潭，以後就一直在湘潭。他們初到湘潭走在街上，常有人向他們擲垃圾，表示不歡迎。他們先後在中國四十三年。一九三三年林格爾夫人退休後回美國，定居南加州洛杉磯附近帕薩迪納（Pasadena）。他們育有二女：一名Margaret，一叫Dorothea。林格爾夫人卒於一九五三年九月十二日，享年八十五歲。那時蔣廷黻擔任蔣介石的國民政府駐聯合國的常任代表，在林格爾夫人逝世前幾個星期，他們還互相通信，國際大事或家庭瑣事無所不談，蔣廷黻再忙，他都很快回信，每次寫信稱呼她為「Mother Lingle」。林格爾夫人不是修女，蔣廷黻筆下的Mother Lingle是母親的意思。蔣廷黻六歲喪母，他與林格爾夫人親若母子。
17 蔣廷黻，《蔣廷黻回憶錄》（臺北：傳記文學，一九七九），頁四二。
18 唐德剛，《胡適雜憶》，頁四八。

19 蔣廷黻，《蔣廷黻回憶錄》，頁四三至四四。

20 John K. Fairbank, *Chinabound: A Fifty Year Memoir* (New York: Harper & Row, 1982), p. 86.

21 蔣廷黻，《蔣廷黻回憶錄》，頁六三。

22 蔣廷黻，〈熱河失守以後〉，《獨立評論》第四十三號，一九三三年三月二十六日。

23 蔣廷黻，《蔣廷黻回憶錄》，頁四。

24 胡適，《四十自述》（臺北：遠東，一九六六），頁三九。

25 唐德剛譯注，《胡適口述自傳》，頁三〇。

26 唐德剛譯注，《胡適口述自傳》，頁三〇。

27 胡適在康乃爾及哥倫比亞讀書時均有日記留下來，刊印時書名為《藏暉室劄記》（亞東版），後來於一九四七年改由商務出版，書名也改了，題為《胡適留學日記》（其實稱劄記較合適）。《留學日記》有一個很大的缺點，即過於簡略，比起吳宓或蔣廷黻的日記差之遠甚。另一令人遺憾的部分則是殘缺不全。如自一九一〇年八月至一九一一年一月即完全散佚了，散佚的部分正是他在康乃爾初讀農科的一年。一九一一年十月至一九一二年八月這中間也只有短時期的日記。一九一二年三個月的日記雖較一九一一年殘存的日記詳盡些，而真正記得較勤而稍微詳盡的是一九一三年十月至一九一七年七月。

28 詳見胡適〈中學生的修養與擇業〉，《胡適講演集》下冊，頁六六七；胡適，〈大學生的生活〉，收入《胡適講演集》下冊，頁六八八。胡適二哥說的話很對，不僅一百多年前如此，四、五十年後胡適在臺灣對學生演講的時候也是如此，今天社會風氣還是如此。中學畢業成績最好的學生，都是報考理工等實用的科系或者是醫科。

29 胡適，〈中學生的修養與擇業〉，《胡適講演集》下冊（臺北：中央研究院胡適紀念館，一九七〇），頁六六九。

30 唐德剛譯注，《胡適口述自傳》，頁三七至三九。

31 見杜春和輯，《胡適家書選》，原載《安徽史學》，一九八九年第一期。轉引自李又寧編，《胡適與他的家族和家鄉》第一集（紐約：天外，一九九九），頁五〇。

32 耿雲志編，《胡適遺稿及祕藏書信》第三十三冊（合肥：黃山書社，一九九四），頁三三四至三三五。
33 唐德剛譯注，《胡適口述自傳》，頁八八。
34 唐德剛譯注，《胡適口述自傳》，頁八八。
35 見杜春和輯，《胡適家書選》，轉引自李又寧編，《胡適與他的家族和家鄉》第一集，頁五〇。
36 胡適，〈中學生的修養與擇業〉，《胡適講演集》下冊，頁六七〇。
37 唐德剛譯注，《胡適口述自傳》，頁四九至五〇。
38 杜甫的望岱詩即是〈望嶽〉詩，這首詩起首是「岱宗夫如何？齊魯青未了」。岱宗是泰山的別名。此詩是杜工部遊泰山後寫的。全詩如下：

岱宗夫如何？齊魯青未了。
造化鍾神秀，陰陽割昏曉。
盪胸生層雲，決眥入歸鳥。
會當淩絕頂，一覽眾山小。

鄭愁予的〈霸上印象——大霸尖山輯之三〉（一九六三年）如下：

不能再東　怕足尖蹴如初陽軟軟的腹
我們魚貫在一線前天廊下
不能再西　西側是極樂
隕石打在粗布的肩上
水聲傳自星子的舊鄉

而峰巒　蕾一樣地禁錮著花
在我們的跣足下
不能再前　前方是天涯
巨松如燕草
環生滿池的白雲
縱可憑一釣而長住
我們　總難忘襤褸的來路

茫茫復茫茫　不期再回首
頃渡彼世界　已遐回首處

39 胡適，〈中學生的修養與擇業〉，《胡適講演集》下冊，頁六七〇。
40 唐德剛，《胡適雜憶》，頁五八至五九。
41 唐德剛譯注，《胡適口述自傳》，頁四九。
42 胡適，〈贈與今年的大學畢業生〉，刊於天津《大公報》（一九三四年六月二十四日）。收入《胡適選集（雜文）》（臺北：文星，一九六六），頁七七至七八。
43 唐德剛譯注，《胡適口述自傳》，頁五一。
44 參看Jay Martin, *The Education of John Dewey: A Biography* (New York: Columbia University Press, 2002)。
45 我在大學讀書時，上過沈先生教的「希臘史」、「羅馬史」及「英國史」，他都講得很好。我上課不記筆記，也不發問題，下課後也沒有與他講過話。像我這塊破銅爛鐵的料子，恐怕不配做他學生，所以我不太敢稱他為「沈老師」。沈師母曾祥和女士也教過我，我們大二時的「歐洲近世史」即是她教的，教得很好。沈師母本在臺北國立師範大學任教，到臺大來算是兼課。沈師母一口京片子，口才也很好，我們很喜歡上她的課。

她來教課時坐三輪車來，時常帶一個小妹妹沈念祖一起來（那時大概十歲左右）。有一次我與唐德剛先生聊天，他問起我在臺大上過哪些人的課，我就講起沈師母來。唐先生乃笑著說：「祥和是我在重慶中央大學歷史系同班同學。」他又說祥和與她女兒（即沈念祖）現居普林斯頓。我們還說有機會一起去看沈師母，但未成行，因為唐先生病了。

46 胡頌平編著，《胡適之先生晚年談話錄》（臺北：聯經，一九八四），頁二四七。

【第九章】

胡適與馬建忠：〈詩三百篇言字解〉（一九一一）、〈爾汝篇〉與〈吾我篇〉（一九一六）

讀《馬氏文通》，大歎馬眉叔用功之勤，真不可及，近世學子無復如此人才矣。若賤子則有志焉而未之逮也。——胡適

這一章我們所要討論的是胡適與馬建忠，主要是有關馬建忠對於胡適的影響。像所有的名人一樣，胡適在青少年啟蒙時期，受到很多人的影響。眾所周知，他少年時深受宋明理學的影響（在上海、美國讀書時，思想方面深受赫胥黎及達爾文等人的影響），近人則受嚴復及梁啟超等人的影響。但少為人知的是，早年胡適也受馬建忠《馬氏文通》的影響，且甚是深遠，影響了胡適一生的治學方法與態度。

馬建忠是中國早年留歐學生，在中國近代史上是一個很了不起的人物，因為他死得早，名氣就不如嚴復及黃遵憲等人，因此關於馬建忠的生平，應有簡略介紹的必要。馬建忠本名馬乾，字眉叔，江蘇丹徒人，一八四四年生於一個天主教家庭。因自幼即接觸西方文化，他能精通幾種歐洲語文——法文、英文、拉丁文及希臘文，他自稱運用外國語言能力「與漢文無異」，而以法文最好。[1]抗戰時期百歲人瑞馬相伯是馬建忠的二哥。馬相伯本名馬良，亦名建常，生於一八四〇年，長馬建忠四歲。中國人傳統兄弟名字用伯、仲、叔、季來排名，馬建忠字眉叔。馬建忠排行第三，沒有錯，但人家常誤認為馬相伯是他長兄，這是錯誤的。他的長兄名馬建勳，曾在曾國藩弟弟曾國荃麾下任職，也做過道臺。馬建忠於一八七六年以郎中資格由李鴻章派往法國巴黎大學留學，讀書成績甚佳，結業後參加文科及理科的學位考試，復又參加律師、政治及外交各科的考試，均以優等成績通過。當他在巴黎大學讀書時，曾任中國首任駐英、法公使郭嵩燾的翻譯。一八七九年自法國歸來，一度在總理衙門（外交部的前身）做事，後入李鴻章幕府。光緒年間馬建忠在外交壇坫上是一個很活躍的人物，亦為李鴻章幕府中數一數二的幹練人才。馬建忠做事精明，凡事手敏眼快，實一不可多得的外交長才。李幕府人才濟濟，而馬建忠能脫穎而出，成為李鴻章遇事時少數幾位最得力的助手，豈偶然哉！下列幾件大事可看出李相國對馬建忠倚重之殷：一八九一年馬建忠辭去招商局督辦，隱居上海埋首著作，但當國家有事，他首先即被徵召。如甲午之役，清廷戰敗，李鴻章應命忍辱東渡議和，簽訂《馬關條約》，馬建忠在李鴻章左右曾參預密笏，時為光緒二十一年（一八九五）。翌年，俄皇尼古拉二世加冕，李鴻章應邀前往俄京參加加冕大典，隨後遊歷歐美，馬建忠亦隨行。

庚子拳亂時李鴻章任兩廣總督，八國聯軍蹂躪京畿，那拉氏出走西安，清廷驚惶失措，乃電召李鴻章北上收拾爛攤子，李鴻章滯留上海與列強斡旋，李一到上海即找馬建忠。據馬建忠的二哥馬相伯晚年回憶：「兩廣李伯相特來上海主持一切，遂囑吾弟建忠至行轅襄理，公曆八月中旬，俄廷突來長電七千餘字，竟謂不承諾即封鎖吳淞，連夜譯成，僨甚，以致熱症大作，十四晨即去世。」[2] 馬建忠為國宵旰勤勞，亦間接喪身於庚子之役，建忠英年早逝，國家痛失良才。他是留學生中佼佼者，不止是辦理外交的長才，也有幾部很有分量的著作問世。他一生主張維新、富國強兵，有關現代化思想的言論，收集在《適可齋紀言紀行》內。他於一八八一年赴印度與英人交涉鴉片煙進口，自印度回來後在中國東北及朝鮮負責辦理對外交涉。（袁世凱在朝鮮任事前，馬建忠在朝鮮是獨當一面，曾代表朝鮮對歐美國家簽訂商約——有人說馬只是李鴻章的英文祕書，這是錯誤的。）馬建忠辦理外交事務的日記及文牘，同樣收集在《適可齋紀言紀行》。他也是關於中文文法的一部權威著作《馬氏文通》作者。《馬氏文通》是馬建忠的傳世之作（magnum opus）。[3]

在這裡我特地要花一點時間，討論胡適在其《口述自傳》裡所說的下面幾句話：「我想我在赴美留學之前，我一定已經受了一本研究〔漢文〕文法的權威著作的影響，那便是馬建忠所著的《馬氏文通》。」(I think I must have been greatly influenced by a masterpiece, a wonderful work on Chinese grammar which had been published some years before my coming to the United States, namely, Ma Chien-chung's great work, Ma Shi wen-t'ung.)[4] 我為什麼把這一段英文原文打出來，是因為中文本裡這一句有「權威著作」四個字（原文是 masterpiece, a wonderful work），但我主要想討論的是下面這句話：「《馬氏文通》這本權威著作便是他（指馬建忠）和他弟弟馬良（相伯）合著的。」(He and his younger brother, Ma Liang (Ma Hsiang-po), cooperated in working out that pioneer work, a classic itself, the Ma shih wen-t'ung.)[5] 我看的那本「原稿」是複寫紙打字的副本，文字有更改的地方很多，但不影響原意，修改的筆跡不是胡適的也不是唐德剛的。胡適自傳稿原文「one of the pioneer work」，把 one of the 劃掉，改為「that」（pioneer work 沒有動），這一改，意思有一點點不同，但比原來的好，意思是正確的。誰改的，不詳。我看的是過錄本。「pioneer work」（先驅之作）唐先生翻譯為「權威之作」也可以過得去，如果要吹毛求疵（nitpicking）照嚴幾道翻譯須「信、達、雅」三字準則來說，則唐先生的翻譯有待商榷。這無關緊要，重要的是這一句裡有兩個錯誤：第一，馬相伯是馬建忠的二哥，不是他的弟弟（馬建忠在其《東行三錄》中稱馬相伯為「仲兄相伯」）。第二個問題較為嚴重，因為我不太相信馬建忠的《馬氏文通》是與人合撰的，如果馬相伯有此說，這是他不老實。為了這一句話，我特地到哥倫比亞大學珍藏室查對《胡適口述自傳》英文原稿，結果英文原稿即是如此。我認為這可能是胡適的錯誤。錯誤的根源在於胡適誤信馬相伯的弟子方豪。方豪寫的〈馬相伯先生事略〉中說，馬相伯弟建忠著《馬氏文通》及《適可齋紀言紀行》，光緒二十四年（一八九八）「先生（指馬相伯）與弟積二十年而成之《馬氏文通》前六卷出版行世，先生愛弟才華，令獨署其名，翌年冬，後四卷亦付梓」。[6]可是我讀到梁任公的傳記，是年梁啟超亦在上海住新馬路，與馬相伯（和其弟馬建忠住在一起）是鄰居。據丁文江撰《梁任公先生年譜長編初稿》，任公在戊戌變法前，「自丙申（一八九六）秋至丁酉（一八九七）冬，一年半之間，與馬（相伯）先生幾無日不相見。馬眉叔先生所著之《馬氏文通》，與嚴又陵先生所譯之《天演論》，均以是年脫稿。」[7]又，一八九六年《文通》一書尚未完稿，任公曾在其《時務報》上刊有〈變法通議〉，文中曾講到馬建忠正在撰述《中國文法》一書，他說：「俟馬氏書成，可得而論次焉。」書出後，任公一九〇二年在其〈論中國學術思想變遷之大勢〉一文中說「最近則馬眉叔（建忠）著文通」，然後又說「創前古未有之業，中國之有文典自馬氏始」。[8]梁啟超在這裡說得很清楚，《馬氏文通》是馬建忠一個人寫的，因為他根本沒有提到馬相伯合著。胡適是一個很淵博的人，治學嚴謹，一言九鼎，何以在其《口述自傳》裡犯這種錯誤，為什麼他輕信方豪，而無視梁任公。筆者幼讀《胡適文存》，胡適常常說待人有疑處不疑，做學問在不疑處有疑，或說有七分證據不能說八分話。史家「偏信無徵」，是一大忌。但輪到胡適自己做《口述自傳》時，就這麼馬虎，未經求證卻犯了這種錯誤。何以如此（難道是因為唐德剛？），我百思不得其解。最後我必須再說一遍，我相信《馬氏文通》是馬建忠一個人寫的，我去查證的結果，我不相信馬相伯的話，也不相信方豪的話，當然也不相信胡適的話。我相信梁啟超的話。此外，我個人所提出的證據有三：首先，我要駁方豪引馬相伯的話，為什麼馬相伯如此大度「愛弟才華，令獨署其名」，如果是合著，何不兩人合署聯名，「令弟獨署其名」有悖常理。我不禁要問，如果馬建忠與人合著，何以在其《文通》裡所寫的序言或後序及例言記，均無片言隻字提到其兄馬相伯合作（或襄助）撰寫此書；豈不怪哉！太不合人之常情了。第二，民國初年（一九二〇年代）中國文法學家如黎錦熙、陳望道、劉復、金兆梓等著名學者，史無前例地為中國文法學上的問題有過一場規模不小的爭論，這是「秀才打架」。參與的專家學者很多，其中劉復、黎錦熙這些學者因襲《馬氏文通》系統，但也有陳承澤等人批評馬建忠的文法書，爭論殊甚，其時馬建忠已逝，馬相伯尚健在，如果馬相伯也是《文通》的著者，何以視若無睹。為何沒有出來參與辯論或發表意見辯駁正誤，他始終沒有講話，這是不可思議的，他沒有興趣了嗎？非也，為何他噤若寒蟬，效金人三緘其口，其故安在？我的答案是，因為馬相伯對文法學的問題一竅不通，在其四百六十八頁的《馬相伯文集》裡，就沒有一篇講中國文法學的文章，如果他與這些專家來論學，會露馬腳的。由上述兩個理由，我的結論是《馬氏文通》是馬建忠一個人寫的，與馬相伯無關。

第三，這是輔證。在西方也有這種情形，十九世紀英國大思想家約翰・彌爾即是一例，他在他的《自傳》(*Autobiography of John Stuart Mill*) 中說，他的《論自由》(*On Liberty*) 是與他的女友泰勒夫人（Mrs. Harriet Taylor，後來與彌爾結婚就成為彌爾夫人）合撰的，《論自由》是彌爾的傳世之作，但是西方絕大多數學者拒絕承認泰勒夫人對這本書有所貢獻（當然不承認他們兩人合著的），理由是泰勒夫人的思想、學識、文采與彌爾不相匹配（不是equal partner），當然沒有能力與彌爾合寫這本書。所以迄今除了一些極少數女權運動的女性學者外，無人相信這本書是他們兩人合著的。同理，馬相伯的思想、學識、文采與馬建忠相較差之遠甚，我就不認為他有能力幫助乃弟合寫《馬氏文通》。最重要的一點，彌爾在《論自由》裡說，這本書是他與其妻合撰的，後來在其《自傳》裡也是這樣說，西方學者不接受（即不信也）。同理，如果有人假設錢鍾書的《談藝錄》或《管錐編》是與楊絳合撰，中國學者會接受嗎？馬建忠不僅在《馬氏文通》裡無片言隻語提到馬相伯，在他的文集《適可齋紀言紀行》裡也從沒有說過他二哥相伯幫他寫書。怎麼胡適聽了方豪的話就輕易相信了呢？這是胡適在其《口述自傳》裡一大敗筆。

《馬氏文通》這部文法書太專門了，不是一般普通著作可比。也不是一般人所能寫得出來的。馬建忠窮畢生精力於此書，積二十年存稿，整整寫了七年（一八九一至一八九八）始殺青。胡適早年讀了《馬氏文通》後甚是欽佩，他說讀《文通》大嘆：「馬眉叔用功之勤，真不可及，近世學子無復如此人才矣。若賤子則有志焉而未之逮也。」馬建忠這樣的一本嘔心之作，方豪很輕薄地說馬相伯「愛弟才華，令獨署其名」，真是胡鬧。《馬氏文通》是馬建忠之傳世之作也。他為什麼要寫這部書，在他書前序言裡說得很明白，俾使「童蒙入塾能循是而學文焉」。但從另一方面來看，馬建忠之撰寫《馬氏文通》顯然反映出他仕途失意。光緒初年他是一個叱吒風雲的外交家，又是李鴻章炙手可熱的左右手，但他開明的現代化政策，時時受制於清流黨，遭保守分子的攻擊，罵李鴻章為大漢奸，馬是小漢奸。馬建忠憤而辭卻公職，埋首著作，他寫《馬氏文通》不僅反映出他仕途坎坷，同時這部文法書也可說是他避世主義（escapism）下的作品。這不是一個壞名詞，而是中國文人一個偉大的傳統，即一般文人仕途失意退隱之後，韜光養晦，致力於學術上某一種研究。太史公在其〈自序〉中曾說過昔西伯被拘，演《周易》；「孔子厄陳、蔡，作《春秋》；屈原放逐，著〈離騷〉；左丘失明，厥有《國語》；孫子臏腳，而論兵法；不韋遷蜀，世傳呂覽。」司馬遷最後說：「《詩》三百篇，大抵聖賢發憤之所為作也。此人皆意有所鬱結，不得通其道也。」一八九一年馬建忠辭了招商局督辦隱居滬濱，杜門求志，撰寫《馬氏文通》。在中國這一偉大的文人傳統下撰寫《馬氏文通》，馬建忠當然不是最後一人。比如近百年來，陳獨秀於一九一四年討袁失敗，逃亡日本，著《字義類例》（這是一種有關中國文字學的書）。一九二一年陳獨秀組織中國共產黨。

一九二七年國共分裂，避居上海。後來被捕，一九三七年抗戰軍興，南京國民政府釋放政治犯，陳獨秀出獄，隨政府內遷。陳在獄中及後來隱居四川江津時，繼續潛心研究文字學，著有《小學識字教本》，這也是一部文字學的學術專門著作，戰時（抗日戰爭）後方陳獨秀沒有錢用，把書稿寄給王雲五，在王安排下由國立編譯館出版。（一九七一年臺北中國語文學會把這本書再版，書名改作《文字新詮》，因為那時在臺灣是反共抗俄戒嚴時期，作者陳獨秀的名字刪掉了。）胡適於一九四九年後流亡紐約，研究《水經注》（中國三國時代桑欽撰《水經》一書計四十卷，北魏酈道元做注，故名《水經注》）；文革時期，錢鍾書撰寫《管錐編》（一種中國傳統文人寫的讀書筆記，計五冊，只寫到韓愈），也都屬於這一類。馬建忠、陳獨秀、胡適以及錢鍾書，他們四人在過去一百年來賡續了中國數千年來文人避世主義的偉大傳統。

馬建忠為什麼要寫這部文法書？他在《文通》〈後序〉中說：「余觀泰西童子入學，循序而進，未及志學之年，而觀書為文，無不明習，而後視其性之所近，肆力於數度、格致、法律、性理諸學而專精焉，故其國無不學之人。」反觀中國：「計吾國童年能讀書者固少，讀書而能文者又加少焉，能及時為文而以其餘年講道明理以備他日之用者，蓋萬無一焉。夫華文點畫結構，視西學之切音雖難，而華文之字法句法，視西文之部分類別，且可以先後倒置以達其意度波瀾者則易。西文本難也而易學如彼，華文本易也而難學如此者，則以西文有一定之規矩，學者可循序漸進而知所止境，華文經籍雖亦有規矩隱寓其中，特無有為之比擬而揭示之。」馬建忠又說：「斯書也，因西文已有之規矩，於經籍中求其所同所不同者，曲證繁引以確知華文義例之所在，而後童蒙入塾能循是而學文焉，其成就之速必無遜於西人。然後及其年富力強之時，以學道而明理焉。」[9] 然後馬建忠在本書〈例言〉又說：「觀是書者，稍一淩躐，必致無從領悟。如能自始至終，循序漸進，將逐條詳加體味，不惟執筆學中國古文詞，即有左宜右有之妙，其於學泰西古今之一切文字，以視自來學西文者，蓋事半功倍矣。」[10] 馬建忠說中文較西方拼音文難學的說法，對後人影響很大，如蔣廷黻及郭沫若多受他的影響，以及今日及過去大陸上一批主張文字改革者或主張拉丁化者均從馬氏之說。[11]

在馬建忠之前，中國沒有文法。中國為什麼沒有文法呢？大致說來，因為中國文法學結構及傳統的學習方法，可以使童子沒有文法亦能自通，這一點與西方截然不同。此外胡適在〈國語文法概論〉一文中指出三個原因：「第一、中國的文法本來很容易，故人不覺得文法學的必要。聰明的人自能『神而明之』，笨拙的人也只消用『讀書千遍，其意自見』的笨法，也不想有文法學的捷徑。第二、中國的教育本限於很少數的人，故無人注意大多數人的不便利，故沒有研究文法學的需要。第三、中國語言文字孤立幾千年，不曾有和他種高等語言文字相比較的機會。只有梵文與中文接觸最早，但梵文文法太難，與中文文法相去太遠，故不成為比較的材料。其餘與中文接觸的語言，沒有一種不是受中國人的輕視的，故不能發生比較研究的效果。沒有比較，故中國人從來不曾發生文法學的概念。」[12]中國為何沒有文法，除了胡適講的三個原因外，一位近代文法學家何容在他的《中國文法論》又補充了二點：因為中國語言裡沒有那些繁複的表意方法，此外，即使在語言裡有些表意方法的順序、結合、重疊等，中國前代學者不當作方法來研究。[13]關於這一點，近代國學大師黃侃在他的《文心雕龍札記》裡說的更是清晰明白：「彥和此篇，言『句者聯字以分疆』；又曰『因字而生句』；又曰『句之精英，字不妄也』；又曰『句司數字，待相接以為用』；其於造句之術，言之晳矣！然字之所由相聯而不妄者，固宜有共循之途轍焉；前人未暇言者，則以積字成句，一字之義果明，則數字之義亦必無不明。是以中土但有訓詁之書，初無文法之作。」[14]在胡適看來，中國語言文字缺乏比較。西洋則不然，因為歐洲自古迄今兩千餘年中，隨時有幾種文字可以比較，但我們的文字就沒有這種文字可資參證比較的機會，故像王念孫、王引之父子如此博學而方法縝密的大學者，仍不能創造出文法學來。但到了馬建忠，情形變了，胡適說：「馬建忠得力之處全在他懂得西洋的古今文字，用西洋的文法做比較參考的材料。」[15]

《馬氏文通》共分十卷。《文通》第一卷論界說，最先提到的就是字，因為中國文字，都可以獨立存在，是最基本的單位。字在文法上的重要性不是形與音，而是其中的義。馬建忠在《文通》一開始即正名解說：「凡字有事理可解者，曰實字，無解而惟以助實字之情態者，曰虛字。」[16] 由此可知《馬氏文通》是以字為首要。

卷一正名篇共有二十三條界說，是全書的綱領，從這些簡明的字句中獲得完整的概念，然後可綜覽全書。解說分成二部：前一部分界說十，均講字類，計有：名字、代字、動字、靜字、狀字，以上為實字，共計六類：其餘為介字、連字、助字、嘆字，以上為虛字，共計四類。後一部分：自界說十一至二十三，都是講句子的構造，計有詞的作用，次的序位，以及句的分析，皆屬文法範圍以內的。界說所有名稱，有些是馬建忠因襲前人，有的則是他所獨創。書中第二卷至第九卷，全是講實字和虛字，占全書五分之四。以名字、代字、論次，三篇合為一類。其次靜字、論比兩篇為一類。《文通》將動字、靜字有內動者統稱之為語詞，以示其在文句中所占地位。最後《文通》將動字、狀字兩篇合為一類，動字又分為內動及外動二種。行動及於外的則為外動，不及於外的則為內動。本書卷十論句讀。在這一卷裡論及頓與讀，頓即相當於英文裡的phrase，嚴復稱仂語。以上是《馬氏文通》一個大概。

吾人讀《文通》，馬氏擘劃周詳，條例精密，稱之為體大思精，當不為過。馬建忠撰寫此書，取材西方的邏輯程式和科學方法，所以利用經、史、子書、古文（止於韓愈），加以排比、歸納、論證、推理，然後創下許多規律，有根據、有系統地為中國文法奠基。馬建忠像其他同時代的學者一樣，深受乾嘉考證學的影響，但他對於王念孫、段玉裁兩家的治學方法，充分發揮，淋漓極致，值得稱道。《文通》規律之繁夥，真可喻為星羅棋布，數不勝數，但如此眾多，卻簡括明潔，要言不繁，敘述時用筆錯落有致，有條不紊，對馬建忠功力不得不擊節稱賞。馬建忠精通古今文字，對歐洲語言文字所知較多，尤其是拉丁文，非他人所及。馬相伯無此學識與才華，不能為也。

馬建忠為什麼要仿拉丁文成書呢？他在〈後序〉中說：「則常探討畫革旁行諸國語言之源流，若希臘若辣丁（拉丁）之文詞而屬比之，見其字別種，而句司字，所以聲其心而形其意者，皆有一定不易之律；而因以律夫吾經籍子史諸書，其大綱蓋無不同，於是因所同以同夫所不同者，是則此編之所以成也。」馬建忠著《文通》，希望以後「童蒙入塾能循是而學文焉，其成就之速必無遜於西人」。[17] 雖然《馬氏文通》問世，沒有收到馬建忠預期的效果，但引起了一些學者對文法學的興趣，至少有下列幾種重要的文法書出版：計有章士釗的《中等國文典》（一九〇七年），劉復的《中國文法通論》（一九二〇年），陳承澤的《國文法草創》（一九二二年），金兆梓《國文法之研究》（一九二二年）和黎錦熙《新著國語文法》（一九二四年），此外還有很多文法書，因沒有獨特的見解，無甚意義，所以不列。上述這些文法書都受《馬氏文通》的影響，或因襲馬建忠系統，彰彰明甚，不過像陳承澤就對馬建忠仿拉丁文法而撰《文通》有所批評，黎錦熙及劉復也主張中國文法應自成一系，不要模仿西洋文法。[18] 但胡適不以為然，他認為中國文法應與西洋語法觀摩比較，所以胡適主張採用比較文法。雖然劉復主張中國文法不應模仿西洋語法，但他後來於一九二〇年出版的《中國文法通論》

卻是比照英國文法學家斯威特（Henry Sweet）於一九〇〇年由牛津大學出版社出版的一本文法書（書名*A New English Grammar : Logical and Historical*）而寫成的。有一派文法學家反對中國文法借鏡英語文法中述詞（predicate）及動詞（verb）的規則，這一派以金兆梓為代表。他認為英語中的述詞及動詞不適用於中文。金氏說中國學生初習英文，最常犯的錯誤即是漏掉動詞，這是中英文結構相異之明證。金兆梓對馬建忠譯verb為「動字」有異議。[19]可是後來的其他文法家為了配合英文語法，還是接受了馬氏之說。

自《文通》問世後，最易引起學者爭論的是「字」與「詞」之爭。《馬氏文通》裡以「字」為首要，但後來的文法學家有異議。如劉復在《中國文法通論》裡分別指出「字」與「詞」的區別。他說「字」有兩種功用：其一代表任何單獨一個字，如牛、馬、羊等；另一則代表一組（兩個字以上）字義，如葡萄。照劉復的看法，牛、馬、羊是「字」，也是「詞」，因牛、馬、羊都各有其獨立意義。如葡萄則不然，是由兩個字組合而成，如果將「葡萄」分開來使用，即了無意義。這是劉復與馬建忠不同的地方。另一位文法學家許世瑛說，在古代沒有「字」與「詞」的分別。[20]在許世瑛之前，黎錦熙也在一九二四年出版的《新著國語文法》緒論裡討論字與詞的區別。他說字在單獨存在時很像英語裡的音節（syllable）。字最早在古代代表一種象形，如日、月等，此類例子不勝枚舉。[21]文法學家討論句法結構時，黎錦熙認為中文句法結構甚是複雜，研究中文句法為當務之急，劉復也有類似意見。後來黎錦熙將研究興趣轉向比較方法，曾寫了一部《比較文法》，不過他這種方法，馬建忠在《馬氏文通》已經採用過了。

上述這些文法學家雖然都想有所創新，想與馬建忠有所不同，但事實上沒有一個能做到。陳望道對這些文法學家做了一個總評，他說如果我們將《馬氏文通》與上述各種中文著作做一比較，則不難發現這些著作與《馬氏文通》大同小異，實質上沒有兩樣。[22]

馬建忠的《文通》不僅影響了中國文法學家，意外地也影響了民國初年一般文史學者，如錢穆及胡適等人。在這裡，我們先約略說一下馬建忠對於錢穆的影響，再來講馬氏對胡適的影響。錢穆是一個自學成功的史學家。他晚年回憶，早年在家鄉無錫小學裡教授《論語》課時：「適讀《馬氏文通》，一字一句按條讀之，不稍疏略。念《馬氏文通》詳論字法。」他乃「可仿其例論句法，即以《論語》為例。積年遂成《論語文解》一書」，後由上海商務印書館出版，錢穆著作甚多，這是他因受《馬氏文通》影響而出版的第一部書。[23]

馬建忠的《馬氏文通》對胡適的影響，比對錢穆的影響更深更廣，也影響到胡適的文學革命。胡適於十幾歲時即已讀過這部書，十分欣賞。據《胡適留學日記》（一九一一年六月十二日）：「慰慈為我寄《馬氏文通》一部來，今日始到。讀《馬氏文通》，大歎馬眉叔用功之勤，真不可及，近世學子無復如此人才矣。若賤子則有志焉而未之逮也。」[24]那時胡適還不到二十歲。他晚年在哥倫比亞大學做口述歷史時說，他去美國之前，在國內已讀過《馬氏文通》。胡適於一九一〇年抵美國後不久，曾在康乃爾寫過一篇〈詩三百篇言字解〉。[25]這篇文章講的是「言」字的解釋。「言」字在《毛傳》、《鄭箋》皆云：「言，我也。」《爾雅》上說：「邛、吾、台、予、朕、身、甫、余、言，我也。」然胡適不同意這樣解說，稱《爾雅》「非可據之書也」。胡適說《爾雅》一書：「其書殆出於漢儒之手，如《方言》《急就》之流。蓋說經之家，纂集博士解詁，取便檢點，後人綴輯舊文，遂傳會古《爾雅》，謂出於周、孔、成於子夏耳。今觀《爾雅》一書，其釋經者，居其泰半，其說或合於毛，或合於鄭，或合於何休、孔安國。似《爾雅》實成於說經之家，而非說經之家引據《爾雅》也。鄙意以為《爾雅》既不足據，則研經者宜從經入手，以經解經，參考互證，可得其大旨。此西儒歸納論理之法也。」[26]

〈詩三百篇言字解〉，一九一一

胡適乃將自《馬氏文通》上學來的方法，將詩三百篇中所有「言」字歸納在一起，得到〈言字解〉的結論。胡適認為「言」是一種連接詞，嚴復譯為挈合詞，馬建忠譯為連字，其用與「而」字相似，胡適指出「一為代名詞，一為挈合詞，本截然二物，不能強同也」。第二種是言字做「乃」字解，乃字與而字，似同而實異，胡適乃根據馬建忠的解說，「乃」是一種狀字，用以狀動作之時，如「乃寢乃興，乃占我夢」，又如「乃生男子」等例，並指出「鄭氏強以言作我，乃以遂作久，強為牽合，殊可笑也」。最後胡適說「言」字有時亦為代名詞之「之」字解。他舉《馬氏文通》，凡之字做代名詞時皆為受事。如「經之營之，庶民攻之」是也。胡適認為前二說為不易之論，但最後一說則尚待研究。胡適復指出，「以為吾國文典之不講久矣，然吾國佳文，實無不循守一種無形之文法者。」接著胡適也回應馬建忠說文法的重要：「然今日現存之語言，獨吾國人不講文典耳。以近日趨勢言之，似吾國文法之學，決不能免。他日欲求教育之普及，非有有統系之文法，則事倍功半，自可斷言。」他希望有識之士，「能以西方文法施諸吾國古籍，審思明辨，以成一成文之法，俾後之學子能以文法讀書，以文法作文，則神州之古學庶有昌大之一日。」[27]

〈詩三百篇言字解〉對胡適的意義，即在於胡適對文法的重視，且此時已對治學有一種懷疑精神，影響胡適一生，亦即日後他常說做學問要在不疑處存疑。這種存疑精神實亦濫觴於此。這時候他已經曉得用歸納法了。胡適於一九五八年在紐約哥倫比亞大學做口述歷史時說，這篇文章的內容「實在不是完全從康乃爾大學學到的」。這些都是胡適受馬建忠影響的明證。胡適後來又說：「我想我在赴美留學之前，我一定已經受了一本研究〔漢文〕文法的權威著作的影響，那便是馬建忠所著的《馬氏文通》。」[28]馬建忠在《文通》內運用的便是歸納法，他把古書上相同的字句歸納在一起，然後對字義做詮釋的結論。胡適說：「我顯然是受了馬氏歸納法的影響，知道先歸納相似的例句，分析比較，然後再求其有概括性的結論。」[29]

〈爾汝篇〉與〈吾我篇〉，一九一六

胡適除了一九一一年寫過一篇〈詩三百篇言字解〉，五年後，他又寫了兩篇有關中國文法的文章，此即〈爾汝篇〉及〈吾我篇〉，時在一九一六年，他已轉學到紐約市哥倫比亞大學了，但為了連貫，我仍放在康乃爾大學時期，總括來說，〈言字解〉、〈爾汝篇〉、〈吾我篇〉這三篇文章都是受了馬建忠的影響而寫，而〈爾汝篇〉及〈吾我篇〉兩篇都是第二人稱代名詞的古人用法，胡適對「爾」和「汝」兩字做了一番研究。他晚年在《口述自傳》裡說，這兩篇內容比〈言字解〉「就更有進步了」。[30]他在一九一六年六月七日的日記上曾有記載：「爾汝二字，古人用之之法，頗有足資研究者。余一日已睡，忽思及此二字之區別，因背誦《論語》中用此二字之句，細細較之，始知二字果大有分別。明日，以《檀弓》證之，尤信。」[31]胡適在《留學日記》上還舉了幾個例子：子夏喪子，曾子弔之，曾子哭，子夏亦哭，乃說：「天乎！予之無罪也！」曾子怒曰：「商！何無罪也？吾與汝事夫子於洙泗之間，〔汝〕退而老於西河之上，使西河之民疑汝於夫子，爾罪一也。喪爾親，使民未有聞焉，爾罪二也。喪爾子，喪爾明，爾罪三也。而曰汝無罪歟？」胡適說從這個例子來看，「爾」與「汝」二字本來有分別的，如果沒有分別，為什麼忽用「汝」，又忽用「爾」呢？他從《論語》及《檀弓》兩書得來的結果如下：（一）汝字為單數對稱代詞（代名詞）；例如：「汝弗能救歟？」（二）爾字為多數人稱代詞（代名詞），用白話來說是「你們」。例如：「孔子先反（回來），門人後至。孔子問焉，曰：『爾來何遲也？』」（三）爾字為所有格，例如：「爾罪一也。」（四）爾、汝同為上稱下及同輩至親之稱，然而其間亦有分別。如果用汝字所稱，必為單數一人，而稱一人不必即用汝，也可以用爾。胡適強調：稱一人而用爾以示敬意。他還舉了很多例子，茲不贅。[32]在上面四點用法異同外，胡適另外又講了爾、汝三個原則：（一）凡用汝字所稱，決非多數。（二）稱一人雖可用爾，但一人以上決不可用汝。（三）凡爾字做「你的」或「你們的」解釋時，絕不可用汝來代之。胡適在相當於一般論文結論的文末問道，研究爾、汝兩字有什麼用處呢？他答道：「可以為考據之用。戰國以後，爾汝兩字之用法已無人研究，故漢人偽作之書，其用對稱代詞，如爾字、汝字，乃字，皆無條理可尋，皆不合古人用法。其為偽託之書，於此可見一斑。」他最後說：「凡後人偽託古書，往往用後世之字及後世之文法，非有語〔言〕學（Philological）的考據，不足以揭破之。」[33]

胡適在日記上寫完〈爾汝篇〉三個月後，又寫了一篇〈吾我篇〉。[34]他在日記上記：「吾前論古人用爾汝兩字之法，每思更論吾我兩字之用法。後以事多，不能為之。昨夜讀章太炎《檢論》中之〈正名雜義〉，見其引莊子『今者吾喪我』一語，而謂之為同訓互舉，心竊疑之。」胡適乃檢「《論語》中用吾我之處凡百一十餘條，旁及他書，求此兩字的用法，乃知此兩字古人分別甚嚴。」並斥太炎所謂「同訓互舉者，非也。」胡適乃再舉馬建忠《馬氏文通》之例：

「吾字，案古籍中，用於主次（即英文 nominative case，如『你』）偏次（possessive case，『你的』者其常。至外動後之賓次（objective case，亦如『你』，在動詞之後），惟弗辭（否定辭）之句則間用焉，以其先乎動詞也。若介字後賓次，用者僅矣。」馬建忠舉了四個例子如後：

吾甚慙於孟子！（主次）

何以利吾國？（偏次）

楚弱於晉，晉不吾疾也。（弗辭外動之賓次）

夫子嘗與吾言於楚（介字後之賓次。同一句法，孟子則用「我」字：「昔者，夫子嘗與我言於宋」。）

馬建忠又說：「我予二字，凡次皆用焉。」馬氏舉例如後：

我對曰：無違！ 予既烹而食之矣。（主次）

於我心有戚戚焉！ 於予心猶以為速。（偏次）

願夫子明以教我！ 爾何曾比予於是？（外動後之賓次）

尹公之他學射於我。 天生德於予。（介字後之賓次）

胡適對馬建忠上述吾我兩字的分別及其舉的例子有所批評，他說：「馬氏之言近是矣，而考之未精也。」胡適評馬建忠「考之未精」，是因為馬建忠忽略了歷史性的變遷：「馬氏取材於《論語》、《孟子》、《左傳》，而不知孔子、孟子相去二百餘歲之間，此兩字之用法已有寬嚴之別，已經幾許變化矣。」[35] 胡適在一九一六年對古人用此兩字的慣例做一番研究，他有系統地寫下了幾個通則。我現在把這幾個通則簡略地摘錄如後：

（甲）吾字的用法：

（一）主次：

（例）吾從周。　吾日三省吾身。（單數）

吾二人者，皆不欲也。（複數）

（二）偏次（即主有之次）：

（例）吾日三省吾身。　吾道以一貫之。

（三）偏次（在所字之前）：

（例）異乎吾所聞。

（乙）我字的用法：

（一）外動之止詞（賓次）：

（例）太宰知我乎？吾少也賤，故多能鄙事（單數之我）。伐我，吾求救於蔡而伐之。（《左傳》莊十年）（複數之我）

（二）介詞之司詞（賓次）：

（例）孟孫問孝於我。善為我辭焉。

（三）偏次：

（例）我師敗績。（《左傳》莊九年）葬我君莊公。（《左傳》閔元年）以上為複數。夫我乃行之。反而求之，不得吾心。夫子言之，於我心有戚戚焉！（看此處兩用我，一用吾）。以上為單數。非常例也。

（四）主次：我字有時亦用於主次，以示故為區別或為鄭重之辭。

（例）人皆有兄弟，我獨無。爾愛其羊，我愛其禮。我欲仁，斯仁至矣。[36]

馬建忠作《文通》用的方法是很精密的。他的研究方法就是歸納法，據他說：「古籍歷數千年傳誦至今，其字句渾然，初無成法之可指。乃同一字也，同一句也，有一書迭見者，有他書互見者。是宜博引旁證，互相比儗，因其當然，以進求其所同所異之所以然，而後著為典則，義類昭然。」[37] 胡適很欽佩馬建忠，但對《馬氏文通》有所批評。他說馬建忠的文法只是中國古文的文法，他所舉的例子是從《論語》、《孟子》到唐代韓愈為止。韓愈到現在，又隔了一千多年了。胡適說：「馬建忠的大缺點在於缺乏歷史進化的觀念。他把文法的條例錯認作『一成之律，歷千古而無或少變。』（《文通》前序）其實從《論語》到韓愈，中國文法已經過很多的變遷了。」胡適寫〈國語文法概論〉這篇長文是在文學革命以後，用普通的白話文代替了文言文。《馬氏文通》是用文言文寫的。所以胡適又說：「到了現在，中國的文法——國語的文法與各地方言的文法——久已不是馬建忠的『歷千古而無或少變』的文法了。」[38]馬建忠寫《文通》時，文言文是中國數千年來文字唯一媒介的工具，但在《文通》出版後二十年，文學革命發生了。這是他沒有想到的。他當然更沒有想到自己影響了胡適，文學革命是由陳獨秀與胡適兩人發起的，因此馬建忠也影響了中國文學革命。這一點鮮為人知，本章不得不記。

關於胡適在文學革命醞釀時期所受外界的影響，已有很多人指出過，比如周作人說胡適的白話文運動是受晚明公安派袁宏道等人的影響。[39]周策縱說胡適的「八不主義」是受美國大詩人龐德（Ezra Pound）的「幾個不」（A few don'ts）的影響。[40]而他的新詩是本於他的嘗試主義，這種嘗試主義便是受當時西方文學潮流啟發而來，復指出胡適也受十九世紀英國大詩人華茲華斯（William Wordsworth）影響。[41]但卻無人注意到胡適的文學革命多多少少也受馬建忠的影響。請看檄文——著名的〈文學改良芻議〉裡的「八不主義」中，第三條曰：

「須講求文法」，即是也。這一條「須講求文法」在胡適發表〈芻議〉之前，曾與《新青年》編輯陳獨秀書信往返詳細討論過，陳獨秀反對講文法，反對的理由是：「中國文字，非合音無語尾變化，強律以西洋之grammar，未免畫蛇添足。」陳獨秀又舉日文說：「日本國語，乃合音，惟只動詞、形容詞，有語尾變化。其他種詞，亦強襲西洋文法，頗稱附會無實用，況中國文乎？」[42] 胡適沒有接受陳獨秀的意見，還是把「須講求文法」這一條放在其「八不主義」中。但是錢玄同看了〈文學改良芻議〉後寫信給陳獨秀，他很贊成「須講文法」這一條。[43] 這一條「須講求文法」即是胡適受馬建忠影響的明證。後來胡適在自傳《四十自述》裡〈逼上梁山——文學革命的開始〉中說：「第三條講究文法，是我崇拜《馬氏文通》的結果。」[44]

胡適在〈言字解〉一文裡對馬建忠推崇備至，他說：「馬眉叔以畢生精力著《文通》，引據經史，極博而精，以證中國未嘗無文法。而馬氏早逝，其書雖行世，而讀之者絕鮮，此千古絕作，遂無嗣音，其事滋可哀歎。」[45] 但在《文通》刊布百年後的今日來探討《文通》的意義及其價值，我們不難發現《馬氏文通》意義重大，影響深遠。胡適在〈言字解〉、〈爾汝篇〉、〈吾我篇〉三篇文章，以及後來一篇長文〈國語文法概論〉裡，對馬建忠有稱許也有批評。他有時批評馬建忠「考之未精」，原因在於他忽略了歷史性的變遷：「馬氏取材以《論語》、《孟子》、《左傳》，而不知孔子、孟子相去二百餘歲之間，此兩字之用法已有寬嚴之別，已經幾許變化矣。」惜馬氏早逝，未及見胡適三篇文章，殊可嘆惜。胡適早年也曾對馬建忠在《文通》中所舉出的例子有所批評，但晚年在其《口述自傳》第六章「青年期逐漸領悟的治學方法」結尾中說，除了近三百年中國學術思想的直接影響之外，還有四個人對他一生思想或治學有深遠影響：第一個便是馬建忠，胡適於十幾歲時即受《馬氏文通》的影響，讀了《馬氏文通》後，他治學已懂得運用歸納法了。第二個是布爾（G. Lincoln Burr），他是胡適在康乃爾的老師。第三個是烏德瑞（Frederick J. E. Woodbridge），他是哥大哲學系的教授，西方古代哲學史專家（尤其是希臘史、歷史哲學權威）。胡適轉學哥大時，烏德瑞兼任哥大文理學院院長（Dean），前後擔任院長一職長達十七年之久（一九一二至一九二九），講課也很出色。最後一位即是胡適的業師杜威。[46]

1 馬建忠，〈擬設翻譯書院議〉，收入馬建忠著，張豈之、劉厚祜校點，《適可齋記言》（北京：中華書局，一九六〇），卷四，頁九一。

2 馬相伯，〈題馬建忠著東行三錄〉，收入馬相伯著，方豪編，《馬相伯先生文集》（北平：上智編譯館，一九四七），頁四〇四。

3《馬氏文通》木刻本初刊於光緒二十四年（一八九八），商務版初刊於一九〇四年，一九七八年臺灣商務印書館再版印行，惟字體過小，閱讀不易。大陸出版過好幾種版本。我手頭一本是呂叔湘、王海棻編《馬氏文通讀本》，有導言，有詞語索引，很方便閱讀，計七百三十五頁，一九八六年上海教育出版社出版。

4 唐德剛譯注，《胡適口述自傳》（臺北：傳記文學，一九八一），頁一二四；出自英文原稿頁一一六。

5 唐德剛譯注，《胡適口述自傳》，頁一二四至一二五；出自英文原稿頁一一七。

6 方豪，〈馬相伯先生事略〉，《傳記文學》第十五卷第一期（一九六九年七月），頁八〇至八一。

7 丁文江、趙豐田編，歐陽哲生整理，《梁任公先生年譜長編初稿》（北京：中華，二〇一〇），頁三二。

8 梁啟超，〈變法通議．論學校五．幼學〉，《時務報》第十七冊，收入《晚清珍稀期刊續編》第五冊（北京：全國圖書館縮微文獻複製中心，二〇一〇），頁九；梁啟超，《論中國學術思想變遷之大勢》（臺北：臺灣古籍，二〇〇五），第八章「近世之學術」，頁一六一。

9 馬建忠，〈後序〉，《馬氏文通》（上海：商務，一九二七），頁二至三；參看呂叔湘、王海棻編，《馬氏文通讀本》（上海：上海教育，一九八六），頁七。

10 馬建忠，〈例言〉，《馬氏文通》，頁二；參看呂叔湘、王海棻編，《馬氏文通讀本》，頁九。

11 如蔣廷黻一九三〇年代在《新經濟月刊》（一九三八年十一月十六日重慶出版）上發表的一篇文章〈論國力的元素〉即持此一主張，此文後來收入《蔣廷黻選集》第四冊（臺北：文星，一九六五），頁六四九。

12 胡適，〈國語文法概論〉，收入《胡適文存》第一集（臺北：遠東，一九六一），卷三，頁四四六。

13 何容，《中國文法論》（重慶：獨立，一九四三），頁一三至一四。

14 黃侃，《文心雕龍札記》（北平：文化學社，一九三四），頁七八。

15 胡適，〈國語文法概論〉，《胡適文存》第一集，頁四四七。

16 馬建忠，《馬氏文通》，正名卷之一，界說一，頁一；參看呂叔湘、王海棻編，《馬氏文通讀本》，頁四八。

17 馬建忠，〈後序〉，《馬氏文通》，頁一至二；參看呂叔湘、王海棻編，《馬氏文通讀本》，頁六至七。

18 胡適，〈國語文法概論〉，《胡適文存》第一集，頁四七六至四八五。

19 詳見金兆梓，《國文法之研究》（北京：中華，一九五五）。

20 許世瑛，《中國文法講話》（臺北：開明，一九六六），頁八。

21 黎錦熙編，《新著國語文法》（上海：商務，一九四七），頁三至四。

22 陳望道，〈「一提議」和「炒冷飯」讀後感〉，收入陳望道等著，《中國文法革新論叢》（上海：商務，一九五八），頁二一。

23 錢穆，《八十憶雙親、師友雜憶》合刊本（臺北：東大圖書，一九八三），頁七九。

24 《胡適留學日記（一）》（上海：商務，一九四八），一九一一年六月十二日，頁四二。

25 胡適的〈詩三百篇言字解〉這篇文章，寫於一九一一年五月十一日，查該文未錄在一九一一年的《胡適留學日記》內，而收錄在一九一六年（是故本章「胡適與馬建忠」放在康乃爾大學一部內）。胡適對這篇文章很是滿意，認為是得意之作，他在日記內如此記載：「嘗謂余自去國以來，韻文頗有進境，而散文則有退無進。偶檢舊稿，得辛亥所作〈詩經言字解〉讀之，自視決非今日所能為也。去國以後之文，獨此篇可存，故以附於此而記之，以識吾衰退，用自警焉。」《胡適留學日記（三）》，「二七 《詩經》言字解」，一九一六年二月二十四日，頁八四七。這篇文章後來收入《胡適文存》第一集，卷二，也是《胡適文存》內胡適最早的一篇文字。

26 胡適，〈詩三百篇言字解〉，收入《胡適文存》第一集，卷二，頁二三九。

27 全文參看胡適，〈詩三百篇言字解〉，收入《胡適文存》第一集，卷二，頁二三九至二四二。

28 唐德剛譯注，《胡適口述自傳》，頁二二三、二二四至二二五。

29 唐德剛譯注，《胡適口述自傳》，頁二二五。

30 唐德剛譯注，《胡適口述自傳》，頁二二五。

31 《胡適留學日記（四）》，「一五 爾汝二字之文法」，一九一六年六月七日，頁九二八。

32 詳見《胡適留學日記（四）》，「一五 爾汝二字之文法」，一九一六年六月七日，頁九二八至九三三。

33 《胡適留學日記（四）》，「一五 爾汝二字之文法」，一九一一年六月七日，頁九三三。

34 〈言字解〉、〈爾汝篇〉、〈吾我篇〉後來皆收入《胡適文存》第一集，卷二，頁二一九至二五三。文字與《留學日記》略有不同。

35 參看胡適，〈吾我篇〉，收入《胡適文存》第一集，卷二，頁二四九。

36 詳見《胡適留學日記（四）》，「二四　論我吾兩字之用法」，一九一六年九月一日夜，頁一〇一三至一〇一八。

37 馬建忠，〈例言〉，《馬氏文通》，頁一。

38 胡適，〈國語文法概論〉，《胡適文存》第一集，卷三，頁四四七。

39 周作人講校，《中國新文學的源流》（北平：人文書店，一九三二），頁一〇二至一一二。

40 Chow Tse-tsung, *The May Fourth Movement: Intellectual Revolution in Modern China* (Cambridge: Harvard University Press, 1960), p. 30.

41 Chow Tse-tsung, *The May Fourth Movement: Intellectual Revolution in Modern China*, p. 274.

42 陳獨秀，〈答胡適之（文學革命）　（二）答書〉，收入《獨秀文存》（上海：亞東圖書館，一九三四），卷三，頁十六至十八。

43 錢玄同，〈文學改良芻議附錄二　寄陳獨秀〉，收入《胡適文存》第一集，卷一，頁二五至二六。

44 胡適，〈逼上梁山〉，《四十自述》附錄（臺北：遠東，一九六七），頁一〇五。

45 胡適，〈詩三百篇言字解〉，《胡適文存》第一集，卷二，頁二四二。

46 唐德剛譯注，《胡適口述自傳》，頁一二九至一三〇。

【第十章】

胡適獲卜朗吟徵文獎，一九一四

——附記：卜朗吟徵文獎的後遺症，一九一五

卜朗吟是十九世紀英國維多利亞時代大詩人，有人說他與丁尼生（Alfred Lord Tennyson）齊名，也有人說及至晚年他的聲名駸駸乎在丁尼生之上。[1] 他的全名是Robert Browning（1812-1889），胡適譯為卜朗吟，現在一般人譯作勃朗寧，為了避免混淆，本文還是循例依胡適在其《留學日記》裡譯作「卜朗吟」三字為准。卜朗吟的徵文獎設於一九〇二年。由康乃爾大學英文教授柯生（Hiram Corson）捐助。這個獎的英文名稱是「Corson Browning Prize」。柯生於一八二八年生於費城，一九一一年卒於綺色佳。他沒有受過多少正規教育，但對英國文學及英詩下過一番功夫，很有造詣。他初在費城吉拉德學院（Girard

College）[2]教英文，一八六六年起在馬里蘭州的安納波利斯（Annapolis）一所四年制的天主教文理學院聖約翰學院（St. Johns College）擔任英文講師，教英文及修辭學。他在聖約翰教了四年，於一八七〇年應聘至康乃爾教英詩及修辭學，前後達三十三年之久。他於一九〇二年退休。在退休的那年，他設立了一個Corson Browning獎。早年他常去英倫三島或歐洲大陸遊歷。在那裡，他結交了當代一批歐洲名流學者、作家、詩人文雅之士。在這些文人中，他與卜朗吟最友善。故在他退休時在康乃爾設一個獎以誌交誼。應徵者限於在校大學部高年級學生及研究生（open to undergraduate and graduate students），題目限於有關卜朗吟詩文題材，以最優者獲獎。每年均有此獎賞，獎金美金五十元。文長字數大約三千字左右，為防止評審者偏私，參加應徵者必須不具姓名。一九〇四年第一個獲獎者為J. Q. Adams，他是一九〇六年康乃爾畢業生。他得此獎時，是在他大三的時候（*The Cornell Daily Sun*, Dec. 6, 1911）。該獎自設立伊始，一年一度，每年都有。迄今一百多年來，尚未中斷，現在還有。獎金若干，不詳。胡適在康乃爾於一九一四年五月快要畢業的時候，應徵卜朗吟的徵文獎。他在《留學日記》（一九一四年五月九日）曾記，前作一文，題為「論英詩人卜朗吟之樂觀主義」（A Defense of Browning's Optimism），他說：「前月偶以此文為大學中『卜朗吟獎賞徵文』（此賞為此校已故教師Hiram Corson所捐設，故名Corson Browning Prize）。前日揭曉，余竟得此賞，值美金五十元。余久處貧鄉，得此五十金，誠不無小補。」（胡適報名徵文使用假名 Bernard W. Savage，在他日記裡沒有記，亦未與友人談過。周明之在康乃爾檔案室裡看到的。）[3] 胡適家自其父卒後，家道中落。寡母需錢孔殷，因此他在其日記裡或家書中常常講錢、錢、錢。所以他說：「得此五十金，誠不無小補。」但在下面胡適接著講此獎的聲望（prestige），而聲望則不是可以用金錢或五十金或一百金可以來衡量的了。胡適於一八九五年從臺灣回到家鄉上私塾讀四書五經，從未進教會學校念過書。他十三歲去上海讀新式學堂，才開始念英文。他的英文老師都是中國人，這一點他就吃虧了。不像蔣廷黻開始念英文，都是教會學校，且都是洋人教的。蔣廷黻的英語除有濃重的湖南口音外，他的英文寫得非常之好，不比洋人差。蔣廷黻在美國讀中學時，參加演講比賽得過第三名。在他們一輩，中英文根底都非常之好。胡適說：「他（葉公超）在我們這一班人之中，他〔的英文〕說得最好，與洋人無異。」[4] 英文不是胡適的母語（胡適十九歲到美國讀書，蔣廷黻十六歲到美國，葉公超九歲去英國），而應徵者大多是英文系高班學生或研究生，他們都是美國人。徵文的主題必須跟英國詩人卜朗吟的詩文有關，與中國無關，胡適沒有沾到任何一點便宜。徵文不具姓名的，除有內容外，必須要有文采。有若干位評審委員組成一個委員會，評審委員將所有應徵者的徵文一一評審。選出比較優秀的應徵者入圍，然後評審諸公再投票遴選其中最好的一篇為首選。這是很難的。但是胡適壓倒了所有的美國學生膺選為首獎，這更是難上加難，但是胡適膺選了。胡適在日記上載：「惟余以異國人得此，校中人詫為創見，報章至著為評論，報館訪事至電傳各大城報章，吾於*New York Herald*見之。昨日至Syracuse，則其地報紙亦載此事。其知我者，爭來申賀，此非吾意料所及矣。」他又說：「此區區五十金，固不足齒數，然此等榮譽，果足為吾國學生界爭一毫面子，則亦『執筆報國』之一端也。」[5] Syracuse（雪城）是紐約州的一個中等城市，距綺色佳北約一小時車程。中國過去一些保守分子如錢穆、徐復觀，或在《胡適與國運》裡一批寫文章的人常常罵胡適說：「他自己又是徽州人，所以能利用他們徽州經商祕訣，在中國銷冒牌美國貨，在美國銷冒牌中國貨，運來運去，他就成了巨富，中國的地圖就因他變色了。」[6] 我寫這一節的動機旨在說明胡適有真才實學，徐子明等人錯了，他們厚誣胡適了。

胡適得獎的徵文題為「A Defense of Browning's Optimism」，文長八千字，有內容，也很有文采。卜朗吟的天性是一個富於歡欣、愉悅心情的人。他生活的信仰——樂天知命，是故一般英國人認為他的作品是英格蘭民族精神進取的源泉。胡適在這篇徵文裡開宗名義即說卜朗吟是「an ardent of singer of optimism」（是一個熱忱的樂觀主義者）。胡適採用丁尼生的〈The Two Voices〉起首六行詩句做為他這篇文章的題詞（epigraph）：

A still small voice spake unto me,
"Thou art so full of misery,

Were it not better not to be?"

Then to the still small voice I said;

"Let me not cast in endless shade

What is so wonderfully made".

胡適用丁尼生的詩句做題詞很好，更使他這篇文章有深度。這個題詞大意是說，「有一個人小聲地對他說，諸事不順遂，活著沒有意義，要自殺。我對他說，上帝造人，不應有負神明而輕生。」其實這是丁尼生夫子自道。據他說當一八三三年他劍橋同窗好友哈勒姆（Arthur Henry Hallam，也是他姊姊的未婚夫）去世，他本人悲傷萬分，就寫了〈The Two Voices〉這首詩。他覺得人生乏味，萬念俱灰，想了此殘生。所以後人發現在詩稿上他寫的這首詩的名稱本來是「Thoughts of a Suicide」。丁尼生寫成這首詩後沒有立即發表，隔了近十年（一八四二年）才公諸於世。這首詩是一首很長的詩。三行成一組，英文叫 stanza，共計一百五十四行。胡適的題詞只錄起首六行。放在這裡很是妥帖。胡適題詞第三行：「Were not it better not to be?」這一句丁尼生錄自莎士比亞名劇《王子復仇記（哈姆雷特）》（第三幕第一景），哈姆雷特一出場即說：「To be or not to be that is the question」，這是莎翁全集中最著名的獨白。因為哈姆雷特蓄意要自殺，但他不知道人死了以後還會不會生存，故他就有猶疑不決的獨白。關於「To be or not to be」應做如何解，即使在西方也常有不同的解釋。朱生豪譯為「生存還是毀滅，這是值得考慮的問題」。梁實秋譯為「死後還是存在，還是不存在——這是問題」。在這裡「Were it not better not to be」意思是「如果生活不好，就自殺」。第五、六句：「Let me not cast in endless shade / What is so wonderfully made」（不要讓陰影破壞這美好的事物）。「wonderfully made」（意即上帝造人），意思就是叫他不要自殺。

II

胡適為了寫這篇文章，他看了很多書，旁徵博引，匠心經營，正如題目所示，他是為卜朗吟的樂觀主義而辯護。卜朗吟的樂觀主義在十九世紀末葉名噪一時，但像所有的學術性問題一樣，有人贊成他，也有人反對。當時（即在維多利亞時代末期或是二十世紀初葉），在英美反對他最烈者為摩爾（Paul Elmer More, 1864-1937），他是美國人，新聞記者出身，先後曾在哈佛教過一年而後在布林莫爾學院（Bryn Mawr College）教過二年梵文（他不能算是哈佛學派的人）。他說卜朗吟哲學是一種膚淺的精神信仰。他的宗教先知是虛假的。他的樂觀主義是很淺顯、幼稚的（在胡適文章裡用的英文是「the wisdom of a schoolgirl」），他之所以為人所喜歡，因為他所宣揚的樂觀主義迎合一般普通讀者的脾胃。另一位批評卜朗吟的是桑塔亞那（George Santayana），他是哈佛名教授。[7]桑塔亞那在他《宗教與詩的詮釋》（*Interpretation of Poetry and Religion*）一書裡（一九〇〇年由紐約Charles Scribner's Sons出版公司出版），說卜朗吟的詩是原始主義的詩（the poetry of barbarism），絕對是原始的及帶有不可分割的原始情緒。卜朗吟所宣揚的學說，比如說，人生是一種經驗，而不是紀律（Life is an adventure, not a discipline）諸如此類，桑塔亞那說卜朗吟的詩，就是「原始主義的格言」（the maxims of barbarism），在這本書裡第七章「The Poetry of Barbarism」一章專門討論卜朗吟的問題（讀者如有興趣可在網路上找到電子書）。上述二人對於卜朗吟的批評，胡適說英國詩人兼哲學家切斯特頓（G. K. Chesterton, 1874-1936）曾給他們一個很適當駁斥了。切斯特頓認為：「卜朗吟是一個樂天派的大詩人，詩是原始性的不是哲學所能說得清楚的。」他又說：「詩本身是表達我們的情緒的不是講理論的。」最後切斯特頓的結論：卜朗吟是一個天生的樂觀主義的人，「如果天塌下來地球上的水都成了血，但是仍能活下去的話，他還是願望想生存下去。」胡適同意切斯特頓的辯解。但如果有人（胡適就是）從哲學角度來找出卜朗吟詩中的樂觀主義真諦，對卜朗吟研究者來說有很多工作好做。胡適說一般批評卜朗吟的樂觀主義純粹是一種快樂情緒的存在是不公平的。胡適說卜朗吟的樂觀主義不是迎合一般人的常識或是訴諸於原始的生存欲望，卜朗吟的樂觀主義是在於哲學理性（philosophically reasoning），所以胡適說卜朗吟的樂觀主義不是幼稚園式的，而是有他的哲學基礎。胡適認為我們也許一時不能說服他們（指反對卜朗吟的人），不能改變他們原有的想法，但是我們可以大家來討論。或許我們可以用另外一種方式來探討、留意。胡適說這是他寫這篇論文的動機所在。

胡適這篇文章是符合一般西方學者寫學術論文的規格。他在康乃爾四年，不是沒有收穫的。胡適說卜朗吟的樂觀主義可以針對悲觀主義來討論。悲觀主義者因為對人生乏味，像《哈姆雷特》（*Hamlet*）裡的哈姆雷特感覺人生沒趣，要自殺，認為死亡可以解決一切。胡適為卜朗吟樂觀主義辯護的論文分成三個主要部分：一、知識的悲觀主義（Intellectual pessimism），二、德性的悲觀主義（Moralistic pessimism），三、享樂派的悲觀主義（Hedonistic pessimism）。在這裡我們依照胡適的次序先講知識的悲觀主義。胡適認為知識的悲觀主義者對人生絕望了，因為他們無法求得知識上的「至善」（Highest knowledge），胡適文中引了一位未講人名的東方哲學家（此即中國的莊子）說的話：「吾生也有涯，而知也無涯。以有涯隨無涯，殆已。」卜朗吟的答覆：「我們要努力工作，盡其所能。」卜朗吟同意悲觀者的論調，終極的知識是不可得的。某些知識確實不易得，但吾人不能坐以待斃。有時卜朗吟自己對知識的獲得也是將信將疑。不管如何，悲觀主義者認為知識不可得，人生了無意義，卜朗吟對此答說：人生不止只為知識，吾人並不是一定要什麼都懂成為一個走路的百科全書（walking encyclopedia）。人生還有別的比如喜、怒、哀、樂。卜朗吟說知識只是人生的一部分。還有德性（morality）存也。而德性的悲觀主義者，他們認為這個世界充滿著腐敗及邪惡。卜朗吟說，是的，他承認這個世界不是很完美。但他不像美國詩人惠特曼（Walt Whitman）那樣抱持高度的歡愉精神，近乎盲目地讚美這個世界是止於至善的（英文裡講的是a big-hearted optimist）。惠特曼有下面的幾句詩句，卜朗吟是並不完全贊成：

I praise with electric voice,
For I do not see one imperfection in the universe,
And I do not see one cause or result lamentable at last.

我要用力大聲來讚美，
因為我未見宇宙間有不完美，
我也從未見任何一因一果值得傷悲。

最後一個討論的是享樂派悲觀主義者的論調，他們說人生活著沒有什麼意義，因為沒有樂趣。人生目的追求最高境界（the highest good life），如果不能滿足這種欲望，則是痛苦。

即使滿足也是短暫的。悲觀主義強調說：「人生只有苦多樂少」（Life yields more pain than pleasure），了無趣味。只有死亡可解決一切（Only death ends all!）。他們又說，人生懷著無窮盡的欲望需要努力，這些是痛苦之源。卜朗吟駁斥說，人生應該要繼續不斷地努力，努力工作不是一件壞事。因為人類應該有個目標不斷地努力，才有今天近代文明。如果今天我們全部停止努力，則這個世界將成什麼樣子的世界。悲觀主義者說人生苦多樂少，可是卜朗吟的想法剛好相反。他說君不見農夫耕耘是辛勞的，但收穫是快樂的。卜朗吟說收穫會帶來歡愉，因為收穫就令人忘卻耕耘的痛苦。因此詩人要大家努力工作，放棄悲觀主義。胡適最後用卜朗吟一首詩句做為他這篇徵文的結束。詩云：

One who never turned his back but marched breast forward,
Never doubted clouds would break,
Never dreamed, though right were worsted, wrong would triumph,
Held we fall to rise, are baffled to fight better,
Sleep to wake.

吾生惟知猛進兮，

未嘗卻顧而狐疑。
見沉霾之蔽日兮，
信雲開終有時。
知行善或不見報兮，
未聞惡而可為。
雖三北其何傷兮，
待一戰之雪恥。
吾寐以復醒兮，
亦再蹶以再起。

胡適這首詩說是他自己翻譯的。在這首譯詩後記，他說：「此詩以騷體譯說理之詩，殊不費氣力而辭旨暢達，他日當再試為之。今日之譯稿，可謂為我闢一譯界新殖民地也。」[8]唐德剛在其譯注的《胡適口述自傳》第四章裡附寫一條注釋，說胡適以「騷體」翻譯卜朗吟詩「尚稱切貼」。[9]

胡適這篇文章是有板有眼，符合一般西方學者寫學術論文的規格。且很是認真而嚴肅的。一個即將大學畢業的學生能寫出這樣好的文章來，從任何角度來看，誠屬不易。胡適何以致之。讓我先講蔡元培說的一個掌故。據馮友蘭晚年回憶說，一九二二年蔡元培從歐洲來美國遊歷，到了紐約。馮友蘭那時在哥倫比亞讀書，他說哥大中國同學會開了一個「盛大」的歡迎會來歡迎蔡先生。在會中蔡元培致辭，講了一個故事：「一個人的朋友得到了神仙的法術，能點石成金。這位朋友對這個人說：『我能點石成金，你要多少金子，我都點給你。』這個人說：『我不要金子，我只要你那個手指頭。』全場哄堂大笑。」蔡先生接著說：「諸位同學到國外留學學一專門知識，這是重要的，更重要的是要拿到那個手指頭，那就是科學方法。」他又說：「你們掌握了科學方法，將來回國後無論在什麼條件之下都可以對中國做出貢獻。」[10] 胡適在康乃爾還沒有畢業能寫出這樣好的文章，參加徵文比賽，得了首獎，豈偶然哉！從這篇文章來看胡適，在康乃爾他已經熬過了西方學術上的嚴格訓練——治學方法。他日後念不念或有沒有碩士或博士學位，在我看來都無關緊要。所以我常說胡適在美國留學，他在康乃爾所得益的恩惠遠比在哥倫比亞來得多，來得大。因為他在康乃爾四年就已經拿到了蔡元培所說的那個「手指頭」了。胡適所得康乃爾給他的恩惠，豈淺鮮哉！

III

胡適得了卜朗吟獎後，康乃爾老校長懷特邀請校中是年所有獲得其他獎賞的優秀學生，胡適也被邀請，他應邀赴宴。胡適日記標題書：「赴白博士夫婦家宴（五月十五日）」，白博士即懷特，他說：「十四日白博士夫婦宴校中得獎之學生九人赴宴其家，英文科及演說科教師皆在座。」這是指胡適得獎評審諸君。學生九人者：一為中國人即胡適自己，他以〈論英詩人卜朗吟之樂觀主義〉一文獲得校中徵文獎。其餘獲得其他獎的學生（各得什麼獎不詳）計三位為猶太人，一女子，其餘四人為美國男學生。席終，懷特致賀辭說了兩個中國名人的故事：他猶憶六十年前初進耶魯大學讀書的時候，與容閎（純甫）同學，他說容閎「異服異俗，頗受人笑。其年容閎兩得班中英文第一獎品，其後無人敢揶揄之者矣」。然後，老校長又講了一個中國人的故事，說他在第一次參加平和會（指一八九九年海牙和平會議）時，有一中國少年為中國代表，致辭以法文演說，「精闢警切，為全會第一演說，惜不記其名矣。」此少年何人耶？在懷特自傳中記，此中國少年姓Lu，胡適在其《留學日記》中記「疑是陸徵祥」。[11] 胡適懷疑是陸徵祥，筆者查了，確是陸徵祥。他曾代表中國出席第一次一八九九年及第二次一九〇七年海牙和平會議（Peace Conferences in The Hague）。陸徵祥（1871-1949）江蘇太倉人，幼年進上海廣方言館，稍後進北京同文館。陸為清末民初一位優秀的職業外交家，能操流利俄語，還能講極其漂亮的法語。當時法語是國際官方語言。他曾代表清廷參加第一次及第二次海牙和平會議。懷特出席第一次和平會議看到他，那時他還不到三十歲（二十九歲）。陸徵祥人很聰明能幹，曾先後任駐俄及駐比利時公使。在外交界是一個明星人物，民國初年曾任外交總長及內閣總理。一九一五年時因他是外交部長與日本交涉《二十一條》，從此聲名狼藉。陸娶比利時小姐培德（Berthe Bovy）為妻，培德是比利時駐俄公使的掌上明珠，比陸大十六歲，雖男家、女家各方反對，但還是結婚了。婚後夫婦恩愛逾常。一九二六年夫人去世，陸悲痛萬分，無子女，看破紅塵，翌年進修道院棄俗修道，做洋和尚（為天主教司鐸）。一九四五年中央日報記者陸鏗隨中國記者團赴歐洲訪問戰後盟國，曾順道去比利時採訪陸徵祥。陸鏗說，這位民國初年風雲人物，如今已是耄耋之年風燭殘年了（詳見《陸鏗回憶與懺悔錄》）。陸徵祥卒於一九四九年，享年七十九歲。

IV

胡適與卜朗吟的故事還沒有完。胡適後來受邀赴波士頓演講「儒學與卜朗吟哲學」，是從他的卜朗吟徵文衍生出來的。自從報上刊登胡適得卜朗吟獎的消息後，胡適的朋友都知道了。適於此時波士頓卜朗吟學會（Boston Browning Society）的執行部書記施保定夫人（Mrs. Ada Spalding）邀請哈佛學生吳康至該會演說，題為「儒學與卜朗吟哲學」（Confucianism and the Philosophy of Browning），吳康謙辭了但推薦胡適代之。後來施保定夫人曾有專函邀請胡適。胡適沒有立刻答應，「不敢遽諾」，然後他一想，「此會代表波士頓文物之英，不可坐失此機會，遂諾之。」[12] 還有一個最重要的因素，他所以答應下來，他有自信對這個題目能勝任愉快，優為之的。雖然這個題目牽涉到兩個主題，一是儒家思想，另一是卜朗吟哲學；前者是他看家本領，在英文裡可以說是他的 field。後者卜朗吟哲學，就是指卜朗吟詩裡所表達思想，胡適才寫完卜朗吟的樂觀主義論文，對他來說駕輕就熟，難不倒他的，俗云打鐵趁熱，所以他就欣然答應下來。[13]

胡適得獎的論文主題是講卜朗吟的樂觀主義，有人反對卜朗吟。胡適與切斯特頓是捍衛卜朗吟的樂觀主義。胡適的文章寫得四平八穩，很有層次，引經據典，旁徵博引，也有文采，他之所以能得首獎，當非偶然。波士頓的演講稿是比較卜朗吟詩裡的人生哲學、樂觀主義與儒家思想裡的人生哲學、進取精神，在結構方面，演講稿較平穩（smooth），上下都能接筍。得獎文引了大量的卜朗吟詩之外，也錄了一些丁尼生的詩句。在波士頓講稿裡，他把徵文裡的丁尼生題詞及卜朗吟的結語詩都放在本文（text）內來說明卜朗吟人生哲學。胡適得獎文章主題是樂觀主義，波士頓講稿主題是「Hope」（希望）及「Endeavor」（這個字的意思：凡是立了一個目標，乃盡全力去做。與普通中文字典解說是「努力」的意思不太一樣），這也就是卜朗吟樂觀主義的精髓。他引很多儒家思想及格言與卜朗吟的詩句來闡明他講稿的主題（theme）。在講稿中開宗明義即說要講卜朗吟樂觀主義裡的「Hope and Endeavor」。胡適說卜朗吟的樂觀主義是符合儒家學說，有關人性的看法亦然。其他還有，我不能盡錄。茲錄一、二則如後：比如卜朗吟對邪惡的觀念，即儒家所說的考驗人性。胡適在講稿裡錄了一段孟軻的話，孟子曰：「天將降大任於斯人也，必先苦其心志，勞其筋骨，餓其體膚，空乏其身，行拂亂其所為，所以動心忍性。益增其所不能。」胡適的譯文如下：「When heaven is about to entrust a great duty to any man, it first exercises his mind with suffering, and his sinews and bones with toil. It exposes his body to hunger, and subjects him to extreme poverty. It confounds his understanding. In this manner, it stimulates his mind, strengthens his nature, and supplies his incompetencies.」胡適說儒家所說的「天」就是卜朗吟所說的「Nature or God」（自然或上帝）。胡適又說卜朗吟的不朽觀念（conception of immortality）——死後的生命（the continuance of life after death）以其在世時的人品作為（the immortality of human personality of what a man is and does）做為不朽的正則——正符合孔門弟子所說「死而不朽：立德、立功、立言」，三不朽也。《左傳》上載，有人問魯國大夫叔孫豹：「古人有言，死而不朽，何謂也。」答曰：「太上有立德，其次有立功，其次有立言。雖久不廢，此之謂不朽。」（《左傳》，襄公二十四年）[14] 胡適在講稿裡將三不朽翻譯為：「character and virtue」（立德），「achievements」（立功），「philosophy, sayings and literature」（立言）。然後他用3W來概括之，此即Worth、Work、Words是也。胡適又說卜朗吟樂觀主義裡的「Hope」及「Endeavor」在儒家思想裡也有，在演講結束時，他引了晚清名臣曾國藩一句話，曾氏是一個很了不起

的儒家學者，他說過像這樣一句人生格言：「不問收穫，只問耕耘。」（Only plow and sow! Consider not the reaping, nor the hast!）與卜朗吟一句詩「Success is naught, endeavor's all」（成功不算什麼，有目標努力去做到最重要）不謀而合。胡適最後說曾國藩的格言是卜朗吟這個意見的中文版（This is the Chinese version of the Browning idea）。胡適這篇演講就結束了。

根據胡適一九一五年一月十八日寫給女朋友（female friend）韋蓮司的信，他說：「我到昨晚才寫完卜朗吟講稿（Browning paper），其實應該是今天清晨三點，題目是『Confucianism and the Philosophy of Browning』。除了英文系裡的諾斯普（Northrop）教授看過外，尚未經行家過目（原文是It has not gone through the eyes of critics as yet -- except Professor Northrop of English Dept.）。」[15] 根據胡適日記裡一月二十七日追記，他於一月十八日夜離開綺色佳，翌日晨抵波士頓。下午三時至Hotel Vendome，這是卜朗吟學會演講會的會場所在地，聽眾約有百餘人，中年以上者居多。胡適講了四十五分鐘。他的演講「頗受歡迎」。繼胡適講演的是一位已皈依了印度梵丹教（Vedanta）的英國女子，她講的題目是「Vedanta and Browning」。胡適在日記上追記：「以余私見言之，余此次講演稿，遠勝余去年得卜朗吟獎賞之論文也。」[16] 不過他寫給韋蓮司的信上說：「我不太相信這篇講稿有任何價值，但是我相信要比我得獎的那篇要好。最大的收穫是波士頓邀請我去演講，給我有一個重寫卜朗吟論文的機會，即使我明天的演講失敗了，我的努力（原文effort）沒有白費。」[17]

根據胡適在日記上記，他的波士頓演講是成功的。他很愉快。晚餐由吳康邀宴紅龍樓，同席者七人，言談甚歡。夜宿卜朗吟學會執行部長陸次（Rev. Mr. Harry Lutz）家。陸次夫婦相待極殷。[18] 翌日（一月二十日）由哈佛朋友帶領遊覽波士頓，這是他第二次去波士頓。上午重遊哈佛大學美術館 Fogg Art Museum。午餐在世界和平會所（World Peace Foundation）。下午有舊友鄭萊同去波士頓美術館（Boston Museum of Fine Arts），翌日（二十一日）又往觀中國畫。胡適在日記上記：「是日所觀宋元明名畫甚多。」下午三時離波士頓，晚九時至紐約，即以電話告韋蓮司約晤明日在大都會美術館見。二十二日午後一時至韋蓮司寓午餐。餐後乘火車過赫德遜河至紐約近郊紐澤西州的 Upper Montclair 訪一洋朋友節克生（Henry Jackson），他是牧師，已婚育一子一女。留夜宿，款待甚殷，夜談宗教問題。翌日（二十三日）晨即歸紐約市，訪哥倫比亞朋友，下午再訪韋蓮司於其海文路（Heaven Road）寓所。夜宿哥大學生宿舍。二十四日乘車歸綺色佳，結束了為時近一週的波士頓、紐約之行。胡適此行甚樂，不言可喻。他沒有想到綺色佳後，令他樂極生悲。[19]

胡適在波士頓卜朗吟學會演講有後遺症，這個後遺症對胡適日後影響既大且深，其結果他在康乃爾就待不下去了，迫使他轉學，這一事件前因後果，早年鮮有人知。後來有關胡適新的材料不斷出現，普林斯頓教授周質平在臺北「胡適紀念館」看到胡適寫給其女友韋蓮司的大批信件，乃編譯出版了兩本書《胡適與韋蓮司：深情五十年》及《不思量自難忘：胡適給韋蓮司的信》，我們才知道因為胡適應邀赴波士頓卜朗吟學會演講，這時候剛好有一位日本佛學教授要來康乃爾演講，克萊頓（J. E. Creighton）教授要胡適到車站去迎接他，胡適分身乏術，無法從命。梯利（Frank Thilly）及克萊頓是哲學系裡兩位資深教授，深為不悅。他從波士頓回來後不久，他知道他申請下一年度（一九一五至一九一六年度）塞基助學金（the Sage Fellowship of Philosophy）被拒，這對他打擊很大。這個助學金是塞基家屬提供的，但決定給誰，是由梯利決定，他那時是系主任，克萊頓是系裡大牌教授，極有影響力。胡適沒有想到得罪了他們，他很難過。在一九二七年一月他在英國開完中英庚款會議後從倫敦赴美，那時在中國他已是名滿天下的大名人。他此行赴美，除在哥大正式接受補拿一九一七年未拿的博士學位外，還在哥大及在哈佛分別做了六次學術演講，並得暇到綺色佳訪問母校。胡適說過綺色佳是他第二故鄉，那麼這次回來算是衣錦還鄉。一月十四日他在紐約客棧，他寫了封長信給他的女友韋蓮司，談到十二年前康乃爾哲學系不給他助學金的故事。他說：「我寫了一封長信給 Thilly 教授，向他報告我的情況。我很難過他以為我對哲學系沒有興趣。其實我對哲學系的感激是超過他們所知的。我在康乃爾人緣太好，活動太多，這對我的功課是不好的。Thilly 教授從不掩飾，他對我因外務太多感到不快。別的教授，尤其是Creighton教授也覺得不高興。我清楚的記得有一件事讓Creighton教授非常不愉快。有個日本佛學教授要來康乃爾演講，Creighton教授要我去車站接他。我不能，因為那天我自己在波士頓有個演講。我看得出來Creighton教授很不愉快，而我也覺得很難過。因為他是我最不想使他生氣的一個人。」[20]梯利及克萊頓教授說胡適不喜歡哲學，這不是沒有原因的，因為胡適很多活動，及其所發表的文章（其中有學術性的如評解兒司英譯《敦煌錄》）均與哲學無關。

胡適在信上又說，康乃爾在一九一五年沒有繼續給他助學金，對他來說，未嘗不是一件好事，因他轉學哥大，迫使他在哥大自一九一五至一九一七年間，特別用功讀書。胡適說：「這種奮發自勵的精神即是康乃爾教授所賜。他們所冀望於我，遠比我所做的要高。我就不想使他們失望。」[21]胡適最後說：「我一直對這件事（指一九一五年康乃爾拒給助學金）深懷感念，當我聽到克萊頓教授噩耗（卒於一九二四年十月八日），我眼淚落下來了。我想克萊頓教授永遠不會想到我是如何地感激他。」胡適這幾句話很像佛家或儒家孔門弟子的口氣，他真如周策縱教授常對人說的：「胡先生是一個很可愛的人，不要罵他。」

乍看起來好像是康乃爾哲學系裡梯利及克萊頓教授在玩小politics，這種事情在美國學府裡司空見慣，也許有人要怪梯利及克萊頓，可是胡適在給他女友韋蓮司信中沒有怨恨（胡適在信裡用resentment）他們。且仔細研究一下，雖然胡適大學部的成績還不錯，但比起趙元任及胡明復來就不夠強（strong）。他在研究所的成績如何我們不知道，因為有些課程在成績單上只有通過（pass）或不通過。如果說他通過的課程夠得上Grade A的成績，那就很好。如果只夠得上「B」的成績，那就不好了，如是這樣，胡適就不夠資格得研究生助學金（Fellowship）。胡適雖然「可愛」，康乃爾塞基哲學院（Sage School）也只能秉公辦理。胡適的課外活動雖多，但他在康乃爾百忙之中還是發表好幾篇中英文的學術性的文章，如〈詩三百篇言字解〉、〈爾汝篇〉及〈吾我篇〉，英文有〈Notes on Dr. Lionel Giles' Article on the Tung Huang Lu〉（刊於英國*Journal of the Royal Asiatic Society*, August 2, 1914）以及得卜朗吟徵文獎的論文〈A Defense of Browning's Optimism〉，以及他在波士頓演講稿〈Confucianism and The Philosophy of Browning〉。可是這些文章都與哲學無關（卜朗吟是一個詩人）。所以當梯利教授說胡適不喜歡哲學，胡適無詞以對。當克萊頓教授要他到綺色佳車站接一個日本教授，他因為要到波士頓去演講而不能從命，在梯利及克萊頓方面來看，胡適本末倒置。胡適拿了塞基哲學院助學金也應該幫塞基哲學院做一點事。我的結論是胡適在康乃爾哲學研究所的成績不夠好，才會連一個碩士也沒有拿到。他未去車站接日本佛學教授，只是駱駝背上最後一根稻草。但他雖然離開康乃爾去哥倫比亞，日後在這兩校之間，我從很多小地方來看，胡適仍喜愛康乃爾遠甚於哥倫比亞。他的兒子胡祖望、孫子胡復及戀人曹珮聲都上康乃爾。他自己私藏的一部價值連城的古本《石頭記》（《紅樓夢》）「借」給康乃爾。（後來我聽了哥倫比亞大學王成志先生說胡適的古本甲戌本《石頭記》已物歸原主，回中國大陸，其內情如何不詳。不管如何，這不是胡適的決定，職是此故，並不影響我的論斷。）

1 客觀來說，丁尼生的聲名要比卜朗吟來得大，一般而言，在英詩的世界裡，十九世紀是丁尼生的世紀，二十世紀是艾略特的。可是也有人說卜朗吟到了晚年，「他的名譽甚至駕乎丁尼生之上」。詳見柳無忌譯，《英國文學史》（臺北，虹橋書店，一九五八），頁三七七。我本人認為持這一說法的是少數。

2 不是專科也不是大學（類似一所職業學校），而是一所寄宿學校（boarding school）。

3 見Chou Min-chih, *Hu Shih and Intellectual Choice in Modern China* (Ann Arbor: University of Michigan Press, 1984), p. 229, n. 19.

4 胡頌平，《胡適之先生晚年談話錄》（臺北：聯經，一九八四），頁二四六至二四七

5 《胡適留學日記（一）》（上海：商務，一九四八），「一一　得卜朗吟徵文獎金」，一九一四年五月九日，頁二二九至二三〇。

6 見《胡適與國運》，這本小冊子是徐子明等人寫的，一九五八年四月臺北學生書局匿名印本頁十七。

7 桑塔亞那本是西班牙人，八歲來美國，在波士頓上最好的也是美國歷史最悠久的一所公立學校Latin School（成立於一六三五年，二〇一一年更名為Blue Ribbon School of Excellence），畢業後進哈佛大學部而後讀研究所，得了哲學博士學位後就留在哈佛任教。一九一二年四十八歲那年他突然離開了哈佛，也就離開了美國回歐洲故鄉，再也沒有回美國。當時在西方世界他是一位頗負盛名的哲學家。

8 《胡適留學日記（一）》，「四一　樂觀主義」，一九一四年一月二十九日，頁一七五至一七七。

9 唐德剛譯注，《胡適口述自傳》（臺北：傳記文學，一九八一），頁七四。

10 見馮友蘭〈我所認識的蔡元培先生〉，原載《人民日報》一九八八年一月九日。後來收入袁進編，《世界泰斗——名人筆下的蔡元培，蔡元培筆下的名人》（上海：東方，一九九九），頁三二六。

11 《胡適留學日記（一）》，「一六　赴白博士夫婦家宴」，一九一四年五月十五日，頁二三五。

12 《胡適留學日記（三）》，「一一　再遊波士頓記」，一九一五年一月二十七日追記，頁五一三至五一四。

13 「卜朗吟學會」世界上現在有好幾個。最早的一個一八八一年設於倫敦。在波士頓的卜朗吟學會成立於一八八五年，這是在美國最早的一個。二年後即一八八七年柯生（Hiram Corson）在康乃爾也設立了一個卜朗吟學會。一九〇七年紐約市也成立了一個卜朗吟學會。現在在英國、美國及加拿大，大大小小大約有一百多個卜朗吟學會。但在美國歷史最久、人數最多、影響力最大的，還是要算波士頓的卜朗吟學會。

14 錢鍾書說：「immortality」有兩個涵義，第一個涵義就是我們通常所謂「不朽」，第二個涵義是鄭道子〈神不滅論〉所謂「不滅」。卜朗吟說的「不朽」，可能包括上述這兩種。但是儒家所說的「不朽」，也許只有前一種即是通常所說的三不朽：立德、立功、立言—流芳百世。在這裡我們所講的就是這三不朽。錢鍾書說過：在所有哲學家之中，只有威廉·詹姆斯（William James）夠得上「immortal」這個字。與詹姆斯同創實驗主義（pragmatism）的哲學家皮爾士（C. S. Peirce）與杜威（John Dewey）尚且還不夠。對不朽這個問題有興趣的讀者，請參閱錢鍾書寫的〈鬼話連篇〉，收入《錢鍾書散文》（杭州：浙江文藝，一九九七），頁一〇八至一一三。

在我認識的前輩中夏志清先生，可能是一個narcissist，前幾年他病重時，在病榻上對其徒弟說：「我死後不朽。」徒弟聞之乃濡筆記之，刊之報刊。在中國，一個人要夠得到不朽境界是很難的，並且只有後世的人、夠資格的人可以來決定。野史上說，二千多年來中國人夠得上不朽的只有二個半：此即諸葛亮、王陽明、曾國藩（半個）。那麼孔夫子呢？朱熹呢？有一個朋友開玩笑說如果唐德剛還在世，他聽到了夏志清要不朽，也許他也要。那麼胡適、魯迅呢？

15 季羨林主編，《胡適全集》第四十卷（安徽：安徽教育，二〇〇三），頁二五至二六。

16《胡適留學日記(三)》，「一一　再遊波士頓記」，一九一五年一月二十七日追記，頁五一四。
17《胡適全集》第四十卷，頁二六。
18《胡適留學日記(三)》，「一一　再遊波士頓記」，一九一五年一月二十七日追記，頁五一四至五一五。
19《胡適留學日記(三)》，「一一　再遊波士頓記」，一九一五年一月二十七日追記，頁五一五至五二四。
20周質平，《不思量自難忘：胡適給韋蓮司的信》(臺北：聯經，一九九九)，頁一五八至一五九。英文原函見《胡適全集》第四十卷，頁二四七。
21《胡適全集》第四十卷，頁二四八。

【第十一章】

評解兒司誤讀《敦煌錄》，一九一四

胡適在《留學日記》裡曾記：「偶讀《英國皇家亞洲學會報》（*The Journal of the Royal Asiatic Society*, 1914, Part III, pp. 703-729），見彼邦所謂漢學名宿Lionel Giles者所作〈《燉煌錄》譯釋〉〔Tun Huang Lu: Notes on the District of Tun-Huang〕一文，附原稿影本十四頁。《燉煌錄》（原文如此）者，數年前燉煌石室發現古物之一也，所記燉煌地理古跡，頗多附會妄誕之言。鈔筆尤俗陋，然字跡固極易辨認也。不意此君（解兒司）所釋譯，乃訛謬無數。」[1] 解兒司（Lionel Giles, 1875-1958）為英國漢學家，他的父親翟理斯（Herbert Giles, 1845-1935）為近世西方漢學泰斗，曾與威妥瑪（Thomas Wade, 1818-1895）首創中文羅馬拼音，即一般稱之為威氏拼音（Wade-Giles System，威氏拼音直至一九七九年由中共的拼音來替代）。解兒司克紹箕裘，一九一三年自牛津獲得博士學位後即進大英博物館工作，一直做到一九四〇年退休。一九五八年病逝。他治學甚勤，一生著作甚多，但最有貢獻即是他整理敦煌石室手卷。[2]胡適在日記中指出解兒司《敦煌錄譯釋文》中有很多錯誤，胡適說要「作文正之，以寄此報」。後來胡適真的寫了一篇文章投寄該刊，登出來了。那時他甫自康乃爾畢業。胡適的文章題為：「Notes on Dr. Lionel Giles' Article on the Tung Huang Lu」，中文譯名「解兒司博士〈《敦煌錄》譯釋〉文之商榷」。[3]這篇文章不長，只有五頁，文章雖短，其意義深長，這篇文章非同小可，倒不是因他的文章使英國漢學家俯首稱臣，而是從這篇文章最可看出胡適早有慧根，亦可看出他的英文造詣、舊學根底，及其治學態度。惟海峽兩岸胡適專家或傳記家似乎都沒有注意到胡適這篇文章，深以為奇。筆者不揣譾陋，就我所知，做了一番整理工作（research），撰成此文，俾供大家參考。

II

在我們討論胡適評論解兒司英譯《敦煌錄》之前，對「敦煌」一詞歷史及人文地理稍做解釋，這樣可使讀者有一個清晰概念。敦煌又稱沙洲，位於中國甘肅省河西走廊。因在黃河以西的地區，自古即稱為河西，即今之綏遠、陝西、寧夏和甘肅省的一部分，均在河西範圍內（在甘肅西北突出部分，稱之為甘肅河西）——這些地區為自從漢唐以來通往西域的要道，故稱之為「河西走廊」。在「河西走廊」的最西端是古代從中原進入西域的門戶，為銜接中西交通及陸上絲綢之路要道。就歷史背景而言，自漢魏以迄隋唐長期經營西域，是故敦煌一向為河西重鎮。「敦煌」一名的由來，據《漢書》卷二十八《地理志》稱：「敦，大也；煌，盛也。」唐代李吉甫解釋說：「敦大也，以其廣開西域，故以盛名。」[4]

及至近代敦煌受人注意始於二十世紀初葉，一個歸化英國的匈牙利人名叫斯坦因（M. A. Stein, 1862-1943），從一九〇六年四月至一九〇八年十一月帶了翻譯蔣孝琬至甘肅敦煌、酒泉間的長城烽燧再到莫高窩等地，賄賂王道士（圓籙），給他一把錢乃盜走自六朝至宋代經卷寫本共計二十四大箱，約萬餘卷，還有佛像繡品五百餘幅，先後運到倫敦，由大英博物館收藏。[5]《敦煌錄》即是其中一部分。因斯坦因不諳中文，[6]乃請法國漢學家伯希和（Paul Pelliot, 1878-1945）來幫忙整理。斯坦因也真天真，在這種情形之下，他自己也許認為他找對了人，但是反過來說他可能是找錯了人，因為在西方漢學界伯希和非等閒之輩，他是一個很精明能幹又是一個很有野心的人。他得悉斯坦因在敦煌得寶後，於一九〇八年他自己亦親自到敦煌，也是給了王道士一大把錢，王道士允許他在敦煌藏經洞中，做了一個很有系統的選擇。他帶回巴黎去的經卷，在數量上遠不及斯坦因，但因他懂中文，故挑選的均屬精品。在這種情形下，伯希和自中國回歐洲後，自顧不暇，當然沒有餘力來幫助斯坦因，是故直截了當推辭了事。[7]這是一九一三年。據陳之邁說斯坦因於一九一四年又去了一趟敦煌，他從王道士手中又拿走六大箱的敦煌經卷。也就在一九一四年，大英博物館把這批斯坦因先後盜來的敦煌經卷交由年輕的漢學家解兒司來整理。解氏治學甚勤，自一九一四年後他陸續發表了一連串敦煌研究心得，他的第一篇發表的文章即遭胡適苛評，也就是本章所要討論的〈《敦煌錄》譯釋〉。[8]

《敦煌錄》全文只有八百九十三個字，是敘述敦煌的地理位置。解兒司的文章雖然不長，但甚重要，算是研究敦煌學的起點。但解兒司的譯文有些地方是值得商榷的，也就是如胡適在《留學日記》中所說：「訛謬無數。」胡適在日記中說：「彼邦號稱漢學名宿者尚爾爾，真可浩歎！」這是胡適讀了解兒司文後有感而發，因此他說：「余摭拾諸誤，為作文正之，以寄此報。」[9]胡適把他駁斥解兒司的文稿寄出後數月未見有回音，他似乎有點在意，他在日記上記：「至今數月，未得一字之答覆。」但在一九一五年二月十一日：「今日英國郵來，乃得英國國家亞洲學會（The Royal Asiatic Society）書記寄贈所刊余所作文單行本若干份。譯者已自認其誤，另譯《燉煌錄》一本，亦刊於《亞洲學會雜誌》內（*Journal of the Royal Asiatic Society*, Jan. 1915）」，胡適有評語：「則西人勇於改過，不肯飾非，亦足取也。」[10]

胡適的英文就像他寫的中文一樣條理清晰、明白暢曉、一目了然。胡適這篇駁解兒司的文章也是清清爽爽，且沒有客套，他開宗明義即說為了易於說明起見，分四組來討論，此即（一）Punctuations（標點），（二）Misreadings of the Chinese Text（誤讀原文），（三）Errors in the Text itself（原文本身有錯誤），（四）Other discussions（其他）。然後他逐條來討論。在第一組標點符號項內，所占篇幅較多，胡適毫不客氣地指出解兒司對句讀有極大的困難，因此引起很多可笑的誤譯。因為中國古文（文言文）是沒有標點符號，像胡適生長在長江流域，幼時在私塾讀過四書五經的人，要叫他們讀這些沒有標點符號的古文是輕而易舉優為之的，但對一位洋人來說就不是那麼容易了。胡適首先逐一指出解兒司句讀及譯文的謬誤，如下面一句：「古號鳴沙神沙而祠焉近南有甘泉」，解兒司的標點：「古號鳴沙神沙。而祠焉近。南有甘泉。」解兒司的英譯：「An old name for the Sounding Sand was Spiritual Sand, and a small temple has been dedicated to it near by. To the south there is the Kan-ch'uan River.」[11] 胡適說解氏句讀是錯誤的。胡適自幼讀書對文法很感興趣，早年在績溪私塾裡讀過馬建忠的《馬氏文通》，在上海讀書念的是新式學堂，學英文時，對英文語法下過一番功夫。故胡適撰文時，喜用文法結構來指出解氏的錯誤。在這裡他認為「神」當動詞用，而解氏句讀為「而祠焉近」是絕對錯誤的。「近」字應該放在下面一句內，胡適說正確的標點應該是：「古號鳴沙。神沙而祠焉。近南有甘泉。」因為標點不同，解釋亦異。胡適的英譯如下：「The ancients called it Sounding Sand. They deified（or, wondered at, 神）the sand and worshipped（祠）it there（焉）. Near by to the south is Kan-ch'uan.」[12]

另有一條：「父母雖苦生離兒女為神所錄歡然攜手而沒神龍中剌史張孝嵩下車求郡人告之」，解兒司的句讀為「父母生離兒女。為神所錄。歡然攜手。而沒神龍中。剌（刺）史張孝嵩下車求郡人告之。」解氏英譯：「The parents, though bitterly distressed at having their sons and daughters thus torn from them, would nevertheless cheerfully lead by the hand those marked out as victims for the goddess, and drown them in the spirit-dragon's pool. When the Governor Chang Hsiao-sung arrived at his post, he made inquiries about this custom from the inhabitants of the chun.」[13] 在這一則裡解兒司有兩個錯誤，胡適說「生離」是一個很普通的名詞通常與「死別」（以後不會再相見）連用在一起。他又說「兒女」是第二個短句（the second clause）的主詞。胡適說解兒司誤解「神龍」為「神龍之淵」，故解氏在注文中說中國的龍通常與水在一起，在這裡原文很可能將「池」(pool)或「泉」(spring)漏掉，故他將「神龍」譯成英文為「The spirit dragon pool」（神龍之淵）。胡適說「神龍」是中宗（西元七〇五至七〇六）年號，張孝嵩任刺史當在玄宗（七一三至七五五）時代。這樣看來解氏不僅譯意南轅北轍，也有點閉門造車，正如胡適所說的「頗多附會妄誕之言」。解氏的文章未經中國學者過目，故就鬧出這樣的錯誤。胡適的句讀：「父母雖苦生離。兒女為神所錄。歡然攜手而沒。神龍中。剌（刺）史張孝嵩下車求郡人告之。」胡適的英譯如下：「Although the parents were distressed at thus 'parting alive', the boy and the girl, having been chosen by the spirit, cheerfully took each other's hand and drowned themselves. In the Shen-lung period (A.D. 705-706) the Governor Chang Hsiao-song etc.」[14]

第三則原文：「曰願見本身欲親享神乃化為一龍」。解兒司的標點為「曰。願見本身。欲親享神。乃化為一龍。」解氏英譯：「Then he called out:'I wish to behold thy real form and make sacrifice to thee in person'. The spirit forthwith changed into a dragon and came out of the water.」[15]胡適認為標點有誤，他說「神」是動詞，「化」是主詞，並不是動詞「享」的受詞。胡適說正確的標點如下：「曰。願見本身。欲親享。神乃化為一龍。」這一條胡適與解氏標點雖異，問題不大，解氏譯成英文，與原意無誤，故胡適沒有提供他自己的英譯。

第四則《敦煌錄》中原文：「敕號龍舌張氏編在簡書」，解兒司的句讀為：「勑號龍舌。張氏編在簡書。」解氏英譯：「With a command that he should take the appellation of Lung-she (Dragon's tongue). Chang wrote a book giving an account of this adventure.」[16]胡適的標點為：「勑號龍舌張氏。編在簡書。」胡適說「簡書」做「正史」解。他的譯文：「(And) decreed that he should receive the title of Lung-she Chang (Chang of the Dragon-tongue). This is recorded in the official records.」[17]

在討論句讀的第五條，也就是最後一條爭論較多。原文為：「郡城西北一里有寺古木陰森中有小堡。」這一節並不很難懂，但解兒司還是弄錯了，是故胡適有很不客氣的批評。解兒司的標點如下：「郡城西北一里。有寺古木。陰森中有小堡。」解氏英譯：「One li north-west of the capital there is a monastery and a clump of old trees. Hidden amongst them is a small fort, on the top of which erected a miniature palace, complete in every part.」[18]文中「有寺古木」解氏譯成「there is a monastery and a clump of old trees」，所以胡適在日記中說「豈非大可笑乎」[19]。胡適的句讀：「郡城西北一里。有寺。古木陰森中。有小堡。」胡適的英譯：「One li north-west of the city there is monastery. Shaded among the old trees is a small fort.」因為標點不同，所以翻譯出來的意思亦異，在這裡胡適對解兒司的誤譯，似是很生氣，故在他自己的譯文下面加了一個小注：「This error of Dr. Giles' is almost unpardonable, as the passage is so evident.」（解兒司博士的錯誤是不可原諒的，因為引文裡的意思那麼明顯。）[20]

胡適對解兒司的批判是毫不留情的，乍看起來不像平時笑嘻嘻的胡適之了。其實胡適在論學上一向是絲毫不含糊的——從一九〇四年他在上海梅溪學堂讀書時，當國文老師把一句本來是《易經繫辭傳》上的話隨便說成是《左傳》上的，胡適就指正老師說錯了。後來為了老子的年代與馮友蘭爭論不休。一九四九年批評白英（Robert Payne）寫的毛澤東傳，說作者草率，頗多妄誕之言是個下流商業化的作品。及至晚年在南港中研院時還寫過一篇文章題為〈論初唐盛唐還沒有雕板書〉力駁他老友李書華，斬釘截鐵地說唐代尚無雕板書。如果我們從這個角度來看胡適，在學術上的爭論，他是一絲不苟且的，且前後一致的。

上述是胡適與解兒司討論句讀方面的問題，很重要，所占篇幅亦多。此外他們也有討論一些次要的問題如避諱、缺筆問題。解兒司認為在《敦煌錄》中「純」字有缺筆，因為古時帝王字號要避諱，故有此陋規。因此解氏乃說此為憲宗諱故也（憲宗在位自西元八〇五至八二〇）。解氏注解又說，「祝」字為昭宣帝（在位自西元九〇四至九〇七年）名，而無缺筆，故他論斷此書當成於西元八五一至九〇四之間（即憲宗及昭宣帝之間）。但胡適並不同意。他的理由有二。一、「純」字沒有缺筆；二、《敦煌錄》中其他缺筆的還有如「昌」、「害」及「烏」字，胡適認為這種缺筆是因為抄胥讀書不多之故。[21] 胡適另提到一個「遂」字，認為偏旁「辶」沒有省略，而是解氏自己沒有認出該字草體所致。此外，胡適也有指出《敦煌錄》本身有錯字，如文內「人傳頗有虛」，他認為這個「虛」字是錯誤的，應該是「人傳頗有靈」。[22]

對於胡適的指正，解兒司極大部分都接受了，並且承認自己譯錯了。因此他將《敦煌錄》重譯。胡適對此甚是欣賞，他說：「西人勇於改過，不肯飾非，亦足取也。」[23] 解氏重譯的譯文即題為「The Tun Huang Lu Re-translated」（重譯《敦煌錄》），銜接著刊於胡適的文章後面。解兒司一開頭即說：「我很感謝胡適先生讀拙文如此仔細，同時指出一些無可疑問的錯誤。遺憾的是還有一些錯誤，胡適先生沒有看出來，好在這些錯誤已由家父翟理斯（Herbert A. Giles）教授和其他學者指出來了。我衷心感謝他們。因為有這些錯誤，因此我想有重譯的必要。」[24] 解兒司在文中所指的其他學者是指伯希和、巴恪思（Edmund Backhouse）及莊延齡（E. H. Parker）等人，他們是當時很有名望的漢學家。解兒司文章起首對胡適很是客氣，但也像一個淘氣的小孩子一樣，在文中會說：「還有一些錯誤，胡適先生沒有看出來。」但是大體而言解兒司氣度甚佳，很有雅量，大部分接受了胡適的指正，並照胡適的意思在重譯時改正過來。難得的解兒司在重譯時他盡量採用胡適的英文詞彙及句法，比如《敦煌錄》中「編在簡書」即是一例，解兒司本來譯為「Chang wrote a book giving an account of this adventure」，胡適說：「簡書 always means official records. The last sentence, 編在簡書, concludes and authenticates the whole story.」胡適的譯文為「This is recorded in the official records」，解兒司自己重譯時採用了胡適譯文，只改動了一個字，即將胡適譯的「recorded」改為「entered」。很顯然在這裡「entered」較「recorded」為佳。此外，他都用了胡適的譯文，其他的例子還有重譯「兒女為神所錄。歡然攜手而沒。」亦照胡適的譯文。[25]

唯有一小部分如「純」字缺筆，又如「人傳頗有虛」，胡適說「虛」字應為「靈」字之誤，解兒司不贊同，並且認為這是「一個有問題及不必要的推測」。[26] 解氏仍照第一次所譯，沒有更動。「關於郡城西北一里有寺古木陰森中有小堡」，雖然胡適對解兒司這一節的句讀曾有苛評，但解氏還是認為句點應在「木」字後——不同意胡適的標點。關於「堡」字，解兒司與胡適均譯成「fort」，但解氏父認為「堡」在這裡應是「a mound」而不是「fort」，解兒司重譯時採納了他父親的意見。[27]從這些地方來看，最可看出西人治學的謹慎，但也有固執的地方。因為胡適有了這種經驗，影響了他日後對西人治漢學的看法。他又說：「西人治漢學者，名Sinologists or Sinologues。其用功甚苦，而成效殊微。然其人多不為吾國古代成見陋說所拘束，故其所著書往往有啟發吾人思想之處，不可一筆抹煞也。今日吾國能以中文著書立說者尚不多見，即有之，亦無餘力及於國外。」然後他又這樣說：「然此學（Sinology）終須吾國人為之，以其事半功倍，非如西方漢學家之有種種艱阻不易摧陷，不易入手也。」[28]筆者甚贊同胡適此說，頗有見地。關於西人治漢學，哈佛大學已故楊聯陞教授在追念其業師葉公超一文中，曾說到第二次世界大戰後美國漢學界情形，頗可參考。他說到已故耶魯大學史學教授芮瑪麗(Mary Wright)受房兆楹及杜聯喆夫婦教益甚多，房、杜兩人曾與恒慕義（A. W. Hummel)編撰《清代名人傳》（*Eminent Chinese of the Ch'ing Period, 1644-1911*），後與富路德(L. Carrington Goodrich)編寫《明代名人傳》（*Dictionary of Ming Biography, 1368-1644*）。當《明代名人傳》於一九七六年由哥倫比亞大學出版時哥大特以極隆重儀式贈與房、杜二位榮譽博士學位，楊聯陞說「誠為國人之光」。費正清在他的《費正清中國回憶錄》（*Chinabound: A Fifty Year Memoir*）一書裡提到他早年在中國受到蔣廷黻的提攜。費又說他在哈佛時，無論在教學或做研究受到鄧嗣禹及劉廣京兩位幫助很大，楊聯陞對此有評語說：「尚屬公道。」最後楊說：「費公書（指回憶錄）肯提及鄧、劉（劉已是院士）二位幫忙，又請劉同主編近代一段的《劍橋中國史》。看來稍有識見的西人，已知治中國文史之學不與中國同行學人商量參閱而一意獨行者，只是膽大妄為而已。」[29]這是我讀了胡適在《留學日記》中評西方漢學家治漢學有感而想起來的。

III

解兒司與胡適雖為了《敦煌錄》引起一番爭論，但沒有想到隔了十年後他們兩人初晤於倫敦，後來成了朋友。中國人有句成語「不打不相識」，用在這裡是很恰當的。一九二六年夏，胡適去英國參加中英庚款會議。會議結束後曾至大英博物館（後來也去巴黎國立圖書館）看敦煌寫本。這段期間胡適第一次在日記中提到解兒司是一九二六年八月十六日：「訪Arthur Waley，談了一會。訪Lionel Giles不遇。Waley甚可愛。」九月二十四日他又去大英博物館看解兒司，胡適說：「他允許我來此看敦煌卷子，我很高興。」稍後他常去大英博物館抄敦煌卷子，但也不是很方便，比如有一天胡適早起去大英博物館看敦煌寫本，「Giles還沒有到，我不能入門，只好去展覽室看看敦煌寫本的展覽。」（《胡適日記》，一九二六年九月二十八日）他自九月下旬至十月中旬抄寫本較勤。在一九二六年十二月三日日記載：「早上連接四五個電話。好容易跑到British Museum去尋著Giles，請他把我要看的敦煌卷子先取出來，我講演完了，有空就每天來看。」在十二月下旬他準備離英赴美。他是十二月三十一日離開英國，他於一九二七年一月十一日船抵紐約（主要任務是完成他在哥大的博士學位手續）。胡適在離開英國前曾去大英博物館訪解兒司，「存了十鎊錢在他處，請他為我管影印敦煌卷子的事。」（《胡適日記》，一九二六年十二月二十九日）胡適於一九二七年四月從美國經日本回國。回國後他整理敦煌寫本出版了一本書題為《神會和尚遺集》，馬君武題簽，一九三〇年由上海亞東圖書館出版。他在自序裡說：「我趁這個機會要對許多朋友表示很深厚的感謝。我最感激的是倫敦大英博物院 Dr. Lionel Giles、巴黎的 Professor Paul Pelliot，沒有他們的熱心援助，我不會得著這些材料。」[30] 又隔十年後，正確的日子，一九三八年夏七月二十四日胡適到倫敦。根據《胡適日記》是年八月十六日載：「到 British Museum，訪 Dr. Lionel Giles 不遇。」在胡適遺留在北京的書翰裡看到解兒司給胡適的一張便箋說：「你的來訪確是一個很大意外的喜悅，我從未曾想到你已來了英國，真不巧，我昨天下午早走，你是否願意我們兩人一起午餐，除了星期六外，哪一天都可以。」[31] 照這張便條的口氣來推測，胡適到了倫敦曾到大英博物館去看解兒司，但因事先沒有約好，未遇。後來他們兩人約好於八月二十二日見面，《胡適日記》載：「訪 Lionel Giles，知倫敦藏敦煌卷子共七千件。Giles 父 Herbert A. 名翟李斯，他自己名翟來樂。與他同吃飯。」從上述胡適在《神會和尚遺集》自序裡對解兒司的誌謝（acknowledgement）及解兒司給胡適便箋來看，他們已是朋友了。在解兒司的心目中，胡適已是「我的朋友胡適之」了。

IV

關於胡適指正解兒司《敦煌錄》翻譯的錯誤，其意義不在於他與解兒司的友誼，或是解氏「勇於改過」重譯全文，而是從這篇文章可以看出胡適的學養——知識淵博及一絲不苟的治學態度，且他的英文已經寫得很好了。早年胡適的論敵如魯迅、郭沫若等人常常咒罵胡適崇洋媚外。到了一九五〇年代，中國大陸上八冊《胡適思想批判》及在臺灣有一本小冊子《胡適與國運》裡面一些作者眾口一詞地說，胡適不學無術，是一個買辦學者，拿中國的東西騙外國人，又拿外國的東西來騙中國人。[32] 如果我們拿胡適這篇批駁解兒司《敦煌錄》譯釋〉文來看，或拿同年較早他獲得卜朗吟徵文獎一文來看，則那些人是厚誣胡適了。

胡適晚一輩的唐德剛、散文大家吳魯芹說過胡適的英語講得不夠好，或者說胡適的英文只是普普通通。[33] 在胡適的同輩裡頭他的英語，講不如葉公超，寫不如蔣廷黻，葉公超講的英語在隔壁房間聽起來，聽不出來母語是非英語國家。蔣廷黻寫的英文（講話湖南口音很重），詞藻華麗與洋人無異。他們出洋的早，葉公超九歲起去英國上學，蔣廷黻十一歲上教會學校跟傳教士讀英文，十六歲赴美國讀書，從初中開始。胡適是十九歲來美國讀大學比他們晚了。學外國語文年齡愈早愈好。其實反過來說，中國人學英文能夠學到像胡適那樣「普普通通」的英文也就夠好了。但是我們仔細想一想，一個以非英語為母語的中國留學生來說，能有幾個人講的英語像胡適那樣好——洋人聽得懂，同時坐下來也能寫，寫出來像他那樣四平八穩明白暢曉的英文就很不錯了。溫源寧說：「適之寫的英文，似比他的中文漂亮。」[34]美國一位專欄作家柴爾茲（Marquis Childs, 1903-1990），在一篇文章〈Hu Shih: Sage of Modern China〉裡說：「胡適講話很流暢、自然，只有一點點口音。」原文是「He speaks easily, rapidly, with only a slight accent.」（*The Atlantic Monthly*, October 1940）更具意義的是，在刊登胡適批駁解兒司英譯《敦煌錄》一文的英國皇家亞洲學會會刊同一期，尚有沃許（E. H. Walsh）的〈Examples of Tibetan Seals〉和泰納（R. L. Turner）的〈The Indo-Aryan Nasals in Gujrati〉。沃許及泰納在當時均是望重士林的大學者也。胡適那時只是二十三歲甫自康乃爾畢業的一個大學生，而能與沃許及泰納等當代英儒名宿同在一個頗有分量的學術季刊上揖讓進退，試問中國留學生中，能做到像胡適那樣的則有幾人哉！[35]

1《胡適留學日記（二）》（上海：商務，一九四八），「三五　解兒司誤讀漢文」，一九一四年八月二日，頁三二二至三二三。解兒司這個名字是胡適在其留學日記裡的譯法，有人譯作翟林奈或小翟理斯，本文是照胡適的譯法。按《英國皇家亞洲學會報》（*Journal of the Royal Asiatic Society*）當時為一季刊，一年出四期，分別於一月、三月、七月及十月出版。這份季刊專門研究有關亞洲地區，除東南亞外包括中東、南亞、印度、西藏及蒙古等地區。討論的範圍為人文、地理、語言及一般性科學等專案，是一份很有分量的學術季刊。創刊於一八三四年。在創刊號裡卷首有一篇不到四百字的創刊宗旨，及相當於今日報刊的發刊詞。開宗明義即說該刊除學術研究外，其動機要配合大英帝國的利益。這與一九四九年後美國學術界為了本國（美國）利益及知己知彼計，大力推動中國研究（China studies）有異曲同工之妙。這份季刊創刊於中英鴉片戰爭之前，現在還在出版，不過今日不再是季刊，而是一份不定期出版的刊物。在文中胡適稱Lionel Giles為「彼邦號稱漢學名宿者」，當胡適在康乃爾讀書時，Lionel Giles在學術界才出道，嶄露頭角，談不上「名宿」，也許當時胡適寫日記時誤認他為其父Herbert Giles了。

2 解氏重要著作：（一）〈《敦煌錄》譯釋〉（一九二八年）；（二）〈斯坦因收集品中的漢文紀年寫本〉（Dated Chinese Manuscripts in the Stein Collection I-IV. BSOAS, VII-XI, 1935-1943）；（三）《敦煌六世紀：英國博物館藏斯坦因手卷的漢文寫本簡記》（*Six Centuries at Tunhuang: A Short Account of the Stein Collection of Chinese Manuscripts in the British Museum*, London 1944）；（四）《英國博物館藏敦煌漢文寫本注記目錄》（*Descriptive Catalogue of the Chinese Manuscripts from Tunhuang in the British Museum*, London 1957）。

3 *The Journal of the Royal Asiatic Society*（JRAS）Jan., 1915. 現收入周質平編《胡適英文文存》第一冊（臺北：遠流，一九九五），頁二七至三二。胡適評語見《胡適留學日記（二）》，「二六　西方學者勇於改過」，一九一五年二月十一日，頁五四九。這篇文章胡適具名Suh Hu。Suh Hu是胡適在康乃爾大學及後來在哥倫比亞大學做學生時的名字英文拼法，但自一九二二年後，他的英文名字改寫為Hu Shih，姓名次序是循中國式的，即先姓後名。現在我們一般人把胡適的英文姓名均採用中共拼音式為Hu Shi。

4 見劉進寶《敦煌學述論》（蘭州：甘肅教育，一九九一），頁二。

5 詳請參閱榮新江《敦煌學十八講》（北京，北京大學，二〇〇一），頁九六至一〇八及一三二至一三三；張仲執筆，甘肅省敦煌市對外文化交流協會編，《敦煌簡史》（敦煌市：甘肅省敦煌市對外文化交流協會，一九九〇），頁一四〇。

6 斯坦因有語言天才能操匈、德、英、法、拉丁、波斯文及梵文。他學過喀什米爾和突厥語文，也學過中文，但他的中文甚是有限，更談不上精通。

7 伯希和自敦煌回到法國後，他即著手整理敦煌經卷，在這一段時期，他的重要著作計有與邦旺尼斯特（E. Benveniste）合著《粟特尼善惡因果經》（*Le Sutra des Causes et des Effets du Bien et du Mal*）二卷本巴黎出版（一九二〇，一九二八）。與日人羽田亨合編《敦煌遺書》，日本京都一九二六年出版。以及伯希和編，陸翔譯，《巴黎圖書館敦煌寫本書目》，載於《國立北平圖書館刊》第七卷第六號（一九三三年十一、十二月）及第八卷第一號（一九三四年一、二月）。

8 解兒司卒後留下很多未完成的殘片，後由中國敦煌學者榮新江和方廣錩整理重新編目，詳見榮新江編，《英國圖書館藏敦煌漢文非佛教文獻殘卷目錄》（臺北：新文豐，一九九四）；方廣錩編，《英國圖書館藏敦煌遺書目錄（斯6981號—斯8400號）》（北京：宗教文化，二〇〇〇）。方廣錩後來又和英國圖書館中文組主任吳芳思合編《英國國家圖書館藏敦煌遺書》。

9 《胡適留學日記（二）》，「三五　解兒司誤讀漢文」，一九一四年八月二日，頁三二二至三二三。

10 《胡適留學日記（二）》，「二六　西方學者勇於改過」，一九一五年二月十一日，頁五四九。

11 *JRAS* (*Journal of the Royal Asiatic Society*), Volume 46, Issue 3 (July 1914), p. 712.

12 *JRAS*, Volume 47, Issue 1 (Jan. 1915), p. 35.

13 *JRAS*, Volume 46, Issue 3 (July 1914), p. 719.

14 *JRAS*, Volume 47, Issue 1 (Jan. 1915), p. 36.

15 *JRAS*, Volume 46, Issue 3 (July 1914), pp. 719-720.

16 *JRAS*, Volume 46, Issue 3 (July 1914), p. 720.

17 *JRAS*, Volume 47, Issue 1 (Jan. 1915), p. 37.

18 *JRAS*, Volume 46, Issue 3 (July 1914), p. 720.

19《胡適留學日記（二）》，「三五　解兒司誤讀漢文」，一九一四年八月二日，頁三二三。

20 *JRAS*, Volume 47, Issue 1 (Jan. 1915), p. 38.

21 *JRAS*, Volume 47, Issue 1 (Jan. 1915), p. 39.

22 同上及《胡適留學日記（二）》，「三五　解兒司誤讀漢文」，一九一四年八月二日，頁三二三。

23《胡適留學日記（二）》，「二六　西方學者勇於改過」，一九一五年二月十一日，頁五四九。

24 *JRAS*, Volume 47, Issue 1 (Jan. 1915), p. 41.

25 詳請參閱《亞洲學會雜誌》一九一四年七月號、一九一五年一月號，以及《胡適留學日記（二）》一九一四年八月二日、一九一五年二月十一日。

26 *JRAS*, Volume 47, Issue 1 (Jan. 1915), p. 45.

27 *JRAS*, Volume 47, Issue 1 (Jan. 1915), pp. 46-47.

28《胡適留學日記（三）》，「三五　劉田海」，一九一六年四月五日，頁八六〇至八六一。

29 楊聯陞，〈追懷葉師公超〉，《傳記文學》第四一卷第一、二期（一九八二年七月、八月）。後來收入秦賢次編《葉公超其人其文其事》（臺北：傳記文學，一九八三），頁二三四至二四四。

30 關於胡適在《神會和尚遺集》自序中銘謝之辭，以及在學術界彼此互相幫忙是常有的事，但在這裡我個人看了不免感慨萬千，棖觸難免，但是我還是想要寫出來一傾我心中激憤。據中國敦煌學家榮新江說，一九三六年中國名史家向達代表北京圖書館及另一敦煌學家于道泉到倫敦大英博物館抄敦煌手卷，曾遭到意想不到的刁難。（見榮新江《敦煌學十八講》頁一五二）英人勢利云乎哉！敦煌明明是中國的文物，但中國學者要用這些材料還要遠涉重洋來抄寫這批寫本。像胡適還要謝謝這批洋人的好意，而向達及于道泉等學者還要看人家的臉色，這是一個諷刺。因中國積弱太久，加上王道士無知而造成一種民族悲哀，治史者至此，怎不掩卷嘆息！一般人都怪王道士，惟中國學者外交家陳之邁卻有另一種看法，他早年遊倫敦時曾至大英博物館珍藏室，參觀敦煌石室文物，觀後他「百感交集」，有一段評語，很中肯，茲錄如下：「我聽說有人痛罵王道士的無行，指斯坦因為盜賊。但我也知道斯坦因於一九一四年再到敦煌，王道士又給他拿去了六口大箱子的文物。這次距石室的發現已有十四年時間，中國政府除了在光緒三十年曾下令敦煌縣知事汪宗瀚『經卷佛像，妥為封存』，而汪知事竟轉令王道士『照辦』的官樣文章以外，對於這宗國家瓌寶，始終沒有妥善的保護措施，又哪能責怪人對之生覬覦之心呢？清廷政府之顢頇，『文學政治』之傷天害理，這是最好的一個例證。」見陳之邁〈倫敦印象記〉，收入陳著《舊遊雜憶》（臺北：傳記文學，一九七五），頁十七。

31 解兒司給胡適短箋影印見《北京大學圖書館藏胡適未刊書信日記》（北京：清華大學，二〇〇三），頁二九一。

32 《胡適與國運》這本書是臺大教授徐子明等一夥人化名寫的，對胡適有很大的惡意。後來被禁了。他們大致說：胡適是徽州人，「就利用他徽州人做生意的手段，採些墨子的話頭，東拼西湊在哥倫比亞大學做一篇論文胡吹墨子的哲學，他的美國恩師既無從批評他論文裡的是非。當然通過這篇東西，讓他得博士學位回來講中國哲學，他趁此機會攻擊孔子。」見《胡適與國運》（臺北：學生書局，一九五八），頁十六。那時作者尚不知胡適在哥大博士學位出了紕漏。同一作者後來又說：胡適「自己又是徽州人，所以能利用他們徽州經商祕訣，在中國銷冒牌美國貨，在美國銷冒牌中國貨，運來運去，他就成了巨富」。（同上，頁十七）

33 見唐德剛譯注，《胡適口述自傳》（臺北，傳記文學，一九八一），頁七四（注一）。吳魯芹，〈憶叔永先生與莎菲女士〉，收入吳著《暮雲集》（臺北：洪範，一九八四），頁一二八。

34 溫源寧，〈胡適博士〉，原載《中國評論週報》（*China Review Weekly*），譯文見《人間世》第一卷第二期。

35 我孤陋寡聞，就我所知，除胡適外，已故中央研究院院士劉廣京，當他在哈佛大學部讀書時，寫過一個學期報告（term paper），題目是「German Fear of a Quadruple Alliance, 1904-1905」（德國畏怯四國聯盟）很是出色，深為其導師費伊（Sidney Fay）賞識，推薦給很有聲譽的學術季刊 *The Journal of Modern History* 發表（Sept. 1946）。

【第十二章】

韋蓮司（1885-1971）

余所見女子多矣，其真具思想、識力、魄力熱誠於一身者，惟一人耳。——胡適讚美韋蓮司

韋蓮司（Edith Clifford Williams, 1885-1971）是胡適在留學時代的一個異性朋友、美國情人，一個相互切磋獲得知識的伴侶（intellectual companion），也是一個生死不渝的友人。

韋蓮司與胡適初晤於綺色佳是在一九一四年夏秋之間。正確的日子時間不詳，那時胡適已在康乃爾畢業，在塞基學院（Sage School）即哲學系（因塞基家族捐了一大筆錢給哲學系，故用其名）研究所讀第一年，時胡適二十三歲，年少翩翩，風華正茂。韋蓮司二十九歲。那個時候美國不像現在，女子婚期較早，十八、九歲大多已經男婚女嫁；二十五、六歲還沒有結婚，一般認為太晚了，人家背後會說 She missed the boat（她錯過了機會）。[1]當

韋蓮司初遇胡適時她是一位已過摽梅的老小姐。所以她的心情應該很放鬆了，把胡適當她小老弟來看待，不會想到兒女私情。而胡適呢？他已訂過婚是「已聘未婚之男子」，所以他們二人的交往是很自然而純潔的。韋蓮司的名字最早出現於胡適的《藏暉室劄記》（即《留學日記》）是一九一四年十月二十日，胡適在其日記裡記：「星期六日與韋蓮司女士（Edith Clifford Williams）出游，循湖濱行，風日絕佳。」又說：「女士為大學地質學教授韋蓮司（H. S. Williams）之次女，在紐約習美術；其人極能思想，讀書甚多，高潔幾近狂狷，雖生富家而不事服飾；一日自剪其發，僅留二三寸許，其母與姊腹非之而無可如何也，其狂如此。余戲謂之曰：『昔約翰彌爾（John Stuart Mill）有言：「今人鮮敢為狂狷之行者，此真今世之穩患也。」（吾所謂狂狷乃英文之Eccentricity），狂乃美德，非病也。』女士謂：『若有意為狂，其狂亦不足取。』余亦謂然。」[2] 這裡的「狂狷」對男士來說相當於中國人說的「名士派」。「名士」有的是天生的，有的是後來學人家的，或是「裝」的，學得不好，人家會說是假的，假名士，這就是韋蓮司所說的「若有意為狂，其狂亦不足取」也，同一道理。關於這一點，我認為韋蓮司這句話說得很好。這是胡、韋談話片斷，我認為很好，很有思想，對大家有益；韋蓮司說得尤佳。這是胡適日記所載他對韋蓮司的最初印象。可是韋蓮司對胡適的印象如何？吾人無從知道，因為我們沒有看到她的著作文字，或如她的日記（如果她有的話）或書信。在那個時代中國人在北美洲最受歧視的年代，據梁實秋回憶他在美國西部科羅拉多州

（Colorado）的科羅拉多學院（Colorado College）讀書時，舉行畢業典禮，「照例是畢業生一男一女的排成一雙一雙的縱隊走向講臺領取畢業文憑，這一年我們中國學生畢業的有六個，美國女生沒有一個願意和我們成雙作對的排在一起，結果是學校當局苦心安排讓我們六個黑髮黑眼黃臉的中國人自行排成三對走在行列的前端。我們心裡的滋味當然不好受，但暗中憤慨的是〔聞〕一多。」[3] 畢業典禮尚且如此，對韋蓮司母親來說，要她肯讓寶貝女兒與「支那曼」交往（dating），或未來可能做她的乘龍快婿，戛戛乎難兮哉！但有一點我們可以這樣肯定地說，至少韋蓮司本人沒有把胡適當作支那曼（Chinaman）來看待。

II

胡適與韋蓮司相識與友誼，照佛家來說就是有緣分。人與人之間，在茫茫人海中有緣相遇，這就是「緣」。相遇之後彼此相處甚得，做朋友，這就是「分」。「緣分」兩字在英文裡也許近於personal chemistry是也。吾人所說「緣分」也好，洋人所說的「chemistry」也好，用於夫婦或於朋友也都是很合適的。胡適在綺色佳在康乃爾大學部三年，胡適與韋蓮司無緣相遇，一直到胡適在康乃爾畢業後讀研究所第一年他們才有機會相識，青萍結緣。胡適在康乃爾沒有拿到第二年的哲學研究所的獎學金（胡適稱助學金），只好離開康乃爾，翌年即轉學在紐約市的哥倫比亞大學。在胡適未去哥大之前，韋蓮司已在紐約市美術學院習畫（聞一多於一九二二年赴美留學，一度亦曾在該校學畫）。韋蓮司與一個女記者住在紐約市上城（Uptown）一百七十幾街，現在的華盛頓大橋（那時大橋尚未興建，大橋肇建於一九三二年小羅斯福執政時代）附近的海文路（Haven Avenue）九十二號的公寓房子。那時是一個很好、很安靜的住宅區。這一區通常叫華盛頓高地（Washington Heights），現在居民大多是中南美洲來的移民。胡適於一九一五年九月下旬轉學哥大移居紐約時，住哥大學生宿舍佛納館（Furnald Hall），沿百老匯（Broadway）熱鬧大街。胡、韋兩人又在同一個城市，往來較多，但韋蓮司在紐約也沒有多久，於一九一六年她即放棄了習畫，離開美術學院回綺色佳。她把住在海文路租的公寓轉讓給胡適。胡適在日記上載，他於七月十六日「遷入新居」。他說新居「僻靜殊甚，故友朋知者甚寡，即知亦以遠故不常來，故余得暇可以讀書。同居者為雲南籍盧錫榮君（晉侯）。居室所處地甚高，可望見赫貞河，風景絕可愛。」[4] 胡適在美國七年，實際上他與韋蓮司兩人聚首晤面的機會沒有那麼多，最多只有一年光景。如果不在同一城市，他們兩人通信很勤，雖中間偶有中斷，他們來往函件數量很多，光是胡適給韋蓮司的信計有二百多件（後來總計有三百多件）。韋蓮司給胡適的有一百多封。胡適於一九六二年病逝後，一九六五年韋蓮司將這些函件寄給江冬秀。江冬秀把這批信件交給胡適紀念館庋藏。紀念館即著手整理歸檔，中央研究院及紀念館認為外界對韋蓮司所知不多，雖然胡適在《留學日記》或在家書裡亦常有提到她，只是一鱗半爪，有鑑於此，中央研究院設想很周到，乃以江冬秀的名義致函韋蓮司，請她提供一些有關她的傳記資料。韋蓮司乃於一九六五年寫了一篇她自己手寫的很簡單的自傳，只有一頁。茲將韋女士的自傳摘錄迻譯如下。

她的自傳用第三人稱寫的，一開頭即說：「E. C. W.（韋蓮司的全名 Edith Clifford Williams 簡寫）於一八八五年四月十七日生於紐約州綺色佳城。父親 H. S. W.（Henry Shaler Williams, 1847-1918）上世為新英格蘭望族（新英格蘭在美國東北部六個州的總稱，此即：緬因、新罕布夏、佛蒙特、麻薩諸塞、羅德島及康乃狄克），一八六八年畢業於耶魯大學，越三年即一八七一年復於耶魯獲得博士學位，後曾在耶魯執教。韋蓮司的童年是在耶魯校園裡長大。一九〇四年她父親應聘到康乃爾大學教地質學及古生物學，一直教到退休。母名 Harriet Williams 系出名門，也是新英格蘭人，母親只比父親小一歲。韋蓮司與父親較親密。」這是一般父母與子女常有的現象，通常母子、父女關係較好。「一九一八年父親病逝，母親卒於一九三二年。」韋蓮司自己說：「她所受的正規教育不多。她的知識來源得益於家庭教師、私立學校、紐約藝術學校以及平時父母教誨、薰陶。她早年常隨父母長期去歐洲旅行。」「她早年常隨父母去歐洲旅行」這句話很重要，筆者在這裡應加一個附記，旨在說明當時在十九世紀美國有錢人家常帶小孩到歐洲去旅行，這也是一般美國世家傳統的教育方式之一種，為一時風尚，如亞當斯（Adams）家族在美國歷史上出了兩個總統，約翰・亞當斯（John Adams）及約翰．昆西．亞當斯（John Quincy Adams），亞當斯家族的後人亨利．亞當斯（Henry Adams）為美國近世大史家即是如此，他幼年經常隨父母到歐洲去旅行，回美國後進哈佛讀書。其他如近世哲學家威廉．詹姆斯，為美國實驗主義三位創始人之一，其他二位，一是皮爾士，另一是杜威。威廉．詹姆斯與其弟弟亨利．詹姆斯（Henry James，大作家）自歐洲回來均直接進哈佛；又如杜威的子女，也都是從歐洲回來直接上哥大及麻省理工學院。這種例子是很多的。我說這些主要說明韋蓮司雖然她說她沒有受過正規教育，但她應該有很良好的教育底子。韋蓮司又說她「雖未去過亞洲但對遠東並不陌生。她與胡適的友誼（friendship）始於胡適在康乃爾快要畢業的時候，從此他們一直有聯繫，直到胡適於一九六二年逝世為止。他們做了一輩子的朋友。」當胡適在哥大讀書時，韋蓮司在紐約藝術學校習畫，她「和一個女記者同住在海文路（Heaven Avenue）九十二號住家公寓房子，後來由胡適和另一個朋友頂租下來」。[5] 韋蓮司因父親多病於一九一六年放棄學業回綺色佳照顧父母，她自己說「她天分不高，就放棄了畫畫，也就離開了紐約。父親病逝後二年她姊姊亦逝。也在那個時候她開始在康乃爾大學獸醫學院圖書館工作，她的職位為圖書館員（librarian，等級、職位在美國可大可小，大的可與正教授或副教授相提並論，韋蓮司是什麼等級不詳，她沒有大學文憑，想來等級不會很高），一直做到一九四六年。也在這個時候，她負責開始整理及保管家族檔案。最後把家族私人檔案捐給康乃爾大學。」但這份工作沒有做完，於一九六〇年她移居中美洲加勒比海一個英屬小島巴貝多（Barbados，本是英國殖民地，一九六六年獨立），那時她還繼續整理她自己家族檔案。有了這個經驗，她也開始整理有關胡適文件，一九六五年她就把這些資料（即胡適歷年寫給她的函件）捐給臺北中央研究院。」在她自傳（statement）結尾（最後三行），即是相當於一般自傳的結語（epilogue或者是conclusion），她說：「我相信這些材料（指她的自傳）已經夠了。我是一個很害羞的人。我除了是一個胡適博士的收信人外，我本人實微不足道，務求請勿渲染，這些信件已經生動地替代了日記（指胡適日記）。」[6]她寫這篇自傳合乎一般文體規格，很好，只是字體太潦草。有時不易辨認。她的自傳很簡單扼要，沒有自我吹噓。比如她在紐約學繪畫時，她有兩幅畫曾獲獎，一幅現藏耶魯大學美術館，另一幅由費城美術館收藏，在自傳中均未提及。

有關韋蓮司講到她與胡適的關係時，這份自傳很含蓄、平淡無奇，沒有像賽珍珠在徐志摩死後公開對朋友宣揚徐是她的中國男朋友。但吾人值得注意的是，韋蓮司她沒有說什麼她與胡的羅曼史（romance），也沒有說胡適是她的intimate friend（親密的朋友）或close friend（摯交好友）。接下去她講她在紐約市住在海文路的公寓，而後她把這個公寓頂租給胡適，韋蓮司說得比較詳細，清清楚楚，一點也不含糊或拖泥帶水，為什麼她要這樣講呢？我猜想因為在一九六〇年代，即是韋蓮司在寫這篇自傳的時候正是美國性革命（sex revolution）如火如荼的年代，男女沒有結婚而同居的比比皆是。她是一個在西方維多利亞時代長大的美國女子。如不這樣講也許她認為人家會異想天開，或捕風捉影，繪聲繪影，說成她與胡適同居在海文路的公寓。即使她這樣小心謹慎，中國大陸上出版的一本書，書名叫《胡適與韋蓮司》，作者名朱洪（二〇〇三年湖北人民出版社出版），在這本書裡的詞句及內容很像張恨水的言情小說，運詞遣字，有過之而無不及。作者想像力非常豐富，胡思亂想，所以有些詞句跡近「下流」。我都不好意思在這裡引錄幾句。韋蓮司也知道她與胡適之間的友誼在中國有很多謠言，所以她寫這篇自傳很謹慎小心。自胡適與韋蓮司相識不到半年，胡適除在日記上記載她外，稟告母親的家書裡亦侃侃而談，他說韋女士是「韋夫人之次女（即吾前二十五日所記之為兒好友韋蓮司女士也），在紐約習美術。兒今年自波士頓歸，繞道紐約往訪之。本月以事往紐約，又往訪之。而在此邦所認識女友，以此君相得最深」。[7] 胡適為什麼這樣說呢？我猜想也許他胸無二心，故與母親家書無話不談，可是胡母看到兒子這樣家書，心甚不安，這是人之常情。在績溪鄉間謠言四播說胡適在外國已結婚了。雖是空穴來風，胡母憂心忡忡，乃於一九一五年八月二十八日致書胡適：「外間有一種傳說，皆言爾已行別婚。爾岳母心雖不信，然無奈疾病纏綿，且以愛女心切，見爾未宣布確實歸期，子平之願，不知何日方了。」[8] 胡適收到這樣母親家書，當即回稟母親力駁謠言為無稽之談。他說：「兒久已認江氏之婚約為不可毀，為不必毀，為不當毀。兒久已自認為已聘未婚之人，兒久認冬秀為兒未婚之妻。故兒在此邦與女子交際往來無論其為華人、美人皆先令彼等知兒為已聘未婚之男子。兒既不存擇偶之心，人亦不疑我有覬覦之意。故有時竟以所交女友姓名事實告知吾母。正以此心無愧無怍，故能坦白如此。」[9]胡適這封信寫得很好，說得很有說服力。由這封信來看，之所以在周質平輯錄的胡適給韋蓮司的二、三百封信裡，胡、韋沒有談戀愛也沒有談婚嫁，因為胡自認為是「已聘未婚之人」，而且在交際場合他也讓人家知道他是「已聘未婚之男子」。胡適是一個謙謙君子，我相信他。胡適於一九一五年轉學到紐約哥倫比亞大學，曾有家書稟告母親大人，講了七、八個理由要離開綺色佳，但一個最重要的原因卻沒有講，他沒有拿到獎學金（沒有獎學金，他在康乃爾就待不下去了）。胡母是一絕頂聰明、很敏感的人，她也許想到韋女士到紐約，她兒子也轉學到紐約。所以怪不得連寫數函追詢，急如星火。筆者不禁要問，為什麼胡適向他母親報告他與韋蓮司的來往如此詳贍細密，有此必要嗎？抑或是想試探？到現在我仍百思不得其解。

我認為寫人物傳記有好的部分應該肯定，如有意見也應該讓人家知道；現在我想對韋蓮司的自傳說出我個人的意見。韋蓮司自傳內容樸實無華，明白暢曉。我很喜歡。但因為她是一個藝術家，我期望她的字（penmanship）應該要比一般人寫的字要漂亮。可是她寫的字很普通。復次，她的自傳寫得並不很工整，很是潦草，塗塗改改，給人印象她好像不是很認真寫的，只是虛應故事，信手拈來隨隨便便寫的草稿，因此字跡並不是很好認，有點費力，特別是影印最後倒數三行字跡最難認，在倒數第二行 reference 前面一個字我到現在還是認不出來。這對受文者或讀者來說是很不負責任的具體表現。周質平也沒有好好交代，就馬虎過去了。在一九六〇年代，美國人用打字機打字，非常、非常普遍，雖然那時候如果與朋友寫信用打字是不禮貌的，但這是她的自傳、是文件，她為什麼還用手寫，不知何故。自傳是她用第三人稱寫的，這些沒有關係，但一開頭她的全名用簡寫「E. C. W」似不妥，像這樣草率的手稿，如果胡適在世，寄給胡適可以，胡適已逝，寄給江冬秀或者直接寄給中央研究院則均不宜，也不禮貌。胡適日記中屢道韋女士「極能思想，讀書甚多」，如何！如何！寫出這樣草率的自傳，令我有點失望。她的英文沒有問題，比胡適寫得老練（英文到底不是胡適的母語）。[10] 韋蓮司的自傳雖甚簡略，但比較全面，且是原始材料（primary source），還是很有價值的。對我們寫胡適傳記的作家來說有很大的幫助，我們很感謝她。

III

南港中央研究院及外界對這批信件和韋蓮司自傳均甚關注與重視。胡適紀念館復於一九六五年二月二十四日胡適逝世三週年紀念日那天起，在臺北公開展覽。此為當時臺北文教界一盛事也。臺北各報均有顯著版面刊登、披露，很是熱鬧。拿《徵信新聞》（即《中國時報》的前身）來說，該報文教版幾乎一整版刊載這一消息、函件及其內容，報導惟恐不詳。一開始用一個拳頭大的標題：「胡適紀念館今開放　珍貴遺物分批陳列」；下面一行「韋蓮司信件均公開展出」。還有小標題如「寂寞胡夫人　苦心集遺物」，這些還平實。一般來說該報的小標題是很動人的，下面其他幾個小標題，頗動人也有趣，茲錄如下，聊博一粲也。他們用過去上海鴛鴦蝴蝶派的筆法來寫下面這些標題，頗有中國舊時章回小說用的回目神韻。這些標題上寫著：「哲人其萎三週年　觸景生情情史深」；還有「胡適偶然留鴻爪　佳人珍藏半世紀」、「八仙過海留信物　中美筆友論道神」。這些標題雖然好聽，但總嫌虛浮，且與信的內容不符。唐德剛在《胡適雜憶》中說胡、韋「數月往返之後，青年胡適顯然已捲入國際情場，泥沼漸深，回頭無岸」。唐德剛這幾句話跟《徵信新聞》的標題一樣稍嫌誇張了。他又說胡適「在短短一年之中竟向她寫了一百多封情書——事實上是『理書』（說理之書也）」。[11] 最後一句話唐自己後來忽然改了口，說事實上是「理書」而不是「情書」，善哉斯言！既然這些信件不是情書，則唐德剛的話及《徵信新聞》的標題豈不是文不對題了嗎？下面兩本周質平講胡、韋羅曼史的論斷也有待商榷。

胡適寫給韋蓮司的信，大家都很好奇，期待已久，但因某些原因中央研究院未能早日公開。等了幾十年後，美國普林斯頓大學周質平教授首先看到了，把這批函件終於在二十世紀末先後整理出來由臺北聯經出版社出了兩本書，一本是《胡適與韋蓮司：深情五十年》（一九九八），另一本《不思量自難忘：胡適給韋蓮司的信》（一九九九）。周質平的書都是以胡、韋羅曼史為中心的。前者由書名來看是講胡、韋五十年友情。後者周質平除了根據臺北胡適紀念館所藏資料外，另外加了北京社會科學院所藏之部分胡、韋來往信札編譯而成。這兩本書對胡學有幫助的。可是在這二、三百封信札裡。胡、韋根本沒有談到婚嫁，如果讀者想要在這兩本書裡找一些香豔刺激的情話一定大失所望。因為在這一大堆的信札裡沒有談戀愛，根本沒有像徐志摩與陸小曼的豔史裡「摩呀！眉呀！」哀痛欲絕的哭訴，或者死去活來的「我愛你」。胡、韋書信正如唐德剛所說的是「理書」（說理之書也）而非情書。其中有近情近理的，也有輕微淡遠的。到了晚年說理的書信較少，大多數談些日常生活，身邊稍事，幾乎到了無話不談的地步。韋蓮司早年的書信較傲慢，到了中年較客氣，及至晚年則更加謙虛而卑遜。但在這些知無不言、言無不盡的信札裡，情見乎辭，託物寄興，蘊蓄著無限深思。唐德剛說過：「適之先生是位發乎情、止乎禮的膽小君子。搞政治，他不敢『造反』；談戀愛，他也搞不出『大膽作風』。」[12] 夏志清同意，我也同意。夏志清說胡適膽子小，胡、韋沒有談過戀愛，可是周質平旁徵博引來說他們談過戀愛。在這裡我無意斗膽與周教授挑釁或抬槓，我只是想說出我個人的疑慮及意見，比如在序言中他說：「這本書的出版，使我成了『胡適的罪人』。」這句話令我費解。同樣在這一序言中，周又說：「將胡韋五十年深情細看一遍，才能體會到『父母之命』的殘酷，和胡適婚姻生活的寂寞。胡韋兩人全力保存這批信件又何嘗不是對這一不合理制度的最後控訴！」我不太同意，特別是最後一句話我不以為然。最後對於韋蓮司要學書法我也有一點意見。一九一五年八月那時韋蓮司在紐約藝術學校學畫，她一時心血來潮想習中國書法，似乎有點「兒戲」，因為胡大師拿中國的書法文化來與韋蓮司開玩笑。因此，如骨鯁在喉我不得不說。胡適沒有思考，就真的為韋蓮司物色書法老師。中國書法是一種藝術，盡人皆知，但不是人人可學。胡適那時尚在綺色佳，不過到一九一五年八月底他就要到紐約，轉學到哥倫比亞大學讀書。他寫封信給韋蓮司叫她稍等，等他到了紐約後當為她找到一個合適的人教她如何學中國書法。胡適寄了一張明信片給她說：「我一時想不出在哥倫比亞有什麼人書法極佳，如果你等幾個星期，我到了紐約後。或許能找到人。」[13] 隔了幾天八月十二日，他又寫信給韋蓮司說：「趙元任先生會去紐約，到了以後，他會打電話給你。我想你可以請他教你如何使用毛筆。我並不是說他書法很好，其實這一代年輕人書法好的極少。我知道在美國只有兩個學生，他們的書法可稱『極佳』。一個在綺色佳，一個在波士頓。」[14] 接在胡適明信片之後，周質平有一個短評，他說看了胡適的明信片之後，他覺得很好笑，我看了也覺得很好笑。他笑胡適，我笑他。這個笑話可給讀者解頤，所以我錄在下面。周說：「看了這紙短箋，真不免啞然失笑。胡適若介紹趙元任為韋蓮司的『對外漢語』老師，那毫無疑問的是第一人選；介紹他做書法老師，卻真有些『誤人子弟』了。不知後來韋蓮司習書法的情形如何。其實，胡適在書法上的造詣遠在趙元任之上的。」[15] 我看到了胡適的信後，覺得有點好笑，但看了周質平評語也一樣的令我「啞然失笑」。我笑普林斯頓大學周質平教授與胡大師他們兩人一樣的「糊塗」。

周質平說「胡適在書法上的造詣是遠在趙元任之上的」，我同意。但他又說趙元任去做韋蓮司的書法老師會「誤人子弟」，這一點我就不敢苟同，其故安在？恕我扼要地說出我的意見如下：中國書法是一種獨特的藝術，除了是媒介及傳播工具外，還有一種獨立的高級藝術性存在。這種最高級的藝術境界，不是一蹴可得的，須窮年累月幾十年不斷磨練功夫，才可以獲得藝術美妙之境，即古人所說的「藝進於道」。我們的胡大師沒有去給韋女士講這些大道理，而真的為她物色書法老師，豈不可笑也哉！中國書法，除韓國人及日本人外，非我族類的西洋人是學不來的。即使顏魯公或王羲之來教，也屬徒然。周質平還說：「不知後來習書法情形如何？」這句話也是多餘的，結果如何，不問可知。因為胡適被韋女士「迷」住了，應該對韋蓮司說她從小接受的是美國文化，不是東方儒家文化，不是說學不來，而是她學書法有很多困難。第一她不諳中國語文，對漢字是一文盲（韋蓮司自己說的），現在遽而要來學中國書法，談何容易。不禁想起聞一多習西畫的小故事。據梁實秋說：「他（聞一多）本來學畫在芝加哥作素描，在科羅拉多習油畫一年他得到一個結論：中國人在油畫方面，很難和西人爭一日之短長，因為文化背景不同他放棄了油畫。」（梁實秋，〈酒中八仙——記青島舊遊〉）畫畫尚且如此，何況書法乎！如何著手教韋蓮司書法？愚意：一、先識漢字；

二、要能運用毛筆；三、能欣賞書法美妙。最後一點最難辦到。不然這不是學書法，也不是練字，而是描紅，那也就無藝術可言。韋蓮司在紐約時想習中國書法是屬於描紅階段，還談不上練字，更談不上書法，人人能教，即使愚如筆者，毛筆字寫得不好，但教洋人描紅、寫中國字還是綽綽有餘的。所以胡適介紹趙元任來做韋蓮司的書法老師，教韋蓮司如何使用毛筆，不會誤人子弟；不但不會誤人子弟，簡直是大材小用，殺雞用牛刀了。

IV

由胡、韋的友誼，常常會令我想起十九世紀英國思想家約翰．彌爾與泰勒夫人的友情來。因為兩對歡喜冤家（指韋、胡及彌爾、泰勒夫人）有很多相似的地方，因此我想在這裡做一個粗略的比較。彌爾初遇泰勒夫人，他們談哲學，談女權問題，談英國議會問題，兩人一見鍾情，俗云有情人終成眷屬，但亦非人人如此。胡適與韋蓮司始終未成連理。胡適於一九一七年回國後很快與江冬秀結婚，韋蓮司一輩子獨身。彌爾和泰勒夫人是在他們結識二十年後才結婚。他們這兩對情人均有障礙。彌爾與泰勒夫人在結婚前，他們做了二十年的朋友，泰勒夫人的丈夫（約翰．泰勒）死後二年，他們終於結婚。胡適與韋蓮司二人雖然沒有結婚但是做了一輩子的朋友。彌爾在其《自傳》裡曾說過，在思想上及著作上泰勒夫人對他有很大的影響。[16] 彌爾將《論自由》一書獻給泰勒夫人。一如胡適所說與韋蓮司交往，「得益匪淺」。胡適沒有像彌爾出版過一本書獻給韋蓮司。但是胡適寫過一篇很長的英文文章題為「My Credo and Its Evolution」（我的思想及其演變），這是他英文版的四十自述加上了美國留學階段，刊於一九三四年二月上海出版的《民眾論壇》（*The People's Tribune*）上。在這篇文章裡他說他一生受幾個人的影響：如易卜生（Ibsen）、毛萊（John Morley）、赫胥黎及杜威等人。當他講到毛萊《姑息論》一書時，[17] 他向韋蓮司致謝（acknowledgement），感謝她首先推薦他看毛萊這本書，毛萊教他不要為了一時權宜而犧牲原則，胡適說：「《姑息論》一書迄今對我一生中仍最具重要精神影響。」韋蓮司對胡適的思想方面的影響，其他如自由主義、和平主義、女權運動等影響很大。韋蓮司的影響雖只是西學，也只在留學時期，我認為已經足夠了。胡適對韋蓮司的稱讚，中國學者沒有異議，只有唐德剛在其《胡適雜憶》裡挑戰（challenge）過，他頗為這位「濁世佳公子」胡適打抱不平，也只是在韋蓮司的容貌上。[18] 彌爾說過泰勒夫人對他影響很大，是與他比肩而立的搭檔（equal partner），《論自由》一書是他們兩人合著的，但是西方學者不能接受。他們認為彌爾的學術思想、才華文采，均非泰勒夫人所能望其項背。今拿彌爾與泰勒夫人之間的友誼，來與胡適與韋蓮司的交往來做一簡略的比較，這是一種比較傳記的嘗試，我想未必沒有意義。

現在我們約略先從約翰・彌爾的父親詹姆斯・彌爾（James Mill, 1773-1836）說起，詹姆斯．彌爾是英國一位有名的哲學家，是功利主義的一員大將，同時他也是一位有名望的史學家，在約翰．彌爾的《自傳》裡第一章開宗明義即說：「我是《印度史》一書的作者詹姆斯．彌爾的長子。」詹姆斯．彌爾望子成龍，從幼年起即刻意教導他大兒子（他有九個子女），約翰．彌爾，結果小約翰不負乃父期望，日後不僅是一位傑出的哲學家、經濟學家及政治理論家，而且是十九世紀歐洲思想界的重鎮，詹姆斯．彌爾的聲名被他兒子所蓋住。小約翰的童年教育是由他父親一手包辦，方法很特別，管教極其嚴格。據約翰．彌爾《自傳》裡說他三歲開始學希臘文，至七歲他飽讀希臘名著。八歲起學拉丁文，而後學邏輯、心理學、政治學、經濟學、代數、幾何及微積分。他童年念的書，現在差不多都在大學裡的課程。他父親從不喜歡莎士比亞，所以約翰．彌爾畢生對文學沒有多大的興趣。[19]當約翰．彌爾成年後，他曾說過：「很公允地說，我開始讀書要比同時代的人早二十五年的光景，我占了這個便宜。」當吾人讀約翰．彌爾的《自傳》，他的幼年教育很像中國過去私塾。中國舊式教育方式也是很極其嚴格的，開蒙亦早。

就拿胡適來說，據胡適《四十自述》，他在三歲半前，已經由他父親教他識了一千多個方塊字。九歲以前，讀完《孝經》、《朱子》、《大學》、《論語》、《孟子》、《中庸》、《詩經》、《周易》及《資治通鑑》等古書。這種開蒙書在光緒年間長江流域一帶很是盛行。我想全中國也都是一樣的。這些童生從幼年到青年、中年以後均很健康，沒有像約翰．彌爾到二十歲時得了憂鬱症，有「心理危機」，英文叫 mental crisis。約翰．彌爾在一八三〇年他二十五歲時邂逅了泰勒夫人，而後很快即成為親密的朋友，彌爾也就變成另外一個人了。彌爾父親給彌爾只是填鴨式教育，泰勒夫人給他七情六欲（emotion and love），從此改變了彌爾。彌爾與泰勒夫人結識二十年後，在她丈夫死後二年才結婚，可是彌爾說，他與泰勒夫人結婚前他們的友誼是純潔之愛（chaste love，或者說是一種柏拉圖式的友誼——a Platonic relationship，一種精神戀愛）。泰勒夫人何許人也？在當時（十九世紀中葉）她是英國小有名氣的哲學家（minor philosopher），又是女權運動的先驅（major pioneer）。泰勒夫人一八〇七年生於倫敦，家甚富裕，父親是外科醫生，因她生得肌骨瑩潤，舉止嫻雅，父親寵愛有加，且又聰明好學，令其讀書，故她自幼受過很好的教育（由她父親聘請老師到家裡來教），因此她讀書廣博，尤喜哲學，提倡女權，她是有學問的。著作有《威廉．卡克斯頓的一生》（*Life of William Caxton*），卡克斯頓（1442-1491）是一個英國商人、作家及外交家。在彌爾筆下泰勒夫人是一個天仙美女，說她丈夫約翰．泰勒（John Taylor）是一個耿直忠厚的商人，惟「缺乏知識上及藝術上的品味」，彌爾在其《自傳》第六章裡開頭即說，當他於一八三〇年由朋友介紹而結識泰勒夫人，他說「泰勒夫人秀外慧中，天生麗質，與眾不同」（原文為「a beauty and a wit, with an air of natural distinction」）。[20] 彌爾又說她是「我生平所見最為仰慕之人」（the most admirable person I had ever known）。[21] 胡適沒有說過稱讚韋蓮司美貌的話，他說過韋女士「讀書甚多，高潔幾近狂狷」。韋蓮司大概不是長得像泰勒夫人那樣美麗的女子，照唐德剛在《胡適雜憶》中說法，她是個「哭倒牙床」的女子。[22] 彌爾讚美泰勒夫人說「美如天仙」，胡適沒有讚美過韋蓮司美色，只是稱許韋女士「極能思想，讀書廣博」，到了晚年還是沒有變。唐德剛有一次頗為這位徽州少爺感到不平。在那美人充下陳的綺色佳，何獨鍾情於此姝？乃脫口而出問：「胡先生，你為什麼找上這個古怪底老處女呢？」唐德剛問得不雅、不禮貌，稍嫌粗魯；胡適立即駁斥，連說兩句：「胡說！胡說！」然後對唐說：「Miss Williams是個了不起的女子！極有思想！極有思想！」[23] 年輕時胡適長得一表人才，風度翩翩，出入宮廷，大有「宮娥不識中書令，問是誰家美少年」。彌爾身材高、瘦長，然其貌不揚，鷹爪鼻子，未入中年，用中國成語來說，他頭頂上早已「牛山濯濯」——禿光了。泰勒夫人欣賞他的是才華，認為他是一個天才，他們初識後就很快成為很親密的朋友。約翰·泰勒屢次叫他妻子疏離彌爾，不從。泰勒夫婦雖然並沒有鬧翻，但從此他們生活方式改變了。泰勒夫人只比彌爾小二歲，但她結婚很早，一八三三年與其夫婿約翰·泰勒分手時有三個小孩，最大的兒子生於一八二七年，第二個也是男孩一八三〇年生，翌年生一女兒此即海倫·泰勒（Helen Taylor），後來泰勒夫人與彌爾結婚後，海倫·泰勒改名為海倫·彌爾（Helen Mill, 1831-1907），海倫·彌爾成年後在英國學術界有點名氣。泰勒夫婦分居時，兩個男孩由父親撫養，最小的稚女（即海倫）由媽媽帶走，隨即遷離倫敦，移居巴黎。半年後又回倫敦，他們（彌爾與泰勒夫人）兩人很想同居，那時離婚是不可能的，那時是維多利亞時代，規矩綦嚴，泰勒夫婦始終沒有離婚，但付的代價不貲（精神上的）。一八四九年約翰．泰勒病逝（病重時，泰勒夫人曾去悉心照顧），彌爾求婚，因為他們的親密友誼為上至公卿、下至里巷婦孺所不許，泰勒夫人怕人言可畏，會引起更多是非而拒之。越二年泰勒夫人終於答應與彌爾結婚。婚後，恩愛逾恆，夫唱婦隨，過得是神仙似的生活。但他們當初如何結識的，彌爾在《自傳》裡沒有講得很清楚。（胡適在日記及《口述自傳》，以及韋蓮司的自傳裡，也都沒有講胡、韋如何結識，不知何故。）據美國一位女學者伊莉莎白．拉帕波特（Elizabeth Rapaport）在美國麻州劍橋海克特出版公司（Hackett Publishing）於一九七八年再版的《論自由》序言中說，彌爾與泰勒夫人均屬英國上流社會高級知識階層（intelligentsia）的精英分子（elites），那個時代的男女社交不像現在這麼隨便馬虎，泰勒夫人是有夫之婦，不能也不應該與彌爾耳鬢交結，與他結為親密朋友的。彌爾家人尤其反對，可知禮儀二字亦世間大不快事耳。於一八五一年彌爾要與泰勒夫人結婚，彌爾母親姊妹兄弟，皆出一意，堅決反對。彌爾不從。這是駱駝背上最後一根稻草，結果是彌爾母子斷絕關係（時父親詹姆斯．彌爾已逝——卒於一八三六年）。這就是為什麼約翰．彌爾的《自傳》裡隻字不提他母親。如果胡適要與他母親斷絕母子關係與韋蓮司結婚，他絕對做不到這一步。所以奉勸諸君（如唐德剛或周質平）不必為胡適與韋蓮司未成婚而惋惜或抱怨。

胡適母子情深，胡適心腸好。二〇〇二年周策縱先生在紐約，我們在法拉盛（Flushing）一家小旅館相聚，兩人晤談良久。周策縱先生知道我在寫胡適傳，一再對我說：「胡先生是一個很可愛的人，不要罵他。」我同意周先生的話，胡先生確是一個很可愛的人。因為他人太好，他沒有彌爾的勇氣，也沒有蔣廷黻的騾子精神。他不會像陳獨秀或魯迅那樣去做「婚姻革命」的。如果他要鬧家庭革命，唐德剛說過他就要革了兩個女子的「命」，第一個就要革他寡母的「命」，「他對他母親遭遇太同情了，革母親的命，他做不到！」第二個犧牲者便是可憐的江冬秀，「胡適之先生是個軟心腸的人，他也無此狠心。」[24] 胡適與韋蓮司的友誼，比起彌爾與泰勒夫人來也是有很多相似的地方，比如他們如果要結婚彼此也有很多障礙——韋蓮司初晤胡適時二十九歲，她長胡適六歲；胡適是「已聘未婚之男子」。再則，人種不同。唐德剛說：「那年頭是二十世紀初期；那也是中國人在美洲最受歧視、鄙視和虐待的時代！自命種族優越的白鬼，把我輩華人看得黑奴不如。」[25] 可是韋蓮司沒有把胡適當作「支那曼」看待，他們也是像彌爾和泰勒夫人的相遇一樣一見鍾情，不在一起的時候，來往書信很多，但未談婚嫁，唐德剛認為胡、韋有情人未成眷屬，是因為韋母反對。[26] 有上述兩個原因，一九一七年胡適回國從母命即與江冬秀結婚。胡適晚年常對朋友說，一個人很難找到一個知識上的伴侶（intellectual companion），所以他與江冬秀結婚。[27] 這話有點阿Q味。真正的愛，應該不怕有障礙，因為真正的愛情可以打破一切障礙。這樣看起來，如果從愛情上來講（只從愛情上來講），或從決心與果斷上來說（只此一點），韋蓮司不如泰勒夫人，或者也可以說胡適不如約翰・彌爾。對於婚姻，陳獨秀革命了，魯迅革命了，蔣廷黻也革命了，陳獨秀、魯迅、蔣廷黻就把他們的「江冬秀」拋棄掉。就是胡適不革命，抱住江冬秀定一而終。在這方面，胡適不是一個「新青年」，而是一個極端保守主義者，用近代革命術語來說，他簡直是一個「反革命」。[28] 但是回過頭來說，我們要胡適學約翰・彌爾，與母親斷絕母子關係而與韋蓮司結婚，那簡直是一件不堪想像的事。

夏志清與唐德剛爭論過胡、韋的愛情。夏認為胡、韋根本沒有談過什麼戀愛，如果沒有談過戀愛，當然談不上婚嫁。周質平在他的《胡適與韋蓮司》一書裡，錄耿雲志在北京《團結報》上刊載過的〈胡適的兩首情詩〉，說其中一首〈水調歌頭〉是胡適為韋蓮司所寫。[29] 周質平還認為《嘗試集》裡的一首〈蝴蝶〉，以及《留學日記》的一首〈滿庭芳〉（一九一五年六月十二日）和〈相思〉（一九一五年十月十三日）都是為韋蓮司所寫的情詩。我認為表面上的情詩有時不一定可靠，我試舉一例如下，比如很多傳記家說錢鍾書在一九三三年寫了很多情詩給楊絳，其中包括下面一首：

依娘小妹劇關心，
髫辮多情一往深。

別後經時無隻字，
居然惜墨抵兼金。

我把一束詩寄給楊絳求證，楊絳對我說上面這一首詩與她無關，「依娘小妹」是指錢鍾書的小妹錢鍾霞，此詩是說小妹依家居，梳兩小辮，不肯上學。我舉這首詩，旨在說明有時用詩（或文字）來說明某一件事不一定可靠。[30]這樣看來耿雲志、周質平也許只是在「紙上談兵」。如果打官司的話，也許法官會說證據不足呢。

V

在周質平兩本書裡，胡適與韋蓮司未曾談戀愛亦未曾談婚嫁，有人（夏志清即是）認為胡、韋早期的友誼是一種柏拉圖式的友誼，甚至可能一生如此。也有人說彌爾與泰勒夫人有這種柏拉圖式的友誼。[31]關於胡適與韋蓮司，現在我們有了周質平的兩本書，我們可以相信胡適與韋蓮司有深厚的友誼。除了日記、書信及「情詩」外，我們還可以從某一些小事情上看得出來，比如每逢四月十七日韋蓮司生日，胡適必送鮮花致意。如果他在歐美旅行，胡適每至一地，在百忙中寄一張明信片給韋蓮司，報告旅途平安。而韋蓮司人非草木，亦非一般世俗女子可比，且看她如何對待胡適：胡適生前，韋蓮司想捐一筆錢充英譯胡適著作基金，胡適認為茲事體大，不宜匆促行之。胡適卒後，韋蓮司念念不忘，舊事重提。如果他們之間沒有談戀愛或談婚論嫁，只是一種柏拉圖式的精神戀愛，不是也很好嗎？這是男女之間一種高尚情操，也是人類最單純、最偉大、最高潔的愛，就不是時下一般歡喜冤家所能做得到的。像胡、韋這種故人情重、生死不渝的友情，自一九一四年初晤至一九六二年胡適心臟病發，猝死南港為止，做了四十八年一輩子的朋友，人生能有幾個這樣的異性知己，可謂死而無憾。結婚與否就不是很重要的了。何必去斤斤計較因韋母作梗，胡韋未能成婚（如唐德剛），或怪中國舊式婚姻（如周質平）。當今美國一位女權運動大將曾大聲疾呼，奉勸姊妹們與其去做一個失敗的妻子，不如做一個成功的生死不渝的情人（a successful life time lover）。韋蓮司做到了。

1「I would miss the boat」，這是美國人的一句俗語（成語），意思是「錯過了機會」。當小羅斯福總統的母親薩拉於一八八〇年春天，她二十六歲時在老羅斯福總統家裡初晤小羅斯福的父親詹姆斯．羅斯福（時五十二歲），見面後情同意合，友誼急轉直下，稍後詹姆斯快馬加鞭，單刀直入即向薩拉求婚，她答應了，因男方年齡太大，薩拉父母不贊成。但薩拉對她父母說如果自己不答應，就錯過了機會（「I would miss the boat」）。

見 Ted Morgan, *FDR: A Biography* (New York: Simon & Schuster, 1985), pp. 20-21.

2《胡適留學日記（二）》（上海：商務，一九四八），「一一　韋蓮司女士之狂狷」，一九一四年十月二十日，頁四二八。

3 梁實秋，《談聞一多》（臺北：傳記文學，一九六七），頁四八。

4《胡適留學日記（四）》，「三〇　移居」，一九一六年七月十六日，頁九五八。

5 在海文路九十二號住家公寓房子，後來由胡適和另一個朋友頂租下來。這種住家房子美國人稱之為brownstone 或稱 townhouse，是很典雅漂亮的紅磚房子，屋後還有一個小花園。筆者甚喜這種style的住宅房子。據唐德剛說，一九五六年夏，白馬文藝社開會就在這寓所附近，開完會胡適叫他（唐）開車去九十二號外面繞場一周看看，回來後唐德剛曾仿唐詩人劉禹錫詩句改了幾個字：「海文路上花千樹，都是胡郎去後栽。」（劉禹錫的詩句：「玄都觀裡桃千樹，盡是劉郎去後栽。」）見《胡適雜憶》（臺北：傳記文學，一九八一）頁一九三。海文路與筆者住所相距大約只有五、六十條街，我於一九八〇年代一個冬天曾特地去找海文路胡適故居，海文路不長，短短的一條街路，就是找不到九十二號，brownstone 房子應該是一排一排的，卻沒有了，胡適故居也不見了，現在看到的是有十幾層樓高的公寓式大樓。前幾天（二〇二〇年一月十七日）由友人開車載我還經過海文路和附近的華盛頓堡（Fort Washington）及百老匯大馬路，我就想到從前鄰近的胡適故居。由海文路的胡適故居想起胡適在紐約另一故居，此即是紐約東區八十一街一〇四號五樓（這棟房子只有六樓）。胡適於一九四二年辭了大使職後與護士哈德門（Hartman）女士寓居於此。一九四四年蔣廷黻因公赴美，在紐約時常與胡適聚首，有一天蔣廷黻偕友人多人去訪胡適（其中有劉鍇），蔣廷黻第一次去看到哈德門女士亦在，他有點驚奇。在其英文日記（蔣廷黻日記，一九四四年二月十三日）中他記：「There was Miss Hartman, a nurse, very devoted to Hu Shih, very cultured.」（護士哈德門女士亦在，她儀態莊重，很熱心照顧胡適）。其實這是哈德門租的公寓，他們是同居。江勇振著《星星、月亮、太陽——胡適的感情世界》（臺北：聯經，二〇〇七）裡有胡適與哈德門女士（在第五章裡）。胡適在八十一街一〇四號的故居還在，我與友人龔小麥於去年（二〇一九）十月二十四日還去在外面看過一次。仍是一所高尚整潔的公寓房子，房價還是很貴的。

6 詳見〈韋蓮司自傳〉影印原件，收入周質平，《胡適與韋蓮司：深情五十年》（臺北：聯經，一九九八），頁十八。

7 杜春和編，《胡適家書》（石家莊：河北人民，一九九六），一九一五年二月十八日，頁六六至六七。

8 胡母致胡適函，收入在耿雲志編《胡適遺稿及祕藏書信》（合肥：黃山書社，一九九四），冊二十二（共計四十二冊），頁一六一至一六二。轉引自周質平《胡適與韋蓮司：深情五十年》，頁三八。

9《胡適遺稿及祕藏書信》冊二十一，頁一一四至一一五。轉引自周質平《胡適與韋蓮司：深情五十年》，頁三九。

10 英文到底不是胡適的母語。胡適的英文，寫不如蔣廷黻，講不如葉公超，像蔣廷黻及葉公超那樣的中英文在留美學生中是佼佼者，很少很少的。因為他們出國很早。胡適出國比他們晚。胡適有些重要文稿是經過康乃爾英文系一位講師Clark Northrop過目，自從認識韋蓮司後也會給她看過才出手。她會指出文法及標點不妥的小毛病，或在某些部分文字結構有問題也會提出她的意見，胡適大多會採納。這些無形中對胡適有很大的幫助，也是一種無形的影響。胡適晚一輩的學人如吳魯芹及唐德剛常說胡適的英文普普通通，不夠好，但是我認為胡的英文無論講寫都要比現在一般留學生好，好很多。他站起來能講，坐下來能寫，一無扞格。胡適有語言天才，他講四川話在上海的四川人還認為他是川東或川南人。一九四九年胡適在上海候船赴美前，陳衡哲夫婦於四月三日邀請胡適到他們家小集雅聚，還有錢鍾書、楊絳夫婦作陪一共只有五人，楊絳晚年回憶說胡適的上海話講得非常道地。以上見楊絳〈懷念陳衡哲〉，收入《楊絳散文選》（北京：人民文學，二〇〇九）。據楊絳說陳衡哲的上海話也講得非常之好。錢鍾書及楊絳的上海話有無錫口音。

11 唐德剛，《胡適雜憶》，頁一九二。

12 唐德剛，《胡適雜憶》，頁二〇〇至二〇一。

13 見周質平編譯，《不思量自難忘：胡適給韋蓮司的信》（臺北：聯經，一九九九），一九一五年八月四日，頁六九。

14 見周質平編譯，《不思量自難忘：胡適給韋蓮司的信》，頁七十。在胡適信中所說的在留美學生中書法「極佳」者在綺色佳的是沈艾。他是晚清名臣沈葆楨的孫子。沈葆楨（1820-1879）福建侯官人。曾任江西巡撫，總理船政大臣，臺灣海防欽差大臣，兩江總督兼南洋通商大臣等職。沈艾於一九一〇年與胡適同榜考取庚款一起赴美進康乃爾讀書（他考第二十一名，胡適五十五名），胡適在其《留學日記》中說：「沈君作字極佳，亦新少年之不可多得者也。（君為沈文肅公之孫。）」（一九一一年二月七日）近讀何炳棣回憶錄，他在清華讀書時教西洋史的是劉崇鋐先生，師母沈鍾應係沈葆楨之孫女，何炳棣特別指出他們（劉師及師母）「書法俱甚俊秀」。見何炳棣，《讀史閱世六十年》（臺北：允晨，二〇〇四，頁五九）。沈鍾應是沈艾的胞妹還是堂妹，不詳。另一寫字極佳者在波士頓者為誰？我找了很久，迄目前尚未找到是誰（聞一多的毛筆字在我看來是寫得相當的好，但他去美國較晚，不是胡適同時代）。

15 見周質平，《胡適與韋蓮司：深情五十年》，頁五一至五二。

16 John Stuart Mill, *Autobiography of John Stuart Mill* (New York: Columbia University Press, 1944), p. 170.

17 毛萊著《姑息論》（*On Compromise*），這本書一八七四年於倫敦出版，為經典之作，現在在網路上有，可供免費閱讀。毛萊在英國思想史上也是一個很有聲譽的思想家。美國哥倫比亞大學哲學系教授柯斯（John Jacob Coss）說邊沁（Jeremy Bentham）、約翰·彌爾及毛萊他們三個人的生平涵蓋了從十八世紀中葉至二十世紀初葉英國思想界。約翰·彌爾的父親詹姆斯·彌爾是邊沁功利主義的重要人物，毛萊是約翰·彌爾的朋友。約翰·彌爾晚年常為毛萊的《隔週評論》（*The Fortnightly Review*）寫稿。毛萊在英國思想界的地位不及約翰·彌爾。這三個人中約翰·彌爾的名聲最大，他是十九世紀英國思想界的重鎮。

18 唐德剛，《胡適雜憶》，頁一九二。

19 John Stuart Mill, *Autobiography of John Stuart Mill*, p. 11.

20 John Stuart Mill, *Autobiography of John Stuart Mill*, p. 130.

21 John Stuart Mill, *Autobiography of John Stuart Mill*, p. 129.

22 唐德剛，《胡適雜憶》，頁一九二。

23 唐德剛，《胡適雜憶》，頁一九二。

24 唐德剛，《胡適雜憶》，頁一八九。

25 唐德剛，《胡適雜憶》，頁一九四。

26 唐德剛，《胡適雜憶》，頁一九三。

27 這種話胡適對韋蓮司說過，見周質平，《胡適與韋蓮司：深情五十年》，頁四十。我在別的地方如胡適書信或朋友的回憶紀念文，也有看到過胡適說類似這樣的話。

28 陳獨秀與魯迅年齡較胡適年長，長一肖或十歲，但是他們一起辦《新青年》雜誌，他們是同仁。蔣廷黻與胡適是同輩（蔣小胡四歲），都是早期優秀的留美學生，出國都很早，蔣廷黻十六歲就出國，胡適出國時十九歲，且他們出國之前，都已訂過婚了。蔣廷黻一九〇〇年五歲時由他母親作主與他鄉里賀姓女孩訂婚，翌年他母親死了。當蔣廷黻在奧柏林讀書時，他的哥哥要來美國，他的父親要他哥哥結了婚才出國（也是父母作主的），他哥哥就結了婚才去美國，蔣廷黻想起來自己也訂過婚的，於是他寫信回去要他父親趕快解除他與賀姓小姐婚約。他父親堅決不肯。蔣廷黻最後說如不解除他的婚約，他念完書他是決計不會回國的。他父親最後終於曲循了，把他的兒子的婚約解除了。（詳見《蔣廷黻回憶錄》）像蔣廷黻這種例子在他們一輩或晚一輩的留學生中是很多的，多得不勝枚舉。

29 周質平，《胡適與韋蓮司：深情五十年》，頁一〇三至一〇四。

30 楊絳與湯晏書（二〇〇一年二月二十三日）。

31 Bruce Mazlish, *James and John Stuart Mill: Father and Son in the Nineteenth Century* (New York: Basic Books, 1975), p. 282. 他是從心理學說來寫這本書的，現在這樣說法的人更多。

第三部

哥倫比亞

一九一五至一九一七

【第十三章】

洛氏與巴特勒（一八八九至一九四五）

胡適本在康乃爾讀書，他於一九一五年九月轉學到在紐約市的哥倫比亞大學。那時哥大在二位年輕校長洛氏（Seth Low, 1850-1916）及巴特勒（Nicholas Murray Butler, 1862-1947）開彊拓土招兵買馬、大力經營下，哥大欣欣向榮，聲譽鵲起，從一所普通學院（college）成為全國性的大學。哥大本來在曼哈頓下城，十九世紀中葉遷至中城（Midtown），於一八九七年搬到上城晨邊高地（Morningside Heights），即是現在的哥大校本部（Main campus）是也。

今日哥倫比亞像康乃爾一樣，是一所名校（elite school），亦為美國東北部常春藤盟校（Ivy League）之一員，盟校計有八校，正式成立於一九五四年。在盟校裡哥大與康乃爾校譽聲名亦相埒，屬於中間——即在哈佛、耶魯、普林斯頓之後（其他三校：賓州、布朗及達特茅斯學院）。除了康乃爾外，常春藤盟校歷史都很悠久，有的比美國開國還早。哥倫比亞創建於一七五四年，二〇〇四年哥大曾隆重慶祝二百五十週年紀念，熱鬧非凡，盛極一時。哥大最初名國王學院（King's College），坐落在紐約下城華爾街三一教堂（Trinity Church）鄰近。在獨立戰爭時期，一度關閉。一七八四年又復校，更名哥倫比亞學院（Columbia College）。於十九世紀中葉遷至中城第五大道與四十七街交叉口：亦即今日洛克斐勒中心（Rockefeller Center）所在地。這一區今日是買賣金剛鑽的珠寶中心，也是紐約最繁榮的重要商業區。但在那時（即十九世紀中葉）為富豪麇集的住宅區，對一所學府而言，不是一個很理想的地方，當時哥大校長巴納（Frederick A. P. Barnard, 1809-1889）做了二十五年的校長，突然於一八八九年四月猝逝。繼任者為洛氏，年僅三十九歲，前後做了十二年校長，後來去做紐約市市長。他在校長任內最大的貢獻：一、哥大遷校；二、他私人自己掏腰包捐了一百萬元建一座「洛氏紀念圖書館」（Low Memorial Library）送給哥大。[1]

二

洛氏於一八八九年履新上任，他是一個很年輕又很能幹的人。他接任後，認為一個學府在這種車水馬龍熱鬧的紐約中心市區，不是很適宜，也很難有發展的餘地。所以他認為哥大亟需遷地為良。於是他一到哥大，他就有遷校的計畫。他提出了三個方案：一、遷至鄉下；二、在市區內發展，但校園勢必分散；三、在曼哈頓市郊另覓一地，建一新校園。洛氏認為第三個方案最好。董事會採納了他的意見。他看中了在那時還算是僻遠的曼哈頓上城晨邊高地一大塊十八畝空地，就當機立斷買了下來——此即是今日哥大在百老匯一一六街的校本部所在地。鄰近的哈林區尚是養馬的農場，居民都是從德國及愛爾蘭來的移民。那時黑人區是在百老匯與二十五街附近。[2]

洛氏終於在一八九七年把哥大搬到上城晨邊高地，遷校後洛氏運籌帷幄，積極募款，在這片土地上大興土木，重建哥大。除鳩工營造，興建教室外，他刻意要在晨邊高地，建一富有特色的大樓。在他的構想中，希望建築師能設計一座與眾不同的大學圖書館大樓。他的計畫擬定後，乃四出奔走募款，在一八九〇年代，適值美國普遍經濟不景氣，籌錢不易。當時在晨邊高地如期完成的建築只有費爾韋瑟堂（Fayerweather Hall）做教室用，其他預期中要建造的大樓，像是擬做圖書館用的大學堂（University Hall），都因為經費不足，就只好停頓了。正在大家愁眉苦臉，一籌莫展之際，哥大社區突然有個令人興奮的好消息。哥大校長洛氏突如其來對大學董事會主席希姆罕（William Colford Schermerhorn, 1821-1903）說，他將捐一百萬元給哥大籌建一圖書館，用以紀念他父親艾比爾．洛（Abiel Low）。這位年老的董事長乃對這位年輕的校長說，你捐一百萬元，我捐三十萬元給母校（他是一八四〇年畢業的）做建築科學教室和購買器材之用。洛氏隨即公開宣布這二個消息，自報章披露後，備受各界重視，尤以哥大師生校友為最，輿論界亦莫不交相讚譽。科學教室大樓就是今日坐落在哥大校園裡臨阿姆斯特丹大道（Amsterdam Avenue）的希姆罕堂（Schermerhorn Hall），圖書館大樓就是深受今日一般師生喜愛的「洛氏紀念圖書館」（Low Memorial Library）。

「洛氏紀念圖書館」正式名稱為「哥倫比亞大學圖書館」（The Library of Columbia University），這幾個斗大的字石刻在大樓正門上方。這座大樓是哥大最雄偉的建築，落成後即成為哥大的標幟。[3]很多外埠來的家長或參觀的遊客，都誤認為這是哥大圖書館，當年（在一百二十年前）建造這棟大樓時是準備做圖書館用的。但自一九三四年新建的巴特勒圖書館（Butler Library）落成後，洛氏紀念圖書館改做為行政大樓，校長室及副校長的辦公室均設於此。原來的閱覽室「圓廳」（Rotunda）移做為集會、宴會或紀念儀式之用，如一九八二年哥大授予馮友蘭榮譽博士學位的儀式在這裡舉行。以及二〇〇三年一月二十九日晚上，「哥大東亞研究所」更名為「維澤赫德東亞研究所」（Weatherhead East Asian Institute）的酒會（有四百多位賓客到場）也都在這裡舉行。

大樓位於校園中心，後邊為商學院（Uris Hall），右側為一部分學生活動中心（Earl Hall），左側為藝術學院（Avery Hall）以及聖保羅教堂（St. Paul's Chapel）。大樓正前方是南堂（Southern Hall），亦即日後建築的巴特勒圖書館基地，從校園甬道（College Walk）走至大樓正門攀登五十五級石階，哥大師生稱之謂Steps。這個Steps為哥大師生最喜愛的遊息之所。在春秋兩季，須晴日，在下午夕陽西除，則石階上坐滿了師生。這是哥大一大特色，為他校所無。這一景如果洛氏地下有知，看到了一定會非常高興的。

「洛氏紀念圖書館」是由當時美國最負盛名的建築公司麥金、米德與懷特（McKim, Mead & White）承辦設計建造。圖書館模式是仿羅馬萬神殿（Pantheon），尚有一巨型圓頂（Dome），矗立天際，大門口有十根希臘式大石柱，宏偉壯觀。走進大廳仰視天頂，或可與一些歐洲大教堂媲美。閱覽室是仿華府國會圖書館及倫敦大英博物館的格局構造的，四周各有四根（共計十六根）希臘式的大理石石柱，室內布置極其莊嚴穆肅。當時建造這座大樓不是沒有波折的，比如說，洛氏本想將閱覽室四周的十六根希臘石柱，採用愛爾蘭大理石，然因種種原因而不可得，結果改用美國本土佛蒙特州（Vermont）的大理石來代替。復次，大樓本身裡外，當初計畫全部用大理石蓋的，但因成本過昂，而改用石灰石（limestone），這些算是美中不足的地方。除此而外，洛氏認為這棟大樓實是一件美好的藝術品，非常滿意。當他於一八九六年夏天自波士頓度假回來，這座大樓快要竣工了，他巡視四周後，很是興奮，乃情不自禁地寫了一封謝函給建築公司說：「當我站在這富麗堂皇的Rotunda內，我深為感動，不得不衷心向你道賀。」[4]

洛氏圖書館與日後興建的巴特勒圖書館（Butler Library）不一樣，不一樣的地方是巴特勒圖書館是集腋成裘，由很多人樂捐建造來紀念第十二任校長巴特勒（Nicholas Murray Butler），但洛氏紀念圖書館是洛氏一個人獨資捐鉅款蓋起來的。洛氏為這座大樓，不僅出了錢，也出了力，頗費心機，花費了不少時間與精力。他常常親臨工地，監督營造，可謂嘔盡心血，如今這座大樓竣工了，他將這座美輪美奐的大樓贈送給哥大。毋用贅言，這是一個極為珍貴而最有意義的禮物。哥大師生坐享其餘蔭，洛氏美意可嘉。[5]

洛氏家族世居麻州，他父親因常至中國做販賣鴉片及茶葉生意，發了大財，乃移居紐約。洛氏於一八五〇年就在布魯克林（Brooklyn）出生的。他二十歲從哥倫比亞畢業後，幫他父親經商。後來棄商從政，三十一歲即當選了布魯克林市長，時為一八八一年頃。一八八九年哥大校長巴納去世，洛氏膺選為哥大第十一任校長。他為人有果斷，且精力充沛，辦事能力又強。在任內建樹良多。遺憾的是洛氏任哥大校長只做了十二年，照美國的標準不能算很長。他這個人頗有點傳奇色彩。於一九〇一年，他去競選大紐約市市長——自一八九七年曼哈頓、布魯克林，以及其他三區皇后（Queens）、布朗斯（The Bronx）、史泰登島（Staten Island）合併為一個大紐約市——當選了，他就去做市長去了。

III

洛氏離開了哥大，繼任者是巴特勒，他也是一位傳奇人物，像洛氏一樣來哥大時也很年輕，只有四十歲，正是春秋鼎盛之年，精力彌漫，做事大刀闊斧，力求革新，網羅名教授，增建校舍，在他任內哥大聲譽日隆。他做了四十二年校長（一九〇二至一九四五），頗有口碑，對哥大頗多建樹，可是他自己還嫌不夠，一九四五年他八十三歲了，他還不放手，做到眼睛都瞎了，他還不肯退休。後來，他的幾個親信及機要祕書再三勸他說「你叫我們怎麼做就好了，你不要來上班」，最後他曲循了僚屬的勸告，是年就「不來上班」——終於退休了。越二年即病逝，享壽八十五歲。他對哥大來說可謂鞠躬盡瘁，死而後已。[6]巴特勒可以比美十九世紀的哈佛校長查爾斯．艾略特（Charles William Eliot），亦即胡適在《留學日記》中所譯的伊里鶚是也。他於一八六九年出任哈佛大學校長，年僅三十五歲，至一九〇九年七十五歲告老退休，前後做了四十年校長。對哈佛貢獻很大。[7]

胡適在一九一五年從康乃爾轉學到哥大時校長是巴特勒，那時他已做了十四年校長。哥大是在一八九七年從洛克斐勒中心搬到晨邊高地，那時大學部學生只有三百二十六人。可是到胡適轉學到哥大時，學生增至一七一八人。（那時候研究生不會很多，但我始終沒有找到正確數字。）在巴特勒校長任內，教授、學生人數增加很多，哥大的建築只限於十八畝晨邊高地的校園內。圖書館有了，教室勉強可以應付。最大的問題是學生宿舍。那時哥大不像康乃爾，不收女生，所以沒有女生宿舍。我們講的都是指男生宿舍，哥大當局曾設法租賃校園附近民房，學生家長屢有怨言，於是巴特勒籌資蓋了兩棟學生宿舍。這兩棟即是哈特萊大樓（Hartley Hall）、李文斯敦大樓（Livingston Hall）靠近在阿姆斯特丹大道，且均在一九〇五年落成。這兩棟大樓當胡適進哥大時，已蓋了十年，所以胡適在他的口述歷史裡說，他稱這兩棟是「老房子」（old buildings）。[8] 在這兩座「老房子」的對面即是新建的學生宿舍佛納大樓（Furnald Hall），在《胡適口述自傳》中提到的佛納大樓是也，唐德剛譯注的中文版裡說：「這是當時認為最摩登的新樓了。」[9] 這句話是唐德剛的詮釋，原文是這樣講的：「Furnald Hall which was a little bit more expensive than the other two.」（佛納大樓的住宿費用要比其他兩個學生宿舍貴一點——指哈特萊與李文斯敦。）佛納大樓現在不是最摩登的，唐德剛這句話，不適用今日，但原文這句「佛納大樓費用比人家貴一點」現在也許還可適用。佛納大樓是胡適在哥大做研究生時代住過一年。多年來我對胡適傳記很有興趣，愛屋及烏，我住在哥大附近，經常（幾乎每天）經過佛納大樓，所以我對這所大樓也很有興趣，也比較熟稔些，因此在這裡我想對這棟大樓稍做一個粗略的介紹，以饗讀者。

佛納大樓坐落在百老匯大道（Broadway）東邊，在一一五街與一一六街之間是一棟獨立大樓。北側與同時興建的新聞學院比鄰，其南側大樓費里斯活動中心（Ferris Booth Hall）是學生聚集之地。胡適在其《口述自傳》中說，那時為外國學生活動中心的國際俱樂部，就在今日的約翰．介大樓（John Jay Hall）的基地上。今日大家都不記得了，但在當時是外國學生活動的中心，是很熱鬧的。當他在哥大讀書時候，那時約翰．介大樓還沒有興建，國際學生活動中心即坐落在今日約翰．介大樓的基地上，約翰．介大樓開始興建於一九二五年至一九二九年，落成後國際中心就在約翰．介大樓二樓。費里斯活動中心建於一九六〇年，所有的學生團體都集中在這裡，但這棟大樓已經拆毀了，夷為平地。在原地另興建一棟大樓，一九九九年落成，也是做為學生活動中心所在，比原來的更大、更高、更摩登，裡面有飯廳、戲院，又有演講的大禮堂。這所大樓是由一個富商萊納（Alfred Lerner）捐款蓋的，所以這棟新建物名為萊納大樓（Alfred Learner Hall）。迄目前為止佛納大樓有幸，安然無恙，沒有更名也沒有被拆。

IV

胡適在一九一五年九月二十一日《留學日記》裡上說：「九月二十日遂去綺色佳」，他又說：「廿一日晨抵紐約，居佛納兒得館（Furnald Hall）〔《胡適口述自傳》裡稱佛納大樓或佛納館，我採用《口述自傳》裡的用法，少了二個字〕。此為科侖比亞（哥倫比亞）大學三宿舍之一。所居室在五層樓上，下臨『廣衢』（Broadway），車聲轟轟，晝夜不絕，視舊居之『夜半飛泉作雨聲』，真如隔世矣。」最後一句話胡適懷念康乃爾的天然山水之樂。他所說的「三宿舍之一」其他二個宿舍是指在阿姆斯特丹大道上的哈特萊及李文斯敦。佛納館的興建與其他二個宿舍不同，稍有曲折，還有一個小故事。後來校長巴特勒都解決了。因為當時哈特萊及李文斯敦二宿舍落成後，但學生驟增，粥少僧多，不夠分配。巴特勒校長有鑑於此，揚言再蓋一棟學生宿舍，但有人反對，認為當時教室的需要更甚於宿舍。巴特勒所受的各方壓力很大，正在巴特勒進退兩難之際（一九〇七年），有一位富商名法蘭西斯・佛納（Francis Furnald），卒後留有一大筆遺產，願意捐錢給哥大建一棟學生宿舍來紀念他英年早逝的兒子羅亞・布萊克爾・佛納（Royal Blacker Furnald，哥大一九〇一級校友）。在遺囑中說明這筆錢要等到他的遺孀莎拉・佛納（Sara Furnald）死後始可動用。巴特勒得悉後，認為此或可解其倒懸，哥大乃與佛納夫人商量，希望哥大能夠先動用這筆錢，興建一棟學生宿舍，在佛納夫人有生之年，哥大每年付給她應得的利息。佛納夫人同意了。哥大於一九一一年初開始鳩工興建，至一九一三年竣工。[10] 胡適到哥大時他住的宿舍是才蓋了一、二年的佛納館。所以胡適在文字中常常提到佛納館是新建築（new building），稱哈特萊及李文斯敦為老房子（old buildings）。

佛納館如果屋頂一層（好像是後來加上去的）也算在內，應是一座十層大樓，此外還有地下室。這棟大樓靠近百老匯大道，對街均屬市樓，商店林立，現在有幾家店鋪二十四小時經營晝夜不息，甚是熱鬧。胡適在學生時代，佛納館住宿費最昂，按當時（指一九一五年）規定，佛納館從三樓至八樓，以一年計算，住宿費單人房一百五十元至一百九十元。雙人房二百元；兩個房間套房自一百五十元至三百元不等。根據哥大出版的二〇〇二年至二〇〇四年《學生住宿費用指南》，大學部學生一學期收住宿費二五六八元至三一八四元。[11] 上述所言的住宿費，如果住的愈高愈貴。

這三棟學生宿舍的規矩是很嚴格的，比如不准飲酒、賭博，也不准在寢室內用餐。其他規定如女客來訪，只許在下午三時至五時在樓下會客室接見。這種規定現在當然沒有了，因為美國各大學大多男女兼收，大家住在同一樓宿舍，一層是男生宿舍，一層是女生宿舍。學生宿舍每天有傭人來整理房間，有一條規定是不准帶自己的傭人來。還有一條規定是也不准帶寵物（小貓、小狗等小動物）。佛納館我曾進去過幾次，有一次我看到一位學生在室內養熱帶魚。女學生在室內有很多盆栽，花花草草，五彩繽紛。其他二個宿舍如哈特萊及李文斯敦我也都去過。即使今日，以哥大學生宿舍的標准來說，佛納館還是算不錯的。胡適在哥大讀書的時候佛納館公認為最好的學生宿舍，只有大三、大四或是研究生才有資格住進去。今日佛納館是給大一及大二學生住的，據哥大學生辦的《觀察報》（*Columbia Daily Spectator*），一位記者曾訪問了一些住在佛納館的男女同學，他說有一位大一女生，分到一百二十平方英尺單身房宿舍，非常滿意。至於其他的，有一位同學分到一間一百三十七平方英尺的雙人房，亦無怨言。但是校方的決定曾引起高年級同學的憤怒與抗議。[12]

這三棟大樓是在晨邊高地，哥大校本部最早建築的學生宿舍。胡適晚年回憶，津津樂道他的學生時代的生活，他對唐德剛說，當年居住在這三座大樓的中國學生，住在哈特萊及在李文斯敦的有孫中山的公子孫科，此外還有蔣夢麟、陶行知等人。[13]當不止這幾個人，後來胡適說起這些學生也是很有趣的故事：他們「後來在中國政界和文教界都是知名人物。與我同時的一共只有三個中國學生住於佛納大樓，因為這座大樓是新建的，租金較昂。除我之外，便是那位有名的宋子文和張耘。張耘後來以張奚若一名知名國內。他在中共政府內做了許多年的高等教育部長。他不是共產黨員，只是所謂『民主黨派』的一份子」。[14]唐德剛在《口述自傳》裡附加一個小注，他說中共沒有教育部，但其職責相當於教育部長，他的任職是從一九五二至一九五八凡六年。[15]還有孫中山的小女婿戴恩賽（Tai En Sai）那時也在哥大讀書，他於一九一五年畢業於哥大大學部，一九一八年獲哥大博士學位，念哪一系（什麼專業），住哪一個宿舍，不詳。他於一九二一年返國與孫中山小女兒結婚。[16]民國初年中國傑出的外交家顧維鈞也是哥大校友，胡適進哥大時顧維鈞早已畢業了，他是一九〇八年大學部畢業，一九一二年獲博士學位。在胡適離開哥大的那一年（一九一七年），顧獲母校榮譽博士學位。是年胡適沒有參加他自己的畢業典禮。與胡適先後在哥大完成學業的中國學生後來成名的很多，在中國學術界知名人士如馮友蘭、蔣廷黻、羅隆基、金岳霖等人來哥大讀書時胡適已回國了。他們是否也住學生宿舍不詳。（一般而言住學生宿舍膳宿費用較貴，校外租房便宜很多。）

胡適居佛納館只住了一年，後來他的女友韋蓮司回綺色佳，就把她在海文路九十二號的房子頂給胡適。胡適於七月十六日就搬到距學校大約六十條街的海文路公寓，與雲南人盧錫榮君合租同居。胡適說新居靠近河邊，可眺望赫德遜河，景色幽絕。住在這裡，還有一個好處，他說：「去市已遠，去大學已近，僻靜殊甚。友朋知者甚寡，即知亦以遠故不常來，故余得暇可以讀書。」（《胡適留學日記》，一九一六年七月十六日）唐德剛在《胡適雜憶》中說：「一九五六年夏，白馬社在這寓所的九條街之外開會，胡先生特地要我開車往該處，繞場一周。」唐德剛接著仿唐詩人劉禹錫的詩句，寫道：「海文路上千花樹，都是胡郎去後栽。」[17] 這是唐先生改了劉禹錫的詩句寫胡大師，不是也很有趣味嗎？[18]

1 巴納是新英格蘭人，耶魯畢業後即至南方阿拉巴馬大學及密西西比大學任教。一八六四年出任哥大第十任校長做了二十五年，建樹良多。他死的那年即是一八八九年哥大女子部建立，董事會名之為巴納學院（Barnard College），即是用他的姓氏來紀念他。

2 那時黑人區是在曼哈頓格拉梅西公園（Gramercy Park）附近的第五大道。

3 二〇〇四年三月美國郵政局發行一種明信片，即以「洛氏紀念圖書館」做圖案用以紀念哥大建校二百五十週年紀念。在這之前，一九五四年一月四日美國郵政局發行一枚三分紀念郵票，也以「洛氏紀念圖書館」為圖案，以紀念哥大建校兩百週年。

4 原函見Andrew S. Dolkart, *Morningside Heights: A History of Its Architecture and Development* (New York: Columbia University Press, 1998), p. 149.

5 美國有錢人常有捐款興學或為學校增建大樓義舉，但在中國就缺少這種優良傳統的美德，誠屬一件很可惜的事。

6 十多年前哥大一位教授寫過一本巴特勒傳，有興趣的讀者可以找來一讀。Michael Rosenthal, *Nicholas Miraculous: The Amazing Career of the Redoubtable Dr. Nicholas Murray Butler* (New York: Farrar, Straus & Giroux, 2006)。

7 查爾斯·艾略特於一八六九年初出任哈佛大學校長，一九〇九年退休，前後做了四十年校長。在他校長任內，貢獻良多，最明顯的是他把哈佛從一所一般性的普通學院（college），發展成為近世世界上最偉大的學府之一。二十世紀巴特勒可能是一位任期最久的校長，貢獻也多，少有人與他比肩的。在一九五〇年代加州大學柏克萊分校校長克拉克·克爾（Clark Kerr），人很能幹又年輕，脫穎而出。在他任內除了新擴張了三個分校：此即聖地牙哥（San Diego）、爾灣（Irvine）、聖塔克魯斯（Santa Cruz）外，令人矚目的每年秋天諾貝爾獎物理、化學、生理學或醫學的得獎名單發布時，總有加大教授獲獎。加大聲譽日隆，駸駸乎在哈佛之上。曾幾何時，美國在六〇年代學運發生了，克爾頓受挫折，一九六六年雷根當選加州州長，翌年雷根把他撤職，他就離開了加大，柏克萊雖仍是第一流知名學府但已不再有昔日光彩。

8 唐德剛譯注，《胡適口述自傳》（臺北：傳記文學，一九八一），頁八六。《胡適口述自傳》中提到的這幾棟老房子有的已更名了。李文斯敦大樓本來是紀念羅伯特．李文斯敦（Robert Livingston，哥大校友），現已更名為瓦拉何大樓（Wallach Hall），是紀念艾拉．瓦拉何（Ira D. Wallach, 1909-2007），他活了九十七歲，他是猶太人，也是哥大校友。他在哥大大學部讀書時就住在李文斯敦大樓。成年後經商發了大財，他看到李文斯敦大樓很陳舊破爛，於是在他生前就捐了二億給哥大做為整修李文斯敦大樓的費用。哥大感念他的慷慨盛意，乃將李文斯敦大樓更名為瓦拉何大樓。唐德剛在他的中文譯本《胡適口述自傳》裡他提到女子宿舍詹森大樓（Johnson Hall）。詹森大樓與約翰．介同時候蓋的，建於一九二五年。胡適讀書時還沒有詹森大樓，一九八四年已更名為維恩大樓（Wien Hall），現在仍是女生宿舍。

9 唐德剛譯注，《胡適口述自傳》，頁八六。

10 詳見Andrew S. Dolkart, *Morningside Heights: A History of Its Architecture and Development*, pp. 169-197.

11 *Guide to Fees and Payments at Columbia*, 2002-2004, p. 8.

12 *Columbia Daily Spectator*, September 12, 2002. 房間分配是由抽籤決定。

13 唐德剛譯注，《胡適口述自傳》，頁八七。

14 唐德剛譯注，《胡適口述自傳》，頁八七。

15 唐德剛譯注，《胡適口述自傳》，頁一〇五。

16 見C. Martin Wilbur, *Sun Yat-sen: Frustrated Patriot* (New York: Columbia University Press, 1976), p. 37.

17 唐德剛，《胡適雜憶》（臺北：傳記文學，一九八一），頁一九三。

18 下面兩首劉禹錫〈游玄都觀〉是很有名的絕句。

〈游玄都觀〉

紫陌紅塵拂面來，

無人不道看花回。

玄都觀裡桃千樹，
盡是劉郎去後栽。

〈再游玄都觀〉
百畝中庭半是苔，
桃花淨盡菜花開。
種花道士歸何處，
前度劉郎今又來。

【第十四章】

杜威門下，一九一五至一九一七

胡適本來在康乃爾一九一四年畢業後繼續在塞基哲學研究所讀書，但只念了一年，於一九一五年夏就匆匆忙忙地轉學到在紐約市的哥倫比亞大學。他為什麼要轉學到哥倫比亞呢？正如莎翁所言：這是一個問題，頗令人困惑的。也對傳記家是一種挑戰。唐德剛在其《胡適雜憶》裡說胡適「看中」了杜威，別人也說過這樣類似的話。胡適刻意「巴結」杜威，他是不大捧人家的，因為他不太聽從人家的話，且叫人不要被牽著鼻子走，可是他對杜威就不一樣了——「曲予優容」。當吾人讀《胡適文存》，「胡適把他底洋老師杜威捧得天高」（唐德剛語）。胡適自己說杜威對他其後一生的文化生命「有決定性的影響」。[1] 因為他喜歡杜威，順理成章，他就轉學到哥大，拜他為師，這是說得過去的。他從一九一五年九月轉學哥大，在哥大念了兩年考完了博士考試，就在是年（一九一七年）六月回國。大家也都是這樣想法。但實際上胡適轉學可能跟沒有拿到獎學金更有關係。胡適在一九二七年寫信給他的女友韋蓮司，說因他在康乃爾塞基哲學研究所沒有拿到第二年的獎學金，「這個事情把我從睡夢中驚醒。為了自己能專心於學業，我決定把自己隱沒在一個像紐約這樣的大都市裡。」[2]如果我們再推論下去，要是他拿到第二年獎學金則不是他就留在康乃爾了嗎？當然日後不會轉學哥大，也不會有拖泥帶水的博士學位問題了。轉學哥大對他一生影響很大，我們當然沒有必要去追究在歷史上沒有發生的事，但在這一章有關胡適與杜威的關係以及日後的博士學位問題還是值得討論的。因此現在我們先從杜威談起。

杜威（John Dewey, 1859-1952）是美國哲學家及教育家，為實驗主義三位大師之一。其他兩位：一位是皮爾士（Charles Sanders Peirce, 1839-1914），另一位是威廉·詹姆斯（William James, 1842-1910）。實驗主義在《胡適文存》裡講得震天響，自一九一七胡適從美國回來直至一九四九年前，杜威及實驗主義在中國是最熱門也最時髦的了，因此我們也大略談一下實驗主義。實驗主義在英文裡是Pragmatism，這個字源自希臘文pragma，原意是「行為」或「行動」。現在中國大陸上譯「實用主義」，日本人譯「實際主義」，胡適譯為「實驗主義」，本文從胡適的譯法。美國實驗主義肇始於十九世紀後半葉，開始受人注意是在二十世紀初葉（正是胡適來美國讀書的時候），先是威廉·詹姆斯，後由杜威等人宣揚，盛行於二十世紀。[3]實驗主義基本上受西歐經驗論的影響，接受了自然主義科學方法及演化論的學說而來。雖然也有人說愛默生（Ralph Waldo Emerson）是實驗主義的先驅，可是回應者寡。大家公認為皮爾士為美國實驗主義的創始人，威廉．詹姆斯與杜威他們雖然不是創始人，但是他們二人也很重要，他們有架橋鋪路之功。因為大家認為威廉．詹姆斯是對實驗主義有宣揚、闡述傳布之功，而杜威是實驗主義集大成者。我們現在先來大略講皮爾士及威廉．詹姆斯，然後講杜威。

II

皮爾士是實驗主義的第一位大師。他的父親是一位數學家，在哈佛大學任教多年。皮爾士受他父親的影響很大，從小就接受了很嚴格的科學教育。克紹箕裘，他自己後來也成了一位很有成就的數學家，此外還比他父親多了幾個頭銜，他除數學家外，又是物理學家、化學家、哲學家及邏輯專家。特別對哲學及邏輯有很深的造詣。在康德哲學的影響下，他試圖解決心靈、物質與上帝之間種種問題。在一八七七年他有兩篇論文發表在《大眾科學月刊》（*Popular Science Monthly*）上，一篇是〈信念的堅定〉（The Fixation of Belief），另一篇是〈如何使我們的理念清楚明白〉（How to Make Our Ideas Clear）。這兩篇論文主題是從懷疑到信念的理論探索。同時他也提出了「實驗主義」(Pragmatism)這個新名詞，並且闡述了他對實驗主義的基本概念。他的創見就是科學實驗室的態度，在當時這兩篇文章沒有人注意，但在二十世紀卻很受人家重視，這一點對皮爾士而言非常重要，使他奠定了近世實驗主義學說創始人的地位，名垂千古。

何謂「科學實驗室的態度」？即是科學實驗的方法，可以使我們的思想明白。如果與一位做科學實驗的科學家討論一個問題時，他總會說讓我來試驗一下，看看有何效果，如果是實驗出來有某種效果，那這是有意義的，反之則否。這就是皮爾士所說的實驗室態度。[4] 照皮爾士的理論，一個科學家應先有一個假設的理論，然後循此原則去做實驗，如果實驗的結果不得預期的效果，則這個假設或理論是錯誤的，應修改或重新做實驗，看看修改過來的理論或假設對不對。科學家無論做什麼都要有這種態度來對付問題，這就是實驗主義。胡適的「大膽解設，小心求證」，其來有自。皮爾士也把這種科學實驗室的態度應用到人生思想概念上，使其意義更為清楚明白，但在當時人家不太懂得，也並不欣賞這種學說，是故皮爾士的論文發表後當時沒有人重視，直到三十年後（一九〇七年初）威廉·詹姆斯在哥倫比亞大學演講，題目為「實驗主義：一些舊有思考方式的新稱呼」(Pragmatism: A New Name for Some Old Ways of Thinking)。他說「實驗主義不代表任何特別的結果，它不過是一種方法。」[5] 他又說：「所謂實驗主義方法，不是要得到什麼特定的結果，只不過是一種態度取向。這種態度是不去看首先看到的事物、原則、『範疇』和假定必要條件，而是去看最後產生的事物、收穫、結果和事實。」[6]他在哥大一共有六次講演，後來在這一年底（一九〇七年）由哈佛大學出版社出版，他在序言中說，他不喜歡實驗主義運動這個名稱（他原文用的是「Pragmatic Movement so-called」），但是現在已經太晚了，不能改了。在序言中他還說出版文字同演講內容，沒有再延伸，亦無注釋（They are printed as delivered, without development or notes）。威廉・詹姆斯這句話，很自負，他寫文章寫得好又快，有古人所說「文不加點」的地步。後來威廉・詹姆斯把實驗主義引用到其他方面去，比如宗教等等，因為威廉・詹姆斯的父親亨利・詹姆斯（Henry James）是一個牧師（他的弟弟也叫亨利・詹姆斯是一位大作家），所以威廉・詹姆斯本人宗教思想色彩極其濃厚，這一點杜威不太喜歡。威廉・詹姆斯對實驗主義的貢獻所在即是把皮爾士實驗主義的原則，發展成為一個較有系統的實驗主義的理論體系，並且盡力發揚光大之。威廉・詹姆斯文筆很好，寫起文章來倚馬可待，又快又好。復次，他口才又很好，能言善道，於是自從威廉・詹姆斯在哥大講演後，皮爾士首創的實驗主義死灰復燃，時機來了，風行一時。時為一九〇七年頃。

皮爾士有大量的手稿，可是當年捧了豬頭找不到廟門，沒有地方發表。一八七七年兩篇實驗主義的論文發表後也就束之高閣，一直等到一九〇七年威廉・詹姆斯在哥倫比亞大學把皮爾士的實驗主義學說宣揚以後，實驗主義在美國才興盛起來。皮爾士是在他死後才出名的。自胡適於一九一七年從美國回來以後，胡適、杜威、實驗主義在中國風靡一時，一直到一九四九年後馬克思主義支配了一切。

皮爾士是一個很有才華的學者，除了哲學外，他也是一個科學家，他對數學、物理、化學均有很高的成就與很大的貢獻，但他一生潦倒。不是懷才不遇，而是因他私生活不檢點，他一生沒有獲得正式教席，他雖然在巴爾的摩約翰霍普金斯大學教了幾年書，但沒有拿到終身教職（tenure）。他在哈佛也教過，與他同在哈佛一位教數學的講師（instructor）名查爾斯．艾略特對皮爾士的印象壞透了，這個人很重要，因為他後來做了哈佛校長，一做就做了四十年，因此皮爾士就無法在哈佛教書。後來沒有工作沒有錢用，由威廉．詹姆斯的力薦，皮爾士在一八九八年及一九〇三年兩次赴哈佛講學（lectures，是介在講座與講課之間的一種課程），這兩次講學都是短時的，用餐館的術語來說都算是散工。

皮爾士結過兩次婚，第一個妻子海芮．費（Harriet Fay）因皮爾士有外遇，與他離婚了一走了之。後來他與一個講法語的舊情人茱莉葉．弗魯瓦西（Juliette Froissy）歐洲女子結婚。[7] 皮爾士晚年居賓州東北角米佛（Milford），因那裡有一棟房子，他父親死後遺留下來的。米佛是一個靠旅遊為業的小城，靠近賓州、紐澤西州及紐約州三州邊界，屬於孛可諾區（Pocono是一個遊覽區），胡適一九一一年參加的美東教會夏令營就是在此舉辦。初來美國，胡適尚不知道他一生所談曲不離口的實驗主義的祖師爺皮爾士就近在咫尺。也許因那時實驗主義還不是時尚，所以他在《留學日記》裡沒有記他一筆。皮爾士的哲學思想影響了威廉・詹姆斯、杜威及魯一士（Josiah Royce），也間接影響了胡適。皮爾士與威廉・詹姆斯是同時代的人，他長詹姆斯三歲，他們在哈佛讀書時是同學，已經是很好的朋友了。後來他們又同在哈佛教書是同事。皮爾士晚年很潦倒，窮得沒有飯吃了，詹姆斯幫他很多忙，金錢上接濟他尤多，有時為他募款以解倒懸。皮爾士雖居鄉郊，因距紐約不遠，火車兩小時可達，詹姆斯常常會邀請他進城，所以他也常去紐約與同道好友聚會餐敘，以解孤寂。皮爾士常常憂慮地說，在他有生之年不知道何以報答詹姆斯給他的恩惠。到了晚年，皮爾士想出了一個辦法，就是把他的名字Charles Sanders Peirce改為Charles Santiago Peirce。中間的名字Santiago是拉丁文，在英文裡是St. James的意思，即是聖人詹姆斯，以資紀念詹姆斯。

III

威廉・詹姆斯是實驗主義的第二位大師，他是富家子。他的祖父在十八世紀從愛爾蘭移民美國，在紐約州阿爾巴尼（Albany，即現在的紐約州首府）定居下來，後來經商致富，他的父親亨利・詹姆斯（1811-1882）是一個宗教家，他與美國散文家及哲學家艾默生（Ralph Waldo Emerson）是好朋友。他與紐約一個大富翁的女兒瑪莉・華許（Mary Walsh）結婚，老丈人（即是日後威廉・詹姆斯的外祖父）是一個棉花大王，家財萬貫，烜赫一時。威廉・詹姆斯共有姊妹五人，他居長，他有一個弟弟也叫亨利・詹姆斯（1843-1916），小亨利是一個很有名的小說家。威廉・詹姆斯本來在哈佛學醫，畢業後沒有去懸壺濟世，他留校任教，初授生理學及解剖學兼授心理學，後來也教哲學。在一八九〇年他出版了《心理學的原則》（*Principles of Psychology*）一書，名噪一時，奠定了他在心理學上開山宗師的地位。他於是從心理學再去研究哲學，他說他是把心理學的研究做為研究哲學的基礎。在哲學的領域內，他有興趣於皮爾士的實驗主義。實驗主義本來就是一種方法——一種評判觀念和信仰的方法；但詹姆斯把這種方法擴大了。詹姆斯雖是實驗主義的宣傳者，但有時他的主張和實驗主義有所扞格，比如他在一八九六年所發表的《信仰的意志》（*The Will to Believe*）是反對赫胥黎一班人的存疑主義者（赫胥黎最重證據）。詹姆斯出身宗教家庭所以他的宗教色彩甚濃厚，他把皮爾士實驗主義運用到宗教方面，皮爾士不以為然，杜威也不喜歡。皮爾士具體的不喜歡表現在詹姆斯稱其學說 pragmatism，於是皮爾士另創一個字 pragmaticism 來表明他的態度與詹姆斯的 pragmatism 有別。杜威也不贊成詹姆斯的實驗主義。只有英國哲學家席勒（F. C. S. Schiller）一派的人本主義（humanism）名稱雖異，但與詹姆斯的實驗主義主張最為接近。除此而外，詹姆斯對實驗主義還是有很大的貢獻。最主要的是他把皮爾士的實驗主義的基本思想及一般概念，說得更明白暢曉，發揚光大。在方法論上，把皮爾士的觀點推廣演繹之。質言之，他承繼了皮爾士的思想與概念，這就是他所說的「皮爾士原則」。這也就是為什麼後來人把威廉·詹姆斯列入近世正統實驗主義三位大師之一。良有以也。

IV

實驗主義最後一位大師即是杜威。他於一八五九年生於新英格蘭佛蒙特州伯靈頓城（Burlington），佛蒙特是美國最民主風尚的一個小州，英國人宗教家最早到達的一州，佛蒙特州到現在還是美國最開明（liberal）的一個地方。你看今年美國參與二〇二〇年大選總統候選人中最熱鬧、最開明的桑德斯（Bernie Sanders），他就是佛蒙特州選出來的參議員，杜威及桑德斯均因襲這種佛蒙特州的偉大傳統。杜威的家世並不富裕，他的父親開一間雜貨店做小本生意。杜威在本州州立大學畢業後，就去約翰霍普金斯大學深造，研究哲學。這所大學在當時是一所很新穎的大學，以研究為中心，沒有大學部。他於一八八四年獲哲學博士學位。美國第二十八任總統威爾遜也是念這所大學，他主修政治學，比杜威晚一年畢業。杜威在霍普金斯大學畢業後，應聘在密西根大學教書，後來在明尼蘇達（Minnesota）最後在芝加哥大學。因與芝加哥大校長不睦，憤而辭職，二十世紀初葉他已小有名氣，耶魯、哈佛、哥大聞訊後均有意聘請，那時哥大在巴特勒校長任內，他到處出力網羅名教授，欣欣向榮，因此當時哥大的哲學系及教育學院陣容甚是堅強。且哥大校長巴特勒刻意拉攏他，給他很多優渥的條件，杜威不得不接受，何況杜威又很喜歡紐約，他乃決定了哥大。當杜威答應了哥大，大家公認為哥大哲學系是美國大學裡如果不是最好的一系，則也是最好的一系之一。他於一九〇五年第二學期開始就正式到哥大執教。除了一九一九至一九二一年，這三年他在日本及中國講學外，他一輩子在哥大。他一生事業、思想的發展以及其著作都在哥大萌芽、生長、開花結果。他與哥大，紅花綠葉，相得益彰。他一生勤快，誨人不倦，寫作不輟，一九三九年他八十歲了，就得退休，在退休的那一年他還出版了一本大著作《邏輯學》（*Logic*）。[8] 一九四九年他九十歲了，他又出版了一冊很重要的書《認知與所知》（*Knowing and the Known*），與班特利（Arthur Bentley）合撰，此書旨在用自然科學來改變人文科學。一九五一年九十二歲，他又準備寫一本書，因健康欠佳，進度雖遲緩，惟這本書的綱領、筆記已有一籮筐了，但是一籮筐的材料始終沒有辦法湊合起來成書，即病倒了。一般來說，他身體健壯，壽命長，在這三位實驗主義大師中，他年紀最小，壽命最大，晚年則病魔纏身，於一九五二年三月從夏威夷回到北美洲大陸，六月一日即死了。他是十月二十日出生，還差四個月他就九十三歲。在實驗主義三位大師中，他出版的書最多。他一生出版了三十七本書，論文、書評除外。杜威剛好與皮爾士相反，皮爾士一生在哲學領域內，生前從來沒有出版過一本書，後來有關他在哲學方面的書，都是他死後人家幫他出版的，且相當的多，但還是沒有杜威的多產。

杜威的基本思想是在黑格爾的影響之下，他把經驗看得很重要，在他的觀念就是生活，生活就是應付環境。因他接受達爾文的演化論，認為人類為了生存，必須要適應環境。因此他把實驗主義的基本概念、思想、理論，視為人類用來取得成功的工具或改進環境的工具。是故有時人家稱他的實驗主義為工具主義。杜威的實驗主義觀點與皮爾士的觀點是相當接近。杜威跟詹姆斯在認知、信仰、意識等觀點上也接近，但不喜歡詹姆斯的宗教色彩。因此他不贊成詹姆斯的實驗主義擴大到其他方面，被宗教家所利用，杜威認為這是很不好的。

杜威不是關在象牙塔裡一個學院派的哲學家。比如在二十世紀初葉他提倡女權，他極力支持女子有選舉權。在第一次世界大戰，他反對美國參戰，但在第二次世界大戰前夕，希特勒入侵波蘭，他即放棄了美國中立政策，他支持《租借法案》。他反對哥大校長巴特勒以戰爭為藉口，因而限制教授言論自由、學術自由。美國左翼分子大力頌揚蘇維埃政權，他警告他們史達林的危險，但在戰後他反對禁止共產黨人在大學授課。從上述這些主張來看，他是一個徹頭徹尾典型的美國東部的自由主義者。如果我們要追溯杜威思想的來源，凡有三：一是他的新英格蘭傳統的民主作風及自由主義精神。二、他繼承了皮爾士及詹姆斯實驗主義的科學的實驗時態度——拿出證據來，讓證據說話。三是達爾文的演化論。他反對唯心論，也反對唯物論的馬克思。因篤信達爾文主義，因此他主張社會進化是漸進的，是一點一滴演變過來。他反對徹底社會改革，反對革命。杜威的思想對胡適很重要，他的思想深深地影響了胡適，因為胡適對杜威思想應該算是照單全收。好不好呢，這個問題大得很，可以另外寫一本書。

V

當一九一五年胡適轉學到哥大時，杜威在哥大已經十年。胡適喜歡實驗主義，喜歡杜威，轉學到哥大來拜杜威為師，他的方向是正確的。胡適在其《口述自傳》中說：「這幾年（指一九一五年胡適初進哥大時）正是哥大在學術界，尤其是哲學方面，聲望最高的時候。杜威那時他一生中最多產的時期。」[9]在哥大除杜威外，在哲學系裡其他有名的教授很多，如專治希臘哲學的烏德瑞（Frederick J. E. Woodbridge），他在研究所裡教哲學史，那時他兼任文理學院的院長職。其他如在哲學系有一名教授教授芒達基（William P. Montague），他的哲學是特別強調客觀現實主義（objective realism）與批判現實主義（critical realism）有別。他是當時歐美六個現實主義者（realists）之一。其他如教倫理學的教授厄德諾（Felix Adler），他是美國倫理文化學會（The Society of Ethical Culture）的發起人。這個學會基本上是沒有宗教色彩的。唐德剛在《胡適口述自傳》裡附有一個注解說自己在紐約就是在這個文化協會裡沒有菩薩的「廟裡」用非宗教儀式結婚的。[10]胡適晚年回憶說：「當時哥大的哲學系實是美國各大學裡最好的哲學系之一。」[11]胡適說他在哥大做學生的時候，哲學系裡的教授陣容堅強，一時之選，其實當時哥大除哲學系外，文科其他各系名教授很多，大師如林，如歷史系、政治系、社會系及教育系在學術界也同樣享負盛名。在歷史系裡，大名鼎鼎的畢爾（Charles Beard），其名著《美國憲法之經濟詮釋》（*An Economic Interpretation of the Constitution of the United States*）以經濟史的觀點來詮釋美國憲法，對於美國立國先賢有很不好聽的激烈批評，因此成為眾矢之的，十手所指，指責他褻瀆聖賢。畢爾於一九一七年因美國參戰加入第一次世界大戰，巴德勒校長解雇了兩名反戰教授，憤而辭職。在歷史系裡另一位大牌教授羅賓遜（James Harvey Robinson），他是以宣導新史學的鼻祖飲譽士林，這兩位當時在哥大都是頗有盛名大史家，當一九一九年蔣廷黻進哥大時畢爾才離開哥大到紐約下城去創辦社會研究新書院（New School for Social Research），現已改名為新學院大學（New School University），這個學校以前沒有大學部，只有碩士班及博士班）。一九一九年蔣廷黻進哥大時主修近代歐洲史，畢爾及羅賓遜已離開哥大，但那時哥大歷史系裡的教授仍然人才濟濟。[12]蔣廷黻晚年回憶說，他沒有機會受業於羅賓遜門下，甚為遺憾。胡適在晚年回憶，他也有點遺憾在哥大沒有選修羅賓遜的課，他說：在文科裡「有很多大牌教授，可惜我不能在歷史系花太多的時間。我最大的遺憾之一便是在歷史系裡沒有選過一門全課。當時最馳譽遐邇的一門，便是羅賓遜教授的『西歐知識階層史』（Outline of the History of the Intellectual Class of Western Europe）。這門課事實上是一門討論各時代西歐文明的思想和文化運動史，這門課在學術圈內享有盛名」。羅賓遜教授印有授課大綱和參考書目發給學生。胡適說：「我讀了這些大綱之後，覺得它極有用。但是我最大的遺憾便是沒有選修這門啟蒙的課程。」[13]

在政治系裡有一位很有名的教授，那時他同時在歷史系及政治系裡開課，便是鄧寧（William A. Dunning），他是政治理論史的權威。他是哥大訓練出來的大學者，他大學部在哥大念的（一八八一級的校友），一八八五年在母校獲博士學位。隨即留校執教。胡適上過他的課，胡適說他是近代政治理論史的開山宗師。可是他晚年回憶說，現在（一九五八年寫《口述自傳》時）看起來，他已成為「舊學派的代表」。但是在那時他卻是這一行的拓荒者」。[14] 胡適又說：「在其所著專門討論上古和中古時期的《政治理論史》的第一版序言裡，他就說在他以前，英語民族國家、德意志以及其他歐陸各國還沒有過類似的著作。」[15]《政治理論史》又譯《政治思想史》（*History of Political Theories*）。

胡適說鄧寧：「並不長於講授，但如今事隔四十餘年，我仍然記得那位和藹而衰邁的老教授。在那一年的冬季，他每次上課時，先要在教室四周張望一下，然後把所有的窗戶都關閉好，又在他衣袋裡取出一個小帽子戴在頭上，這才開始講課。」[16] 當蔣廷黻上鄧寧教授的課時，他的年紀更大了，他的傳世之作《政治思想史》第三卷也已完成，他的名聲更大。

也在這個時候（蔣廷黻在哥大的時候），哥大來了一位英國人，三十歲不到的年輕教授，此即日後鼎鼎大名的費邊社大將拉斯基（Harold J. Laski）。蔣廷黻說他上午去聽鄧寧的課，下午去聽拉斯基。他們兩人風格（style）南轅北轍，不僅年齡上相差一半以上，他們的理論學說亦大相徑庭，教授的方法亦截然不同。拉斯基善雄辯，如長江大河一瀉千里，且記憶力驚人，上課時常喜歡引經據典，有時講一個問題如脫韁野馬。蔣廷黻說：「拉斯基教授以其雄辯滔滔的口才懾服了我們。」[17] 與拉斯基正相反，鄧寧則年高德劭，雖不善辭令，但他不獨斷，也不太重視教條，僅提出對某些問題的看法。蔣廷黻說：「他認為：如果學生肯考慮他所提出的看法，加以深思的話，他們一定會瞭解政治學說的最終問題是政權的性質問題，政治家的最終目的是保護政權。在政權穩定的時候，大學教授似乎用不著強調穩定政治的困難。」蔣廷黻晚年回憶說：「從那時起，我就感到有些國家的人民，連最低限度的穩定都做不到，而穩定政權，建立秩序乃是一國政治的基點。若干年後，我越發認為鄧寧教授的見解是高明的。」[18] 鄧寧的學說對美國影響很大，特別是在南方。他同情南方黑人，卻支持南方軍，但南方軍反對解放黑人，他的信徒後來成為共和黨骨幹。他是美國歷史學會（The American Historical Association）的創始人。蔣廷黻在他回憶錄中說，拉斯基對世界很多地方也發生極大的影響。他風靡了英國、亞洲，特別是印度。[19]

當時政治系裡的教授也是人才鼎盛，如莫爾（John Bassett Moore）他教國際公法，那時他是一個很著名的學者，凡是歷史系或政治系的學生都要搶著選他的課，在中國學生裡他教過顧維鈞及蔣廷黻，因為在他們的回憶錄裡都講到莫爾教授。莫爾對中國留學生非常友好，他每年都會到哥大中國同學會演講，他來講演的日子，通常是挑選在十月十日即雙十節，中華民國的國慶日。他很器重顧維鈞，當顧維鈞在哥大讀書時，有一次顧希望莫爾幫忙他在哥大學生報《觀察報》（*Columbia Daily Spectator*）上發表文章，由於莫爾推薦，顧不但能在觀察報上發表文章，後來還擔任該報總編輯。莫爾強調說自從顧維鈞擔任總編輯後，《觀察報》可讀性就提高了。顧維鈞（1887-1985）為中國早期留學生中佼佼者。一九〇四年進哥大，一九〇八年畢業，一九一二年獲博士學位。在哥大讀書時，除擔任《觀察報》總編輯外，還參加哥大田徑隊及辯論會，代表哥大與康乃爾大學庫克（Eli Cook）辯論，顧維鈞擊敗庫克，這個消息，當時在哥大校園裡是頭條新聞。顧維鈞在哥大完成學業歸國，擔任袁世凱總統的英文祕書，《紐約時報》會有報導，詳見一九一二年四月一日《紐約時報》。

莫爾生於一八六〇年，卒於一九四四年。當蔣廷黻上他課時，莫爾已是一個年近花甲的老教授了。蔣廷黻是他在哥大教的最後一個中國學生。一九二四年他就離開了哥大，參加政府公職，初在國務院，任副國務卿，後來提名擔任海牙國際法院法官。一九六六年美國郵政總局發行一套名人郵票，其中面值最高額的五圓人像即是莫爾。不是哥大所有的名教授都會登上郵票的，據我所知哥大至少有三位教授上過郵票的。除了莫爾外，杜威是一位，他的郵票是於一九六八年發行，面額是二角（二十分），跟莫爾在同一套郵票裡。另一位是哥大人類學系女教授露絲．潘乃德（Ruth Benedict, 1887-1948），一九九五年美國郵政局發行一枚面額四十六分的美國名人郵票，即是她。[20]

當時哥大社會系裡有一位也很有名的教授吉丁斯（Franklin Giddings, 1855-1931），除在社會系裡講社會學外，也授文化史一門課。胡適沒有選他的課，他說：「我聽他的第一堂課以後，我就未再上他的班了；雖然我仍然欣賞他的著作。」[21]蔣廷黻上過他的課研究社會學，他說：「他授課可以說是一篇經過充分準備的演講詞，從不偷工減料。」[22]蔣廷黻受吉丁斯的影響比胡適大。蔣廷黻在其博士論文〈勞工與帝國〉（Labor and Empire）的序言裡曾致謝三位教授，謝謝他們對他在哥大求學時啟迪良多，對他影響很大，吉丁斯是其中之一。其他兩位都是歷史系裡教歐洲史的教授，一是沙帕爾（William R. Shepherd），另一是海斯（Carlton J. H. Hayes）。在康乃爾時胡適是主修哲學，副修是英國文學和經濟學。他轉學到哥大後主修仍是哲學，但是兩個副修，改了。因為他在康乃爾經濟學念得不是很好，所以轉學到哥大後，他的一個副修改念政治理論，第二個副修是漢學（Sinology），這是當時哥大新設立的丁龍漢學講座（Dean Lung Professorship of Chinese）教授夏德（Friedrich Hirth, 1845-1927）的建議。[23]夏德是德國人，當時在西方，優秀傑出的漢學家都是歐洲人。夏德的名著《中國上古史》及《中國和東羅馬的交通史》深受歐美學術界所重視。[24]夏德是哥大重金聘來，但是他非常煩惱，因為不僅沒有學生找他做主修老師，連找他做副修老師的也沒有。他乃邀請胡適，胡適欣然同意，胡適晚年回憶，「夏德先生待我甚好。他不但領導我參觀哥大那個他所協助建立的小型中文圖書館，他還把他那豐富的中文典籍的收藏全部讓我使用。」[25]

胡適與夏德相處甚得，胡適說有時夏德會與他談一些很有趣的故事，有些故事還是拿他自己來開玩笑的。直至今日（一九五八年）胡適說還能記得夏德講他幫中國駐紐約總領事口頭翻譯的故事。他說，那時這位中國駐紐約總領事要離職回中國，紐約市商會為他設宴餞行，夏德應邀為那位總領事做翻譯，他是哥大中文系教授，當然不能推辭。當這位總領事站起來致辭時，講的是一口福州話，福州話在中國方言裡算是一種十分難懂的方言之一，他一句話也聽不懂，大起恐慌，認為這一下砸鍋了，但是事到臨頭，他不能說他不懂福州話，乃情急生智，裝出他洗耳恭聽的樣子，默不作聲並且還記筆記。當總領事演說完畢，夏德乃站起來用英語講他自己編的一套：「我（總領事）這次離開紐約回國，心理上充滿了一喜一悲的矛盾感。喜的是即將重返祖國與親人久別重聚；悲的是與紐約諸位新交舊識從此握別。」當夏德「翻譯」完畢後全場熱烈鼓掌。胡適晚年回憶說：「以上便是夏德教授告訴我的故事之一。我仍然至今未忘。」[26]夏德有急智，他的「翻譯」可說是超越嚴幾道「信、達、雅」標準的另外一種上乘「翻譯模範」了。[27]胡適在其《口述自傳》裡說：「在我所有的教授之中我特別希望一提的是約翰．杜威和厄德諾教授。在我轉學哥大之前我已經認識了厄德諾教授。」厄德諾教授是一種新宗教「倫理文化運動」的發起人。「這一新宗教的基本觀念是相信人類的品格和人類的本身行為是神聖的，但是他是無神的；也沒有什麼神學來做其理論根據。」[28]當胡適還在綺色佳的時候，他曾與幾個猶太同學組織了一個倫理俱樂部，其中二位一個是羅拔．卜洛特（Robert Plant），另一個是哈魯．芮治曼（Harold Riegelman）。胡適與芮治曼二人同樣是從康乃爾轉學到哥大的，他進法學院，胡適進研究所念哲學。當胡適在一九五八年撰寫《口述自傳》時，卜洛特已死了，芮治曼尚健在，在紐約做律師。胡適把芮治曼介紹給蔣廷黻，蔣廷黻的遺囑以及退休後為了他第二任妻子沈恩欽向移民局交涉申請居留，這些手續都是由芮治曼經手。芮治曼是共和黨員，曾一度角逐紐約市市長，但沒有成功。[29]

VI

現在我們回頭來再談杜威。胡適在他晚年的《口述自傳》裡說：「杜威教授當然更是對我有終身影響的學者之一。在我進哥倫比亞之前，我已經讀過約翰．杜威、查理．皮爾士和威廉．詹姆斯等〔實驗主義大師〕的著作。我轉學哥大的原因之一便是因為康乃爾哲學系基本上被『新唯心主義』（New Idealism）學派所占據了的緣故。」[30]所謂「新唯心主義」又叫做「客觀唯心論」(Objective Idealism),是十九世紀末期英國思想家葛里茵(Thomas Hill Green)等由黑格爾派哲學中流變出來的。康乃爾的哲學系師生動不動就拿「實驗主義」來批評一番,杜威就是他們經常在討論課上批評的對象。胡適說他們雖然唱反調但對杜威仍然十分敬重。胡適因為聽多了這些對杜威及實驗主義的批評,於是他對杜威的學說漸漸地發生了興趣。因而盡可能多讀實驗主義的書。他說:「在一九一五年的暑假,我對實驗主義做了一番有系統地閱讀和研究之後,我決定轉學哥大去向杜威學習哲學。」[31] 杜威在哥大,他是實驗主義的三位大師中碩果僅存的一位。威廉·詹姆斯卒於一九一〇年八月二十六日,那一年他死的時候,胡適正在太平洋上赴美途中。皮爾士死於一九一四年四月,正是胡適在康乃爾哲學系畢業那一年。胡適如果醉心實驗主義,他沒有選哈佛而上哥大是正確的。杜威的著作是胡適所傾慕的,但杜威口才不好,不善辭令。學生都說他是一個poor lecturer,他講課枯燥乏味,他的大弟子史奈德(Herbert Schneider)的回憶就是這樣說的,胡適也有同樣感覺。胡適說:「他講課極慢,一個字一個字的慢慢的說下去」,「但是聽講幾個星期之後,我們也就可以領略他那慢慢地所講的課程了。他雖然不是個好演說家或講師,我對他用字的慎重選擇以及對聽眾發表意見的方式則印象極深。」[32]

胡適在哥大時,杜威住在哥大附近河邊大道四三一號。杜威夫人艾莉絲(Alice)每一個月會辦一次茶會,邀請一批朋友和學生來雅集小聚。胡適說他們這批學生很喜歡參加這種茶會，在這種招待會裡，他們會看到紐約文化圈內一些陰陽怪氣的長髮男人與短髮女子。受邀參加星期三下午招待會的杜威學生，都認為這是很難得的機會。[33]唐德剛在其譯筆之餘，加了一個注解。這個注解有幾個小錯誤，我認為我應該簡單地在這裡說明一下，給讀者一個交代。唐德剛在注解裡說：「杜威在這個公寓內（指河邊大道四三一號）一直住到一九五二年他九十三歲老死為止。」[34]這是錯誤的。艾莉絲於一九二七年七月十四日病逝後，杜威就不願意再住在那裡。他先後住在紐約市百老匯大道二八八〇號（2880 Broadway），及東六十二街一二五號（125 East 62nd Street）。晚年（一九四六年）與羅慰慈（Roberta Lowitz）結婚後他們住在第五大道九十七街口，前面是中央公園。[35]唐德剛在同一注解裡又說：「二次大戰後，杜氏以八七高齡，居然續絃，討了位四十二歲的年輕夫人。杜先生當然不能再生孩子了；他二人乃領養了兩個義大利孤兒。」其實羅慰慈在與杜威結婚之前已在加拿大領養了一個比利時難民的小孩，是男孩，後來又領養這個男孩的姐姐。唐德剛又說：「杜氏年逾九十之後，仍然神志清明，著述不停，至死方休，也真是名符其實的怪傑。」這幾句話也與事實不符。杜威在八九十歲以後，年老力衰，多病，每況愈下，大都由羅慰慈悉心照顧，經常進出醫院住加護病房，不然就是住在養老院，他也很少住在紐約了（唐德剛要能看得到杜威則更是難上加難），如果去東部，他們都住在賓州羅慰慈自己的農場。羅慰慈很有錢，她父母死後，得了一部分遺產，她哥哥死後及前夫死後又得了一大筆遺產，所以她非常富有。

杜威晚年喜歡暖和的陽光地帶，所以他們常去夏威夷、加勒比海、佛羅里達或亞利桑那。[36] 唐德剛在此注解第二段說：「一九二七年杜威喪偶，但是他的招待會仍繼續進行。一次一位中國學生，不善飲酒，卻偏好兩杯；不意一時酩酊大醉，竟在杜威臥榻之上鼾睡起來。等到酒醒之後，他所看到的，不是『楊柳岸，曉風殘月』，卻是杜老頭的鬍鬚飄飄。他居然與杜大師同榻睡了一夜。一時傳為趣談。」這一段故事真假如何，不詳，我存疑。唐德剛還在同注解最後一段說：「筆者震於杜威大名，於一九四八年進入哥大之後，亦常與同學二、三人趕著去『看杜威』；不用說那都是受了《胡適文存》的影響。」[37] 他暗示（implied）他去看過杜威。我讀了這段話有意見，我認為他說的不是真話。杜威本來與兒子弗瑞德（Fred）、媳婦伊莉莎白（Elizabeth）及女兒艾芙琳（Evelyn）、露西（Lucy）、珍（Jane）等關係都很好，與伊莉莎白及小女兒珍尤其特別親近，很談得來，可是自從他與羅慰慈結婚後，情形就完全不一樣了。第一，羅慰慈與杜威家人不睦，常爭吵，這是一般人家常有的家務事。杜威站在羅慰慈這一邊。當杜威來紐約，兒子、媳婦及女兒要見杜威，這是人之常情，可是有時卻遭擋駕，問理由，羅慰慈答說：「John 要休息。」（意思是杜威要休息，不要攪騷他）羅慰慈對付杜威的朋友或過去的學生（有的已是名教授了），也是這般鐵面無私，一視同仁。杜威於一九三九年八十歲退休。唐德剛於一九四八年才到美國，唐是一個研究生，杜威已是八十九歲高齡了，退休了十年且不常在紐約，即使在紐約，他也不住在河邊大道，唐德剛怎能「亦常與同學二、三人趕著去『看杜威』」呢？唐德剛不是杜威的朋友也不是他的學生，他們是陌生人，難道羅慰慈忘掉「John要休息」，讓他去見這三個陌生的中國人嗎？我百思不得其解。如果唐先生想用文字來愚弄讀者，這就不應該了。[38]

最後我想回應本章開頭提問，亦即胡適為什麼「看中」杜威，做為本章的結束。胡適在其《口述自傳》裡說：杜威「對我之所以具有那樣的吸引力，可能也是因為他是那些實驗主義大師之中，對宗教的看法是最理性化的了。杜威對威廉．詹姆斯的批評甚為嚴厲。」胡適讀了威廉．詹姆斯的名著《信仰的意志》，覺得宗教色彩太濃，不是很喜歡，他對「杜威的多談科學少談宗教的更接近『機具主義』(Instrumentalism)的思想方式比較有興趣」。[39]胡適接著舉出幾個杜威思想如何影響他自己思想的例子，他說他在選修杜威的「倫理學之宗派」之前，已經讀過杜威的著作。其中一篇題為「邏輯思考的階段」，收入在《實驗邏輯論文集》(*Essays in Experimental Logic*)。在這篇論文裡，杜威認為人類和個人思想的過程都要通過四個階段，第一個階段是固定信念的階段。在這個階段裡，人們的觀念和信仰都是固定的、靜止的。外界不能動搖。第二個階段是一個破壞和否定主觀思想的階段。這一派是以古希臘個人主義和主觀主義的詭辯派(Sophists)為代表。他們觀察萬物一切以人為中心，這一階段杜威名之為「討論階段」(Period of discussion)，即藉由好辯與公開討論，導出合乎邏輯的思想，胡適說：「這一點使我大感興趣。」[40]第三個階段是從「蘇格拉底的法則」朝向「亞里斯多德的邏輯」發展的階段。胡適說：「杜威對蘇格拉底〔求知〕運動的詮釋，頗多溢美之辭。但是對亞里斯多德『三段論式』的邏輯，則頗多微詞。」第四階段即是現代的歸納實證和實驗邏輯。在哥大胡適選了杜威兩門課：一門是「倫理學之宗派」，另一門是「倫理學和政治哲學」（Moral and Political Philosophy）。胡適說他非常喜歡「倫理學之宗派」那一門課。這一門課啟發他決定了博士論文題目：「中國古代哲學方法之進化史」，亦即「先秦名學史」。胡適在其《口述自傳》裡說：「我治中國思想與中國歷史各種著作，都是圍繞著『方法』這一觀念打轉的。『方法』實在主宰了我四十年來所有的著述。從基本上說，我這一點實得益於杜威的影響。」[41] 胡適認為：「杜威對有系統思想的分析幫助了我對一般科學研究的基本步驟的瞭解。他也幫助了我對我國近千年來——尤其是近三百年來——古典學術和史學家的治學方法，諸如『考據學』、『考證學』等等。〔這些傳統的治學方法〕我把它們英譯為 evidential investigation（有證據的探討）。」胡適還說：「在那個時候，很少人（甚至根本沒有人）曾想到現代的科學法則和我國古代的考據學、考證學，在方法上有其相通之處。我是第一個說這句話的人；我之所以能說出這話來，實得之於杜威有關思想的理論。」[42]

胡適有時講到杜威，也會講到赫胥黎治古生物學法則，這個法則有時也叫做「薩迪法則」（Zadig Method）。[43] 胡適在其《口述自傳》裡特別強調這個法則正是杜威所指出的法則，也正是約翰．彌爾在十九世紀所說的，每個人在每日工作中所應用的法則。推理思想並非科學家在實驗室內所專用；科學的法則只是把人類常識上的法則紀律化而已。胡適說：「近幾十年來我總歡喜把科學法則說成『大膽的假設，小心的求證。』我總是一直承認我對一切科學研究法則中所共有的重要程式的理解，是得力於杜威的教導。」[44] 威廉．詹姆斯敬仰彌爾，杜威亦然。胡適在《胡適文存》及《口述自傳》對杜威這位恩師是感恩不盡的，而且他是真心的。

接下來我要講胡適開天闢地的文學革命事業了。胡適的文學革命是在康乃爾開始，在哥倫比亞醞釀，一九一七年以後在北大發揚光大。下面兩章我們要來看胡適與梅光迪談文學革命，以及胡適與陳衡哲談詩國革命。

1 唐德剛譯注，《胡適口述自傳》（臺北：傳記文學，一九八一），頁九二。

2 周質平編譯，《不思量自難忘：胡適給韋蓮司的信》（臺北：聯經，一九九九），頁一五九。

3 威廉．詹姆斯文章寫得好，口才又好，可惜體弱多病，在實驗主義裡三位大師中威廉．詹姆斯死得最早，一九一〇年胡適考取庚款來美國進康乃爾的那一年詹姆斯死了。四年後（一九一四）皮爾士亦逝，正是胡適在康乃爾畢業的一年。當胡適於一九一五年進哥大時，杜威只有五十六歲。他們有師生關係，杜威壽命最長，活到九十三歲。杜威在他壯年時被胡適「抓」到了。可有人說胡適對實驗主義的興趣較晚，事實上也早不起來，雖然皮爾士於一八七七年就宣導實驗主義的學說，但是人家沒有注意他，等到一九〇七年詹姆斯在哥倫比亞大學把皮爾士的實驗主義學說宣揚以後，實驗主義在美國才興盛起來。

4 這就是胡適常說的凡事「拿出證據來」，可見實驗主義對胡適影響之深。

5 William James, *Pragmatism* (Cambridge: Mass.: Harvard University Press, 1907), p. 51.

6 William James, *Pragmatism*, pp. 54-55.

7 國籍不詳，歐洲國家講法語的除法國外，尚有比利時、瑞士、盧森堡、摩納哥。

8 杜威這本《邏輯學》還有一個小標題「A Theory of Inquiry」（尋求真理的理論）。杜威以為邏輯只不過是一種理論——尋求真理的方法之一種。所以他說他的邏輯並不像從前的邏輯。從前的邏輯是講演繹法、歸納法、大前提、小前提等等，這是所謂形式的邏輯。杜威講的邏輯，注重在思想上的起點。思想必須以困難為起點，他說思想隨時不能離開困難，這樣的思想才有效果。

9 唐德剛譯注，《胡適口述自傳》，頁八五。

10 唐德剛譯注，《胡適口述自傳》，頁一〇三。

11 唐德剛譯注，《胡適口述自傳》，頁八五。

12 蔣廷黻晚年回憶說，在哥大歷史系裡有兩位教授很使他敬仰，一位是沙帕爾（William R. Shepherd）他是羅賓遜的得意門生，在哥大教「近代歐洲擴張史」，他是帝國主義專家。另一個是海斯（Carlton J. H. Hayes）也是教歐洲史，他是國族主義專家。

13 唐德剛譯注，《胡適口述自傳》，頁八六。

14 唐德剛譯注，《胡適口述自傳》，頁八六至八七。

15 唐德剛譯注，《胡適口述自傳》，頁八七至八八。

16 唐德剛譯注，《胡適口述自傳》，頁八八。

17《蔣廷黻回憶錄》（臺北：傳記文學，一九八四），頁七六。

18《蔣廷黻回憶錄》，頁七六。

19《蔣廷黻回憶錄》，頁七六。

20 露絲・潘乃德是紐約市出生的，中學畢業後進紐約市北郊在普濟布施（Ponghkeepsie）的瓦沙女子學院（Vassar College）一九一九年畢業（與陳衡哲同一年畢業）。一九二一年進哥大研究所主修人類學，一九二三年獲博士學位，隨即留校執教，一直在哥大教到一九四八年病逝為止。她是哥大有史以來第一位女性正教授（full professor）。陳衡哲是中國北大的第一位女教授。瓦沙訓練出來不少傑出的的才女，我很欽佩這所著名的女校，但自一九六九年後，也招收男生，瓦沙已不再是女校了。

21 唐德剛譯注，《胡適口述自傳》，頁八七。

22《蔣廷黻回憶錄》，頁七五。

23 丁龍講座是美國第一個以特別基金而設立的漢學講座。丁龍何許人也，不詳其姓氏，只知他是美國一位將軍卡本特（Horace Carpentier, 1823-1918）的傭人，他姓丁還是姓龍無從查考。他為人忠厚，工作勤奮，刻苦耐勞，深得主人信任與敬重。當丁龍年老退休，卡本特給他一大把錢，丁龍謙辭不受，他將這筆錢轉贈哥倫比亞大學做為研究中國文化之用。卡本特深受丁龍義舉感動，乃另外又加贈鉅款設立一個講座，此即丁龍講座的來由。現在美國大學裡設立講座是很多的，講座甚是崇高、珍貴，一般多為紀念性質，由私人捐助鉅款，投資生息，每年所得利息為講座教授（Chair Professor）的薪金。而這種薪金遠比一般大牌教授的薪金高出很多很多，所以講座教授很受人景仰、羨慕。

24 Friedrich Hirth, *The Ancient History of China to the End of the Chóu Dynasty* (New York: Columbia University Press, 1923). *China and the Roman Orient: Researches Into Their Ancient And Mediaeval Relations As Represented In Old Chinese Records* (Leipzig & Munich: Georg Hirth; Shanghai & Hongkong: Kelly & Walsh, 1885).

25 唐德剛譯注，《胡適口述自傳》，頁八九。

26 唐德剛譯注，《胡適口述自傳》，頁八九至九十。

27 唐德剛在《胡適口述自傳》有一個注解，唐先生說得很好所以我把它抄錄下來，他說：「這一類的笑話，現在實在太多了。中西雙方都有。好事者收而集之，可以編出一部真實的《笑林廣記》。也是中西文化交流史

上的趣事，值得一做。」（頁一〇六）

28 唐德剛譯注，《胡適口述自傳》，頁九十。

29 唐德剛譯注，《胡適口述自傳》，頁九十。

30 唐德剛譯注，《胡適口述自傳》，頁九一。

31 唐德剛譯注，《胡適口述自傳》，頁九一至九二。

32 唐德剛譯注，《胡適口述自傳》，頁九二。

33 見《胡適口述自傳》，頁九二。河邊大道一帶的住家，是有錢人家住的地方。在公寓裡可以俯視河邊公園（Riverside Park）及《胡適留學日記》裡常說的赫貞江（Hudson River），還可遠眺河對岸紐澤西州，景色幽絕。這一帶很多是醫生、律師、教授或文化界人士群居之處。杜威夫人娘家姓Alice Chipman（1858-1927），她是杜威在密西根大學教書時的學生，她出生在安娜堡（Ann Arbor，密西根大學的所在地）北郊，離密西根大學開車不到一小時的一個保守小城芬頓（Fenton）。她比杜威大一歲，思想很開明，與杜威思想很接近，她也是女權運動健將。民國初年她跟杜威來亞洲，在中國兩年，她對中國女子說：你們一定要念書，從小學開始，進中學、上大學，畢業後出來要做跟男子一樣的工作，要比男子做得好，要出人頭地。

杜威夫婦每月舉辦一次茶會，招待朋友和學生來家裡，是美國人師從英國人或歐洲人的傳統。一位美國出生後來移居英國的米爾頓（Milton）專家洛根．史密斯（Logan Pearsall Smith, 1865-1946），晚年回憶他在牛津讀書時，他的導師常邀請學生參加茶會，有時邀請大學者晚餐，也會叫得意門生參與，他說他亦常被邀請忝陪末座來聽聽他們之間談話，得益匪淺。史密斯說這也是他在牛津受教育之一種。費正清的回憶錄 *Chinabound: A Fifty Year Memoir* 說他在哈佛教書時，每週三下午有個茶會招待學生，他的兩位大弟子芮沃壽（Arthur Wright）與芮瑪麗（Mary Clabaugh Wright，娘家姓Clabaugh）未結婚前，第一次邂逅相遇就是在老師的茶會上。二十世紀大詩人艾略特於一九三三年春季在哈佛講學一年，他的學生回憶，艾略特在授課之餘，每週至少有一次在寓所擺茶點款待學生，茶葉是上等的，茶壺是古色古香的銀器，有時還會為學生倒茶，令學生頗有賓至如歸之樂。有時他坐在高背的搖椅上款款而談：談詩、談他的童年、談他在麻州的海濱及他在哈佛讀書的回憶。因此每次他的茶會都吸引很多學生，把他家寬大的客廳擠得滿滿的，椅子不夠，來晚的學生就坐在地板上，有的坐在窗臺上，這些學生不限於他授課班上的學生，是故，艾略特每週例行茶會是喜歡文學的學生最嚮往的場所。艾略特對這種茶會樂此不疲，有時這些吵吵鬧鬧的學生大聲喧嚷或把茶杯打翻了，亦曲予優容，從未露有不愉之色。這位學生說艾略特在哈佛的諾頓講座，是他在哈佛最值得回憶的一年。

34 詳見唐德剛譯注，《胡適口述自傳》，頁一〇八。

35 Jay Martin, *The Education of John Dewey* (New York: Columbia University Press, 2002), p. 346, 483.

36 詳請參閱Jay Martin, *The Education of John Dewey*, Book III "Engagement".

37 唐德剛譯注，《胡適口述自傳》，頁一〇八。

38 唐德剛暗示在一九四八年進了哥倫比亞後，「亦常與同學二、三人趕著去『看杜威』」，也就是不止一次「去看杜威」，這是不太可能的，他能看到杜威的「或然率」幾乎是零。傳記也是歷史學的一種，中國名史家蔣廷黻曾在其《近代中國外交史資料輯要》自序裡說過：「歷史學自有其紀律，這紀律的初步就是注重歷史的資料。」在《胡適口述自傳》裡最好不要隨便胡說。

39 唐德剛譯注，《胡適口述自傳》，頁九二。

40 唐德剛譯注，《胡適口述自傳》，頁九三。

41 唐德剛譯注，《胡適口述自傳》，頁九四。

42 唐德剛譯注，《胡適口述自傳》，頁九六。

43 「薩迪」是十八世紀啟蒙時代（The Age of Enlightenment）伏爾泰（Voltaire, 1694-1778）在一七四七年出版的小說*Zadig*裡的主角。薩迪是古巴比倫的一位哲學家，他在觀察完沙灘上和岩石上的痕跡後，能夠用常識與經驗推斷出會有馬或犬來過這個地方，他還可以說出犬、馬的大小。這種推斷法就是治古生物學、地質學、考古學，以及研究歷史科學的法則。也就是「薩迪法則」。

44 唐德剛譯注，《胡適口述自傳》，頁九七。

【第十五章】

胡適與梅光迪：文學革命的醞釀，一九一五至一九一七

近人說胡適詩國革命的起因受西方近代新詩的影響，也有人說胡適的詩國革命是受英國伊莉莎白時代的英詩影響。至於民國初年的文學革命，有人說是受中國古人的影響（關於這一點，胡適在〈逼上梁山〉裡自己講過，胡適說「作詩如作文」即是受宋代詩人的影響）。種唐德剛在《胡適雜憶》裡說文學革命是受辛亥革命的影響，類似這樣的說法，標新立異。種種說法，可謂莫衷一是，我們也只能聽聽就好。胡適在〈逼上梁山——文學革命的開始〉中講得很明白，開宗明義即說：「提起我們當時討論『文學革命』的起因，我不能不想到那時清華學生監督處的一個怪人。」這個「怪人」叫做鍾文鰲。[1] 鍾文鰲在華盛頓的清華學生監督處做書記，他的工作是負責每月寄給各地學生應得的日常費用。他利用寄發支票的機會

在信封裡也附寄了一些宣傳品，大致是這樣的口號如下：「不滿二十五歲不娶妻」、「廢除漢字，改用字母」及「多種樹，種樹有益」。

胡適說「支票是我們每月渴望的」，可是附寄來的小傳單，「我們拆開信，把支票抽出來，就把這個好人的傳單拋在字紙簍裡去。」[2] 鍾文鰲的這種小傳單就是像現在氾濫成災令人討厭的垃圾郵件（junk mail）。但是鍾文鰲的小傳單與現今商業化的垃圾郵件稍微不同的地方是，他的思想受了傳教士和青年會及教會大學的影響，彰彰明甚——他是一個基督徒，上海聖約翰大學畢業的。是故，他利用機會分發一些小傳單旨在做些社會改革（social change）的宣傳，沒有什麼惡意。胡適說有一天又接到了他的一張傳單，「說中國應該用字母拼音；說欲求教育普及，非有字母不可。」這張小傳單，非同小可，因鍾文鰲希望中國要有文字改革，比前面所說的社會改革要嚴肅得多，胡適一時動了氣，他就寫了一封短信去罵鍾文鰲，信上大意是：「你們這種不通漢文的人不配談改良中國文字的問題，必須先費幾年工夫，把漢文弄通了，那時你才有資格談漢字是不是應該廢除。」[3] 從胡適的反應看來，鍾文鰲的這張小傳單多多少少起了作用。

胡適的信寄出去之後他有點後悔了，因為他等了幾天沒有回音，使他覺得不應該這樣「盛氣淩人」罵他。這幾句話充分表現出胡適溫良敦厚的性格，像他的文章一樣——平實而富感情。後來他一想，「這個問題不是一罵就可完事的」，他既然說鍾文鰲不夠資格討論這個問題，那麼「我們夠資格的人就應該用點心思才力去研究這個問題」。那一年剛好中國留學生在美國東部新成立了一個「文學科學研究部」（Institute of Arts and Sciences）。胡適是文學股的委員，他負有準備年會時分股討論的責任，他就同趙元任商量，把「中國文字的問題」做為本年文學股的論題，由他與趙兩個人分組寫兩篇論文，討論這個問題。趙元任專論「吾國文字能否採用字母制，及其進行方法」；胡適的題目是「如何可使吾國文言易於教授」。趙元任後來覺得自己的題目光寫一篇不夠，連做了幾篇，說中國文字可以採用音標拼音，並且詳述其贊成與反對的理由。胡適說趙元任「後來是『國語羅馬字』的主要製作人；這幾篇主張中國拼音文字的論文是國語羅馬字的歷史的一種重要史料」。[4] 胡適說自己的論文，是一種「過渡時代補救辦法」；其要旨如下：（一）漢文問題之中心在於「漢文究可為傳授教育之利器否」，這是一個問題。（二）漢文所以不易普及者，其故不在漢文，而在教授之技術之不完整。（三）舊法之弊，蓋有四端：（1）漢文乃半死之文字。（2）漢文乃視官的文字，非聽官之文字。（3）吾國文本有文法。文法乃教文字語言之捷徑，今後當鼓勵文法學，列為必須之科目。（4）我國向不用文字符號，致使文字不易普及，而又不講文法，亦未始種因於此。[5]

胡適說過：「我是不反對字母拼音的中國文字的；但我的歷史訓練（也許是一種保守性）使我感覺字母的文字不是容易實行的，而我那時還沒有想到白話可以完全替代文言，所以我那時想要改良文言的教授方法使漢文容易教授。」所以他在一九一五年八月二十六日那段日記的前段說：「當此字母未成之先，今之文言終不可廢置，以其為僅有之各省之交通之媒介也，以其為僅有之教育授受之具也。」他所提出的古文授受法是從他早年的經驗得來的；至於有關字源學，是從在美國讀書時得來的經驗。至於講究文法是他崇拜馬建忠《馬氏文通》的結果，另一部分是他學英文得來的。至於標點符號的重要也是學英文及其他外國文得來的。[6]從這幾點來看，胡適的文字改良、文學革命或詩國革命都是很溫和的，或者可以說是「保守性」的；可是在綺色佳的一批朋友認為胡適對文字改良的主張太radical（過激），所謂綺色佳一批朋友是指任叔永（鴻雋）、梅覲莊（光迪）、楊杏佛（銓）、唐擘黃（鉞）。

一九一五年夏天，那時任鴻雋、楊杏佛及唐鉞在康乃爾讀書，胡適在這一年九月二十日就要離開綺色佳轉往紐約市哥倫比亞大學。梅光迪新從芝加哥附近的西北大學畢業，九月中他到波士頓上哈佛大學。這年，梅在綺色佳過夏，所以這幾個朋友暫時都聚在綺色佳，他們常常討論中國文學的問題，這一班人中最偏激的是胡適，最守舊的是梅光迪。胡適這時候已經再三地說白話是活文字，古文是半死的文字。而梅光迪堅決反對這一說，他絕不承認中國古文是半死或全死的文字。因為他的反駁，胡適說：「我不能不細細想過自己的立場。他越駁越守舊，我倒漸漸變的更激烈了。」這兩句話很重要，因為梅光迪的反對，更刺激胡適文學革命的立場走向過激派。因為梅光迪愈反對，胡適愈過激，立場更堅定。胡適那時在辯論時就常提到中國文學必須經過一場革命；「文學革命」的口號，就是那個夏天他們這批朋友在辯論中叫出來的。[7]我們現在要談文學革命，當然不得不談胡適；可是梅光迪在文學革命裡雖是反對胡適的主張，他也是一個很重要的角色；因為他的反對刺激了胡適的思考，這也是他對文學革命的一種貢獻。在文學革命胚胎期間，梅光迪促使胡適最後成了一個文學革命的開路先鋒，他是一個「功臣」。所以我們談文學革命也就不能不談梅光迪。

梅光迪

梅光迪一八九〇年生於安徽宣城，宣城是在長江以南，安徽南部，卻在徽州的北部。胡適的故鄉績溪是在徽州六縣裡最北的一縣。宣城與績溪僅百里之遙。梅比胡適大一歲，他也參加了一九一〇年庚子賠款留美考試，沒有考上，翌年即一九一一年捲土重來，他考取了。此即第三屆庚款留美。梅光迪非等閒之輩，此君頗有才華，他也是一個才子，十二歲即考取秀才。一九〇五年清廷科舉廢掉，不然梅君大有可為。梅光迪初履美國就讀於威斯康辛大學（一九一一至一九一三）主修政治及歷史，副修文學。他在威斯康辛並不愉快，後來轉學至芝加哥附近的西北大學（一九一三至一九一五）主修歷史，副修英國文學。一九一五年西北大學畢業後，旋即赴哈佛研究所改念英國文學，受業於當時很有名望的文學批評大家及當代新人文主義巨擘白璧德（Irving Babbitt）門下。有些傳記資料說他於一九一八年獲哈佛英國文學博士學位，他是否有哈佛學位尚待查考。[8] 胡適與梅光迪他們在國內就認識，在上海時，梅讀復旦公學，他認識胡適時，那時（一九〇九年）胡在讀中國公學，他們由胡適徽州同鄉胡紹庭介紹結識。在一九一五年夏天，梅準備去波士頓上哈佛之前，他與一批中國朋友都在綺色佳，可謂「八方風雨會中州」。這些朋友大家都在討論如何改良中國文字。過了夏天，當梅光迪於九月十七日要離開綺色佳往哈佛時，胡適做了一首長詩送給梅，詩中第二段有兩句「梅生梅生毋自鄙！」並在同一段有幾句比較大膽的「豪語」，茲錄如下：

神州文學久枯餒，
百年未有健者起。
新潮之來不可止；
文學革命其時矣！

上邊這四句引詩是這首長詩的第二段的下半部。在第三段裡開始，胡適的詩又云：

作歌今送梅生行，
狂言人道臣當烹。
我自不吐定不快，
人言未足為重輕。

胡適在一九三三年寫《四十自述》在〈逼上梁山〉裡說：「在這詩裡，我第一次用『文學革命』一個名詞。」[9] 接著又說：「這首詩頗引起了一些小風波。原詩共有四百二十字，全篇用了十一個外國字的譯音。任叔永把那詩裡的一些外國字連綴起來，做了一首遊戲詩送我往紐約。」詩云：

牛敦愛迭孫，培根客爾文。
索虜與霍桑，煙士披里純；
鞭笞一車鬼，為君生瓊英。
文學今革命，作歌送胡生。[10]

上面這首詩裡的有牛頓（牛敦）、愛迪生（愛迭孫），這兩位是科學家；培根與喀爾文（客爾文）是哲學家。第二行梭羅（索虜）與霍桑是文學家。「煙士披里純」是英文裡inspiration（靈感或啟發）的音譯。我認為任鴻雋這首詩是很高妙的藝術品，具有輕鬆、滑稽、幽默感。在我看來這首詩很有趣，可是胡適有點「生氣」，有點在意。他說這首詩的末行「文學今革命，作歌送胡生」，這兩句「自然是挖苦我的『文學革命』的狂言」。胡適接著又說：「所以我不能把這事當作遊戲看。我在一九一五年九月十九日裡記了一行：『任叔永戲贈詩，知我乎？罪我乎？』」翌日（九月二十日），胡適離開綺色佳去紐約，轉學哥倫比亞，在火車上他用任鴻雋的詩韻腳，寫了一首自己認為「很莊重」的答詞，寄給幾個綺色佳的朋友；詩云：

> 詩國革命何自始？要須作詩如作文。
> 琢鏤粉飾喪元氣，貌似未必詩之純。
> 小人行文頗大膽，諸公一一皆人英。
> 願共僇力莫相笑，我輩不作腐儒生。[11]

胡適在這首詩裡，他特別提出了「詩國革命」的問題，並且提出了一個「要須作詩如作文」的方案。他說後來從這個方案惹出「做白話文的嘗試」[12]，到最後不就是民國初年的「文學革命」了嗎？

在胡適看來，他的主張「要須作詩如作文」不是他的創見，他說這是「中國詩史上的趨勢，由唐詩變到宋詩，無甚玄妙，只是作詩更近於作文，更近於說話」。又說：「宋朝的大詩人的絕大的貢獻，只在打破了六朝以來的聲律的束縛，努力造成一種近於說話的詩體。我那時的主張頗受了讀宋詩的影響，所以說『要須作詩如作文』，又反對『琢鏤粉飾』的詩。」[13]

是年（指一九一五年）秋天梅光迪初到哈佛，跟隨當時很有名的文學批評大家白璧德。胡適轉學哥倫比亞，主修哲學，師從杜威實驗主義，副修政治理論，第二個副修是「漢學」。他們二人都是換了新學校、新環境。胡適說「大家都很忙，沒有打筆墨官司的餘暇」，又強調說「這只是暫時的停戰」。[14]胡適說他到了哥大後，「以後兩年我致力於語文改革的工作，也就是我在哥大學生生活中的一部分。」[15]所以有關文字改良及詩國革命等等，這樣看來多多少少也是他的專業一部分（漢學是他第二副修），他寫的博士論文又是採用杜威的實驗主義來闡述中國古代哲學（先秦名學史）。所以我們不能隨便說他是「撈魚摸蝦」（唐德剛語）。過了年後即一九一六年開始，胡適與梅光迪的文學改革辯論捲土重來——胡適說，也就是因為梅對他改革觀的強烈反對，才把他「逼上梁山」的。[16]爭論的起點仍然是在胡適所說的：「詩國革命何自始？要須作詩如作文。」一九一六年初新學期開始，梅光迪來信駁胡適說：「足下謂詩國革命始於『作詩如作文』，迪頗不以為然。詩文截然兩途，詩之文字（Poetic diction）與文之文字（Prose diction）自有詩文以來（無論中西），已分道而馳。足下為詩界革命家，改良『詩之文字』則可。若僅移『文之文字』於詩，即謂之革命，則不可也。」[17]梅又說：「吾國求詩界革命，當於詩中求之，與文無涉也。若移『文之文字』於詩，即謂之革命，則詩界革命不成問題矣。以其太易易也。」[18]一言以蔽之，梅光迪立論的主意：「詩」與「文」不能混為一談。接著仍在康乃爾讀書的任鴻雋也寫信給胡適，贊成梅光迪的主張。胡適覺得他很孤立。但他們兩人的說法，不能使胡適信服。[19]胡適不「信服」，他要思考。問題在哪地？所以胡適常說與梅光迪辯論有益於他。

胡適晚年在寫《口述自傳》時很坦白地說：「那時我對文學革命的觀念，仍然是很模糊的。但是那首長詩卻是我第一次把我對這些問題的想法寫下來。」他在詩中就寫出「詩國革命何自始？要須作詩如作文」了。這是胡適「文學革命」的核心問題。

胡適晚年回憶說，當他在哥大佛納大樓學生宿舍住定後，他覺得有安定下來的感覺，他就有了更多的時間，對這些中國文學的辯論與討論，做很細密的思考。他說現在想來（指在一九五八年做口述歷史的時候），他在一九一六年二、三月之際，對中國文學的問題在思考觀點上發生了變化。他得出一個概括的觀念，他說：原來一部中國文學史，「便是一部中國文學工具變遷史——一個文學或語言上的工具去替代另一個工具」。他的結論是「中國文學史也就是一個文學上的語言工具變遷史」。[20]同時他又得出另外一個結論來，此即是「一部中國文學史也就是一部活文學逐漸替代死文學的歷史」。同時他為文學革命下了一個定義，他說：「當一個工具活力逐漸消失或逐漸僵化了，就要換一個工具了。在這種嬗變的過程之中去接受一個活的工具，這就叫做『文學革命』。」[21]胡適還用《水滸傳》裡石秀說的「你這與奴才做奴才的奴才！」為例，說如果把這句話改做古文「汝奴之奴！」就沒有原文的力量，這豈不是因為死的文字不能表現活生生的話？這種例子很多何止千百。[22]胡適說歷史上的文學革命全是文學工具的革命，近世歐洲各國的文學革命只是文學工具的革命，「中國文學史上幾番革命也都是文學工具的革命。這是我的新覺悟。」[23]

胡適後來又說：「我到此時才把中國文學史看明白了，才認清了中國俗文學（從宋儒的白話語錄到元朝明朝的白話戲曲和白話小說）是中國的正統文學，是代表中國文學革命自然發展的趨勢的。我到此時才敢正式承認中國今日需要的文學革命是用白話替代古文的革命，是用活的工具替代死的工具的革命。」胡適大膽地說文學革命在中國歷史上非其創見也，拿韻文而言，三百篇變而為騷，又變而為五言七言之詩；賦變為無韻的駢文，古詩變為律詩。胡適又說散文也有革命，「孔子至於秦漢，中國文體始臻完備。……六朝之文亦有絕妙之作。然其時駢儷之體大盛，文以工巧雕琢見長」，盛唐韓愈「文起八代之衰」其功在於恢復散文。胡適慢慢地已形成中國文學裡本有文學革命傳統的概念了。一九一六年六月中胡適去俄亥俄州克里夫蘭開會，參加第二次國際關係討論會（Conference of International Relations），去的時候他經過綺色佳，在綺色佳停留了八天，常常與任鴻雋、唐鉞及楊杏佛等人討論如何改良中國文學的方法。胡適說這時候「我已有了具體方法，就是用白話作文、作詩作戲曲」。七月二日回紐約，重過綺色佳，梅光迪也在那裡，胡適說：「我們談了半天，晚上我就走了。」談什麼？談如何改良中國文學。他們一向談的都是文學，而且都是相反的論調，偶爾兩人意見相同，胡適就會高興，大叫梅光迪也成了「我輩」了。[24] 但這種情形，少之又少，胡適是錯覺。在綺色佳，胡適提出的「文學革命」或「詩國革命」主張，面對的是四面楚歌聲，真正為胡適「我輩」的，是在紐約市北郊普濟布施（Poughkeepsie）瓦沙女子學院（Vassar College）的陳衡哲也。在下面一章，我們就專講陳衡哲其人，她是誰？她在文學革命及詩國革命裡的角色，就像《隋唐演義》裡半途殺出一個程咬金。

1 胡適，《新文學運動小史》（臺北：中央研究院胡適紀念館，一九七四），頁四一。
2 胡適，《新文學運動小史》，頁四一。
3 胡適，《新文學運動小史》，頁四二。
4 胡適，《新文學運動小史》，頁四二。
5 胡適，《新文學運動小史》，頁四三至四四；《胡適留學日記（三）》（上海：商務，一九四八），「一四 如何可使吾國文言易於教授」，一九一五年八月二十六日夜，頁七五八至七六四。

6 胡適，《新文學運動小史》，頁四四至四五。

7 胡適，《新文學運動小史》，頁四五。

8 有關梅光迪的早年資料是根據 Tingting Xu, "Neither Standpatter nor Jacobin: Mei Guangdi's Confucian Humanism," (MA Thesis, University of California at Berkeley, , 2011), pp. 7-9. 有些人說梅光迪於一九一八年獲得哈佛博士。可是在這篇碩士論文裡，梅光迪是否在哈佛獲得任何學位，作者 Tingting Xu 隻字未提。梅光迪於一九一九年回國初在天津南開大學任英文系主任，後來轉至南京東南大學任同一職位。一九二四年去美國，在哈佛大學擔任漢文助理教授（Assistant Professor of Chinese），至一九三六年回國。回國後初任浙江大學文理學院副院長，後來任文理學院院長。抗戰開始，他到了後方，在貴州貴陽大學任教。在抗戰期間，生活艱苦，他多病，貧病交迫。日本投降後，一九四五年耶誕節那天他受洗，皈依基督教為一基督徒。三天後即逝。以上資料採自上述 Tingting Xu 碩論，頁九至十。

9 胡適為什麼要說這一句話，我猜想因為當時一般人都說文學革命這個名詞，是首先由陳獨秀在其火辣辣爆炸性的文章〈文學革命論〉裡說出來的。所以胡適一再強調「文學革命」是他第一個首先說出來的。

10 《胡適留學日記（三）》，「三四　叔永戲贈詩」，一九一五年九月十九日，頁七八八。

11 《胡適留學日記（三）》，「三六　依韻和叔永戲贈詩」，一九一五年九月二十一日，頁七九〇。

12 胡適，《新文學運動小史》，頁四七。

13 胡適，《新文學運動小史》，頁四七。

14 胡適，《新文學運動小史》，頁四七。

15 胡適，《胡適口述自傳》（臺北：傳記文學，一九八一），頁一四四。

16 胡適，《胡適口述自傳》，頁一四四。

17 胡適，《新文學運動小史》，頁四八。

18 胡適，《新文學運動小史》，頁四八；唐德剛譯注，《胡適口述自傳》，頁一四五至一四六。

19 胡適，《新文學運動小史》，頁四八。

20 唐德剛譯注，《胡適口述自傳》，頁一四五。

21 唐德剛譯注，《胡適口述自傳》，頁一四六。

22 胡適，《新文學運動小史》，頁四八。唐德剛常說胡先生喜用以偏概全的例子來理論，在這裡「奴才」的例子即是一例。陶淵明的〈桃花源記〉及韓愈的〈祭十二郎文〉裡的文言文不是死文字。歐陽修的〈醉翁亭記〉裡開宗名義第一句說：「環滁皆山也」，就不是普通的白話文能寫得出來的。有一次錢鍾書寫信給張其昀說，文言文難寫，白話文何嘗好寫。我同意錢鍾書的說法。

23 胡適，《新文學運動小史》，頁五十。

24 胡適，《新文學運動小史》，頁五十。

【第十六章】

陳衡哲（1890-1976）

我們要談陳衡哲，我得先從陳衡哲的大女兒任以都說起。任以都是前美國賓州州立大學歷史系教授，瓦沙女子學院歷史系畢業，哈佛大學歷史博士，今年（二〇二〇年）九十九歲，任鴻雋是她的父親。抗戰初期任以都曾在昆明西南聯大（由北大、清華、南開三校合併）讀過二年，她於一九三九年就離開了，赴美進瓦沙女子學院（Vassar College），可是她還是聯大校友。一九九八年北大慶祝校慶百年紀念，任以都就寫信給北大主辦單位，說她要回國參加母校校慶。負責人收到信後，就問左右任以都是誰？有人答說是陳衡哲的女兒。他又問，陳衡哲是誰？這個故事是我從一位朋友那裡聽來的。我覺得很有趣，當作本章開場白。在丹麥哥本哈根大學教授中國文史的丹妮絲・吉佩爾（Denise Gimpel），她是陳衡哲專家，也常碰到陳衡哲是誰的問題。她說，每當她在中國參加學術會議提出「陳衡哲」為題的論文時，不管是學生或是與會的學者同行，看到這個題目，他們都會思索一下，想一想陳衡哲是誰？[1]

陳衡哲是民國初年新文學運動鋒芒很健的女作家，她也是中國有史以來第一位在大學裡教書的女教授（北大）。她對文學革命及新文學有很大的貢獻。一九三〇年代她與胡適、蔣廷黻、丁文江、傅斯年等人創辦《獨立評論》——批評時政。她在《獨立評論》上、同時也在《大公報》上發表了很多尖銳的社會批評文章，知人論世，一針見血，名噪一時。本質上陳衡哲是一個具有反叛性的革命家，她也是中國早期婦女解放運動的先驅者。她有名的著作有小說集《小雨點》及商務印書館出版的《西洋史》，廣為傳誦。她不是以夫為貴的名作家、名教授或名女士，她的名氣是靠她自己打出來的。可是現在年輕人曉得她的人不多了。前不久我碰到幾位臺灣來的、現在在哥倫比亞大學讀書的女學生，我們偶然談到陳衡哲，她們就不知道陳衡哲是誰。所以寫這一章來談「陳衡哲是誰？」不是沒有意義的。本章不是講陳衡哲一生的生平，我只想談她在美國瓦沙女子學院讀書的時候，從一九一五年至一九一九年這四年間，她在民國初年文學革命胚胎時期寫了很多與文學改良息息相關的白話小說及新詩，這些新詩及現代白話小說有什麼價值？文學革命是胡適在美國留學期間興起的。最初是胡適與在美國東部讀書的幾個朋友討論如何改良中國文學，最早胡適於一九一五年寫過一篇〈如何可使吾國文言易於教授〉，是在一個留學生會議上提出來的會議論文（conference paper），結果在一九一七年他又寫了一篇〈文學改良芻議〉寄給陳獨秀創辦的《新青年》雜誌發表（二卷五號）。陳獨秀接著在下一期刊出胡適寫的另一篇文章〈文學革命論〉（二卷六號），並大力支持，他說：「文學革命之氣運，醞釀已非一日，其首舉義旗之急先鋒則為吾友胡適。余甘冒全國學究之敵，高張『文學革命軍』之大旗，以為吾友之聲援。」胡適有了陳獨秀的聲援，文學革命不出十年就成功了——白話文終於取代了文言文。陳衡哲是胡適「詩國革命」與「文學改良」最早的一個支持者，胡適曾說陳衡哲「是我的一個最早的同志」（《小雨點》序言）。這是不錯的，胡適的話並不誇張。本文主要討論的是陳衡哲在瓦沙女子學院讀書期間，在文學革命興起過程中，她所扮演的是什麼樣的角色？她的貢獻為何？這是我撰寫本章的動機。

II

光緒十六年（一八九〇）七月十二日陳衡哲生於江蘇武進（常州府武進縣）。她的祖籍是湖南衡山，衡山在湖南中部，衡山一帶，山峰林立，景色幽絕。中國人常常祝賀一個人高壽，即說「壽比南山」，南山即指衡山。她的父親為他女兒取名時，就想到衡山，陳衡哲姓名的「衡」字，就是紀念衡山故里，她妹妹名陳衡粹（丈夫是戲劇家余上沅）。陳衡哲的祖父陳梅村是清朝進士，翰林院庶起士，他是衡山人。可是陳衡哲在她的自傳裡說：「我的祖母是常州人，我的母親也是常州人，我又出生在那裡的，所以我算是常州人。」但據她的大女兒任以都（一九二一年出生在北京）說：「外祖父祖籍衡山，有二分之一的湖南血統，所以他們家叫衡山陳家，不叫常州陳家，家母有四分之一的湖南血統，我呢，就有十六分之一的湖南血統。有時候我脾氣強一點，家母就說我的湖南脾氣發了；她自己不高興要生氣時，也會這樣說。」這是她的湖南脾氣。[2] 陳衡哲雖只有四分之一的湖南血統，事實上仍襲有湖南人的性格，湖南人生性固執、倔強，所以湖南人的外號「湖南騾子」，這不是一個壞名詞，騾子刻苦耐勞，脾氣很強，如果逆了牠的性子，頑抗到底，絕不屈服，無可諱言，陳衡哲也有這種脾氣。任以都在她的口述歷史裡說到她母親時，第一句話即說：「家母的個性剛強」，接著她講了她母親陳衡哲幼時纏足的故事，即可看出陳衡哲的個性來；舊時習俗，女孩子在五、六歲時開始裹腳，可是陳衡哲堅決抗拒。任以都說：「外祖父堅持要給她纏足，外祖母知道裹腳很痛，可是又覺得這件事好像是天經地義，免不了的，也沒怎麼大力反對。偏偏家母不肯屈服，白天裹好腳到了晚上睡覺，就偷偷把裹腳布給拆開；第二天早上，家人發現了，又把布給裹上，這樣白天裹、晚上拆，鬧個不休。有一回，看媽（帶小孩的傭人）說要給她裹腳，她拔腿就跑，雖然才五、六歲，卻跑得很快，看媽是小腳，怎麼也追不上。她一口氣跑到常州老家後院的菜園，把門給反鎖起來，死也不肯出來。大人哄了半天，終於答應『今天不裹了』，她才肯從菜園裡出來。」[3]

陳衡哲也反對父母安排的婚姻，一再宣稱她絕不願意與一個陌生人結婚。還有一件事也是很重要，陳衡哲要上學讀書，可是她父親反對，反對的理由是讀書、考科舉是男孩子的事，中國傳統觀念男子讀書明理、輔國治民，女子無才便是德，所以中國舊時女子不去上學的。纏足陳衡哲不要，父親強迫她纏足。她要上學，父親堅決反對。造成父女間極其嚴重的衝突，這也就是陳衡哲與舊傳統的衝突。任以都說：「家母鬧『家庭革命』，執意要進學校念書，外祖父不答應」，怎麼辦呢？最後還是三舅父出面說：「由我帶她去，她跟著我住，讓我教她一些新學問。」[4] 這裡所謂「新學問」就是指梁啟超《新民說》一類的時髦文章。所以陳衡哲十三歲時就離開父母，跟著舅舅起居生活。陳衡哲離家後，一九一一年進上海愛國女校（在這之前，她讀過中英女子醫學院〔The Anglo-Chinese Medical School for Girls〕，在那裡她念了三年，因興趣不合而轉學）。愛國女校為她吸收新思想開了一扇視窗，「新思想」裡除了梁任公的《新民說》外還有嚴復的翻譯。嚴復的翻譯裡有彌爾思想，彌爾思想裡有女權運動——花樣就多了。這是陳衡哲一生第一個轉捩點。等於一隻鳥從籠子裡飛出來了。在她自傳裡對三舅父莊思緘（蘊寬，1866-1936）著墨很多，感念之情溢於言表。在她散文集裡有篇文章題為「我幼時求學的經過——紀念我的舅父莊思緘先生」，這是一篇感動人心悼念文章，也道出當年中國女孩子求學上進讀書的困難。莊蘊寬曾任廣西邊防督辦，一度是在蔡鍔手下的愛將。三舅父去世時陳衡哲撰有一副刻骨銘心感人肺腑的輓聯：

知我、愛我、教我、誨我，如海深恩未得報
病離、亂離、生離、死離，可憐一訣竟無緣

III

陳衡哲二十四歲出國留學，時在一九一四年。她參加了一九一三年清華庚款第一批女子留美考試，錄取十名，她考取了。[5]這是她一生第二個轉捩點（大致來說，她一生的命運都掌握在她自己手裡，不是親友所能左右）。在考上的十名中，她是唯一的一個非教會學校出身的學生。愛國女校雖是蔡元培創辦的，但在上海只能算是一所很普通的女校。這樣看來她能打破英文這一關並不是很容易的。據陳怡伶在其東海大學碩士論文中說，陳衡哲的英文是在中英女子醫科學校打好了基礎。[6]一九一四年八月十五日搭「中國號」放洋赴美。抵美後她至紐約市北郊普濟布施（Poughkeepsie）——這是我採用《胡適留學日記》裡的譯名。普濟布施是一個小城，那時只有二、三千人，現在人口三萬，距紐約市區大約三小時火車車程，現在如沿赫貞江畔（胡適對Hudson River的音譯）的高速公路開車二小時不到可達（一小時四十五分鐘）。她到了普濟布施後進樸南堂女子學校（Putnam Hall Girls' School），她念了一年。翌年（一九一五年）秋天即進也同在普濟布施城的瓦沙女子學院。瓦沙是一個英國人名馬修．瓦沙（Matthew Vassar, 1792-1868）創辦的，他幼年隨父母移民到美國紐約州荷蘭郡（Dutch County），即在普濟布施附近落腳定居，成年後做釀造啤酒業發了財，到了晚年他計劃捐一筆鉅款創辦一所大學只收女生，如願以償，董事會用他的姓氏做為學校的校名，他同意了，這就是瓦沙校名的來由，時在一八六一年頃。瓦沙在美國東部屬「七姊妹」（Seven Sisters）名校之一。「七姊妹」學校名稱如下：巴納（Barnard），布林莫爾（Bryn Mawr），曼荷蓮（Mount Holyoke），拉德克利夫（Radcliffe），史密斯（Smith），瓦沙（Vassar），衛斯理（Wellesley）。七姊妹只收女生，相對於美國東部常春藤盟校只收男生。[7]七姊妹是一個很鬆懈的組織（consortium），現在只有五個了。在一九六〇年代，瓦沙與耶魯談結盟，模仿巴納與哥大，或者像拉德克利夫與哈佛模式，結果沒有談成。瓦沙乃於一九六九年宣布男女兼收，從此瓦沙已不再是女校了。拉德克利夫於一九九九年與哈佛合併。到二十一世紀初葉拉德克利夫在哈佛系統裡已經不存在了，現在正式的名稱為哈佛大學拉德克利夫高等研究中心（Radcliffe Institute for Advanced Study at Harvard University）。過去的七姊妹已成歷史名詞。

二十世紀九十年代筆者曾過訪瓦沙。瓦沙是一所很美麗的學校：古木參天，校舍幽雅，紅的磚牆一棟棟坐落在半山上，眺覽赫貞江，江水如新濯匹練，漣漪而流，兩岸小山復嶺，景色媚人，小城幽靜，實是莘莘學子讀書理想的好所在。陳衡哲在瓦沙四年大學生活是很刺激而緊張，但也很愉快。正如美國哲學家威廉·詹姆斯所說的，「大學生活給人一個美好的回憶」。陳衡哲在瓦沙活動很多，但是課業成績甚優，用上海話來說乃是呱呱叫，她曾獲選為全國性優等生榮譽學會（Phi Beta Kappa）會員，這個榮耀得來不易。她曾與另外一位中國女同學Cindy Yang教美國人及美國同學學中國語文。此外陳衡哲也參加很多種課外活動，她不是一個死讀書的學生（nerd），在校園內很活躍，在校外亦然。比如在一九一六年九月初美東同學會在麻州安多佛（Andover）召開年會，陳衡哲是書記，會長是宋子文。她的中國古文有很深厚的底子——詞章高手，極有文采，她最崇拜李清照，詩詞尤佳。當時美東留學生辦一種報刊，名稱為《中國留美學生年報》，這份季刊在留學生中甚受歡迎，創刊於一九一〇年，初名《留美學生年報》，編輯（照現在的說法應是總編輯或主編）為胡彬夏，她是胡敦復的妹妹，胡剛復、胡明復的姊姊。[8] 一九一四年由任鴻雋（叔永）擔任編輯，改為《留美學生季報》。一九一六年十月胡適被舉為該報的編輯。因陳衡哲常有作品投稿該刊，任、胡二人先後都有寫信給陳衡哲，有時是邀稿，有時是為了稿件上的問題需要寫信與她商討。因此彼此往來函件很多，但未曾謀面。任鴻雋與胡適是多年的朋友，他們最早是在上海中國公學同學，胡適一九一〇年赴美，任已在日本讀書，胡適途經日本，任在報上看到消息，他們在橫濱碼頭上相遇，他鄉遇故知，分外高興，不言可喻。胡適在康乃爾，一九一二年任鴻雋與楊杏佛來美讀書，也進了康乃爾。任、楊於一九一二年十二月一日抵綺色佳，胡適到車站迎迓，並接他們到自己的宿舍暫時安頓下來。任鴻雋在康乃爾時結識陳衡哲（時胡適已轉學哥大），陳衡哲晚年有記述此事但甚簡略，她只說：「我的認識任君，是在一九一六年的夏天」，又說「但早在一九一五年冬天，他因要求我寫文章，已經開始和我通過信了（那年他是《留美學生季報》的總編輯）」。[9] 任鴻雋在其〈五十自述〉裡說：「余讀陳女士（陳衡哲）之文而識其名，蓋自前一年（一九一五年）余主編《留美學生季報》得陳女士投稿始。當時女士所為文曰〈來因女士傳〉，蓋傳孟河女子大學創辦人來因女士而作也。文詞斐然，在國內已不數覯，求之國外女同學中尤為難得。」[10]

陳衡哲除了寄〈來因女士傳〉給任鴻雋外，後來在一九一六年夏，她又郵寄了兩首五言絕句給任鴻雋，一首詠「月」，另一首詠「風」，這兩首詩後來都在《季報》上登出來：

〈月〉

初月曳輕雲，
笑隱寒林裡。

不知好容光，
已印清溪底。

〈風〉
夜間雨敲窗，
起視月如水。
萬葉正亂飛，
鳴飆落松蘂。（「蘂」同「蕊」──引者注）

任鴻雋把陳衡哲這兩首詩寄給胡適，說是自己做的，胡不信。任於是請胡猜是誰做的，胡適回答說：「兩詩妙絕」，第二首詠風詩，我們三人（是指任鴻雋、楊杏佛及胡適自己）如果用氣力尚能做得出來，第一首詠月詩「則絕非吾輩尋常蹊徑」。胡適肯定地說：「足下有此情思，無此聰明。杏佛有此聰明，無此細膩。……以適之邏輯度之，此新詩人其陳女士乎？叔永來書以為適所評與彼所見正同。」胡適接著說：「此兩詩皆得力於摩詰（王維）。摩詰長處在詩中有畫。此兩詩皆有畫意也。」[11] 任鴻雋與胡適二人看了這兩首詩都非常喜歡，擊節稱賞。他們特別喜歡第一首〈月〉，任說「我看了這首詩，喜歡的了不得」，又說「我在新大陸發現了一個新詩人」。[12]

任鴻雋說：對陳衡哲「余心儀既久」，但沒有見過面。後來見面了，「一九一六年夏遇陳女士於伊薩卡（綺色佳），遂一見如故，愛慕之情與日俱深，四年後乃訂終身之約也。」結婚後任嘗為聯語以自賀云：

清香合供來因傳，
新月重填百字詞。

任鴻雋說「上聯指訂交所自，下聯則記吾人文字唱和時曾有百字令新月之作也」。[13] 關於任、陳初晤，胡適在他的《四十自述》裡亦有記述，他說：「（一九一六年）七月八日，任叔永（鴻雋）同陳衡哲女士、梅覲莊、楊杏佛、唐擘黃在凱約嘉湖上搖船近岸時船翻了，又遇著大雨。雖沒有傷人，大家的衣服都溼了。叔永做了一首四言的〈泛湖即事〉長詩，寄到紐約給我看。」[14] 胡適接著主要在講任詩寫得不好，他認為中國舊文字在他舊詩裡已死了，只有新文學才可以起死回生。因此任這首長詩又引起任、胡對於文學上活文字與死文字一番爭論。胡適說：「綺色佳的朋友們遇著了一件小小的不幸事故，產生了一首詩（即指〈泛湖即事〉），引起了一場大筆戰，竟把我逼上了決心試做白話詩的路上去。」[15]

IV

在一九一六年十月胡適擔任《留美學生季報》的編輯後，他也曾向陳衡哲約稿，就寫了兩封信給陳衡哲。胡適與任鴻雋雖然是好朋友，但兩人個性不太一樣，任在清末考過科舉，在一萬多人考生中，他考上了第三名秀才。在外國留學，他學的是化學，他是一個科學家，做人方方正正。他沒有像胡適有一種詼諧與幽默感。舊詩做得非常之好，與胡適常唱和，胡適於一九一五年八月下旬決定要離開康乃爾轉學哥倫比亞，他有一首長詩給任鴻雋題為「將去綺色佳留別叔永」，起首講他們二人五年前在日本相遇，詩云：「横濱港外舟待發，徜徉我方坐斗室。」[16] 全詩很長不能全錄，我抄四句如下：

臨別贈言止此耳，
更有私意為君說：
寄此學者可千人，
我詩君文兩無敵。[17]

上述所引最後二句：「寄此學者可千人，我詩君文兩無敵」，我為什麼要特別指出這兩句詩？因為這二句詩，胡適十分自負，可是卻被陳衡哲抓到了小辮子。胡適人比較風趣，陳衡哲文筆很好，學識與口才亦佳，與胡適相較，可匹敵。他們之間的來往函件比較有趣味可惜留下來的很少（任鴻雋與陳衡哲均有日記及書信保存，惟均毀於文革）。胡適做了《留美學生季報》編輯後向陳衡哲約稿，陳衡哲在信裡初是調侃到後來則是挖苦胡適，胡適也有回敬，他們你來我往，旗鼓相當。陳對胡適說：「『我詩君文兩無敵』（此適贈叔永詩中語），豈可舍無敵而他求乎？」陳衡哲的意思是：既然你胡適的詩和任的文章，比任何人都好，那為什麼還來找我寫文章？陳衡哲講的很對。胡適回復陳衡哲說：「細讀來書頗有酸味。」胡適回答的也好，也很調皮。陳覆：「請先生此後勿再『細讀來書』，否則『發明品』日新月盛也，一笑。」胡適乃以白話新詩體回覆陳衡哲如下：

不「細讀來書」，怕失書中味
若「細讀來書」，怕故入人罪。
得罪寄信人，真不得開交
還請寄信人，
下次寄信時，
聲明讀幾遭。[18]

胡適的信用五言新詩體，可以讀，但沒有詩味。接下來陳致胡：「不要再稱我先生」；胡覆陳說：「你若『先生』我，我就『先生』你（這兩個「先生」當動詞用），不如兩免了，省得多少事」；陳答：「『所謂先生者，密斯忒云也』，不稱你先生，又稱你什麼？」他們兩人，勢均力敵，書信對話好像在說相聲。不是像一般編輯向作家邀稿時客客氣氣，胡適棋逢敵手，有時還被「將」住了。比如陳衡哲說：「所謂先生者，密斯忒云也」，「密斯忒」是男性也。胡適無辭以對，但是他還是很愉快的。胡適於一九二八年在陳衡哲的小說集《小雨點》序言裡回憶說：「我們當初幾個朋友通信的樂趣真是無窮，我記得每天早上六點鐘左右，我房門上的鈴響一下，門下小縫裡『哧』『哧』地一封一封的信丟進來（指郵差遞來的信）我就跳起來，撿起地下的信，仍回到床上躺著看信，這裡總有一信或一片是叔永的，或是莎菲的（陳衡哲英文名Sophia）。」[19] 在這裡胡適最後故意加了「叔永的」，這三個字很明顯的是衍詞。不加，怕人家多心。

胡適把他回答陳衡哲的新詩體的信收錄在《留學日記》如下，還加一個小標題「答陳衡哲女士」：

你若「先生」我，
我也「先生」你。

不如兩免了，

省得多少事。[20]

還有一首題為「再答陳女士」：

陳女士答書曰：

所謂「先生」者，「密斯忒」云也。

不稱你「先生」，又稱你什麼？

不過若照了，名從主人理，

我亦不應該勉強「先生」你。

但我亦不該，就呼你大名。

「還請寄信人，下次寄信時，申明」要何稱。

適答之曰：

先生好辯才，駁我使我有口不能開。

仔細想起來，呼牛呼馬，阿貓阿狗，有何分別哉？

我戲言本不該。

「下次寫信」，不用再疑猜：

隨你稱什麼，我一一答應響如雷，絕不敢再駁回。[21]

這封書信式的新詩，當然不能稱詩，胡適稱之謂打油詩。這幾首打油詩最後幾行是有韻的。雖然這首打油詩是胡適回陳衡哲的，但一半是莎菲的。胡適在一九〇六年《競業旬報》時期就嘗試用白話寫詩。在留學時期，胡適主張「作詩如作文」，要用白話來寫詩，梅光迪、任鴻雋、朱經農等人反對，他們咸認為用白話寫小說可以，演說也可以，但強調用白話寫詩則是不可能的事。梅光迪說「小說詞曲固可用白話」，任鴻雋說「白話自有白話用處，（如作小說、演說等），然不能用之於詩」，胡適不信。[22]胡適在一九一六年用白話寫過律詩，任鴻雋與朱經農等人「不認此為白話詩」。[23]在文學革命醞釀時期，在美國胡適主張白話文運動，在朋友中間，他聽到的是四面楚歌聲，支持他的主張只有陳衡哲一人，但她沒有參加他們的辯論，因為她初進大學本部讀書，且那時候她還不認識胡適，也不認識胡適的一批朋友。她來美國較晚（一九一四年），她比胡適大一歲，可是念大學晚五年（因為她父親反對她進學而耽誤了），莎菲念大學始於一九一五年，正是胡適轉學到哥倫比亞讀研究所的時候。陳衡哲晚年回憶說：「我是於一九一四年秋到美國去讀書的。一年之後，對於留學界的情形漸漸的熟悉了，知道那時在留學界中，正激盪著兩件文化革新的運動。其一，是白話文學運動，提倡人是胡適之先生；其二，是科學救國運動，提倡人便是任叔永先生。記得他（任）認識我不久之後，便邀我加入他和幾位同志所辦的『科學社』。我說：『我不是學科學的。』他說：『沒關係，我們需要的，是道義上的支持。』」[24]

陳衡哲用白話詩體裁來與胡適通信，這是她用另一種方式在鼓勵胡適，這是一個最大的鼓勵。不僅此也，陳衡哲在文學革命胚胎時期還寫了很多白話詩，可以說她對胡適不僅是道義上的支持，也是實質上的支持。陳衡哲是大家公認為中國最早寫白話詩的詩人之一。據胡適說陳莎菲寫了很多白話詩、白話小說及白話散文均有結集出版，據我所知就沒有看到她的詩集問世，甚屬遺憾。她早期的詩都很不錯，大多同情弱小民族或是窮苦老百姓。有一首〈人家說我發了癡〉，刊於《新青年》雜誌上第五卷第三號（一九一八年九月十五日），這首詩是寫一位黑人婦女說的控訴獨白（「瘋語」）。[25] 據北大中文系孫玉石說：〈人家說我發了癡〉是一篇「詩化的〈狂人日記〉」。[26] 這句話對陳衡哲來說是很高的評價，也是對陳衡哲一個很大的恭維。我找這首詩很久，沒有找到。後來哥倫比亞大學東亞圖書館中文部主任王成志先生為我找到一份，高興萬分。茲錄如下：

哈哈！人家說我發了癡，把我關在這裡。

我五十年前，也在藩薩（即瓦沙Vassar）讀書，因此特地跑來，看我
　小姊妹的卒業禮。
我的家在林肯離開此地共是一千五百里。
你可曾見過癡子嗎？
　癡子見人便打，見物便踢。
我若是癡子，
　你看呀——我便要這樣的把你痛擊！
我方才講的什麼？
　喔！我記得了。
我不是講到林肯嗎？
我在林肯的時候，我的老同學約我到此後，在一
　個院子裡居住。
我便立刻給校中的執事，報名注冊。
豈知到了此地，冊上名也沒有，更不知要說起我們
　的住處。
這還是小事。

我的同學忽然病了，他們便叫我做他的看護婦。
可憐我車子裡幾天的辛苦。
那晚又是一夜沒有睡。
明天醫生便來，
　說我發了癡，
　把我送到這裡，
他們又打電報給我兒子，
　說我智識沒有了，叫他立刻就來。
……
哈哈！大家說我發了癡，把我關在這裡。

V

陳衡哲還有兩首早期詩一首是〈鳥〉，另一首詩〈散伍歸來的『吉普色』〉，均載於《新青年》同一期上，第六卷第五號（一九一九年五月）。〈鳥〉是一首陳衡哲早期詩中值得稱道的一首，茲錄如下：

狂風急雨，
打得我好苦！
打翻了我的破巢，
淋溼了我美麗的毛羽。
我折了翅翮，
睜破了眼珠，
也不到一個棲身的場所！
窗裡一隻籠鳥，
倚靠著金漆的欄杆
側著眼只是對我看。
我不知道他還是憂愁，還是喜歡？
明天一早，

風雨停了。
煦煦的陽光，
　照著那鮮嫩的綠草。
我和我的同心朋友，
　雙雙的隨意飛去；
忽見那籠裡的同胞，
　正撲著雙翼在那裡昏昏的飛繞：——
要想撞破雕籠，
好出來重做一個自由的飛鳥。

他見了我們，
　忽然止了飛，
　對著我們不住的悲啼。
他好像是說：
「我若出了牢籠，
不管他天西地東，

也不管他惡雨狂風，
我定要飛他一個海闊天空！
直飛到筋疲力竭，水盡山窮，
我便請那狂風，
把我的羽毛肌骨，
一絲絲的都吹散在自由的空氣中！」

這首詩有詩意，有新詩的格局，在內容上是代表女性講話，也是自身的經驗，要努力奮鬥追求自由，象徵被束縛的人想努力從牢籠中掙脫出來，無懼惡雨狂風，重獲自由空氣。這是很有意義的一首詩，像一首現代詩。從新詩的藝術、意義或內容來講，都比胡適寫的〈蝴蝶〉好得多。陳衡哲寫的《西洋史》特別著墨在西方婦女的地位、女權及其解放運動上，有時不露痕跡，用女性的立場來寫。但她寫詩就不一樣，毫不保留說出她內心的感受。上面這首〈鳥〉即是如此。

陳衡哲還有一首〈散伍歸來的「吉普色」〉。「散伍」現在的說法就是「退伍」，吉普色（吉普賽）是生活在歐洲的流浪民族，現在還有。這一首詩是寫一個吉普色士兵從戰場上生還、解甲歸鄉，回到家裡與親友重聚歡愉的心情。其結尾如下：

我低著頭不敢回答，
望著我手上的血跡，
家鄉會意，
便笑著向我說，
「那血，我，已把它洗去了，
這是你自己復活的新血！」

下面一首〈兩個月亮〉刊於何處及年月日不詳。茲暫且抄錄在這裡：

天上一個月亮，
照在我們床上；
水裡一個月亮，
照在天花板上；
天上的月亮，
不及水裡的月亮，
一個只有一點光，

一個光中還有許多波浪。

這首也許受李白〈望月〉詩的影響，我是從胡適的書信集中抄下來的，是不是全璧，不詳。但沒有她寄給任鴻雋的那首詠〈月〉詩（五言絕句）新巧而有意趣，可是在新詩上的地位重要性則又當別論。

我曾看到北京書商廣告推銷一精裝本《初期白話詩稿》手稿影印本。劉半農編集的，選集詩的範圍是從一九一七至一九一九年。一九三〇年代出版，二〇一〇年再版重印，由北京出版社出版。繁體字排印，附原文影印。裡面有胡適〈鴿子〉等五首、陳獨秀〈丁巳除夕歌〉一首，李大釗一首〈山中即景〉、陳衡哲有〈人家說我發了癡〉一首，其他有魯迅、周作人等一共計有二十六首。陳衡哲的這首詩，我沒有看到（我沒有找到這本白話詩稿集）。那時她寫這首詩尚是瓦沙的學生，她的名字在詩集裡與陳獨秀、李大釗、魯迅、周作人、沈尹默、劉半農等名宿揖讓進退。從這一本詩集來看，及上述幾首白話新詩，我們可以肯定陳衡哲是文學革命早期重要的白話詩人之一。

胡適在《嘗試集》裡說陳衡哲曾有詩集問世，我始終沒有找到。據孫玉石寫的〈從胡適的佚信到陳衡哲的新詩〉（《文史知識》第九期）一文來看，陳衡哲早期寫的詩當不止於上述所說的幾首。自一九二二年至抗戰開始，她也寫了很多新詩，我都沒有看到，在海外一時找資料不易，恕我日後再當補充。

一九二〇年胡適的《嘗試集》出版，胡適在自序裡說：「我這本集子裡的詩，不問詩的價值如何，總都可以代表著一點實驗的精神。這兩年來，北京有我的朋友沈尹默、劉半農、周豫才（魯迅）、周啟明（周作人）、傅斯年、康白情諸位，美國有陳衡哲女士，都努力做白話詩。」[27] 這樣看來自那時在美國的中國人除了胡適外，寫白話詩的就只有陳莎菲一個人。胡適說陳衡哲「不曾積極地」參加他們的筆戰，因為那時他還不認識她，也沒有見過她一面。初次見面是於一九一七年四月七日與任鴻雋兩人從紐約市同往普濟布施拜訪她，二個月後胡適就回國了。[28] 胡適說：「吾於去年（一九一六年）十月始與女士通信，五月以來，論文論學之書以及游戲酬答之片，蓋不下四十餘件，在不曾見面之朋友中，亦可不常見者也。」[29] 胡適寄給陳衡哲的信，每月十件，為數不算少，這些不是情書，算是酬應之書，甚諧趣。唐德剛說胡適宣導的「詩國革命」、「文學改良」，其煙士披里純（inspiration）來源即是陳莎菲不是沒有原因的，因為胡適說莎菲訪綺色佳翻船，導致任鴻雋寫了一首長詩，而這首長詩把胡「逼上了決心試做白話詩的路上去」。[30]「所以新文學、新詩、新文字，尋根究底，功在莎菲。」[31]

胡適的文學革命的醞釀時期，陳衡哲不僅寫了一些白話詩，她同時也開始寫現代白話小說，她寫的最早的一篇白話小說是〈一日〉。日後頗受人矚目。在民國初年當胡適提倡「文學革命」的口號時，人家讀了他的白話詩後，胡適的幾位好朋友如梅光迪、任鴻雋、朱經農等人是很反對的。胡適後來在陳衡哲的小說集《小雨點》序言裡說：「民國五年（一九一六）七、八月間，我同梅、任諸君討論文學問題最多，又最激烈。莎菲那時在綺色佳過夏，故知道我們的辯論文字。她雖然沒有加入討論，她的同情卻在我的主張的一方面。不久，我為了一件公事就同她通第一次的信；以後我們便常常通信了。她不曾積極地加入這個筆戰；但她對於我的主張的同情，給了我不少的安慰與鼓舞。她是我的一個最早的同志。」[32] 在序言裡，胡適說陳莎菲「是我的一個最早的同志」，這句話最是重要。一般而言，自從文學革命以來，講到第一篇現代白話小說，大家眾口一詞，都說是刊於一九一八年《新青年》五月號上的魯迅〈狂人日記〉。因為茅盾在《中國新文學大系——小說一集》裡說：「民國六年（一九一七），《新青年》雜誌發表了〈文學革命論〉的時候，還沒有新文學的創作小說出現。」他又說：「民國七年（一九一八），魯迅的〈狂人日記〉在《新青年》上出現的時候，也還沒有第二個同樣惹人注意的作家，更找不出同樣成功的第二篇創作小說。」魯迅也在其主編的《中國新文學大系——小說二集》序言裡說：「《新青年》其實是一個論議的刊物，所以創作並不怎樣著重，比較旺盛的只有白話詩；至於戲曲和小說，也依然大抵是翻譯。在這裡發表了創作的短篇小說的，是魯迅。從一九一八年五月起，〈狂人日記〉、〈孔乙己〉、〈藥〉等陸續的出現了。」夏志清說：「連我自己在《中國現代小說史》裡也跟著這樣說。」[33] 但後來夏志清又說：「事實上，最早一篇現代白話小說是陳衡哲的〈一日〉。她的是一九一七年的作品，也發表於同年任叔永、胡適主編的一期《留美學生季報》。」但是夏志清在括弧內加了下面兩句話：「《季報》看不到，不能確定該年出版月分。」夏氏沒有看到《季報》而下結論，美中不足。（《季報》一九一六年十月前是任編的，十月以後是胡適編的。）不過夏接下去引了胡適《小雨點》序言，上頭明白寫道：「當我們還在討論新文學問題的時候，莎菲卻已開始用白話做文學了。〈一日〉便是文學革命討論初期中的最早的作品，〈小雨點〉也是《新青年》時期最早創作的一篇。民國六年以後，莎菲也做了不少的白話詩。我們試回想那時期新文學運動的狀況，試想魯迅先生的第一篇創作——〈狂人日記〉——是何時發表的，試想當日有意作白話文學的人怎樣稀少，便可以瞭解莎菲的這幾篇小說在新文學運動史上的地位了。」[34]〈狂人日記〉刊於一九一八年《新青年》五月號。上述序言裡，胡適沒有很明確地講〈一日〉是哪一年發表的，夏志清推測「很可能早已在《留美學生季報》上發表過；所以它雖然在國內刊出較遲，在胡適的印象裡，它比〈狂人日記〉要早。」[35]丹妮絲．吉佩爾教授在其《陳衡哲傳》（*Chen Hengzhe: A Life Between Orthodoxies*），很肯定地說〈一日〉最初刊於一九一七年的《留美學生季報》，她的英文原文：「"One Day," however, was originally published in the *Chinese Students' Quarterly* in 1917.」[36]但是她沒有說明一九一七年哪一期或月分，她是否曾經看到《季報》，她沒有說明白，我推想她沒有看到。如果要用〈一日〉來推翻魯迅的〈狂人日記〉為第一篇中國白話創作短篇小說之說，則一定要拿出有力的證據出來，不可以像夏志清那樣的推測就算數。不過夏志清有說明《季報》看不到，不能確定該刊出版年月。[37] 這樣看來誰是中國現代白話小說的作者第一人？是魯迅呢？還是陳衡哲呢？似乎還有一些調查研究要做。現在一般傾向，如大陸學者易竹賢在李又寧主編的《胡適與他的朋友》第一集裡他寫的一篇文章中說：陳衡哲「在胡適所編《留美學生季報》上發表的小說〈一日〉，雖在國內影響甚微，卻畢竟是文學革命討論時期最先用白話創作的短篇小說」。[38] 我認為易竹賢說的很有道理，再則，我特別提到易竹賢，因為他是大陸學者，大陸是「魯迅先生」的天下，他豈敢隨便這樣說。在同一集書裡大陸上另一個學者樊洪業在他寫的一篇文章題為〈任鴻雋與胡適過從錄〉裡也談到早期的文學革命，卻未談陳衡哲的〈一日〉，也沒有講魯迅的〈狂人日記〉。也許他認為這個問題不甚重要，或許與他的主題不相干。[39]

有人說〈一日〉如果照現在的標準來說不能算是一短篇小說，因為沒有結構、沒有情節（plot），情節是很重要的，小說的成敗，全在情節優劣。陳衡哲似乎也知道這一點。所以在本文開始之前有一段作者前言，她說：「這篇寫的是美國女子大學的新生，在寄宿舍中一日間的瑣屑生活情形。它既無結構，亦無目的，所以只能算是一種白描，不能算為小說。但它的描寫是很忠誠，又因為我是初次的人情描寫，所以覺得應該把它保存起來。」〈一日〉取材自瓦沙女子學院，其實普通美國大學男女學生的日常生活也就都是如此：從早晨始，醒來已誤了早餐時間，接著在課室中也忘掉作業，下午關起門來要做功課了，門上掛一牌「請勿打擾」，希望不要有人來打擾，匆匆把書本攤開，要用功讀書了，可是就有人來敲門。晚上為了跳舞耽誤了功課，這也是常事。六時多學生陸續自餐廳走出來。愛米立走近一個中國學生張女士前說，「你肯同我跳舞嗎？」張：「很情願，不過我舞跳得不好。」愛米立：「你們在中國也跳舞嗎？」張：「不。」愛米立：「希奇，希奇！那麼你們閒空的時候做些什麼呢？——你喜歡美國嗎——你想家嗎？」張女士未及答，學生已漸漸聚近，圍住張女士，成一半圈。貝田：「你們在家吃些什麼？有雞蛋麼？」張：「有。」瑪及：「那麼你們一定也有雞了，希奇希奇！」梅麗：「我有一個朋友他的姑媽在中國傳教，你認識她嗎？」路斯：「我昨晚讀一本書，講的是中國的風俗，說中國人喜歡吃死老鼠。可是真的？」幼尼斯：「中國的房子是怎樣的？也有桌子嗎？我聽見人說中國人吃飯、睡覺、讀書、寫字，都在地上的，確嗎？」亞娜：「你有哥哥在美國嗎？我的哥哥認得一個姓張的中國學生，這不消說一定是你的哥哥了。」

這些美國女孩子的問話——天真、活潑、幼稚得可愛之外，也充滿著無知（ignorance）、自大（arrogance）。美國人是很驕傲的。請看今日美國總統川普，目中無人，傲岸不群，蠻橫霸道。因為他有 power（權力），權力是什麼？殷海光說權力是能「支配他人行為甚至觀念的一種力量」。權力何來？白人老百姓支持他也。英儒阿克頓勛爵（Lord Acton）有句名言：「權力使人腐化，絕對的權力使人絕對的腐化。」（Power tends to corrupt and absolute power corrupts absolutely.）何況川普本人就是腐敗（corruption）的化身。美國文化屬於地中海文化的一支，美國人除歐洲人之外，其他人種在他們看來非我族類，化外之民；當然稀奇八怪的問題層出不窮。筆者猶憶在一九六〇年代（與陳衡哲的年代已隔了半個世紀），初履斯土在僻遠的中西部一所很小的州立大學讀書，同學多是很淳樸可愛的農家子弟，見了我很友善，但他們也會問我一些類似像陳衡哲所述的這種稀奇古怪的問題。

陳衡哲的〈一日〉讀起來是很生動的，不僅是最早的現代白話小說，也是最早的留美學生寫短篇小說的先驅。毫無疑問她是中國留美學生文學的老祖宗（老祖母）。至於誰是第一個寫中國現代白話小說？是魯迅呢？還是陳衡哲呢？如果〈一日〉像大家所說最初於一九一七年刊載在《留美學生季報》上的，則很明顯比魯迅的〈狂人日記〉早一年或半載。我希望有人把〈一日〉刊出來的月分找出來。其實第一這個頭銜，對魯迅而言，又怎麼樣，只是紅花綠葉，如果是給陳衡哲則還有一點意義。且在學術規格上來講，我們應該有一個定案，不要只聽「權威」人士怎麼說。因為他們有時也會錯誤的。

【筆者附記：本章初稿是在二〇一九年四月二十七日，於紐約聖若望大學李又寧教授舉辦的新文化運動百年紀念研討會上發表，在文內我說幾年來沒有找到、當然更沒有看到過陳衡哲最初刊載在《留美學生季報》上的〈一日〉，很是遺憾。可是第二天我就收到哥倫比亞大學王成志先生寄給我陳衡哲在《季報》上發表的〈一日〉影印版，刊載日期為「第六年夏季第二號」。《季報》創刊於一九一○年，第六年夏季第二號，即是一九一七年六月號，很明顯地要比魯迅的〈狂人日記〉刊在北京《新青年》一九一八年五月號，早了近一年。這一消息真令我喜出望外，終於解決了多年來大家懸而不決的懸案。夏志清推測陳衡哲一稿兩投，胡適是《季報》的編輯他首先看到原稿，因此陳衡哲的〈一日〉像百米賽跑一樣捷足先登。夏志清、易竹賢等人的看法是正確的。也許有人會說為什麼胡適不早些斬釘截鐵地說出來呢？我想胡適是怕左派罵他。現在在中國現代短篇新小說中誰跑第一，終於水落石出。我們有了結論，現在我們可以這樣說，在這百米賽跑中，陳衡哲是冠軍，魯迅是亞軍。】

【本書付梓時，我讀到蔡宜真的暨南大學中文所碩士論文〈重省留學生陳衡哲之文學定位〉（二○一四年），說〈一日〉比魯迅的〈狂人日記〉早發表似已成定論，但蔡宜真論文又加了一位女士劉韻琴（1884-1945），她寫的〈大公子〉又比陳衡哲的〈一日〉早了一年，這樣看來到底誰是新小說的老祖宗，可能尚待專家研究，再做定論。】

VI

任以都晚年在臺北中央研究院做她自己的口述歷史時講到她母親時說，她母親的個性令長輩頭痛。但是「外祖父（陳衡哲父親）便認為這個女兒非常聰明，很討人喜歡，就是脾氣太強，不好管教。後來，家母不但進了學校，還出國留學，回國之後，教書著述，還挺有成就，外祖父老懷彌慰，心裡頭也挺高興的。」[40]可是這條道路是陳衡哲自己打出來的，她父親不但沒有幫助她，反而還要阻礙她，到了晚年他也沒有對女兒表示一點歉意。這位父親很守舊，頑固成性，要不得的，在那個時代，其實不是他一個人「獨善其身」。他具有代表性，代表中國的老傳統。事實上陳衡哲父女分別是新時代和舊社會的代表人物。所以五四人物與中國老傳統格格不入是必然的。胡適、陳衡哲是代表著新生的一代。就拿文學革命來說，胡適提倡文學革命要用白話「作詩如作文」，胡適的朋友如梅光迪、任鴻雋、楊杏佛或朱經農等人，雖然在美國穿西裝革履，但是他們的思想沒有那麼快，他們認為此路不通。但「作詩如作文」到陳衡哲手裡，她拿起筆來以身作則就寫起白話詩來，何等眼光，何等氣魄，與梅光迪諸君相差何止千里。我認為陳衡哲是在文學革命醞釀時期的一個英雄人物，可惜胡適或者後人沒有給她應得的功勞（credit）。唐德剛在《胡適雜憶》裡說他認為對「青年文士們來說，煙士披里純（inspiration）最大的來源還是女人」。所以他說：「新文學、新詩、新文字尋根究底，功在莎菲。」[41]可是夏志清對唐德剛這一假設是很不同意的。[42]我是贊成唐德剛的。因為陳莎菲本人一身就是充滿著煙士披里純，她是一個絕頂聰明的女孩（sharp girl），任鴻雋筆下的「天才女子」。[43]唐德剛說她是胡適「詩國革命」與「文學改良」的煙士披里純，盛哉斯言！這個問題值得吾人研究，亟盼青年學人盍興乎來。

1 Denise Gimpel, *Chen Hengzhe: A Life Between Orthodoxies* (New York: Lexington Books, 2015), p. 14, note 6.

2 張朋園、楊翠華、沈松僑等訪問，潘光哲記錄，《任以都先生訪問紀錄》（臺北：中央研究院近代史研究所，一九九三），頁九六。

3《任以都先生訪問紀錄》，頁九一至九二。

4《任以都先生訪問紀錄》，頁九二。

5 民國時代的北京政府於一九一四年選撥了十位女青年出國深造，用意很好，希望這些名門閨秀的大小姐，將來能為國家做一點事。很遺憾的是這十人中除了陳衡哲一人外，餘均無所成。蔣廷黻的元配夫人唐玉瑞也是十位考取一九一四年女子庚款留美學生之一，她初進七姊妹之一的史密斯學院（Smith College），一九二〇年畢業。畢業後在賓州（費城附近）另一七姊妹之一的布林莫爾學院（Bryn Bawr College）讀了一年（一九二一至一九二二），後來轉學哥倫比亞大學，一九二三年獲社會學碩士學位。蔣廷黻在校友會表格上的配偶職業欄，每年均填「Housekeeper」（家庭主婦），據蔣廷黻說其妻大學畢業後沒有做過事。

6 陳怡伶，〈新知識女性生命的抉擇：陳衡哲的前半生（1890-1936）〉（臺中：東海大學歷史系碩士論文，二〇一〇），頁二八。

7「七姊妹」這七個女子文理學院，大都創建於十九世紀中葉（從一八三七年至一八八九年），只收女生，其中四所在麻州，兩所在紐約州，一所在賓州。常春藤盟校計八所：哈佛、耶魯、布朗、達特茅斯這四校在新英格蘭；康乃爾、哥倫比亞在紐約州；普林斯頓在紐澤西州；賓州大學在費城。這八所大學本來除康乃爾外均不收女生，現在常春藤盟校男女兼收。

8 胡彬夏是一位女士，一八八九年生於江蘇無錫。比陳衡哲大一歲，她也是中國女權運動的先驅，可惜她死得太早。她卒於一九三一年，年僅四十二歲。一九〇七年兩江總督端方在江南各學堂選撥優秀學生赴美讀書。主考官是嚴復。是年錄取十五名，男生十一名。這是自容閎之後第一次選撥學生赴美留學。他哥哥胡敦復（1886-1978）亦被錄取，進康乃爾。女生四名她是其中之一，還有一位女生也被錄取的是宋慶齡。她與宋進「七姊妹」之一的衛斯理學院（Wellesley College）。胡彬夏與陳衡哲一樣主修歷史與文學。一九一三年畢業後，曾在康乃爾稍事盤桓，在綺色佳時與胡適相識，他們很談得來，常有往來，有人說她是胡適的女友，非也。胡彬夏有一個很好的男友朱庭祺，已談婚論嫁，但第一要先退婚——她有一個父母之命的未婚夫。想另嫁，父母不許，她堅決到底，她勝利了。胡適很賞識她的果斷，也很賞識她的學識，他說：「女士聰慧和藹讀書多所涉獵，議論甚有見地，為新女界不可多得之人物。」見《胡適留學日記（一）》（上海：商務，一九四八），「一〇　胡彬夏女士」，一九一三年十月十二日，頁一四六。她有兩個弟弟均甚優秀。胡明復（1891-1927）在九個兄弟姐妹中，是老三。一九一〇年與胡適同榜考取第二批庚子官費赴美進康乃爾。胡明復在康乃爾與趙元任二人在校成績為歷年來最高，畢業後進哈佛數學研究所，一九一七年成為中國第一個數學博士。學成歸國後為乃兄胡敦復創辦的大同大學任教，不幸於一九二七年溺水身亡。胡彬夏另一位弟弟胡剛復（1892-1966）一九〇九年考取第一批官費生留學美國，一九一八年獲哈佛物理學博士學位，回國後亦任教於大同大學。

9 《任以都先生訪問紀錄》附錄三陳衡哲〈任叔永先生不朽〉，頁一九一。

10 《任以都先生訪問紀錄》附錄二任鴻雋〈五十自述〉，頁一八一。

11 《胡適留學日記（四）》，「一〇　陳衡哲女士詩」，一九一六年十一月十七日，頁一〇五八至一〇五九。

12 《小雨點》序，見《任以都先生訪問紀錄》附錄三陳衡哲〈任叔永先生不朽〉，頁一九一。

13 《任以都先生訪問紀錄》附錄二任鴻雋〈五十自述〉，頁一八一。

14 胡適，《新文學運動小史》（臺北：中央研究院胡適紀念館，一九七四），頁五六。

15 胡適，《新文學運動小史》，頁五五至五六。
16《胡適留學日記（三）》，「一九　將去綺色佳留別叔永」，一九一五年八月二十九日夜，頁七六七。
17《胡適留學日記（三）》，「一九　將去綺色佳留別叔永」，一九一五年八月二十九日夜，頁七六七至七六八。
18《胡適留學日記（四）》，〈四三　打油詩一束：（二）答陳衡哲女士〉，一九一六年十月二十三日，頁一〇三七至一〇三八。
19《小雨點》上海新月書店一九二八年初版，胡適序言。
20《胡適留學日記（四）》，〈四六　打油詩又一束：（三）寄陳衡哲女士〉，頁一〇四四。
21《胡適留學日記（四）》，〈四八　打油詩：（一）答陳女士〉，一九一六年十一月三日，頁一〇四五至一〇四六。
22 胡適，《嘗試集》（臺北：中央研究院胡適紀念館，一九七八），〈自序〉，頁五一。
23《胡適留學日記（四）》，〈四二　白話律詩〉，一九一六年十月十五日，頁一〇三五。
24《任以都先生訪問紀錄》附錄三陳衡哲〈任叔永先生不朽〉，頁一九一。
25 這位黑人女子，她原來也是瓦沙女校畢業，這一年，她回來參加校友團聚（class reunion），通常每隔個五年、十年、二十年舉辦。因為她是黑人，瓦沙是所貴族學校，可能辦事的人弄錯了，沒想到她是校友（或者把她當作看護）。這一首詩雖是記事詩，但稍微有點抽象。在這首詩的開始，陳衡哲有一前記，大意是說：一九一八年六月瓦沙女校舉行畢業典禮，她（陳衡哲）因病住院，在病房裡信手拈來拿了一份半週刊（瓦沙校刊），正在看學校畢業盛禮預告和五十年前的老學生「回娘家」團聚的新聞，忽然進來了一個七十多歲的老嫗，「手舞腳蹈的向我說話。我仔細聽了她一點多鐘，心中十分難過。因此把便（原文如此）她話中的要點寫了出來，做為那個半週刊的背影。一九一八年六月中旬衡哲。」
26 孫玉石，〈從胡適的佚信到陳衡哲的新詩〉，《文史知識》第九期（二〇一五年九月）。
27 胡適，《嘗試集》（臺北：中央研究院胡適紀念館，一九七一），頁六四。
28 孫玉石，〈從胡適的佚信到陳衡哲的新詩〉，《文史知識》第九期。
29《胡適留學日記（四）》，「一〇　訪陳衡哲女士」，一九一七年四月十一日，頁一一二五。

30 胡適，《新文學運動小史》，頁五六。

31 唐德剛，《胡適雜憶》（臺北：傳記文學，一九八一），頁一九六。

32 《小雨點》上海新月書店一九二八年初版，胡適序言。

33 夏志清，〈小論陳衡哲〉，收入在夏著《新文學的傳統》（臺北：時報，一九七九），頁一二五。

34 《小雨點》上海新月書店一九二八年初版，胡適序言。

35 夏志清，〈小論陳衡哲〉，《新文學的傳統》，頁一二六。

36 Denise Gimpel, *Chen Hengzhe: A Life Between Orthodoxies*, p. 63.

37 夏志清，〈小論陳衡哲〉，《新文學的傳統》，頁一二五。

38 易竹賢，〈終生不渝的友情——陳衡哲與胡適〉，收入在李又寧主編，《胡適與他的朋友》第一集（紐約：天外，一九九〇），頁二三二。

39 易竹賢〈終生不渝的友情——陳衡哲與胡適〉及樊洪業〈任鴻雋與胡適過從錄〉，這兩篇文章都收在李又寧主編《胡適與他的朋友》第一集內，頁三一三至三四四。近聞易竹賢先生已病逝。

40 《任以都先生訪問紀錄》，頁九二。

41 唐德剛，《胡適雜憶》，頁一九六。

42 見唐德剛，《胡適雜憶》夏志清序言，頁十五。

43 《任以都先生訪問紀錄》，頁一九四。

【第十七章】

PhD——為何遲了十年？（一九一七至一九二七）

這一章是講胡適在美國哥倫比亞讀書的最後一個階段。博士學位的英文簡寫是PhD，在美國有很多人印在名片上的，會使人另眼相看。因為讀博士學位的時間很長，lecture課程成績要好，普通就不行，而且博士考試一層層的關口也多，且很嚴格。常有人說在美國念博士是折磨人的，或者說很考驗一個人的能耐。此言不虛。現在美國博士很多，多如過江之鯽，找不到工作，可是嚴格如舊則一。胡適在哥大讀書還算順利，但在最後博士口試答辯（oral defense）有枝節，有點折磨，其實年輕人受點折磨也不是一件壞事。唐德剛在《胡適雜憶》中說：「大凡一個人底一生總會有幾件『平生憾事』的。如果胡適之先生也有的話，上述小事（指博士學位遲拿）可能也就是胡先生自認的『平生憾事』之一。」[1]

我們在講胡適博士學位之前，我們先講一個清華才子錢鍾書著名的長篇小說《圍城》裡的主人翁方鴻漸的故事。方鴻漸在歐洲念過幾個大學，沒有拿到學位。無法向父老交代，於是他花了錢從紐約一所函授學校名克萊登大學買了一張假博士文憑回國。一九三七年抗戰軍興，方鴻漸到了後方，經朋友趙辛楣介紹到在湘西的三閭大學教書，趙對高松年校長說方是洋博士，可是方自己在履歷表上不敢填，因此校長貶他為副教授。無巧不成書，也在同一學校，歷史系主任韓學愈也是從紐約這所掛名學校克萊登大學買來的假博士。他膽子大，他見了方鴻漸乃說克萊登大學是一所「很認真嚴格的學校雖然知道的人很少——普通學生不容易進」。韓娶了一位白俄女人，說他太太是美國人。他在《美國史學雜誌》及《星期六文學評論》上花錢登過分類廣告，理直氣壯地說在這兩本有分量的雜誌上發表過文章，所以他做了系主任。[2] 方鴻漸買假洋博士文憑的故事很好聽的。錢鍾書生花妙筆，情節動人。這部小說膾炙人口，自一九四七年問世以來，一版再版，暢銷不墜。胡適的博士學位是真博士，不是假的，但是他的博士學位是有枝節，這種枝節也是少有的，問題是在胡適在一九一七年考過博士口試後，即以博士銜回國了，但是照哥大的規章「要他等」，這一「等」就是十年，很多人都想知道的，他的博士學位為何遲了十年？這不是三言兩語能說得清楚的，究竟如何，也是人言言殊。本文將根據各種相關資料，做一客觀的分析，然後做一個簡略的結論。胡適的博士學位究竟為何遲了十年？也許讓讀者自己去判斷。

胡適本來在康乃爾讀書，他在大學部成績雖不如趙元任或胡明復好——趙元任、胡明復的成績在康乃爾之佳是破紀錄的，但胡適還是一個好學生。因他念了幾個暑期班，所以他四年的大學課程在三年內就修滿所需學分畢業了。第四年時他就在康乃爾哲學系讀研究所，他還獲得一年的獎學金。如果胡適好好念下去，在康乃爾念個博士，以他的聰明才智應該是如探囊取物，輕而易舉的事。可是人家說他「不務正業」，課外活動多：如寫〈言字解〉、〈爾汝篇〉和〈吾我篇〉，而後再去弄卜朗吟及評解兒司的《敦煌錄》翻譯，或到處開會或演講。這些風頭雖都是學術上的好文章或好材料，是件好事，可是與哲學無關，所以怪不得康乃爾哲學系系主任梯利對胡適說：「你不喜歡哲學。」對哲學系的學生來說這句話是很重的。這一年（一九一五年）一月十九日，胡適應邀波士頓卜朗吟學會（Boston Browning Society）執行部書記施保定夫人（Mrs. Ada Spaulding）邀請去演講。題目是「儒學與卜朗吟哲學」（Confucianism and the Philosophy of Browning）。卜朗吟是英國詩人，題目中的「哲學」是講詩人的思想。施保定夫人本來邀請哈佛學生吳康，他自忖不能勝任，謙辭了。誰能？吳推薦胡適。於是施保定夫人就有專函邀請胡適，胡適沒有馬上答應，但經過考慮之後，他認為這個題目比他之前得獎的「卜朗吟樂觀主義」要好。[3] 還有胡適認為卜朗吟學會「代表波士頓文物之英，不可坐失此機會，遂諾之」。[4] 最重要的應該還是胡適喜歡熱鬧，他不捨得放棄這個機會，乃決定於一九一五年一月十八日搭夜車離綺色佳去波士頓。演講的時間地點是一九一五年一月十九日下午三時在波士頓Hotel Vendome。在胡適這幾天最忙碌的時候，正巧日本一位佛學教授要來康乃爾演講，哲學系克萊頓教授請胡適幫忙到火車站去接待他。隔了十多年後，胡適於一九二七年一月十四日寫信給女友韋蓮司說他不能去接那位佛學教授，「因為那天自己在波士頓有個演講」。胡適又說：當時「我看得出來Creighton（克萊頓）教授很不高興，而我也覺得很難過，因為他是我最想要討好的一個人」。[5]梯利及克萊頓這兩位教授在康乃爾哲學系裡大權在握，很有影響力，結果是胡適申請第二年的獎學金沒有通過。但是我認為胡適自己的過失難辭其咎，因為他在康乃爾塞基哲學研究所的成績就不夠好，胡適沒有去車站接待日本佛學教授只是駱駝背上一根稻草。如果沒有得到獎學金，胡適在康乃爾就待不下去了，因為他在康乃爾塞基研究所已經念了兩年，如果沒有獎學金問題，我認為他不會轉學的。不管他在一九一五年講了一百種理由要轉學，我就不信，真正的原因是因為他課外活動太多，克萊頓及梯利對他態度不好，胡適何人也，他是一個絕頂聰明的人，只好遷地為良。於是他在一九一五年秋天就決定轉學到在紐約市的哥倫比亞大學。根據《胡適留學日記》，他於一九一五年九月二十日離綺色佳，於「廿一日晨抵紐約，居佛納兒得館（Furnald Hall）」，此為哥倫比亞大學三宿舍之一。[6]他在這個宿舍裡住了一年。一年後他遷居至上城海文路九十二號，把女友韋蓮司房子頂租下來，他與一個雲南人盧君合住了一年。因為胡適受到康乃爾的教訓，他後來寫信對韋蓮司說：「在一九一五到一九一七兩年之間，我非常用功。」[7] 這句話是指他自己在哥倫比亞兩年內，他讀書很「用功」。我們現在看他在校紀錄（不是看他成績單，應該說是他的 performance）——在兩年內他通過一連串的資格考試，在九個月內寫完博士論文，他沒有騙人。[8] 儘管他的博士學位有枝節，我們應該說他確是有所成就（big achievements），最後拿了博士學位。除了博士學位外，他在校其他 intellectual 方面的收穫也是相當豐富，得益匪淺，他人望塵莫及。

胡適在一九五八年哥大所做《口述自傳》，開宗明義即說：「我在一九一五年九月註冊進入哥大哲學研究部。其後一共讀了兩年。在第一年中我便考過了哲學和哲學史的初級口試和筆試。初試及格，我就可以寫論文；我也就〔可以〕拿到我的〔哲學博士〕學位了。」（原文如下：After passing these preliminary examinations, I was allowed to work on my dissertation and I got my degree.）胡適接著又說：「一九一七年的夏季，我就考過我論文最後口試。」（英文原文如下：I passed the final oral on my thesis in the summer of 1917.）他又說：「所以兩年的時間——再加上我原先在康乃爾研究院就讀的兩年——我在哥大就完成我哲學博士學位的一切必需課程和作業了。」[9] 唐德剛這一段中文翻譯，如果胡適在世時，會不同意的，可能要刪或改，再則唐德剛在《口述自傳》自作主張加了很多注解（英文本裡是沒有注解的），有些注解如果胡適在世絕對不容許的。因為這本是《胡適口述自傳》不是唐德剛的回憶錄。一九三〇年代的女作家蘇雪林，自一九四九年後隨國民政府到臺灣，在臺南成功大學教書，她寫過《猶大之吻》這本書是專門批判唐德剛的，她說唐德剛的《胡適雜憶》是一本歪書以及《胡適口述自傳》裡的注解對胡適有極大的「惡意」。書名「猶大之吻」(Judas of Kiss)是聖經裡的故事，對蘇雪林來說，這本書書名題得很好，很切題。猶大是耶穌的門徒，士兵要來提捕耶穌，不知耶穌是哪一位，結果猶大拿了三十塊銀子(pieces of silver)他就出賣了耶穌。猶大吻（當時吻額頰是尊敬）耶穌為記號（士兵就知道了誰是耶穌）。耶穌死後，猶大懊悔，上吊自殺。這個故事對猶大很壞。後人說到「猶大之吻」，即指奸人背叛忠良。唐德剛晚年痛恨蘇雪林良有以也。[10]

胡適在他《口述自傳》裡說過他在哥大讀了二年，「再加上我原先在康乃研究院就讀的兩年」，在這裡胡適說的很明白不過，為什麼唐德剛還要說「其實在『胡適學』裡的這個小小學位問題是不難理解的。胡氏在哥大研究院一共讀了兩年（一九一五—一九一七）。兩年的時間連博士學位研讀過程中的『規定住校年限』(required residence)都嫌不足，更談不到通過一層層的考試了」？這句話很有殺傷力，對胡適有負面影響。唐德剛這句話他最先在〈七分傳統，三分洋貨〉這篇刊於《傳記文學》上的文章裡說，[11] 大陸學者胡明在他的《胡適傳論》裡看得很仔細，他說唐德剛後來收入《胡適雜憶》題目改為「三分洋貨，七分傳統」。[12] 唐德剛說了胡適在哥大年限不夠，最後他又說了一句話：「所以胡適以兩年時間讀完是不可能的。」[13] 胡頌平質問唐德剛：「照《胡適雜憶》的話，似哥大不應授予胡先生博士學位的。但哥大授予胡先生博士學位乃是事實，若非唐君推斷有錯誤，則是哥大辦理博士學位元授予的人有錯誤。」[14] 唐德剛這句「兩年年限」的話常被人家抓住了小辮子。因為如果胡適在哥大年限不夠，怎麼哥大讓他參加最後博士口試呢？唐德剛講的話有問題，有時太誇大，我有一個朋友，他也是唐德剛的朋友，常說T. K.（德剛）的文章「肥肉太多」。大家公認唐德剛為「胡適專家」，因此後來（一九七八年）潘維疆等人看了唐德剛說的「七分傳統，三分洋貨」後，乃公開說「胡適一生冒充博士」也就不足為奇。

在這裡我要特別把「考過」或「通過」英文原文提出來說明一下，因為胡明在其《胡適傳論》裡花很多篇幅來討論胡適的考試或論文的結果是「考過」或「通過」。其實胡明太認真了，凡是唐德剛講的話，吾人大可不必認真，因為他講的，有時太誇大，有時與事實不符，所以我也不想在此多費筆墨。在英文原文裡胡適沒有用「考過」，這個「考過」兩字在《胡適口述自傳》裡是唐德剛寫的，在英文原文裡胡適是用「passing」，「passing」是「通過」。在英文原文裡沒有「考過」及「通過」的問題。胡適在《留學日記》曾自己說過「考過」，小標題是「博士考試」（五月廿七日追記），所記甚是簡略，他說：

> 五月廿二日，吾考過博士學位最後考試。主試者六人：
>
> Professor John Dewey

Professor D. S. Miller
Professor W. P. Montague
Professor W. T. Bush
Professor Frederich Hirth
Dr. W. F. Cooley

此次為口試，計時二時半。

吾之『初試』在前年十一月，凡筆試六時（二日），口試三時。

七年留學生活於此作一結束，故記之。[15]

胡適心儀杜威，唐德剛說這是胡適的不幸，他選了杜威做為他的論文導師。唐說：「大牌教授聲望高、治學忙、名氣大，一切都不在乎。學生慕名而來的又多。」又說：「這種『大』教授，他平時哪有工夫來細讀你的論文，給你耳提面命？因而一般研究生像胡適當年一樣都歡喜巴結大教授，名師高徒，說來好聽；論文又少挑剔，真是一舉兩得，好不愜意。可是正因為如此，他對你及格不及格，也漠不關心。因而『大教授』指導下的研究生，一上考場，真是死人如蔴。三考既畢，秋風蕭颯，好不悽涼。」[16]照唐德剛這樣說法，胡適未上考場，他的失敗命運已經就注定好了。

博士考試是胡適一生重要的大事之一，在《留學日記》他卻輕描淡寫輕飄飄地說過去了，非常簡略，他似乎並不很興奮。在考試之前胡適有封家書給母親（一九一七年四月十九日），有點消極，他說：「論文五日內可成，論文完後即須預備大考。此次大考，乃是面試，不用紙筆，但有口問口答。試者為各科教長，及旁習各科之教員，但想不甚難耳。此時論文已了，一切事都不在意中，考試得失已非所注意矣。這幾年內，因在外國，不在國內政潮之中，故頗能讀書求學問。即此一事，已足滿意，學位乃是末事耳。但既已來此，亦不得不應大考以了一事而已。」[17] 胡適的最後口試，結果似乎在他意料之中，沒有通過（pass）但也沒有失敗（failure）。所以在日記裡他只記「考過」了事。考場情形，胡適自己沒有寫，唐德剛小說化地幫他活龍活現地寫出來了，他說：「胡適之於一九一七年五月二十二日上『法場』的情況真不難想像。當大家七嘴八舌挑剔起來，有心替胡氏分憂的夏德，自知分量不夠。能夠鐵肩擔道義的杜威，中文一字不識；胡氏論文他可能根本未翻過，好壞全不知情。胡適得博士不得博士，關他底事！他的學生本來就是一半以上不及格的。杜威後來雖然頗以有胡適（Hu Shih）這樣的學生而驕傲，但是那是一九一九年以後的事。」（因為一九一九年杜威訪華講學二年，胡杜關係又深了一層。）然後唐德剛又說：「口試考畢，面如死灰的適胡（Suh Hu）和當時其他的『支那曼』並無兩樣啊！」[18] 唐德剛寫得很生動。但是那天他不在考場（蘇雪林說他是「隱形偵探」），所以他說的不一定就確實，傳記也是歷史學的一種，歷史學有歷史學的紀律，在這裡是否可以允許唐德剛天馬行空馳騁想像呢？這是一個問題。[19]

一般來說最後口試答辯在結束的時候，主考官會叫應考生到室外（即考場外），主試者大家討論約十分鐘左右後，乃叫考生進來，這時候這些主試教授都會稱呼考生為Dr. Smith或Dr. Johnson。如果是中國人就稱Dr.張三或Dr.李四，這就是他的口試成功了，大家拍手，這些都是形式。為眾所知，最後口試答辯在這一層層（通常三層）考試中是最容易的，但有時候也是最難的，如果其中一位主試教授刁難，就要耽誤，如果有一位投反對票就要「砸鍋」（但還可以再有一次機會）。胡適主考官可能是杜威，他是系主任，但是他不懂漢學。也可能是夏德，實際情形不詳。夏德在一九一七年夏退休後即回歐洲。[20]我很想知道誰是主考官，如是夏德則挑剔的多，如是杜威刁難的就少。我曾把這六個主試者一個一個來點名研究。杜威與夏德二人當然不會刁難。庫利（W. F. Cooley）也不會刁難。他的全名是William Forbes Cooley，一八五七年生於紐約（比杜威還大兩歲）。一八八七年紐約大學畢業，那時他已三十歲了。他是一個工讀生，讀書很慢。一八九二年拿了一個碩士學位後，就轉學到哥大，一九〇九年獲得博士學位時，他已經是一個五十二歲的「老童生」了。他在一九〇七年起在哥大哲學系低班教書，一九一七年在胡適口試答辯委員會，他已是花甲「老翁」了，尚是講師名義（他住在紐澤西，在那裡他還有一份工作），所以在名單上獨稱他Dr. Cooley，其他五位都是稱教授，他不會刁難胡適的。下一位我要講的是芒達基（W. P. Montague, 1873-1953），全名William Pepperell Montague，他與庫利剛好相反，念博士學位很快。他是一個才子，哈佛神童，一八九六年哈佛畢業，一八九七年得碩士學位，翌年（一八九八年）獲哲學博士學位，大學畢業後兩年即獲得博士學位，唐德剛很注重年限，可是芒達基就在哈佛兩年即拿博士學位的。像芒達基這樣兩年即拿博士學位的不是不可能，還是有的，別的學校當然也有，杜威與美國第二十八任總統威爾遜在約翰霍普金斯大學念博士也只有兩年。芒達基在哈佛畢業後，在哈佛女子部拉德克利夫學院教過，後來到西岸柏克萊加大教了一個短時期，就到哥倫比亞任教，以後一輩子都在哥大，一九四七年退休。他是杜威在哥大最好的朋友，他當然也不會刁難胡適。[21]上述四個人士不會刁難胡適。那只有剩下來的兩個人，一個是密勒（Miller）一個是布什（Bush）。其中有一個找胡適麻煩就夠了，哪一個是罪魁禍首，或許他們兩位都有份（等這本書出版後我還會繼續研究，誰找胡適麻煩？一定要找一個水落石出）。唐德剛講了很多胡適拿不到博士的理由，沒有證據，所以那些理由我都不能同意（因為沒有證據）。但他說博士最後考試沒有通過，是因為博士論文需要修改，[22]這我同意，我個人也有這個想法，證據在一九二七年。幾十年來，我始終認為胡適最後口試有人挑剔，他的考試砸鍋了。總之他要再來一次的口試，一定要親身到場（所以等到一九二七年）而不是一九二二年。四十年前我曾寫過一篇短文〈胡適博士學位的風波〉曾說：「如果其中有一位教授投反對票，胡適的博士學位就要『砸鍋』，也許胡適當時考過了最後考試，認為沒有問題了，所以一考完就束裝就道，以博士銜回國了。沒有想到念博士學位，好像造塔一樣，塔是造好了，但還差一個塔尖未竣，胡適可能在這樣情形下一拖就是十年。」[23]胡適返國後，很是熱鬧，時隔十年後，胡適已名滿天下，區區哥大一個學位算得了什麼！但是他還是在意博士學位的。他的得意門生傅斯年在歐洲七年沒有拿到一個學位，他在日記上責怪傅沒有好好讀書。是故在一九二六年歲尾，胡適參加在倫敦召開的中英庚款會議之後，一九二七年新年順道來美國紐約，重回母校補一個「塔尖」。可能哥大哲學系重組一個委員會（committee）對胡適再來一次「口試」（事實上如果博士考試失敗還有第二次機會），主試者見了這位「東方聖人」，可能拍拍肩膀，握握手，就算通過考試，是年哥大正式授予胡適博士學位。這是我的假設。如果在這種情形之下，胡適當然是真博士，不是人家所說的是個假冒博士。哥倫比亞大學夏志清先生在其〈胡適博士學位考證〉中說：「湯〔晏〕先生的假設是不可能成立的。胡適《留學日記》上明載一九一六年十一月考過『初試』，即preliminary examination，翌年五月考過『博士學位最後考試』即oral defense of the dissertation。按常例，考試結果當場由考試委員會（examination committee，即『主試者六人』）主席告知博士候選人（Ph.D. candidate）。假如六人中有一人投反對票，胡適自己哪有不知之理？」[24]考試結果，胡適當然會知道，但是如果主席對胡適說，他的結果既不是pass（通過）又不是failure（砸鍋），叫胡適怎樣說呢？所以他在五月二十二日的日記上只好說：「吾考過博士學位最後考試。」

關於胡適博士學位的問題，最早在一九一九年美國東岸就有人傳布：「老胡口試沒有pass。」「沒有pass」意思就是「沒有通過」，這是我根據胡適的朋友朱經農於一九一九年九月七日給胡適的信，他說：「今有一件無味的事體不得不告訴你。近來一班與足下素不相識的留美學生聽了一位與足下『昔為好友，今為讎仇』的先生的胡說，大有『一犬吠形，百犬吠聲』的神氣，說『老胡冒充博士』，說『老胡口試沒有pass』，『老胡這樣那樣』。我想『博士』不『博士』本沒有關係，只是『冒充』兩字決不能承受的。我本不應該把這無聊的話傳給你聽，使你心中不快。但因『明槍易躲，暗箭難防』，這種謠言甚為可惡，所以直言奉告，我兄也應設法『自衛』才是。凡是足下的朋友，自然無人相信這種說法。但是足下的朋友不多，現在『口眾我寡』，辯不勝辯。只有請你把論文趕緊印出，謠言就沒有傳布的方法了。」[25]信裡所說「與足下『昔為好友，今為讎仇』的先生」是指梅光迪。寫這信的朱經農，過去與胡適是中國公學的同學，他們是好朋友。如不在一起，亦經常有信函來往，一九一六年六月九日《胡適留學日記》中說喜聞朱經農來美，居美京（指華盛頓特區），擔任教育部（留美）學生監督書記，工作之餘則在喬治華盛頓（George Washington）大學修業。[26]朱經農在上述這封信一年後，於另一封信結尾後又寫了幾個字說：「又，你的博士論文應當設法刊布，此間（指華盛頓）對於這件事，鬧的謠言不少，我真聽厭了，請你早早刊布罷。」[27]胡適論文何以遲遲不印呢？我們事後推測，論文要修改，印刷是技術問題，技術問題不難，很快可以印出來，修改是實質問題則費時。

幾年後，胡適終於刊布了他的英文博士論文，即一九二二年於上海亞東書局出版的《先秦名學史》。胡適在其「前言」（A Note）的附注裡說，這部論文是他取得哥大哲學博士學位所需的一環。自他從一九一七年七月回國以後他仍繼續做他中國古代哲學史的研究工作，寫成了一本中文著作，此即《中國哲學史大綱》上冊，在二年內印七版，銷售一萬六千本。不停息的研究，更成熟的論斷（mature judgment），再加上在中國容易獲取藏書，也有機會與專家諮商，使得這本中文著作不止囊括了舊材料，也得以增補許多新材料。胡適接著說過去四年（他寫這「前言」的地點是在北大，時間一九二二年一月）：「我一直想徹底修改我的論文，但工作繁忙不能如願以償。在華的英國和美國朋友曾看過我四年以前寫的論文原稿，都一再勸我原樣出版，我現在決定出版，很有些勉強，但也不無欣慰（原文I have now decided to do so with reluctance but not without the consolation）。」「在華的英國和美國朋友」是不是指羅素和杜威不詳，在這種情形一般學術規格都會提名道姓的，但在這裡胡適沒有講。他又說可是令人欣慰的是英文論文裡所用的邏輯方法及歷史資料，大部分也應用在他的中文書《中國哲學史大綱》裡，該書出版後受到中國學者的熱忱嘉許（warm approval），他的新方法、新觀點立即為學術界普遍接受（cordial reception），最後最重要的一句話，胡適說他的《中國哲學史大綱》是他英文論文的擴大（expansion），而他認為他的英文論文是在處理哲學史最核心的部分——邏輯方法的發展（原文：what I consider to be the most essential part in every history of philosophy, the development of logical method）。[28] 邏輯方法即名學方法，或思想的方法。胡適博士論文題目「The Development of the Logical Method in Ancient China」，這樣來看胡適的論文也是四平八穩，洋人應該不會看不懂，唐德剛說杜威可能連翻都不翻，唐怎麼知道？有什麼證據沒有？

現在我來說胡適博士問題怎能像新冠病毒（coronavirus）一樣「爆發」出來的。據唐德剛在〈七分傳統，三分洋貨〉（《傳記文學》第三一卷第四期）這篇文章裡說，當哥大於一九五四年慶祝建校二百週年紀念時，早兩年即一九五二年時，哥大東亞圖書館館長林頓（Howard Linton）編撰了一本《哥倫比亞大學亞洲研究碩博士論文目錄，一八七五至一九五六》（*Columbia University Masters' Essays and Doctoral Dissertations on Asia, 1875-1956*），一九五七年出版，卻遺漏了大名鼎鼎的胡適博士，當時大家百思不得其解，這個時候唐德剛尚是一個研究生（他是一九四八年進哥大）。後來中國旅美很有名的編目學家袁同禮於一九六一年出版了一本《中國留美同學博士論文目錄》（*A Guide to Doctoral Dissertations by Chinese Students in America, 1905-1960*），袁氏編此目錄費時十載。在袁編撰期間，又為胡適的博士學位而困擾，因為哥大正式的紀錄，胡適得博士學位為一九二七年，但一般人都以為是一九一七年。袁同禮為慎重計，將胡適得博士學位的年分同時列入一九一七年及一九二七年。但尾隨一九一七年之後加一括弧，在括弧內書一九二七年。[29]這個年分的小問題算是馬馬虎虎地解決了。唐德剛這個時候他在哥大做事，做什麼不詳（他是一九五八年得博士學位）。我為什麼要說這些？因為照唐的口氣，他好像參與其事。因為有人說（似胡祖強），唐德剛有七分證據只說了三分話。唐德剛在一九五〇年代到註冊組是可以看得到胡適成績單或檔案的，到一九八〇年代以後則誰都看不到了，因為美國國會通過法案，除了家人外，外人不准看了。但不管胡適的博士學位是一九一七還是一九二七，他不可能起有任何作用或影響來決定的，內情也不會知道的太多。袁同禮編的目錄，是一本書，他要把胡適的博士學位放在一九一七或一九二七是由他決定（他很謹慎，編書很有經驗），這與哥大無關。真正決定胡適博士年分的是哥大當軸，別人不管怎麼講都沒有用的。決定胡適哥大博士學位的有四個人，校長巴特勒、教務長烏德瑞、杜威，以及很可能有富路德（因為當時巴特勒和烏德瑞有關中國及日本事務或問題要聽從富路德的意見，所以唐德剛及夏志清對胡適博士學位真相不知道，就要去問富路德，就是這個道理）。

林頓及袁同禮編的博士論文目錄兩本書，雖很有參考價值，但流傳不廣，要看到這兩本書的人也不多，所以胡適的博士學位問題，不大為外界所注意。後來於一九七〇年費正清的門人賈祖麟出版一本《胡適與中國文藝復興：中國革命中的自由主義（1917-1937）》，這是中外文胡適傳記中很好的一本書。[30] 列文森（Joseph Levenson）及史華慈（Benjamin Schwartz）都很喜歡這本書。列文森寫過一本梁啟超（*Liang Chi'i-Ch'ao and the Mind of Modern China*, 1959），史華慈寫過一本講嚴復的書（*In Search of Wealth and Power: Yen Fu and the West*, 1964），他們都是治中國思想史（intellectual history）的名家。賈氏書從他一九六三年哈佛博士論文〈Hu Shih and Liberalism: A Chapter in the Intellectual Modernization of China, 1917-1930〉擴大而成。在他這本書中第四十三頁，他說一九一七年胡適回國的時候，「他是在美國大學得了兩個學位的留學生」（這是指康乃爾的學士學位及哥大的博士學位）。在這句話下面他補了一個注解第十一，在注解裡說：「嚴格來說這句話是不對的，雖然胡適在一九一七年自美返國前在哥大已完成修博士學位的所有的必須規定（requirements），但他的博士學位則遲至一九二七年三月才拿到。」（原文 This is in the strictest sense, inaccurate. Although Hu had satisfactorily completed all the requirements for the PhD before his departure, the degree was not actually awarded until March 1927.）[31] 賈祖麟曾到哥大註冊組、教務長室（Dean's Office）問過為何遲了十年，哥大當局諱莫如深，令他不很滿意。他也問過唐德剛，他對唐的答覆也不滿意。有一年賈祖麟來哥大演講（那時他已在布朗大學教書，我見過他，問他為何不再去追究胡適遲了十年才得到博士學位的原因，他答說太忙）。賈氏這本書是一本很好的傳記，在學術界（指漢學界）很有口碑，還得了獎，在學術界來說銷路很好，在中國有兩種中文翻譯本，雖然賈氏書在中英文胡適傳記中最早提出來說胡適是一九二七年才獲得博士學位，可是沒有受到人家應有的注意。唐德剛在《胡適雜憶》裡一再攻擊賈祖麟，不知何故？

引起胡適博士學位問題熱鬧的，不是朱經農的信或者是林頓、袁同禮的博士目錄，也不是賈氏胡適傳。現在我們可以這樣說，真正引起注意的是一九七七年十月《傳記文學》刊出唐德剛的〈七分傳統，三分洋貨〉（後來收入《胡適雜憶》改為「三分洋貨，七分傳統」，內容還是一樣別無二致）。這篇文章很有殺傷力，他明目張膽箭頭對準胡適，一點也不含糊，第一他說胡適在哥大研究所只讀兩年，「兩年時間連博士學位研讀過程中的『規定住校年限』（required residence）都嫌不足，更談不到通過一層層的考試了。」[32] 此外，唐德剛還說胡適有一個老毛病喜「半途而廢」，他說：「胡先生在哥大當學生時就犯了這個大毛病。按理他那時應該規規矩矩搞『哲學』，把個『哲學博士』讀完再說。他不此之圖卻丟下正當『莊稼』不搞，而去和陳獨秀、蔡元培『撈魚摸蝦』。撈得熱鬧了，他就甩下哥大這個爛攤子不要，跑回北大做教授去了。」[33] 唐德剛在這裡說的很明白，胡適去北大還沒有拿到博士學位，還只是一個博士候選人。可是胡適是以博士銜回國的，所以唐德剛的這篇文章人家看到了會起發酵作用。在紐約的華人看到了，也就有所回應。所以一九七八年春夏之交在紐約唐人街一家左翼中文報《星島日報》[34]，先後刊登了三篇文章。此即四月十七日潘維疆的〈胡適博士頭銜索隱〉、五月十三日胡祖強的〈從胡適博士頭銜被考據說起〉，以及五月二十九日潘維疆的〈胡適博士頭銜索隱補述〉。這三篇文章都登載《星島》副刊「海外論壇」上。

潘維疆的第一篇文章〈胡適博士頭銜索隱〉，開頭一大段是依據《四十自述》講胡適生平，還很「正派」，寫到胡適在哥大讀書的時候，潘君就全憑想像開始小說化。他說：「胡先生於一九一七年四月休學，連杜威都深覺意外，有人問杜威，杜威說『胡適對政治之關心、熱衷，超過了別的事』。」潘維疆說其實不是為別的，原來胡收到北大校長蔡元培的一封信，要他回去教書。潘又說：「胡先生從民國七年執教北京大學，一直到民國十五年整整教了八年的書，北京大學的師生見到他沒有不肅然起敬的稱他一聲『胡博士』，奇怪的是胡先生從不正色改正，反而坦然受之。」潘說這是胡適不對的地方，那時北大教授都是「老學究」，有「洋博士」頭銜的，也只有胡適一人，誰也不知道胡先生的「博士」頭銜是冒牌貨。同年五月十三日《星島》刊出胡祖強一篇〈從胡適博士頭銜被考據說起〉，胡祖強說他父親一九二五至一九二七年在哥倫比亞研究所工學院讀工程，與他父親同在哥大讀書的同學有冀朝鼎、邱昌渭等人，他們都說胡適一九一七年博士口試不及格。這兩個人後來在中國政界是名人，前者是共產黨人，後者是國民黨桂系人物（在李宗仁代總統時代，煊赫一時）。在刊登潘維疆第二篇文章的那天（五月二十九日），《星島日報》同時刊登了一個頭條新聞，大字標題說「難輕名位冒充一生，胡適博士非真博士」。唐德剛看了這個頭條新聞，他說「頗為之一怔」。他就寫了一篇讀者投書，題為「胡適乃真博士」投寄給紐約的《星島日報》（刊於一九七八年六月七日），後於臺北的《傳記文學》上轉載（同年七月號）。這篇「讀者投書」寫得不很好，沒有頭緒，空話多。胡適博士學位的問題因此在華人知識分子的小圈子裡轟動一時。這種消息最後也就很快傳到了臺灣、香港、中國大陸。本章主要討論港、臺及海外學術界對這個問題的看法。胡適在世時沒有人談起這個問題，哥大則諱莫如深。潘維疆、胡祖強正如唐德剛所說是「業餘考據家」，他們的其他幾篇「考據」文章就像氣球一樣，人家用針一刺即破，再次則意識形態色彩太濃，我們不要再去談他們。[35] 海外學人如夏志清、李又寧和汪榮祖等人，對胡適博士學位各有不同的看法。

夏志清先生可能沒有看到《星島日報》上的頭條消息及潘、胡的文章（因為他不看左翼的報紙），他在《傳記文學》寫了一篇〈胡適博士學位考證〉的文章，第二節裡他說：「湯晏、唐德剛提出的三條假設——最後論文考試未通過，住校年限不足，攻讀學位期間不務正業——既一條也不能成立，那麼為什麼一九一七年春季學期結束，胡適還不能算是校方承認的『哲學博士』呢？讀了〈七分傳統，三分洋貨〉這篇大文後，我也為此問題困惑很久。」[36] 他就寫信給已經退休的哥大丁龍講座教授富路德（L. Carrington Goodrich），對方回信說，「事實很簡單。數日前，我已將全部事實真象提供給唐德剛。緣於胡適攻讀博士學位時，〔校方〕曾有一項規定，要求每位博士候選人要向學校當局呈送論文副本一百份。」他又說：「至一九二二年他（胡適）出版了《先秦名學史》（上海亞東圖書公司出版），但他當時沒有想到將副本呈送給哥大當局。」胡適做事很仔細的怎麼會不送？我的推測杜威甫回美國，還沒有與哥大當軸談好，或者一定要胡適親身到校再來一次補考。富路德信上說：「當我獲悉胡將返美時，即徵得教務長武德布立奇（烏德瑞）同意，約請他在哥大做九次演講（六次對中文系，三次對一般聽眾），他接受了約請。到那年畢業典禮時，他順理成章的獲得哲學博士學位。我也有幸，陪他一同走上講臺。」[37]（我認為這是指私下幾個人的胡適小型畢業典禮，歐陽哲生教授說是富路德弄錯了，也有可能，富氏生於一八九六，那時已經八十幾歲可能記憶力不好。）夏志清看了富路德的信就很滿意，他相信了。他的結論：胡適博士學位的問題，只是「手續問題」。可是旅美學者如李又寧有另一種說法，她說胡適博士出了問題，夏德是尊孔的，胡適論文是反孔的，杜威不懂漢學。我認為這一說，比較具體。我們下面還會講。汪榮祖（現在在臺灣）說胡適博士學位是一九二七年授予的是不爭的事實，他說：「問題出在從一九一七至一九二七的十年之間胡適並未擁有博士學位就自稱博士。」[38]這是又一種看法。

富路德給夏志清的信，他沒有告訴夏教授什麼新的東西。他（富）當然也不會對唐德剛說真話。富路德對夏志清的信是敷衍，是掩蓋（coverup）。我認為如果是手續問題，胡適在一九二二年已將論文出版，為什麼不立即交一百冊給哥大，何故？胡適做事是一個很謹慎的人，為什麼要到已將論文出版？所以我還是原來的想法，胡適五月二十二日博士口試砸鍋了（也就是唐德剛所說的需要大修),要親身回母校再來一次口試。胡適的學術演講就是代替了「口試」親身到了(這就是富路德說的沒有「補考」)。胡適在一九二七年交給哥大的一百本論文是修改過的,與一九一七年原本有異。鐵證如山。胡適戴博士帽子是一九二七年三月二十一日,這是不爭的事實。這正符合我在四十年前所說的「寶塔」理論——一九二七年來補一個塔尖。不是手續問題。北大教授歐陽哲生在其〈胡適與哥倫比亞大學〉一文裡說,與胡適同年(一九一七年)博士畢業卻獲得博士學位的蔣夢麟,其論文〈A Study in Chinese Principles of Education〉(中國教育原理之研究)。遲至一九二四年由上海商務出版,沒有事。[39] 中國留學生在哥大念博士的很多,為什麼就胡適遇上問題。胡適的博士學位在哥大是一個很特殊的例子,在中國留洋「新儒林外史」裡是極其罕見的。拿也在美國讀書的蔣廷黻或者馮友蘭為例,他們是胡適的同時代,也都是哥倫比亞大學校友。蔣廷黻是自一九一九年從法國重回美國讀書進哥倫比亞歷史系研究所,到了一九二一年春天,蔣廷黻在哥大已修完各項所需功課,並考完資格考試,正在撰寫論文。但因為他參加了一九二一年春天的華盛頓海軍會議而耽誤了寫論文,他的論文終於在一九二三年一月十日殺青。隨即由哥倫比亞大學出版社印行,結束學業,他一共在哥大三年半而獲得博士學位。馮友蘭是一九一八年在中國大學畢業,一九二〇年來美國進哥大,一九二四年獲得哥大哲學系的博士學位。馮的英文沒有蔣廷黻或胡適他們好,所以他在哥大讀書時間稍久,但也很順利。蔣廷黻與馮友蘭在哥大讀書拿博士可說是一帆風順，可是胡適在哥大所獲得的博士學位卻拖泥帶水，何其故？

唐德剛在《胡適雜憶》中說：「美國所謂『常春藤盟校』領袖學府內，正統的『哲學博士』是相當難讀的。」[40]夏志清與唐德剛「抬槓」，說馮友蘭及他（夏）過去滬江老師徐寶謙，他們兩人也都是在常春藤盟校哥大得的「正統哲學博士」，夏說：「這兩本論文我在滬江大學時都已讀過。馮著比較孔、老、亞理（里）斯多德三人的人生觀，英文極劣，當時我就覺得發表這種論文是很丟人的。」[41]夏又說胡適在國內印英文論文，馮、徐有前例可循，如法炮製，返國後自費印，再繳哥大一百本。沒有事。[42]

夏先生這篇考證文章很長一共三節，第一、第二節都是講胡適博士學位問題。第三節是專門比較胡適與二十世紀英語系大詩人艾略特的博士學位問題，這個題目我也非常有興趣，所以我也在這裡說一點，夏先生有一些小錯誤或不足的地方，我會補充一點。他在第三節開頭即說：「像胡適這樣修完博士學分，論文繳進而不去領取學位的世界名人，我知道的還有大詩人艾略特（T. S. Eliot, 1888-1965）。」夏先生這一句話有誤，給人誤導（misleading）。艾略特論文交了，雖然他的論文大家都說好，但他始終沒有參加口試。胡適交了論文，參加口試（可能是砸鍋），或因為沒有交一百本論文副本而耽誤了十年。這之間是有很大的差別。夏先生怎麼說艾略特「像胡適這樣修完博士學分，論文繳進而不去領取學位的世界名人」？我認為夏先生這樣說是事實不符——錯誤的。因為他們兩人處理博士學位問題，南轅北轍，各不相同，我認為詩人做的非常瀟灑，而胡博士做的是拖泥帶水的，一點不乾脆。艾略特在哈佛，他始終沒有參加最後一關的口試答辯。易言之，艾略特把塔是造好了，沒有塔尖。而胡適一九一七年參加了口試答辯，塔是造好了，可是他的塔尖有問題，因為他的口試沒有通過，或者他的論文要修改。這兩者如有任何一種，他就要再來一次口試答辯。不是像夏志清所說的，他們（艾、胡）都是交了論文而「不去領取拿學位的世界名人」。胡適去領這個學位，隔了十年，很費力。艾略特把哈佛的博士學位棄如敝屣——此話一點也不假，並不誇張，他（艾）後來就是不去考最後考試（很明顯的他的最後口試只是形式）。

我現在先將艾略特念博士學位的經過約略講一下。艾略特雖出生在密蘇里州聖路易，但是童年教育都在新英格蘭麻薩諸塞州，他是世家子弟，於一九〇六年中學畢業後進哈佛大學，主修哲學。像胡適一樣三年即念完學士課程。然後花一年功夫獲得英國文學碩士（一九一〇至一九一一），接著在法國巴黎大學習法國哲學。一九一一至一九一四又回哈佛，在哈佛研究所仍念哲學並開始念博士學位，他的興趣是形而上學、邏輯學、心理學及印度哲學，他也在哈佛開始學梵文。因為他心儀牛津大學梅頓學院（Merton College）的唯心論大師約阿欣（Harold Joachim, 1868-1938），乃於一九一四年八月遄赴英倫借讀牛津，在約阿欣門下讀了一年亞里斯多德（Aristotle）。約阿欣是英國哲學家布萊德雷（F. H. Bradley, 1846-1924）的大弟子，而布萊德雷正是艾略特博士論文研究對象。他的論文題目是「論布萊德雷哲學中的經驗與知識客體」（Experience and the Objects of Knowledge in the Philosophy of F. H. Bradley）。他就開始撰寫論文，時斷時續，寫了三年終於完成。他將論文郵寄給哈佛伍德教授（James Haughton Wood），是年（一九一六年）三月哈佛正式通知艾略特說他的論文無異議一致通過。另一位很有名的大牌教授魯一士（Josiah Royce）評他的論文說是「上乘之作」（the work of an expert）。艾略特乃準備買船票於四月一日搭輪返美回哈佛參加博士論文口試答辯，這是博士學位最後一關的考試。如果考完順利，通過他就是哈佛的博士了。那時歐戰方酣，大西洋德國潛水艇甚是猖獗，輪船公司在啟碇前數小時取消航行，艾略特當然不能如期返美。哈佛通知艾略特說，沒有關係，他的口試日期可以另行定期，仍然可以回去參加口試，可是艾略特興意闌珊，他要放棄了。他的母親聞訊後乃請英國哲學家羅素（Bertrand Russell，在哈佛時他是艾略特的老師）及他的遠房族親前哈佛老校長查爾斯・艾略特（伊里鶚）等人勸他不要放棄學業，當然也不要放棄他的博士學位。他母親的努力及羅素和老校長的規勸均屬徒然。正在這個時候麻州的衛斯理學院已正式聘請他教哲學系低班的哲學及心理學，但為艾略特拒絕了之。當他父親於一九一九年病危臨終時，在病榻上喃喃囈語說他的兒子將一個錦繡前程毀掉。把哈佛唾手可得的博士學位「棄如敝屣」，愚不可及。艾略特始終沒有回哈佛母校參加口試答辯，所以他一生沒有正式博士學位。[43]

像胡適一樣，艾略特把寫好的論文隔了幾十年後才出版。他在序言中說，因由於他第二任夫人瓦萊麗（Valarie）的慫恿，終於在一九六四年出版。書名把原來的論文題目稍微改了一下：「Knowledge and Experience in the Philosophy of F. H. Bradley」（論布萊德雷哲學中的知識與經驗），出版公司為紐約Farrar, Straus。有一篇兩頁長的序言，這篇序言寫得很好，他從在哈佛學生時代讀博士的時候講起，他說哈佛博士學位分成三個階段：第一個階段，他於一九一二年即在他讀博士學位的第二年，他參加了資格考試，考各派哲學，從德文、法文書上選錄一段翻譯成英文。第二個階段選定論文題目，呈系主任核准，然後開始撰寫論文，他說他選了英國哲學家布萊德雷，一九一三年他就開始寫了（寫了三年寫完）。第三個階段，也是最後一個階段，即是口試答辯（defend his thesis）他叫它為Viva。此外考心理學、邏輯、哲學史。有時在最後階段的口試徒具形式，如果口試沒有通過或者論文有部分必須要修改，則還有第二次考試的機會。[44]

無獨有偶，像胡適一樣，艾略特於一九三二年回母校講學——應哈佛聘請為該校諾頓（Charles Eliot Norton）詩學講座教授一學年，年薪一萬，那時一萬美元何等珍貴，可以說幣重禮隆。這個講座共分八講：從十七世紀伊莉莎白時代英國文學講至當代英國文學。哈佛講完他又到維吉尼亞大學講一個學期（另一個題目），這幾乎與胡適一個模式（胡適在哥倫比亞講完後就到哈佛講同一個題目）。

艾略特比胡適大三歲，他們是同時代人。夏先生說他們「二人性格、信仰、成就是完全不一樣的」。除了第三項「成就」外，前二項，我完全同意。至於艾、胡的成就不一樣（夏好像認為艾高於胡），我不同意，我認為胡適與艾略特的成就不分軒輊，各有其不朽的千秋事業，在我看來他們兩人的成就是一樣的。夏先生又說：「艾略特晚年也得了不少榮譽博士學位，更拿了諾貝爾獎。假如大陸不變色，我想胡適拿諾貝爾文學獎的可能性是很強的。」45我認為胡適在中國抗戰時期得了不少（三十五個）榮譽博士學位，珍珠港事變後美國大學頒給他的榮譽博士最多，一般而言榮譽博士是肯定一個人的事業成就，實質上沒有多大意義。對胡適來說，這種榮譽一半因為他是駐美大使，另一半是因為同情苦難的中國，孤軍奮鬥——正在艱苦的抗日戰爭。此外每年一些大學一定會頒給某些人榮譽博士學位，這很像臺灣民間媽祖生日做拜拜一樣湊熱鬧的，嚴格說起來這種「拜拜」對胡適個人來說沒有多大意義。夏志清最後說了一句話，我要重複一下，他說：「假如大陸不變色，我想胡適拿諾貝爾文學獎的可能性是很強的。」我同意，不過我還有另外一種意見。在抗戰時期，一九三八年諾貝爾文學獎為什麼不給近代中國文學革命的二位發起人陳獨秀（那時陳還在）及胡適，卻給了當時名不見經傳的美國作家賽珍珠呢？真是莫名其妙。諾貝爾獎評審委員會「匪夷所思」不止一端。美國近代（二十世紀）大作家厄普代克（John Updike, 1932-2009）常常被提名為諾貝爾獎的候選人，而且呼聲最高，一九九三年美國黑人女作家童妮・莫里森（Toni Morrison）中獎，在她獲得諾貝爾獎後厄氏說過一句酸溜溜的話：「在未來幾年諾貝爾獎評審諸公，不會把大獎頒給一個年老的西方白種人的（指他自己）。」厄氏得過兩次普立茲獎及其他獎無數，只有諾貝爾獎獨付闕如，因此他耿耿於懷，說起來也真令人可笑，其實像他這樣的大作家，諾貝爾獎得失與否無關重要，得了又怎樣，只是紅花綠葉而已。厄普代克於二〇〇九年去世，他始終沒有拿到諾貝爾獎。寫到這裡我想起來錢鍾書晚年曾談過他對諾貝爾獎的看法，頗有見地，他是針對南美阿根廷作家波赫士（Jorge Luis Borges, 1899-1986）而說的，但在這裡也可以轉贈給厄普代克，他說：「蕭伯納說過，諾貝爾設立獎金比他發明炸藥對人類危害更大。當然，蕭伯納自己後來也領取這個獎的。其實咱們對這個獎，不必過於重視。」他又說：「只要想一想，不講生前的，已故得獎人有黛麗達（Grazia Deledda）、海澤（Paul Heyse）、倭鏗（Rudolf Christoph Eucken）、賽珍珠（Pearl Buck）之流，就可見這個獎的意義是否重大了。」在讀到波赫士拿不到諾貝爾獎金耿耿於懷一事時，錢說：「這表明他對自己缺乏信念，而對評審委員會又太看重了。」（見《文藝報》一九八六年四月五日）

在夏志清這篇〈胡適博士學位考證〉最末一段只有幾行字，很短，算是他寫胡適與艾略特的比較的結論，也算對胡適的恭維，我認為很好。他說胡適與艾略特這兩個主修哲學的「文學革命家」（嚴格說起來應該說是「詩國革命家」——筆者附記），「一個是真博士，一個放棄了博士學位，但假如同艾略特一樣，胡適無意領取博士學位，一九二七年春季沒有繳進一百本論文，他的終生成就照樣光芒萬丈長，永遠是導引我們子子孫孫走上愛國、治學正路的一盞明燈。」夏先生這幾行結論我完全同意。

最後講胡適的 PhD 為何遲了十年？或者人家會問胡適到底有沒有博士學位？潘維疆與胡祖強可能還是相信胡適冒充博士，但是這種想法的人現在到底是極少數，唐德剛的想法如何，難以捉摸。夏志清認為只是手續問題。紐約《北美日報》一位讀者王賢劭說夏志清「對胡適有一份盲目感情式崇拜」（《北美日報》一九七九年三月十二日）。王先生講的不錯，其實與夏志清相似的「同志」還有很多，如蘇雪林、胡明、胡頌平等人也是「對胡適有盲目感情式崇拜」，他們都認為胡適博士學位是沒有問題的。但是明明有問題在這裡面。夏志清認為只是手續問題，他不太客觀。我看到李又寧教授二〇一一年在南京紀念胡適先生誕辰一百二十週年國際學術研討會上一段即席講話，我個人認為她比較客觀公正而且具體。講到胡適博士學位時，她開門見山地說：「他的學位論文出了問題，原因是什麼呢？他讀的是漢學，卻成天拉一個杜威，杜威不懂漢學，可是他的博士論文又有明確的反孔傾向。」胡適的漢學導師是夏德，夏德是尊孔、尊儒，不滿胡適的反孔思想。胡適反孔似乎是年輕時代的招牌。可是夏德對他的第一個中國弟子陳煥章卻十分欣賞，陳煥章一九一〇年寫了一部漢學界十分有名的博士論文〈孔門理財學〉，夏德對此論文擊節稱賞，夏德立即替他出版。而胡適的論文有反孔的傾向，這也是中國當時的思想潮流，胡適要「提倡的是如何將西方的文化和價值移植到中國」，這不是正是做博士論文的好題材嗎？李教授說：「這種思想上的衝突使他的論文出現了問題。杜威根本不懂中國的東西，但他有一套實驗主義的哲學，有名氣，這符合胡適的需要。胡適雖然論文出了問題，但他的思想符合中國時代潮流，他回國後趕上了新文化運動，成了新文化運動的導師，他的抉擇是十分明智。」46

汪榮祖說哥大授予胡適博士學位是一九二七年，這是不爭的事實，就是他借用了十年。賈祖麟也是這樣說的。可是北大教授歐陽哲生的立場我不太清楚，已故的易竹賢在其《胡適傳》我看了也不清楚。我呢？我是站在梅光迪一派：「老胡口試沒有pass。」我還是相信我四十年前的寶塔論調。老胡的塔是造好了，塔尖也有了，可是哥大對他說，他的塔尖是歪的。胡適說他的塔尖是正的，哥大對他說，你要再來一次。這就是一九二七年一月胡適重返母校，富路德說：「約請他（胡適）在哥大做九次演講（六次對中文系，三次對一般大眾），他接受了約請。」這就是補考，也就是唐德剛所說的大修，要胡適把一個塔尖擺正，學校規定一定要胡適親身再來一次。富路德對夏志清說沒有「補考」，這是給胡適面子。學校威權很大的要怎樣就怎樣，如果你有問題就得要聽學校的規定，同樣的如果學校肯通融則什麼事都好辦。不然你就去等，等十年，等一百年你還是一個博士候選人。一輩子做個博士候選人？胡適是何等聰明的人。背十年黑鍋小事一樁。這是我的推測，不知確否？這也是我四十年前的「寶塔理論」。四十年後的今天我還是這樣想法。

CORNELL CLUB

First Row—C. Y. Leung, M. T. Hou, N. Shen T. Wang, Y. T. Chen, C. Ping, Y. R. Chao.
Second Row Y. C. Loh, D. Y. Key, H. C. Zen, C. F. Hou, B. H. Chin, W. Y. Chin, T. S Kuo, C. K. Cheung.
Third Row—S. Z. Yang, K. C. Tsen, D. K. Wei, K. Z. Lin, K. S. Lee.
Fourth Row—C. S. Chen, W. W. Lau, J. Chow, I. T. Wang, T. T. Wang, W. S. Tong.
Fifth Row—M. K. Tsen, P. C. King, F. S. Chun, T. M. Yu, Y. C. Lo, K. L. Yen.
Sixth Row—C. Yang, P. W. Tsou, S. Hu.

1913年春，康乃爾大學中國同學會合照。

以最後一排做為第一排；第一排右一為趙元任，第二排左三為任鴻雋，胡適為第六排右一盤坐者。

來源：Division of Rare and Manuscript Collections, Cornell University Library

1914年胡適留影，拍攝者為綺色佳最大照相館主人羅賓森（Fred Robinson）。
胡適在康乃爾時曾遇母親急需錢用，而向羅賓森先生周轉，以解燃眉之急。
來源：中研院近史所胡適紀念館提供

1914年胡適於康乃爾，室中讀書圖。

拍攝者為任鴻雋，胡適應該非常滿意，先後寄贈多位親友。

來源：Division of Rare and Manuscript Collections, Cornell University Library

與胡適同時期在康乃爾的中國留學生：趙元任（左）與金邦正（右）

趙元任與胡適同為第二屆庚款留美學生（趙是第二名），亦同赴康乃爾，兩人結成好友。金邦正為胡適康乃爾學長。胡適初抵綺色佳時，是金邦正到車站接他。

來源：Division of Rare and Manuscript Collections, Cornell University Library

▲**韋蓮司（Edith Clifford Williams, 1885-1971），攝於十六歲。**
胡適在康乃爾求學時期（1914年）認識韋蓮司，兩人是相互切磋獲得知識的伴侶，也是生死不渝的友人。
來源：Division of Rare and Manuscript Collections, Cornell University Library

▶**胡適題贈韋蓮司的照片**
攝於1933年，時任北大文學院院長。
來源：Wikimedia Commons

韋蓮司家庭照

由左至右：韋蓮司母親、韋蓮司姐姐、韋蓮司父親、韋蓮司。

韋蓮司父親為康乃爾大學地質系教授。

來源：Division of Rare and Manuscript Collections, Cornell University Library

韋蓮司的家

胡適在綺色佳與韋蓮司結識後，成為韋蓮司家中常客。

來源：Division of Rare and Manuscript Collections, Cornell University Library

胡適與韋蓮司最後合影

1960年9月，韋蓮司決定離美移居加勒比海小島巴貝多（Barbados），胡適剛好身在美國，親往機場送行，從此永別。

來源：中研院近史所胡適紀念館提供

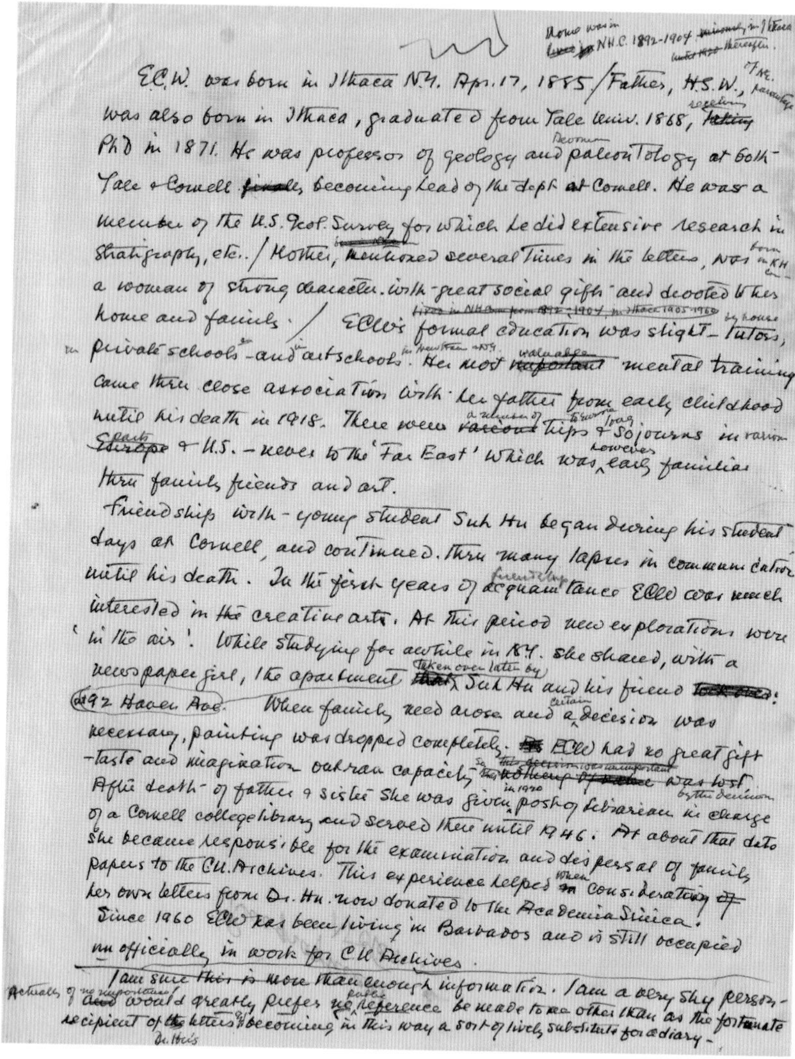
ECW was born in Ithaca N.Y. Apr. 17, 1885 / Father, H.S.W., was also born in Ithaca, graduated from Yale Univ. 1868, receiving PhD in 1871. He was professor of geology and paleontology at both Yale & Cornell, becoming head of the dept at Cornell. He was a member of the U.S. Geol. Survey for which he did extensive research in Stratigraphy, etc. / Mother, born in NH, mentioned several times in the letters, was a woman of strong character with great social gifts and devoted to her home and family. / ECW's formal education was slight – tutors, private schools and art schools in New York. Her most valuable mental training came thru close association with her father from early childhood until his death in 1918. There were a number of trips & long sojourns in various parts of Europe & U.S. – never to the 'Far East' which was, however, early familiar thru family friends and art.

Friendship with young student Suh Hu began during his student days at Cornell, and continued, thru many lapses in communication, until his death. In the first years of friendship ECW was much interested in the creative arts. At this period new explorations were 'in the air'. While studying for awhile in N.Y. she shared, with a newspaper girl, the apartment taken over later by Suh Hu and his friend: 92 Haven Ave. When family need arose and a certain decision was necessary, painting was dropped completely. ECW had no great gift – taste and imagination outran capacity. So ... was lost. After death of father & sister she was given in 1920 post of librarian in charge of a Cornell college library and served there until 1946. At about that date she became responsible for the examination and dispersal of family papers to the CU Archives. This experience helped when considering her own letters from Dr. Hu now donated to the Academia Sinica. Since 1960 ECW has been living in Barbados and is still occupied unofficially in work for CU Archives.

I am sure this is more than enough information. I am a very shy person – actually of no importance – would greatly prefer no public reference be made to me other than as the fortunate recipient of Dr. Hu's letters & becoming in this way a sort of lively substitute for a diary.

1965年，中央研究院以胡適遺孀江冬秀的名義致函韋蓮司，
請她提供一些她的傳記資料。韋蓮司乃手寫一頁簡短自傳，如圖。
現存中央研究院胡適紀念館。

來源：中研院近史所胡適紀念館提供

1915年9月，胡適將離開康乃爾赴哥倫比亞前與友人合影。
左為胡適印度籍好友翟倭多爾（J. S. Theodore），
右為胡適瑞士籍友人馬特李（Peter A. Mattli）。
來源：中研院近史所胡適紀念館提供

1916年，胡適攝於哥倫比亞校園。
胡適在哥大師從美國實驗主義大師杜威主修哲學，副修政治與漢學。
此照片為韋蓮司寄贈胡適紀念館。
來源：中研院近史所胡適紀念館提供

晚年杜威（John Dewey）與其續絃夫人羅慰慈（Roberta Lowitz）
此為他們送給胡適的親筆簽名照。
來源：中研院近史所胡適紀念館提供

Mr. Suh Hu

Suh Hu
胡適
Hu = how
Suh = fit

Anhui,
China.

Cornell '14
Arts.
ΦBK, '13.

Prep. School -
China
National
Institute,
Shanghai
China.

"Winner of
"Corson
Browning
Prize".
Subject of
Essay —
"A Defense
of Browning's
Optimism".
(May, 1914)

June - 1916. Columbia -

Suh Hu
H. S. Chuck
Cosmopolitan
kitten

1

2

3

4

5

Shu Hu
胡適
Hu=how
Shu=fit

Anhui, China.

Cornell'14 Arts.
ΦBK, '13.

Prep. School-
China National Institute,
Shanghai China.

Winner of "Corson
Browning Prize".
Subject of Essay—
"A Defense of
Browning's Optimism".
(May 1914)

留學生活剪影四幅

1. 1914年康乃爾室中讀書圖。
2. 1916年6月攝於哥倫比亞大學。
3. 胡適與同學及一隻小貓合影。
4. 麻州風景。
5. 胡適手寫簡歷。

來源：中研院近史所胡適紀念館提供

1917年6月，胡適學成歸國前夕所攝。
此為他送給康乃爾大學老師白特生（L. E. Patterson）的辭行留影。
來源：Division of Rare and Manuscript Collections, Cornell University Library

陳衡哲（1890-1976）
為照片中左二
1913年錄取清華庚款
第一批女子留美考試，
1914年二十四歲出國留學。
在美期間認識任鴻雋與胡適，
回國後與任鴻雋結婚。
胡、陳、任三人
有著終身不渝的友誼。

胡適與陳衡哲、任鴻雋，
1920年合影於南京。

胡適著博士服油畫像

1927年胡適赴英參加中英庚款會議時，
取道美國，正式取得哲學博士文憑，
終止了多年「老胡冒充博士」的爭議。

來源：中研院近史所胡適紀念館提供

1 唐德剛，《胡適雜憶》（臺北：傳記文學，一九八一），頁四一。唐德剛在其《胡適雜憶》及《胡適口述自傳》裡的注解有時是很誇大或與事實不符，碰到了有時我會駁他，但如果我認為他的話講得中肯我會引用。在這裡就是一個現成的例子。

2 詳見錢鍾書，《圍城》（北京：人民文學，一九八〇），頁二二一。

3 見胡適寫給韋蓮司的信（一九一五年一月十八日），周質平編譯，《不思量自難忘：胡適給韋蓮司的信》（臺北：聯經，一九九九），頁十九。

4 《胡適留學日記（三）》（上海：商務，一九四八），「一一　再遊波士頓記」，一九一五年一月二十七日追記，頁五一三至五一四。

5 周質平編譯，《不思量自難忘：胡適給韋蓮司的信》，頁一五九。

6 《胡適留學日記（三）》，「三五　別矣綺色佳」，一九一五年九月二十一日，頁七八八至七八九。

7 周質平編譯，《不思量自難忘：胡適給韋蓮司的信》，頁一五九。

8 論文共計二百四十三頁約九萬字，見《胡適留學日記（四）》，「一六　我之博士論文」，一九一七年五月四日，頁一一三四。

9 唐德剛譯注，《胡適口述自傳》（臺北：傳記文學，一九八六），頁八五。

10 蘇雪林，《猶大之吻》（臺北：文鏡，一九八二）。蘇雪林說：「讀了唐德剛氏的《胡適雜憶》和《胡適口述自傳》的注文，覺得他抱著這樣大的惡意，拚命毀壞胡大師，不遺餘力，想必他和胡大師有著『殺父之仇』，『毀家之恨』，否則無論如何也不會如此的。」（頁一三三）她稱唐德剛這本《胡適雜憶》為「歪書」。她又說：「唐某的歪書，雖毫無價值但天下以耳為目，及讀書不求甚解的人太多，竟有許多人譽為傑構，爭相傳誦。我於他們中之一，叩以此書好處何在？他答好在『真切』。」（頁一至二）這幾句話是蘇雪林批評唐德剛的這本書裡難得有的講唐德剛的「好話」，其實她這幾句話也不是恭維唐德剛，而是想來用作反面教材。蘇雪林這本書最大的缺點除了她在書中太情緒化外，她沒有好好做研究，所以錯誤很多。她也沒有好好用心寫這本書，她好像很匆忙，有點虛應故事的感覺，所以這本書流傳不廣。這本書出版後也有人捧場，如專欄作家聞見思說：「前輩作家蘇雪林教授已八十五歲高齡，去年年底居然出版一冊八、九萬字的《猶大之吻》，我在孫如陵兄處見此書，取來一讀，發現全書充滿『爭議的火氣』。」他又說：「胡適生前對罵他的人，都不說話，現今他也死了還能說什麼呢？固然蚍蜉撼大樹，可笑不自量，對胡適生後並無損失。但這些自稱『胡適再傳弟子』的人輕薄為文哂未休。」（《中央日報》一九八三年五月二十三日副刊）還有費海璣在《民主潮》上寫了一篇〈掌摑猶大〉，他說蘇雪林這本書是「正人心，厚風俗」的好書。他又說：「唐德剛為了助中共，竟忘恩負義，把恩師胡適先生自傳加以歪曲、醜詆。幸而蘇雪林教授健在，予以駁斥。」這篇文章，因為語氣國民黨色彩很濃，不夠客觀，沒有像聞見思那樣平和。

唐德剛痛恨蘇雪林是可以理解的，他最痛恨她在《猶大之吻》書末講的話，蘇雪林說：「我所替猶大可惜者，他賣耶穌，不過得了三十塊錢；而唐某賣胡大師，把這本《雜憶》歪書，在反胡風氣最盛的大陸翻版，竟賣了百多萬本（這才知他拚命毀胡的緣故，原來有心到那邊賣好價錢，見時報副刊，他對記者的自述），比當年猶大所得強百倍。猶大賣了耶穌良心發現，還痛哭跑出，上吊而死。而唐某這本歪書，既以擁護方塊字、文言文取悅於此間的保守分子，又以唯物史觀、經濟決定論，獻媚於海峽對面的當權者，左右逢源，來去自由，竟成了翩然一隻雲間鶴，飛去飛來海兩邊！好不逍遙自在，猶大哪能及他。」（《猶大之吻》頁一三五）

11 唐德剛，〈七分傳統，三分洋貨——回憶胡適之先生和口述歷史之三〉，《傳記文學》第三一卷第四期（一九七七年十月），頁五五至六二。

12 胡明，《胡適傳論》上冊（北京：人民，一九九六），頁三〇七。唐德剛，《胡適雜憶》，頁四一。

13 唐德剛，《胡適雜憶》，頁四一至四二。

14 胡頌平，《胡適之先生年譜長編初稿》第一冊（臺北：聯經，一九九〇），頁二八五。胡頌平是胡適過去上海中國公學的學生，那是真的師生關係，後來在臺北中央研究院做胡適的祕書。胡頌平對他過去老師愛護備至。有一次唐德剛說，胡適在臺北被胡頌平、王志維等幾個祕書寵壞了。有人說，唐德剛也是胡適的學生，那為什麼唐德剛老是給胡適拆臺或挖牆角呢。唐德剛自己說過「我是胡適的學生」（在臺北胡適逝世二十五週年紀念會上說的），那是假的。唐德剛沒有念過北大，胡適沒有在中央大學教過書，他們沒有師生關係。

他想沾胡適的光。迄目前為止我還沒有看到過他們「師生」來往的函件或者胡適有說「我的學生唐德剛」，江冬秀說過唐德剛是「適之的好後學」。

15 《胡適留學日記（四）》，「二六　博士考試」，一九一七年五月二十七日追記，頁一一四三。

16 唐德剛譯注，《胡適口述自傳》，頁一〇一至一〇二。

17 耿雲志、歐陽哲生編，《胡適書信集》上冊（北京：北京大學，一九九六），頁九四。

18 唐德剛譯注，《胡適口述自傳》，頁一〇二。

19 Suh Hu是胡適在康乃爾及在哥倫比亞用的英文名字，但在一九二二年後胡適的英文名字改成Hu Shih，他一九二七年在哥大的博士學位文憑以及公告上，都是用Hu Shih而非Suh Hu。有人曾寫信給哥大詢問胡適博士學位問題，哥大答覆如下：「Suh Hu was enrolled at Columbia University, Graduate School of Arts and Sciences from 9/15 through 6/17. His major was Philosophy. A Ph.D. degree was conferred on 3/21/27. Mr. Hu is listed in our commencement bulletin under the name of Mr. Hu Shih.」詳見石磊，〈再談胡適是真博士〉，紐約《北美日報》，一九七八年十月三十日。哥大的答覆簡練精核，一點也不囉嗦，不能讓你再有發問的餘地。唐德剛說：「杜威後來雖然頗以有胡適（Hu Shih）這樣的學生而驕傲，但是那是一九一九年以後的事。」因為一九一九年杜威到中國來看到胡適聲勢浩大名滿天下，還得了。所以唐德剛說胡適博士學位後來是杜威玉成的。

20 這一年（一九一七年）夏德在哥大退休，夏天即回德國。一九二七年一月病逝，是年（一九二七年）三月胡適獲得博士學位時，夏德已死。

21 胡適在哥大畢業後與芒達基還有一點點的關聯，那就是他們二人先後同在哈佛最有聲譽的殷格索哲學講座（英文全名是Ingersoll Lectures on Human Immortality）演講。芒達基於一九三二年受邀，講題是「The Chances of Surviving Death」（雖死猶生之機率）。胡適於一九四五年應邀，講題：「The Concept of Immortality in Chinese Thought」（中國思想裡的不朽觀念）。這個講座的講者都是世界上很有名的哲學家。我隨便說幾個如下：一八九七年威廉．詹姆斯、一八九九年魯一士、一九四一年懷海德（Alfred North Whitehead）。

22 唐德剛譯注，《胡適口述自傳》，頁一〇二。

23 湯晏，〈胡適博士學位的風波〉，《傳記文學》第三三卷第一期（一九七八年七月），頁五四。

24 夏志清，〈胡適博士學位考證〉，《傳記文學》第三三卷第五期（一九七八年十一月），頁二八。

25 梁錫華選注，《胡適祕藏書信選（續篇）》（臺北：遠景，一九八二），頁六九一至六九二。

26《胡適留學日記（四）》，「一七　喜朱經農來美」，一九一六年六月九日，頁九三五。

27 梁錫華選注，《胡適祕藏書信選（續篇）》，頁六九五。

28 一般而言，胡適寫的文章不管中英文都很明白暢曉，但是這篇「前言」最後一段很冗長，不夠簡練。他好像有點怨艾，不像他的風格。他沒有說要印出來是為了要送給哥倫比亞一百本做他的博士學位派用場的，他根本沒有談什麼小修、大修。在「前言」裡最後幾句話有點像在戲臺上叫好——自捧自。他自己捧自己的論文，這不像胡適風格。這幾句話好像是對他的最後口試刁難他的人說的。

29 Tung-Li Yuan, *A Guide to Doctoral Dissertations by Chinese Students in America 1905-1960* (Washington : Published under the auspices of the Sino-American Cultural Society, 1961), p. 27.

30 Jerome B. Grieder, *Hu Shih and the Chinese Renaissance: Liberalism in the Chinese Revolution, 1917-1937* (Cambridge: Harvard University Press, 1970).

31 Jerome B. Grieder, *Hu Shih and the Chinese Renaissance: Liberalism in the Chinese Revolution, 1917-1937*, p. 43.

32 唐德剛，《胡適雜憶》，頁四一。

33 唐德剛，《胡適雜憶》，頁三八至三九。

34 後來被香港《星島》系統的報館把這個有「星島」名稱的報館，打官司要回去了，辦自己的《星島日報》，這份正派的《星島日報》老華僑廣東人喜歡看，現在在紐約還在經營。而所謂左派的《星島日報》更名為《北美日報》，不久就賣掉，賣掉沒有多久，關門大吉。

35 潘維疆本不識，後來我見過他一面，我們談很久，談釣魚臺，他說釣魚臺是中國的，他就是不願意談胡適。他對我說他有病，信佛，然後拉我去Bronx一個廟裡的食堂吃素餐。胡祖強也在紐約，我沒有見過。

36 夏志清，〈胡適博士學位考證〉，《傳記文學》第三三卷第五期，頁三二至三三。

37 夏志清，〈胡適博士學位考證〉，《傳記文學》第三三卷第五期，頁三三。

38 見汪榮祖寫的〈胡適歷程的曲直〉，載《讀書》二〇〇五年第二期，頁一〇二。

39 見李又寧主編，《華族與哥倫比亞大學：慶祝哥大建校二百五十週年》第一集（紐約：天外，二〇一〇），頁一二七，注解五八。

40 唐德剛，《胡適雜憶》，頁四一。

41 夏志清，〈胡適博士學位考證〉，《傳記文學》第三三卷第五期，頁三四。

42 夏志清，〈胡適博士學位考證〉，《傳記文學》第三三卷第五期，頁三四。

43 Valerie Eliot, ed., *The Letters of T. S. Eliot: Volume I, 1898-1922* (New York: Harcourt Brace Jovanovich, 1988), p. 114.

44 艾略特的詩很難懂，可是他這篇序言是一篇清新可讀的好文章。他為什麼要寫這本書，他交代得很清楚。胡適他把博士論文出版了，可是在序言及前言（Preface 及 A note）裡交代得不是很清楚。

45 夏志清，〈胡適博士學位考證〉，《傳記文學》第三三卷第五期，頁三五。

46 耿雲志、宋廣波編，《紀念胡適先生誕辰一百二十週年國際學術研討會專輯》（北京：社會科學文獻，二〇一二），頁十四。

結語

胡適父母是老夫少妻，恩愛異常。胡適生下來時是他父親的第七個小孩，第四個兒子。對他母親來說他是獨子。他父親死得早，他母親二十三歲做了寡婦，他由寡母帶大，母子關係至為密切。他在《四十自述》裡一再感念慈母的愛。母親對他管教極其嚴格。照現在的說法他母親是虎媽。在績溪家鄉念了九年私塾，他的國學基礎就在這個時候打好了。十四歲那年送他到上海新式學堂，這對胡適開了一扇窗戶。在梅溪學堂他學到了校訓：「千萬不要僅僅做一個自了漢。」第二個學校澄衷學堂，使他有機會吸取了梁啟超的新思想，也接受嚴復翻譯的西方思想——《天演論》。胡適不再是一個鄉下孩子。第三個學校就是中國公學，在課堂以外，他又學到了新鮮的東西。中國公學學生辦的一份學生報《競業旬報》，胡適在這份學生報上開始寫白話文，初是投稿，到後來是做總編輯，這是一種很好的訓練，他有了這種經驗日後在美國讀書時，做《留美學生季報》總編輯。（歸國後他與丁文江辦《努力》週報，與徐志摩等人辦《新月》，在抗戰前夕與蔣廷黻等人辦《獨立評論》，他都能得心應手、駕輕就熟。）這種經驗彌足珍貴。中國公學後來鬧學潮，他就離開了中國公學，也就離開了《旬報》。他轉到中國新公學教英文。在那裡他結交了幾個酒肉朋友，打牌、喝酒、賭博都學會了，最後與員警打架，被抓到巡捕房。他墮落了。宣統二年（一九一〇），浪子回頭，他參加第二屆庚子賠款留美考試，他考取了。這是他一生轉捩點。這年八月十六日就在上海搭「中國號」放洋去美國，進紐約州西南的康乃爾大學念農科。這是他一生錦繡前程的第一步。

在康乃爾一年半後，一九一二年春季起從農學院農科轉入文理學院哲學系。康乃爾農學院屬於紐約州立大學系統，不收學費。轉入哲學系後，是私立的，屬於「常春藤盟校」一員，學費奇昂。轉系對他來說也許是正確的，因為哲學系是他興趣所好。他在康乃爾成績很好，四年的課程在三年念完就畢業了。畢業後在康乃爾哲學研究所念了一年，因為沒有拿到第二年的獎學金，一九一五年他就轉學到哥倫比亞。二年後完成所有必需的課程及一層層的博士考試，最後口試答辯砸鍋，十年後（一九二七年）才正式拿到博士學位，這是美中不足、運氣不好所致。除了九年家鄉教育外，他的現代教育可以分成三個階段，此即上海的新式學堂，第二個階段是在康乃爾，第三個階段是哥倫比亞。有人說上海的教育對胡適甚是重要，如李又寧就是這樣說的。也有人說是哥倫比亞，如歐陽哲生。我認為對胡適最重要的、最完備的還是在康乃爾的教育。胡適在上海接觸到的西方思想是粗糙的、片面的、轉手的。胡適在哥倫比亞所受教育固然很重要，但比起康乃爾來何足道哉！胡適在康乃爾的四年人文教育至為重要，這是洋人世家子弟所接受的一套完整的基本教育，也是西方世界的核心教育。胡適有此機遇，何其幸也。我與哥大及康乃爾一無淵源，也沒有偏見。亦非與李又寧及歐陽哲生兩位教授有意抬槓，這是我寫完這本書後，所得的印象或結論。

我還有一個印象，胡適比較喜歡綺色佳，第二故鄉，這是他自己說的。他也明顯比較喜歡康乃爾。胡適在康乃爾的收穫很多，太多了。他在康乃爾結識了很多朋友，他在康乃爾第四年時邂逅了地質系教授的掌上名珠韋蓮司，日後他們成為一輩子生死不渝的異國情侶。他用假名Bernard W. Savage參加卜朗吟徵文獎而得了首獎。此外，在他畢業的那年他投稿一篇學術論文，評解兒司誤譯《敦煌錄》，刊登在學術界頗有聲譽的《英國皇家亞洲學會報》上。胡適那時只是二十三歲甫自康乃爾畢業的一個大學生，而能與沃許（E. H. Walsh）及泰納（R. L. Turner）等當代英儒名宿，同在一個頗有分量的學術季刊上揖讓進退，試問近世中國留學生中，能做到像胡適那樣的則有幾人哉！。

我為什麼不憚其煩再三指出胡適得卜朗吟徵文獎，及評解兒司誤譯《敦煌錄》一文？旨在說明，胡適在康乃爾已經拿到了蔡元培所說的能點石成金的「手指頭」了。

胡適常說：「我做的事太多了，我在上半世紀裡把下半世紀的事情都做好了。」像文學革命這種艱鉅的偉大事業，對一般人來說應該是在下半世紀做的事，可是胡適在上半世紀就已經做好了。關於胡適與陳獨秀在民國初年所興起的文學革命，是他一生最偉大的千秋不朽事業。這個革命事業也是最先在康乃爾大學醞釀起來的。胡適「做的事」太多了，這些偉大事業將在下一本書裡來討論了。

二〇二〇年五月十九日，湯晏記於紐約上城

胡適年表（一八九一至一九一七）

一八九一

光緒十七年（辛卯年）十一月十七日，西曆一八九一年十二月十七日，生於上海大東門外。以下年月日用均依照西曆。

一八九二

父親胡傳奉調臺灣，三月抵達小基隆，擔任全臺營務處總巡，十一月接任臺南鹽務提調。因臺灣人地生疏，隻身前往。胡適母子移居上海近郊川沙，租黃姓住宅十二間住房，住了一年。

一八九三

胡適由母親及四叔介如照料，四月十二日從上海抵臺南胡傳任所，二哥及三哥隨行。

是年六月十七日胡傳由唐景崧陞遷委任為臺東直隸州知州。因一切草創，故留家眷在臺南，胡氏母子在臺南住了十個月。

一八九四（光緒二十年，甲午年）

一月九日胡適母子及二哥三哥全家離開臺南，一月二十日安抵臺東。在臺東住了一年零十八天。

八月一日中日宣戰，戰雲密布。臺灣為備戰區。

一八九五

二月初胡傳遣人送胡適母子回內地。二月七日啟程，二十一日安抵上海，然後返績溪故鄉。

四月十七日中日簽訂《馬關條約》。臺灣割給日本，清廷命在臺官員內渡，軍隊撤防。五月二十九日日軍登陸。胡傳於八月五日離臺。腳氣病發，八月十八至廈門病重，「手足俱不能動了」。八月二十二日死在廈門。

胡適母子回到家鄉後，母親就送他到私塾讀書。

一八九六

在私塾讀書。

梁啟超的《時務報》在上海創刊，鼓吹維新變法。

一八九七
- 在私塾讀書。
- 馬建忠著《馬氏文通》與嚴復譯《天演論》先後脫稿。

一八九八
- 在私塾讀書。
- 六月光緒帝與康有為、梁啟超變法。西太后發動政變，光緒被囚。康梁逃亡日本，譚嗣同等六君子被害，變法失敗。

一八九九
- 在私塾讀書。開始讀《水滸傳》、《三國演義》等通俗白話小說。

一九〇〇
- 在私塾讀書。
- 北方有義和團排外運動，八國聯軍入侵北京，西方文明國家的野蠻人（加上一個日本）蹂躪京畿。光緒與西太后逃亡西安，國家快要亡了。

一九〇一

◆在私塾讀書。讀范縝的〈神滅論〉使他有無神論者傾向，可是他後來一九一一年在美國一度皈依基督教，後來又反基督教，到晚年他說他是一個無神論。

◆清政府又請李鴻章（時任兩廣總督）北來上海與洋人議和簽訂《辛丑合約》（即庚子賠款）。

一九〇二

◆在私塾讀書。

◆梁啟超在日本創辦《新民叢報》。

一九〇三

◆在私塾讀書。

◆今年起，廢八股。所有鄉試會試都要考策論，不准用八股文的程式。

一九〇四

◆這年春天，離開了九年的鄉村教育，隨三哥到上海進新式學堂。在去上海之前，與績溪鄰縣旌德縣江冬秀小姐訂婚。這位小姑娘還比胡適大一歲。

到了上海，胡適進梅溪學堂，這是他父親在龍門書院的同學張煥綸辦的，他辦學宗旨：「千萬不要僅僅做個自了漢。」胡適因為作文做得好，一天升了四班。但有反清政府意識形態不去參加畢業考試，在梅溪只念了一年就離開了。

一九〇五

他進的第二個學校是澄衷學堂。比起梅溪較為完備，國文、英文、算學之外，還有物理、化學、博物諸科。

一九〇六

上半年升入澄衷第二班，並且做了班長。在澄衷他接受了梁啟超的新思想及嚴復翻譯的西方思想：赫胥黎的《天演論》。胡適在澄衷成績還是很好，英文與算學進步神速。他常考第一。因為做了班長代表同學，與學校當局常發生衝突。他在澄衷只有一年半，過了暑假後他考進了中國公學。中國公學辦一個學生報《競業旬報》，是年十月二十八日（光緒三十二年九月十一日）創刊，胡適曾投稿。

一九〇七

中國公學是留日學生抗議日本政府取締中國留學生規則，而回來辦的學校。公學教職員和學生很多是革命黨人，另一個特色是盛行西方的民主自治。缺點是散漫。

是年初遊蘇杭，開始學作舊詩。夏天回家養病。與族叔胡近仁互有唱和，進步神速，病癒回校後即有少年詩人之稱。

一九〇八

《旬報》於春天復刊，第二十四期（八月十七日出刊）開始胡適接任主編，食宿有《旬報》負責。

秋天，中國公學又發生了一次大風潮。

一九〇九

開春，《旬報》停刊，離開舊公學，他就沒有地方住，搬到新公學去住。在新公學教英文。

入冬，新公學解散。胡適在上海六年進了四個學校，沒有拿到一張文憑，離開新公學後四顧徬徨，碰到了酒肉朋友，打牌、吃花酒，開始墮落了。

一九一〇

這一年是他浪子回頭，一生的轉捩點。參加第二屆庚子賠款留美考試。胡適本名胡洪騂，因怕考不上，為朋友訕笑，所以臨時改用胡適的名字。他考取了，從此以後，他就叫胡適了。

八月十六日搭「中國號」赴美。一共有七十一人，有十七人（其中有胡適及趙元任）於中秋節日（九月十八日）抵達綺色佳。進康乃爾讀農科。留學生時代，在綺色佳住得最久，計五年。他很喜歡綺色佳，稱之為「第二故鄉」。

一九一一

初履綺色佳，五月間他寫過一篇〈詩三百篇言字解〉。他說這篇論文，不是從康乃爾學到的。他後來收集在《胡適文存》裡，也是《文存》中最早的一篇。他很得意這篇文章，他說：「至少也可看出我自己治學懷疑的精神。」那時他已懂得「歸納法」。

六月中旬遊孛可諾松林（Pocono Pines），參加中國基督教學生會夏令營，胡適皈依基督教。

辛亥革命，推翻滿清。

一九一二

中華民國成立，元旦臨時大總統孫文就職。改用陽曆紀元。

春季起從農學院農科轉入文理學院哲學系。康乃爾農學院屬於紐約州立大學系統，不收學費。但轉入哲學系後，康乃爾文理學院是私立的，屬於「常春藤盟校」一員，學費奇昂。

一九一三

是年五月，胡適當選為康乃爾大學世界學生會會長。任期一年。

一九一四

春夏之交，與一位康乃爾地質學教授的掌上明珠——芳名韋蓮司（Edith Clifford Williams）邂逅相遇，日後兩人成為一輩子生死不渝的友人。

五月初旬，以〈論英詩人卜朗吟之樂觀主義〉獲卜朗吟徵文獎，獎金五十元。他用假名 Bernard W. Savage 報名。

八月初胡適看到《英國皇家亞洲學會報》(*The Journal of the Royal Asiatic Society*)見彼邦所謂漢學名宿解兒司(Lionel Giles)者所作《敦煌錄》譯釋文，附原稿影本十四頁，認為「鈔筆尤俗陋，然字跡固極易辨認也。不意此君(解兒司)所釋譯，乃訛謬無數」。胡適乃「摘其謬誤，作一校勘記寄之」。翌年二月胡適收到《英國皇家亞洲學會報》一九一五年一月號，譯者自認其誤，胡適甚喜，在日記中記：「西人勇於改過，不肯飾非，亦足取也。」

一九一五

一月赴波士頓卜朗吟學會演說，題為：「儒學與卜朗吟哲學」。在一月中有日本佛學教授來康乃爾講學，哲學系教授遣胡適前往綺色佳火車站迎接，可是胡適有約在先，分身乏術，無法應命。系主任及幾位教授不悅，結果胡適失去了第二學年的獎學金。沒有獎學金胡適在康乃爾待不下去了，是年九月胡適轉學哥大，住在哥大學生宿舍佛納館(Furnald Hall)五樓。

二月胡適收到《英國皇家亞洲學會報》一九一五年一月號。

一九一六

六月胡適寫了「爾汝」兩字之文法。三個月後他又寫「我吾」之用法。

十月胡適接替任鴻雋擔任《留美學生季報》（初名《留美學生年報》）編輯（總編輯）。陳衡哲常向《留美學生季報》投稿，因此陳與任及胡適常有函件往來。自從胡適接任《年報》編輯後，與陳衡哲通信頻繁，二人尚未謀面，在五個月內「尺素往返」，胡適寄出的信就有四十餘件。

一九一七

四月七日由任鴻雋安排，任偕胡適同往普濟布施瓦沙女校訪陳衡哲。這是胡適與陳衡哲第一次見面，他們三人日後是最要好的朋友。一九四九年四月六日胡適在上海搭克里夫蘭總統號去美國以後，再也沒有回到過上海。是年胡適離上海去美國之前幾天（據胡適日記是四月三日），陳衡哲夫婦邀請胡適午餐，還有錢鍾書夫婦作陪（一共五人），在陳衡哲家裡有一個很愉快的雅集小聚，沒有想到那天是他們三人最後一次聚首，以後各奔西東，再也沒有見面。

四月二十七日博士論文寫完。

五月三日將打好之論文校讀一過。

五月四日將論文交去，計二百四十三頁，約九萬字。始於去年（一九一六年）八月初開始寫，約九個月而成。論文題目：「A Study of the Development of Logical Method in Ancient China」（先秦名學史）。

五月二十二日，考過博士學位最後考試。此次為口試，計時為二時半。

胡適於一九一七年六月九日離紐約市，十日抵綺色佳寓韋蓮司家。在綺色佳停留五天，十四日離綺色佳到水牛城半夜後到尼加拉瀑布（在紐約州境內），過加拿大界。火車路線在尼加拉出境後，又從加拿大進入密西根州的猶龍口（Port Huron）——入美國境。十六日下午到芝加哥，芝加哥以西為美國「大平原」，三日不見一丘一山。十七日尚時見小林，十八日乃終日不見一樹。十八日晨車行到北達科他州（North Dakota）的「門關」（Portal）一地，又出美境（這是胡適在一九一七年正式離開美國最後一站）入加拿大。胡適有感言，他說：「從此去美國矣。不知何年更入此境？人生離合聚散，來蹤去跡，如此如此，思之惘然。」胡適沒有想到十年後即一九二七年他又來了，此時，胡適已飛黃騰達，名滿天下，何人不識君矣。十九日晨六時起，火車已入加拿大之落磯山。

六月二十日抵加拿大西岸溫哥華。翌日登舟，五人一船艙，四華人一日人。七月五日到橫濱，七月七日到神戶，八日到長崎。七月十日抵上海。還差四十六天胡適去國整整七年。

英文參考資料

Angelo, Bonnie. *First Mothers: The Women Who Shaped the Presidents*. New York: William Morrow, 2001.

Bishop, Morris. *History of Cornell*. Ithaca, New York and London: Cornell University Press, 1962.

Chou, Min-chih. *Hu Shih and Intellectual Choice in Modern China*. Ann Arbor: University of Michigan Press, 1984.

Dolkart, Andrew S. *Morningside Heights: A History of Its Architecture and Development*. New York; Columbia University Press, 1998.

Eliot, Valerie, ed. *The Letters of T.S. Eliot, Vol. I, 1898-1922*. New York: Harcourt Brace Jovanovich, 1988.

Fairbank, John K. *Chinabound: A Fiifty Year Memoir*. New York: Harper& Row, 1982.

Gimpel, Denise. *Chen Hengzhe: A Life Between Orthodoxies*. New York: Lexington Books, 2015.

Grieder, Jerome B. *Hu Shih and the Chinese Renaissance: Liberalism in the Chinese Revolution, 1917-1937*. Cambridge: Harvard University Press, 1970.

Hirth, Friedrich. *China and the Roman Orient: Researches Into Their Ancient and Medieval Relations as Represented in Old Chinese Records*. Leipzig & Munich: Shanghai & Hong Kong: Kelly & Walsh, 1885.

Hirth, Friedrich. *The Ancient History of China to the End of the Chou Dynasty*. New York: Columbia University Press, 1923.

Martin, Jay. *The Education of John Dewey: A Biography*. New York: Columbia University Press, 2003.

Rosenthal, Michael. *Nicholas Miraculous: The Amazing Career of the Redoubtable Dr. Nicholas Murray Butler*. New York: Farrar, Straus & Giroux, 2006.

White, Andrew Dickson. *Autobiography of Andrew Dickson White*. New York: The Century Co., 1905.

Wilbur, C. Martin. *Sun Yat-sen: Frustrated Patriot*. New York: Columbia University Press, 1976.

William, James. *Pragmatism*. Cambridge: Harvard University Press, 1907.

Xu, Tingting. "Neither Standpatter nor Jacobin: Mei Guangdi's Confucian Humanism." MA Thesis. University of California at Berkeley, 2011.

The Journal of the Royal Asiatic Society (JRAS) 46:3 (Jan. 1915).

The Journal of the Royal Asiatic Society (JRAS) 47:1 (Jan. 1915).

陳衡哲，《小雨點》，上海：新月書店，一九二八。
彭明敏著，林惠美譯，《自由的滋味：彭明敏回憶錄》，美國加州Irvine：臺灣，一九八六。
湯晏，〈胡適博士學位的風波〉，《傳記文學》第三三卷第五期，一九七八年七月。
程法德，〈胡適與我家的親緣與情緣〉，收入李又寧主編，《胡適與他的家族和家鄉》第一集，紐約，天外，一九九九。
馮自由，〈「革命軍」作者鄒容〉，收入馮著《革命逸史》第二編，上海：商務，一九四六。
馮致遠，〈胡適的家庭及其軼聞瑣事〉，收入顏振吾編，《胡適研究叢錄》，北京：三聯，一九八九。
楊絳，〈懷念陳衡哲〉，收入楊著《楊絳散文選》，北京：人民文學，二〇〇九。
楊樹人，〈我為胡適之先生服務的回憶〉，收入李又寧主編，《回憶胡適之先生文集》第二集，紐約，天外，一九九七。
溫源寧，〈胡適博士〉，原載《中國評論週報》(*China Review Weekly*)，譯文見《人間世》第一卷第二期。
榮新江，《敦煌學十八講》，北京，北京大學，二〇〇一。
趙元任，《趙元任早年自傳》，臺北：傳記文學，一九八四。
劉進寶，《敦煌學述論》，蘭州：甘肅教育，一九九一
樊洪業，〈任鴻雋與胡適過從錄〉，收入李又寧主編，《胡適與他的朋友》第一集，紐約：天外，一九九〇。
蔡元培，〈我所受舊教育的回憶〉，上海《人間世》創刊號，一九三四年四月五日。
蔡宜真，〈重省留學生陳衡哲之文學定位〉，南投：暨南大學中國語文學系碩士論文，二〇一四。
蔣廷黻，〈論國力的元素〉，收入《蔣廷黻選集》第四冊，臺北：文星，一九六五。
蔣廷黻，《蔣廷黻回憶錄》，臺北：傳記文學，一九七九。
魯迅，〈看書瑣記（一）〉，收入《魯迅三十年集之二十七》，上海：魯迅全集，一九四一。
錢穆，《八十憶雙親、師友雜憶》合刊本，臺北：東大圖書，一九八三。
顏非，〈胡適的家世〉中有一節“胡適的哥哥及姪輩），收入李又寧編，《胡適與他的家族和家鄉》第一集，紐約，天外出版社，一九九九，
羅爾綱，《師門五年記．胡適瑣記》，香港：三聯，一九九四。
蘇雪林，《猶大之吻》，臺北：文鏡，一九八二。
龔選舞，〈四十五年前的胡適——祝胡適先生六二壽誕〉，《中央日報》，一九五二年十二月十七日。

一九六六。
胡適，《中國公學校史》，臺北：一九五三年線裝重印本。
胡適，《四十自述（附《胡鐵花先生年譜》一種）》，臺北：遠流，一九八六。
胡適，《四十自述》，臺北：遠東，一九六一。
胡適，《胡適文存》第一集，臺北：遠東，一九六一
胡適，《胡適留學日記》（一）至（四），上海：商務，一九四八。
胡適，《胡適給趙元任的信》臺北：萌芽，一九七〇。
胡適，《胡適講演集》下冊，臺北：中央研究院胡適紀念館，一九七〇。
胡適，《胡適講演集》中冊，臺北：中央研究院胡適紀念館，一九七八。
胡適，《新文學運動小史》，臺北：中央研究院胡適紀念館，一九七四。
風舟，〈最後的酒會——記一代學人胡適博士的死〉，收入馮愛群編，《胡適之先生紀念集》，臺北：學生書店，一九七三。
唐德剛，〈七分傳統，三分洋貨——回憶胡適之先生和口述歷史之三〉，《傳記文學》第三一卷第四期，一九七七年十月。（後來收入《胡適雜憶》改為「三分洋貨，七分傳統」，內容還是一樣，別無二致。）
唐德剛，《胡適雜憶》，臺北：傳記文學，一九八一。
唐德剛譯注，《胡適口述自傳》，臺北：傳記文學，一九八一。
夏志清，〈小論陳衡哲〉，收入夏著《新文學的傳統》，臺北：時報，一九七九。
夏志清，〈胡適博士學位的考證〉，《傳記文學》第三三卷第五期，一九七八年十一月。
孫玉石，〈從胡適的佚信到陳衡哲的新詩〉，《文史知識》第九期，二〇一五年九月。
耿雲志、宋廣波編，《紀念胡適先生誕辰一百二十週年國際學術研討會專輯》，北京，社會科學文獻，二〇一二。
耿雲志、歐陽哲生編，《胡適書信集》上、下二冊，北京，北京大學，一九九六。
耿雲志主編，《胡適遺稿及祕藏書信》第十一冊、第三十三冊，合肥：黃山書社，一九九四。
馬建忠，《馬氏文通》，上海：商務，一九二七。
馬建忠著，張豈之、劉厚祜校點，《適可齋記言》，北京：中華書局，一九六〇。
張仲執筆，甘肅省敦煌市對外文化交流協會編，《敦煌簡史》，敦煌市：甘肅省敦煌市對外文化交流協會，一九九〇。
張朋園、楊翠華、沈松僑訪問，潘光哲記錄，《任以都先生訪問紀錄》，臺北：中央研究院近代史研究所，一九九三。
曹博言整理，《胡適日記全集》第一冊、第八冊，臺北：聯經，二〇〇四。
梁錫華選注，《胡適祕藏書信選（續篇）》，臺北：遠景，一九八二。
陳之邁，《舊遊雜憶》，臺北：傳記文學，一九七五。
陳怡伶，〈新知識女性生命的抉擇：陳衡哲的前半生（1890-1936）〉，臺中：東海大學歷史系碩士論文，二〇一〇。

書目

中文參考書目

王鼎鈞，《古文觀止化讀》，臺北：木馬，二〇一九。
朱鋒，〈臺南與胡適〉，《臺南文化》第二卷第四期，臺南市文獻委員會，一九五三年一月三十一日。
何炳棣《讀史閱世六十年》，臺北：允晨，二〇〇四。
吳魯芹，〈憶叔永先生與莎菲女士〉，收入吳著《暮雲集》，臺北：洪範，一九八四。
呂叔湘、王海棻編，《馬氏文通讀本》，上海：上海教育，一九八六。
呂實強，〈淺論胡適自由思想〉，收入潘光哲主編，《胡適與現代中國的理想追尋：紀念胡適先生一百二十歲誕辰國際學術研討會論文集》，臺北：秀威，二〇一三。
李又寧主編，《華族與哥倫比亞大學：慶祝哥大建校二百五十週年》第一集，紐約：天外，二〇一〇。
李敖，《胡適評傳》，臺北：文星，一九六四。
汪榮祖，〈胡適歷程的曲直〉，載《讀書》月刊，二〇〇五年第二期。
沈剛伯，〈我幼時所受的教育〉，臺北《傳記文學》創刊號，一九六二年六月。
周質平，《胡適與韋蓮司：深情五十年》，臺北：聯經，一九九八。
周質平編，《胡適早年文存》，臺北：遠流，一九九五。
周質平編，《胡適英文文存》第一冊，臺北：遠流，一九九五。
周質平編譯，《不思量自難忘：胡適給韋蓮司的信》，臺北：聯經，一九九九。
易竹賢，〈終生不渝的友情——陳衡哲與胡適〉，收入李又寧主編，《胡適與他的朋友》第一集，紐約：天外，一九九〇。
易竹賢，《胡適傳》，武漢：湖北人民，二〇〇五。
林子勳，《中國留學教育史》，臺北：華岡，一九七六。
姚漢秋，〈胡適與臺東〉，收入姚著，《採訪十五年》，臺北：建國，一九六三。
胡文華，《胡適評傳》，重慶：重慶，一九八八。
胡明，《胡適傳論》上、下二冊，北京：人民文學，一九九六。
胡傳，《臺灣日記與稟啟》，「近代中國史料叢刊」續編第八十五輯，臺北：文海出版社影印。
胡頌平，《胡適之先生晚年談話錄》，臺北：聯經，一九八四。
胡頌平編著，《胡適之先生年譜長編初稿》第一冊、第八冊，臺北：聯經，一九九〇。
胡適，〈回憶明復〉，《科學（胡明復博士紀念號）》第十三卷第六期，一九二八年六月。
胡適，〈康南耳君傳〉，收入胡著《胡適的一個夢想》，臺北：中央研究院胡適紀念館，

十五畫

十六畫以上

十一畫

十二畫

十三畫

十四畫

九畫

十畫

索引

春山之聲　017
青年胡適，1891-1917

作　　者　湯晏
總 編 輯　莊瑞琳
責任編輯　盧意寧
行銷企畫　甘彩蓉
美術設計　徐睿紳
內文排版　丸同連合 studio

出　　版　春山出版有限公司
地址：11670 台北市文山區羅斯福路六段297號10樓
電話：02-29318171
傳真：02-86638233

總 經 銷　時報文化出版企業股份有限公司
地址：33343 桃園市龜山區萬壽路二段351號
電話：02-23066842

製　　版　瑞豐電腦製版印刷股份有限公司
初版一刷　2020年6月

定價580元

Email　SpringHillPublishing@gmail.com
Facebook　www.facebook.com/springhillpublishing/

填寫本書線上回函

國家圖書館預行編目資料

青年胡適,1891-1917／湯晏作
—初版. —臺北市：春山出版，2020.06
面；　公分.—(春山之聲017)
ISBN　978-986-99072-0-0(平裝)

1.胡適 2.臺灣傳記
783.3886　　　109005595